Cet ouvrage n'aurait pu être réalisé
sans l'aide financière d'entreprises
qui ont manifesté par un mécénat collectif
leur sympathie à l'auteur
et leur intérêt pour l'originalité de sa recherche :

BASF France, Bongrain, Boucheron joaillier, Champagne de Castellane, Crédit National, Helvim France, Heuliez, Lebranchu, Shell France.

Qu'elles en soient ici chaleureusement remerciées.

Couverture : JÉRÔME BOSCH : *Le Jardin des délices*, peinture sur bois (détail) : Ève tenue par la main du Créateur, 1503-1504. Madrid, Museo del Prado.

La maquette de cet ouvrage a été réalisée par DANIEL LEPRINCE.

ISBN 2-204-04044-4
ISSN en cours

BERNARD BRO

La beauté sauvera le monde

CERF

La beauté sauvera le monde
DOSTOÏEVSKI

ENGUERRAND QUARTON : *Couronnement de la Vierge*, peinture sur bois (détail), 1453-1454. Villeneuve-lès-Avignon, Musée Pierre de Luxembourg.

INTRODUCTION

Les filles de l'Océan

Aux filles de l'Océan qui l'interrogent, Prométhée, enchaîné sur son rocher, concède qu'il a fait aux hommes un immense don en leur apportant le feu d'où est sortie l'intelligence ouvrière. Celle-ci a permis la naissance de la civilisation. Prométhée ajoute : « Je leur ai fait un cadeau bien plus grand encore. Je leur ai donné l'illusion qui les amène à oublier leur destin et la mort. »

Statue en terre cuite (H. 36 cm.), Mali. Collection privée.

En face du mal, de l'usure, en face de la lassitude ou seulement de la fatigue, où retrouver un peu d'espoir ?

Du côté du pouvoir ? Toutes les politiques promettent d'être contre le mal. Aucune ne donne le bien.

Du côté du savoir ? L'explosion de la connaissance est fabuleuse. Mais « à quoi bon aller sur la lune, si c'est pour s'y suicider ? ».

Du côté de la sainteté ? Certes. Mais c'est supposer le problème résolu. Nous n'en sommes pas encore là.

Alors, resterait la poésie ? l'art ? la musique ? Serait-ce la grâce des poètes de nous libérer de nos illusions mais en les poussant à l'extrême, et sans méchanceté ? « La vraie vie commence au-delà du désespoir » (Sartre). Un philosophe n'aurait pas pu dire cela, si un poète n'avait auparavant écrit avec son sang : « La vraie vie est absente » (Rimbaud). Un chrétien ajoutera : « Eh bien, je vous invite à désespérer de vos illusions : je mets ainsi le désespoir au service de l'espoir » (Bernanos).

Nous désespérons peut-être beaucoup plus que nous le pensons. Mais nous espérons aussi peut-être beaucoup plus que nous ne le croyons. Qui donc peut aider notre espoir, au-delà des illusions certes, mais avec douceur ?

« La beauté sauvera le monde. » Dostoïevski s'y connaissait en désespoir. Son affirmation est l'une des plus insensées qui soient. Le monde peut-il être sauvé ? Par la beauté ? Bien sûr, les états d'âme esthétiques donnent quelques instants de répit. Un ballet de Béjart, une exposition des tableaux de campagne des impressionnistes, quelques Vermeer, la paix de la Dormition de la Vierge de Torriti, le calme d'un Giotto, deux Chagall, Saskia tendrement dessinée par Rembrandt trois jours après leur mariage, l'Agnus Dei du Couronnement, le Kyrie d'une messe de Caldara réconcilient avec l'existence. Pour quelques moments. Mais après ?

Pourtant il est bien vrai qu'on espère plus qu'on ne le pense. La beauté serait-elle ce cadeau du ciel pour aider notre espérance ? Serait-ce un cadeau-piège ? C'est ce que nous chercherons ici à élucider.

• Sans la poésie, découvririons-nous ce *« plus »* caché dans les choses qui se dévoile sous les mains des grands illuminés, médiums d'une musique qui nous rappelle que le dernier mot n'est pas aux seules apparences et désordres du mal ? (chapitres 1 à 7.)

HENRI ROUSSEAU : *Les Joyeux farceurs* (146 × 113 cm), vers 1906. Philadelphia Museum of Art, Louise and Walter Arensberg Collection.

• Sans la nostalgie du beau, serions-nous induits à chercher derrière ce « plus », les harmonies et *les clefs* de l'univers ? La poésie est partout présente même si elle n'existe que pour quelques-uns. Ce « plus » qui rayonne des réalités conduit à découvrir des correspondances, des harmonies, des mélodies insoupçonnées. L'univers tient dans les mailles d'un filet comme un ballon dans la main d'un enfant. Où sont alors les nœuds de ce filet ? Le tout dont nous faisons partie est maintenu dans une harmonie secrète. Quelle joie ! L'univers a des points de convergence. Un *visage*, une *main*, une *maison* sont des microcosmes où se retrouve toute la musique du monde. Qui nous aidera à percevoir les deux ou trois notes de leur secret ? (chapitres 8 à 24.)

• Assis au bord de la tombe, le musicien devenu sourd avoue : « Je commence à m'entendre. » La beauté apaise certains, en intrigue beaucoup, conduit tous ceux qui l'accueillent plus loin qu'ils ne s'en doutaient. Elle évite peut-être d'avoir trop à attendre. Les « possédés » de l'art sont parfois effrayants qui révèlent combien discours, protocoles et schémas de pensée sont trop secs qui emprisonnent le cœur et l'esprit. Jamais aucune dialectique n'épuisera le mystère. Le langage est toujours à recréer. Il faudrait presque dire : à sauver. Toute métaphore est dangereuse, elle donne à penser... plus loin que prévu. Un accord de guitare de Atahualpa Yupanqui ne sera-t-il pas parfois plus révolutionnaire qu'un manifeste politique, scolaire ou ecclésiastique ? (chapitres 25 à 28.)

• Gérard de Nerval et Antonin Artaud terminent dans la folie ; Isidore Ducasse, comte de Lautréamont, et René Crevel se suicident ; Rimbaud s'enfuit ; Péguy et Ionesco désespèrent d'insatisfaction ; Villon et Valéry

interrogent le destin ; Braque se débat avec ses oiseaux, Picasso avec ses étreintes, Rembrandt avec ses autoportraits. Est-ce pour le seul plaisir de contentements poétiques ? Les matins ne sont plus irisés, ni les couchants mordorés. La poésie n'est plus seulement « belle ». Elle veut forcer le secret.

Il en va de même dans le domaine religieux. On peut avoir de très belles idées sur Dieu. On peut même cultiver une vénération pour le « Livre » ou pour la « Parole » sans y entrer vraiment. Un exemple est donné par les élaborations sur le mystère trinitaire. Quatre grands génies en Occident, Augustin d'Hippone, Hilaire de Poitiers, Richard de Saint-Victor et Thomas d'Aquin ont été au bout du pouvoir de la raison. Le résultat est captivant. Leurs réflexions sont esthétiquement les plus « belles » et comblantes qui soient. Et c'est une vraie joie trop méconnue. Cela dit, en rester sur Dieu à des concepts, même sublimes, est le signe indubitable qu'on a diminué Dieu, puisqu'on l'a rendu « satis-faisant ». Il ne suffit pas de montrer l'admirable agencement de la théologie ou des images les plus hautes de la Trinité si l'on n'entre pas soi-même dans le dialogue du Père et du Fils, dans l'honneur de partager la confidence vivante qui révèle au Père ce qu'Il est, car on reste alors à la porte du secret. Pourtant la foi aura toujours besoin des concepts pour se nourrir et entrer dans la lumière. Mais l'idée de la lumière ne sera jamais la lumière.

MASACCIO : *Adam et Eve chassés du Paradis*, fresque (détail), 1426-1428. Florence, Santa Maria del Carmine.

Il en va de même de la poésie. Le rat dans le piano se demande à quoi bon ces cordes, ces feutres et ces sons. La poésie et l'art ont une mission à remplir plus profonde que de plaire et de révéler les harmonies et le sens des choses. Ils amènent à pressentir une quatrième dimension, celle qui conduit aux portes de la mort, certes, mais autrement qu'une drogue qui endort. La poésie ouvre sur un ailleurs. Finalement elle ne laisse pas en paix qu'elle n'ait provoqué à la recherche d'un Visage, Celui qui ne ressemble à aucun autre (chapitres 25 à 29).

• A quoi bon un poème de plus, une clef de plus ? Ce dernier poème comblerait peut-être davantage ? Et après ? Tout resterait à recommencer. Braque et Picasso n'échappent pas à une certaine fébrilité végétative. Il faut bien entrer dans la quatrième dimension. On la poursuit avec son sang. C'est celle de la nostalgie d'une présence, non pas seulement d'une réponse. Elle ne dispense pas de l'interrogation suppliante. Elle conduit à une certaine folie, celle d'un amour. La folie du désespoir ne peut être surmontée que par une autre folie : celle de la confiance en une présence amie (chapitre 27).

• On peut alors se demander à quelles conditions trouver cette présence ? Une seule, mais impérative : la rencontre d'un regard et de nos blessures. La beauté et la poésie n'existent pas sans un regard neuf, sans des yeux d'enfant qui viennent d'ailleurs. Regard qui décape et recrée. Il n'aurait

aucun intérêt s'il ne révélait pas nos stigmates, concrets, réels, brûlants, sans tricherie, avant de les transfigurer. Alors les cicatrices de la vie peuvent devenir les fissures de la gloire (chapitres 30 à 36).

De Ravenne à Parsifal, de Giotto à Goya, d'Ajanta à Kenzo Tange, de Louqsor à Teotihuacan, le patrimoine se meurt. C'est la loi de la vie : l'entropie. Les statues, comme les vivants, se dégradent inéluctablement. Mais à travers elles, une énergie plus forte que tout désespoir est passée. Certes, un regard esthétique n'a jamais sauvé personne. Saint Paul ne s'est pas contenté de contempler le coucher de soleil sur l'Acropole. On ne fera pas le voyage à notre place. On peut photographier Borobou-dour et rester plongé dans le désespoir ou la vanité. Tout voyage peut cacher une fuite devant l'essentiel. S'il a, au moins, creusé le désir, le voyage vers la beauté aura peut-être sauvé l'espérance, et l'art moderne déplacé les nostalgies humaines. Tancrède peut accepter la mort. Clorinde, sa bien-aimée, est sauvée (chapitre 37, 38 et conclusion).

Et pourtant, Mozart

Deux siècles de « Renaissance », du jour où naquit Gutenberg vers 1399 au couchant du XVIe siècle lorsque Shakespeare achève Hamlet, deux cents ans où les événements de l'histoire bouleversent le monde : la guerre de Cent-ans prend fin avec la féodalité, et la France, ressuscitée, envahit l'Italie ; bientôt, l'Espagne et le Portugal se partagent les continents ; Constantinople devient turque et le vieil empire latin s'écroule ; la guerre des Deux-Roses déchire l'Angleterre ; les guerres de religion cassent l'Europe ; et les « bombardes » qui, à la bataille de Crécy, selon Froissart, « lançaient de petites balles de fer pour effrayer hommes et chevaux », se perfectionnent lentement et sûrement : à la fin du XVIe siècle, elles sont devenues les « canons » de la guerre moderne.

Pendant ces ébullitions de conflits et de convoitises, les conquêtes de l'art surprennent par la ténacité silencieuse de leur volonté pacifique de consolation et leur vertu magique de rémission. L'année de la défaite d'Azincourt, Donatello achève son *Jean-Baptiste* et les frères Limbourg enluminent *les Très Riches Heures* ; l'année où Jeanne d'Arc est brûlée à Rouen, Fra Angelico peint, à Florence, *la Vierge couronnée*, et Van Eyck, à Bruges, travaille au *Retable de l'Agneau* ; l'année où Charles le Téméraire est tué devant Nancy, Botticelli achève *le Printemps* ; l'année du supplice de Savonarole, Léonard de Vinci peint *la Cène*, Albert Dürer grave *la Grande Apocalypse* et le maître de Moulins peint *la Vierge en gloire* ; l'année de la bataille de Marignan, Michel-Ange sculpte le *Moïse*, Raphaël peint *l'Incendie du Bourg* et Mathias Grünewald, le Retable d'Issenheim ; l'année où Charles Quint établit l'Inquisition, Corrège décore le dôme de Parme et Holbein peint la *Vierge du Bourgmestre* ; l'année du massacre des Vaudois, Titien peint *Vénus écoutant la musique* et Cellini fond *le Persée* ; l'année où le duc de Guise est assassiné, Germain Pilon termine *les Trois Grâces* et Breughel peint *Le Massacre des Innocents* ; l'année de la bataille de Lépante, Palladio élève, à Vicence, la Loggia del Capitanio et Tintoret va finir, à Venise, de décorer la Scuola di San Rocco ; l'année de la Saint-Barthélemy, Véronèse peint *le Repas chez Simon* et Jean de Boulogne fond son *Mercure volant* ; l'année où l'invincible Armada est anéantie, les Carrache entreprennent la décoration du palais Farnèse et le Greco travaille à *l'Enterrement du comte d'Orgaz* ; enfin, l'année où Giordano Bruno, dominicain, est brûlé à Rome à l'aube même du nouveau siècle, le jeune Rubens, âgé de vingt-trois ans, part pour l'Italie, à la cour des Gonzague, où il peindra les portraits (aujourd'hui hélas perdus) des « plus belles femmes de Mantoue »...

Au milieu du « bruit et de la fureur », à quelque siècle qu'il appartienne, jamais le murmure n'a cessé qui laisse entendre au cœur de tout homme : « Et pourtant, Mozart... » A quelle heure sommes-nous donc de l'histoire ? Ce bruit confus que l'on perçoit, est-ce le piétinement des barbares prêts à tout casser ou bien le premier assemblage d'une nouvelle construction, plus belle ? On voudrait une réponse. Et l'art de tous les temps, encore plus l'art actuel, montre que la question n'est sans doute pas celle-là. « Bruit et fureur », répètent Shakespeare et Faulkner. L'ultime secret proposé à l'homme est peut-être de garder l'esprit ouvert à l'étonnement.

ALBRECHT ALTDORFER :
La Bataille d'Alexandre
(détail), 1529. Munich,
Alte Pinakothek.

PREMIÈRE PARTIE

DES CLEFS POUR L'UNIVERS

CHAPITRE 1

La beauté sauvera le monde ?

« Méfie-toi de celui qui n'a pas de musique dans l'âme, c'est un traître. »
SHAKESPEARE

« C'est ce que vous ne comprendrez pas qui est le plus beau. »
PAUL CLAUDEL

« L'art des vers est l'alchimie qui transforme en beauté les faiblesses. »
LOUIS ARAGON

RENÉ MAGRITTE : *La Victoire*, gouache (45 × 35 cm), 1939. Galerie Isy Brachot, Bruxelles, Paris.

On peut multiplier les citations. On ne saura jamais pourquoi certains entendent la musique et d'autres non. Ou plutôt on sera toujours émerveillé de la musique que certains entendent et que, soi-même, on ne perçoit pas. Je sais seulement que les choses et les êtres ont une certaine musique et qu'on n'empêche pas la musique. Maurice Clavel a justement écrit des événements de mai 1968 et de ses révolutions (même adolescentes) qu'elles avaient été la « revanche de l'Infini ». Si cela pouvait être le cas ! La revanche de l'infini est souvent plus modeste. Elle ne se passe pas d'abord au Quartier Latin mais dans le sourire d'un enfant, celui qui éblouit le prince Muichkine dans *l'Idiot* de Dostoïevski. Il interroge la mère qui répond : « J'y vois le reflet de Dieu. »

« La beauté sauvera le monde », écrit aussi Dostoïevski. J'ai longtemps résisté à croire cela. J'y viens pourtant. Non pas à cause des bienfaits de la culture ou de la complaisance qu'on peut y prendre, fût-elle esthétique, créatrice ou technologique. Mais pour plusieurs raisons. Tout d'abord la contagion des poètes. On ne peut rencontrer impunément certains d'entre eux. Si je me remémore chaque visite personnelle de Pierre Emmanuel ou de Patrice de la Tour du Pin, j'y retrouve, comme dans les rencontres avec Nicolas de Staël, Bazaine, Rouault, Braque ou Manessier, un choc inaltérable.

Qu'était donc ce choc ? Finalement rien d'autre que cette irradiation évoquée par saint Thomas d'Aquin lorsqu'il cherche à définir la beauté en disant, après Platon, qu'elle est *la splendeur du vrai*. Le vrai, s'il est vrai, est rayonnement de quelque chose, comme le miroir qui ne peut pas ne pas renvoyer le soleil. On ne peut pas résister à certaines attirances : un visage, un tableau, la nature, un poème, une mélodie. Il semble donc qu'il y ait dans les choses un certain « plus ». Les poètes sont peut-être ceux qui perçoivent ce « plus ». Certes, tous les humains entendent de quelque manière cette mélodie. Elle est plus redoutable qu'on ne le pense. Elle creuse en nous la soif d'une certaine « présence ».

En Chine, de Tchonking à Datsu, le paysage est exceptionnellement beau. Or il est entièrement fabriqué. Il a fallu des siècles et l'intervention des hommes pour qu'il devienne une œuvre d'art. On voit la nature et en même temps autre chose. Comme en bien d'autres endroits de la planète, des hommes ont su ici être poètes, c'est-à-dire « medium » et médiateurs. Ils ont vu ce qui est et en même temps autre chose qu'on ne voit pas. On ne peut pas se passer de ces médiateurs. La fascination du beau pousse à remonter plus haut que ce que l'on voit.

Cela ne va pas sans combat.

Un jour, on se rebelle ou l'on désarme. On prend le chemin de la révolte, c'est Lautréamont ou Antonin Artaud ; ou bien le chemin de l'adoration avec Péguy ou Claudel. Cela n'empêche pas d'hésiter comme Rabelais ou Villon ; ou de connaître les deux mouvements. Claudel met trente ans à désarmer, Valéry ne le fera qu'à la porte de la mort. Il n'y aurait donc pas d'autre issue pour le poète que pour tout être humain : la révolte ou l'adoration. « On me dit que je suis fils de l'homme et de la femme. Cela m'étonne. Je croyais être davantage », s'écrie Lautréamont. « La question la plus douloureuse, la plus déchirante, celle du cœur qui se demande : Où pourrais-je me sentir chez moi ? » Et Nietzsche ajoute : « S'il y a un Dieu, comment supporter de ne l'être pas ? »

Jusqu'où faut-il chercher le secret de ce désespoir ou de cet apaisement ? « Il était un homme, une fois, qui, n'ayant plus faim, plus jamais faim tant il avait dévoré d'héritages, englouti d'aliments, appauvri son prochain, trouva sa table vide, son lit désert, sa femme grosse et la terre mauvaise dans le champ de son cœur. N'ayant pas de tombeau et se voulant en vie, n'ayant rien à donner et moins à recevoir, les objets le fuyant, il vola la famine et s'en fit une assiette qui devint son miroir et sa propre déroute » (René Char).

Pour conduire à un tel désespoir ou pour amener à un tel apaisement, le rayonnement du vrai, cela que nous appelons le « beau », ne doit probablement pas être seulement une chose, un « étant » de plus ni seulement une apparence. Sinon, le rayonnement, et donc l'émerveillement, resteraient ternes, plats, éteints. Il ne s'agirait que d'une énergie lunaire, non pas solaire, et le désespoir n'en serait pas dangereux. Il s'agirait d'un excitant, peut-être, mais non pas d'une force capable de pousser Baudelaire à défier la mort elle-même, comme le ferait une drogue.

Il suffit que certains n'échappent pas à la nostalgie ou à la contagion de quelque splendeur, il suffit qu'un très petit nombre perçoive quelque chose pour que nous soyons finalement tous embarqués dans un singulier voyage. Celui qui a fait écrire à Picasso, lorsqu'il avait quatre-vingts ans, « Toute ma vie je n'ai fait qu'aimer. S'il n'y avait plus personne au monde, j'aimerais une plante ou un bouton de porte. On ne peut concevoir la vie sans amour. » C'est ce voyage qui nous amène cent ans après la mort des impressionnistes à être ensorcelés ; c'est ce voyage qui fait vendre vingt-neuf milliards quelques décimètres carrés d'un bouquet d'iris parce qu'ils sont signés Van Gogh et qui pousse à interroger Picasso sur les « Demoiselles » de son « Bordel philosophique ».

Il ne s'agit plus seulement d'un reflet mais d'une contagion, d'une séduction, d'un ébranlement. Pourquoi certaines réalités rayonnent-elles finalement ? On est bien obligé de se demander en fin de compte si ce n'est pas parce qu'elles transmettent le reflet d'une Personne. Un charme joue. Comme de certains visages, n'y aurait-il pas une attirance (irrésistible) de la vérité parce que, en dernier ressort, celle-ci viendrait d'une Personne qui serait de Dieu.

Qu'on le sache ou non.
Le vrai rayonne.

Tout l'ordre visible jeté dans le pressoir, et foulé aux pieds du géant, ne donnera que des larmes et du sang. L'objet flétri, la nature violée, privés seulement de leur éclat, demeurent impénétrables. Aux yeux de la chair, l'Infini ne peut pas paraître, et les mains ne Le peuvent pas saisir. Un autre regard est indispensable, un autre toucher : il faut pour trouver le monde, le dépasser. Par la vertu du Christ, la matière conduit à l'Esprit et Le donne. Nos rapports avec le sensible cessent, à ce point, d'être en péril. Nous n'avons plus à nous diviser d'avec le monde qui nous entoure. Qui oserait prétendre en être arrivé là ? Qui osera dire qu'à certains soirs, il n'a pas eu besoin d'un miracle ? Justement, celui de la musique, de la poésie ou de l'art, celui qui ouvre le sillon pour que le germe d'espérance puisse advenir.

C'est pourquoi on peut dire que « la beauté sauvera le monde ». Tous les Mozart, les Baudelaire, les Van Gogh, les René Char ou les

Pierre Emmanuel font écho à Einstein lorsqu'il cherchait la formule de l'univers. Du beau, peut-on éviter de remonter au vrai ? du vrai, s'il rayonne, peut-on éviter de remonter à l'attirance de « Quelqu'un » ? Un jour la beauté a pris un nom. Elle a porté le sourire d'un enfant : ce fut le premier Noël.

Certes c'était déjà immense de trouver Dieu dans le coucher de soleil de l'Acropole. C'était témoigner qu'on cherchait Dieu dans les choses. Il y a encore plus, lorsque la beauté conduit à sa source. Un jour, on cherche les choses en Dieu. Alors la mystique a pris le relais de la poésie.

CHAPITRE 2

Des analogies universelles

PAUL KLEE : *Le Poisson magique* (76 × 98 cm), 1925. Philadelphia Museum of Art, Louise and Walter Arensberg Collection.

Affirmer que la beauté sauvera le monde, c'est aller un peu vite en besogne. La poésie n'est apparemment pas la route la plus directe pour conduire à la prière, la mystique et l'adoration. Tout s'arrête si l'on en reste à la recherche d'émotions. Jamais une émotion n'a sauvé le monde.

Reprenons pas à pas le chemin. Il est évident que la poésie est utile pour casser les prétentions de tous les langages, de toutes les dialectiques ou de tous les raisonneurs. Elle aide à dire le mystère. Elle éclate de rire devant toutes les langues de bois. La poésie naît d'un regard d'enfant lorsqu'il découvre une harmonie entre deux secrets. C'est le vœu, c'est la nécessité, c'est l'ordre intérieur, le plus profond de l'esprit : trouver l'unité du monde, découvrir l'analogie universelle. Rimbaud s'est délecté à se demander si les voyelles n'avaient pas des couleurs attitrées ; Baudelaire a chanté les correspondances. N'était-ce que jeu de salons ?

Déjà Dieu s'est déclaré à l'homme en paraboles : il s'est présenté comme le Berger qui conduit aux eaux vives et sort son troupeau du val d'ombre-mort, comme le Lion de Juda, l'Étoile du matin, le Germe, l'Aurore, le Soleil. Akhénaton repris par le Psautier en chante l'éclat et la chaleur. De saint Éphrem à Mallarmé ; de Pascal aux surréalistes ; de Baudelaire à Claudel, tout le monde cherche l'analogie universelle.

*

« Le monde est un océan de symboles. »
(Saint Éphrem.)

« Toutes choses couvrent quelque mystère :
toutes choses sont des voiles qui couvrent Dieu. »

(Pascal, *Lettre à Mlle de Roannez*).

JOAN MIRO : *Fratellini* (130 × 97 cm), 1927. Philadelphia Museum of Art, A.E. Gallatin Collection.

« La nature est un temple où de vivants piliers [...]
Comme de longs échos qui de loin se confondent
Les parfums, les couleurs et les sons se répondent... »

(Baudelaire, « Correspondances », *Les Fleurs du mal.*)

*

« A noir, E blanc, I rouge, U vert, O bleu : voyelles,
Je dirai quelque jour vos naissances latentes :
A, noir corset velu des mouches éclatantes
Qui bombinent autour des puanteurs cruelles,

Golfes d'ombre ; E, candeurs des vapeurs et des tentes,
— O l'Oméga, rayon violet de Ses Yeux !
L'Étoile a pleuré rose au cœur de tes oreilles
L'infini roulé blanc de ta nuque à tes reins
La mer a perlé rousse à tes mammes vermeilles
Et l'Homme saigné noir à ton flanc souverain. »

(Rimbaud, *Voyelles.*)

Certes, on aura toujours tendance à réduire l'analogie ou l'harmonie à une idée ou à la recherche d'impressions. Les poètes eux-mêmes en arrivent à n'avoir plus à dire parfois que leur nuit. Valéry y est conduit comme Rilke. C'est le sort des peintres et de tous les grands illuminés de la terre. On n'évite pas le vide. On y échappe en se pinçant le bras pour se convaincre qu'on existe bien encore. Alors ce n'est plus le carcan étroit de l'idée qui menace mais la gaine non moins rétrécie du besoin d'impressions satisfaisantes. Quand il ne sait plus que dire, Giacometti en 1930 en vient à peindre ou à sculpter, comme un obsédé, son propre visage. Picasso et Van Gogh n'avaient pas échappé à la loi : on se replie sur l'acte créateur, on se regarde et on peint, peint et repeint par centaines d'exemplaires le peintre, sa toile et son modèle. Il faut bien arracher le secret, quitte à se battre indéfiniment avec l'idole suprême, soi-même en train de se demander : « Que créer ? » Comment remonter au-delà du big bang originel ? Paul Claudel l'a reconnu. Il avoue que sa vocation de poète n'a été qu'une consolation d'avoir renoncé à sa vocation religieuse. Il admettait bien qu'un prêtre fasse des vers. Mais il était sans illusion : « Celui qui a les paroles de la Consécration ne fera toujours que des vers de menuiserie. » C'est peut-être aller trop loin. Il faudrait interroger Vivaldi ou Roublev... ou saint Jean de la Croix. La poésie ne conduirait-elle qu'à l'impatience des limites, à la révolte des poètes maudits ou à la manufacture de poèmes bricolés ? N'existerait-il pas une icône pour révéler l'ultime musique des choses ? Expliquons-nous.

La nostalgie de la beauté peut amener à la révolte ; la quête de l'unité du monde, de l'analogie universelle peut conduire au désespoir. Alors ? Reste qu'on n'a quand même rien trouvé d'autre que les poètes pour éviter à notre esprit de se dessécher entre les idées et les idoles. Trois exemples (et bien d'autres) nous serviront pour illustrer le merveilleux chemin où la musique des choses conduit l'âme au secret : la main, le visage et l'espace.

PABLO PICASSO :
Autoportrait
(80 × 60 cm), 1901.
Paris, Musée Picasso.

Auparavant quelques correspondances, au hasard de la mémoire, cassent par des mélodies inattendues l'angoisse du néant. (Voir notes page 461 : « Du dialogue des étoiles et des jardins. »)

CHAPITRE 3

La musique des choses

Tous les commentateurs politiques, tous les philosophes et tous les poètes ; tous les professeurs et tous les écolâtres ; tous les éditorialistes et tous les magazines ; tous les parents et tous les prédicateurs ; tous les moniteurs et les instituteurs ; tous les ordinateurs et les programmateurs ; tous les logiciels et toutes les encyclopédies ; tous les Bottins, « mondains » ou non, et tous les « Who's Who » ; tous les recyclages et tous les « Que sais-je ? » ; tous les éditeurs et tous les historiologues ; tous les sociologues, tous les pédagogues et tous les catalogues cherchent à disposer, proposer, imposer les clefs de lecture de l'univers ou de la portion d'univers que chacun a cru percevoir. On n'échappe pas à la question : Qu'est-ce qui gouverne pensées, attitudes et habitudes, réactions et passions, envies et philosophies ? Y a-t-il un envers au miroir qui nous dirait un peu qui nous sommes ? En un mot, y a-t-il des correspondances, des harmonies qui nous livreraient cette « analogie universelle », cette « musique » du monde pour laquelle Baudelaire se drogue et demande à la mort « quelque chose de nouveau » ; pour laquelle Nietzsche sombre dans le désespoir, Sartre et Camus dans la révolte ? Où trouver l'harmonie et l'analogie universelle qui délivrerait enfin du mal et circonscrirait les obsessions ? Et si l'on s'engageait dans cette promenade où le silence des choses livre une musique plus profonde que des gourmandises d'esthètes avides d'impressions rares ? Après tout, Jeanne d'Arc à ses juges et Aristote à ses élèves avaient bien dit que l'on peut apprendre davantage dans les choses que dans les livres. Les correspondances sont partout, même si elles n'existent que pour quelques-uns.

Faut-il ici se révolter ? Dieu aurait-il inscrit la musique du monde pour la réserver à des esthètes ? Alors la compréhension du livre le plus musical de l'humanité, les Évangiles demeurerait interdite à presque tout le monde ?

Ou bien Dieu a inscrit la musique du monde dans les choses pour qu'elle soit entendue. Alors cela veut dire qu'il faut peut-être se préparer à l'entendre. Il n'y a qu'une condition. Elle dépend de chacun : accepter

FRANCISCO DE ZURBARÁN : *Nature morte* (73 × 110 cm), 1633. Pasadena, Norton Simon Art Foundation.

une humble et longue patience, accepter d'apprendre à écouter ; accepter de recevoir ces « correspondances » où résonnent le sens des choses. Elles ne sont pas difficiles à trouver mais à entendre. Il n'y a pas à accuser les « esthètes ».

Trois arbres et un calvaire...

Les pins de Hasegawa Tôhaku qui ont inspiré tant de fusumas japonais aident à comprendre pourquoi Rembrandt a voulu cinquante ans plus tard annoncer les trois croix du Calvaire en gravant trois arbres près d'une rivière.

Pourquoi certains sculpteurs ont-ils d'instinct découvert que les « plis mouillés » d'un vêtement savent mieux exprimer en l'atténuant la chaleur du corps humain que la nudité ? Ils fascinent dans les Bouddhas de l'ère Gupta à Mathura, mais déjà l'Égypte de la XVIIIe dynastie,

Princesse amarnienne : Egypte, El Amarna, XVIIIe dynastie, quartzite rouge (H. 30 cm), vers 1350 av. J.-C. Paris, Musée du Louvre.

1 350 ans avant Jésus-Christ, avait habillé le torse de la princesse Amarnienne pour en faire l'un des plus beaux corps qui se soient présentés à l'homme. La Chine du VIIe siècle reprendra les mêmes plis mouillés pour le Bouddha en marbre blanc de Ting-Chou. Simple rapprochement ? Non. C'est que la pudeur d'un vêtement transparent maintient et rend au corps sa noblesse et son désir, encore plus attachant peut-être que le dévoilement.

Ce n'est pas par hasard que Monet et les impressionnistes se sont retrouvés dans Hiroshige et Hokusaï. C'est la même nature, les mêmes « kamis » qu'ils honoraient à Giverny et dans les villas impériales de Katsura ou Shugaku à Kyoto.

Pourquoi le triple Concerto de Beethoven est-il si bien ajusté à une lecture de *Mon Faust* de Valéry ?

Ce n'est pas pour rien que le dernier tableau de Cézanne est celui du *Jardinier* de la National Gallery de Londres, assis dans son fauteuil, qui nous regarde déjà d'ailleurs ; comme l'un des derniers tableaux de Picasso est le vieux peintre de l'hôtel Salé tendant, comme le jardinier de Cézanne, sa main devenue vide, bientôt inutile.

Pourquoi Daumier devient-il un autre homme, en qui toute satire disparaît, lorsqu'il esquisse un sublime *Retour de l'enfant prodigue* ? Comment ne pas penser alors à celui de Rembrandt à l'Ermitage ? Ils viennent de deux cœurs qui ont désarmé.

Hollywood, Pékin et Ivry-sur-Seine

Je ne m'attendais pas à avoir la même impression dans les studios de la MGM à San Fernando près d'Hollywood et dans les Collines parfumées au cœur de la Chine moderne. Le guide de San Fernando montre la loge de Lauren Bacall. Tout est resté en place, accessoires de maquillage, console en faux Louis XV, miroir, canapé. C'est le même ton de vénération que celui du jeune universitaire chinois qui me conduit au mausolée de Sun-Yat-sen. Au temple des cinq cents bouddhas que nous visitons le matin, il me dit : « Ici, vous pouvez prier. » Je mets un bâton d'encens, et secrètement je récite un Notre Père. Ce soir, comment ne pas partager son émoi lorsqu'il développe l'histoire de Sun-Yat-sen, premier président de la République populaire de Chine. Je n'ose pas lui dire que j'ai eu la même impression ces jours derniers, lorsqu'au terme du « chemin de l'esprit », on franchissait les portes de jade de huit tonnes ouvrant sur la tombe, creusée dans la montagne, de l'empereur Wan-li, aussi formidable que les édifices prévus par les pharaons pour protéger leur survie après leur mort.

Je songe que la municipalité d'Ivry, fief incontesté du communisme français, prend soin chaque année pendant la semaine qui précède la Toussaint, d'afficher ce qui suit aux arrêts d'autobus : « Pour le 2 novembre, un service spécial est mis à la disposition du public. Départ pour le cimetière à la station "Lénine". »

Ainsi en plein cœur de la Chine dans ce petit matin de février, nous nous arrêtons devant la chemise de Sun-Yat-sen, scellée dans le mur, offerte, comme les habits de Lauren Bacall d'Hollywood, à la vénération des foules. Ne serait-ce pas le signe que nous avons tous un besoin inévitable de matérialiser la présence d'un au-delà de la mort, même si l'on fait éventuellement profession de penser qu'il n'y a plus rien après ?

Demeure une analogie universelle à laquelle nul être humain n'échappe sur terre. Demeure une question : « La mort et après ? » A quelque religion, à quelque race, à quelque nation qu'il appartienne, tout homme cherche à tâtons la communion d'une « Toussaint ». À Ivry, Hollywood ou Pékin, la question est posée : la vie d'ici-bas conduit-elle dès maintenant au néant ou à la promesse des Béatitudes ?

CHAPITRE 4

Trotski et le Carmel

On ne sort pas indemne de la visite des cinq lieux du bagne en Nouvelle-Calédonie ou à l'île des Pins. Une fois la messe célébrée, après que nous ayons dégusté au bord de la plage les « bougnas » somptueux de bananes et de langoustes, le chef Étienne nous conduit vers la colline. Nous pénétrons dans des ruines : les restes du bagne. Au bas des murs, on voit encore les trous qui maintenaient de part et d'autre la longue traverse que l'on refermait la nuit sur les jambes des condamnés. Nous poursuivons. Au-delà des plages, les plus belles qui soient, parce qu'elles ne sont pas formées de sable mais de la poudre du corail douce comme du talc, on s'enfonce dans les mimosas sauvages, la terre devient âpre, caillouteuse ; le soleil dur.

Les deux mille cinq cents communards relégués ici avaient été divisés en cinq sections. Eux-mêmes désignaient l'espace que nous rejoignons : « la sixième commune ». C'est le cimetière. Pas de croix, rien, aucune inscription, seulement des galets ronds signalent la place des tombes. En haut, un petit obélisque sur lequel est fixée une plaque de marbre. Les noms des morts, en quatre rubriques : hommes, femmes, naufragés et... enfants.

Nous récitons le Notre Père.

Huit jours auparavant, nous étions passés le long de la côte de Canala. Même forêt dense qu'à l'île des Pins, même chaleur, même silence. On cherche avec quelque difficulté, puis on trouve, au bout de la piste, des murs en ruines, pauvres, isolés. On se demande qui a pu venir s'installer ici ? Le père Jean-Yves qui me conduit dit seulement : ce sont les restes de la première abbaye des Trappistes venus il y a plus d'un siècle en Nouvelle-Calédonie. On est à Wagape où les moines s'installèrent en 1876. Il ne reste plus, comme au bagne de l'île des Pins, que des mimosas sauvages, une piste dans la forêt et des murs.

Nous récitons le Notre Père.

Dans un jardin luxuriant, au sud de Mexico, à Coyoacan, pourquoi le même choc ? Un mur un peu surélevé, un mirador à l'angle de la rue de la Casa Moralès, une porte banale de garage. On entre. Le jardin est souriant. Des palmiers, des bougainvillées, des pins. On se dirige vers la porte d'entrée de la maison. De l'extérieur, on a l'impression d'une résidence secondaire. Même couleur de brique rose qu'au Carmel de Lisieux. Mais la porte nous renseigne vite : on a surélevé le seuil, abaissé le linteau. Il faut se baisser. Dès l'entrée, entre toutes les pièces, même entre la chambre et la salle de bains, ce sont les mêmes portes blindées. On est dans la maison de Léon Trotski. Au mur, des photos de Trotski et Lénine. Sur le bureau, ses dernières lettres, sa paire de lunettes, brisée. Les traces de balles sont encore perceptibles. Ses assassins avaient pénétré ici sous couvert de réparation à la plomberie. Ils achevèrent Trotski à coups de pioche.

L'île des Pins, la Trappe, la Casa Trotski : les mêmes murs donnent le même choc. Mais la détention ne fut pas la même : contrainte par le délit, contrainte par la politique ou contrainte par amour. C'est le même choc lorsqu'au Carmel de Dachau, établi à la porte du camp dans d'anciennes baraques de détenus, la cloche qui appelait à l'exécution appelle aujourd'hui, à la prière et au Magnificat des Vêpres.

« Écoute mon silence avec ta bouche », dit un proverbe hindou. On peut apprendre à entendre les correspondances. Elles ne conduisent peut-être pas seulement au désespoir mais à un regard, celui du Christ, à une musique, celle des quelques notes qui invitent aux Vêpres de l'univers et qui chantent *en même temps* le *Miserere* et le *Magnificat*, *« Prends pitié »* et *« Sois béni. »*

CHAPITRE 5

Trois tableaux pour un mariage ?

Altdorfer à la National Gallery de Londres et Gérard David au Kunst Museum de Bâle ont su, mieux que tout autre, exprimer *Les Adieux du Christ et de la Vierge*. Rien ne pousse ici au sentimentalisme. Le regard seul peut dire le secret de l'amour à sa plus haute incandescence qui est réciprocité, là où le respect accompagne pleinement le besoin de la présence de l'autre, sans accaparement. A Bâle, la Vierge pleure mais ses mains jointes accueillent la bénédiction du Christ. Les regards disent tout : « C'est Toi qui comptes », pense la créature. « Non, c'est toi qui comptes », répond le Créateur. Le dialogue de la créature et de son Dieu, pour se nouer, avait besoin de la rencontre de ces deux visages, secrètement habités par la même lumière : « Que votre volonté soit faite. »

Mais qui dira l'amour humain ? Qui ne redoute pas de faire un sermon ou un « discours » de mariage ? On tremble. A la Tate Gallery, Hogarth a perçu les drames secrets du couple, dans la série de ses six tableaux du « mariage à la mode ». Elle se termine par un suicide et n'a rien à envier à la cruauté de Daumier dans ses suites de gravures sur les « pères » ou les « professeurs ». A la Frick collection de New York, les grands panneaux peints par Fragonard pour Madame du Barry et destinés à son château de Louveciennes chantent Les *Progrès de l'amour : la Poursuite, la Rencontre, la Lettre* et le *Couronnement*. Tout a l'air facile. Et pourtant, jamais les regards des amoureux ne se croisent. A la National Gallery, Véronèse a lui aussi merveilleusement illustré quatre moments : l'inconstance et le mépris mais aussi le respect et l'union heureuse. Cependant, on pressent que la lucidité de Véronèse n'est pas plus tendre que celle de Hogarth, même si elle est tempérée par le goût de vivre de Venise. Et l'essentiel reste encore non dit : l'attente de la possession du fiancé dont parle le Psaume 18 ou le Psaume 44. La lente et secrète joie qui tamise l'anxiété de la rencontre et l'angoisse de la fidélité. Il y faudrait tant de discrétion... ou peut-être procéder par la seule allusion d'un symbole, voire d'une allégorie.

ANTONIO CANOVA (1757-1822) ; *Psyché ranimée par le baiser de l'Amour*, marbre (détail). Paris, musée du Louvre et Villa Carlotta.

Revenons à trois tableaux de la National Gallery. Ils ont peut-être pressenti la manière et en même temps l'impossibilité de dire l'amour.

Le premier, *Vénus désarme Cupidon*, est de Bronzino. On y perçoit toute la sensualité italienne que François Ier sera heureux d'accueillir à Fontainebleau avec le Primatice et les disciples de Jules Romain.

Cupidon serre dans sa main un des seins de Vénus tandis qu'un vieillard, le « Temps », dévoile le couple à deux femmes et à deux enfants. A gauche, la première femme représente la « Vérité », bouche ouverte

AGNOLO BRONZINO : *Allégorie* (146,1 × 116,2 cm), vers 1546. Londres, National Gallery.

et masque dur. En bas du tableau, la « Jalousie », grimaçante. A droite, un enfant tient des roses : signe de la folie de l'amour. Vénus tient une pomme d'or. Mais en arrière, le dernier enfant est le seul qui nous regarde : il tient un rayon de miel. C'est le plaisir. Restent deux masques qui gisent en bas, à droite : l'un masculin, soucieux ; l'autre féminin, un peu dissimulé. Il faudra attendre *l'Amour et Psyché* à la villa Carlotta sur le lac de Côme pour retrouver une tendresse semblable à celle qui émane du tableau de Bronzino.

Dans la salle voisine, une autre toile met Vénus en scène : *Cupidon se plaint à Vénus*. Lucas Cranach y a mis toute sa sensualité de premier peintre érotique qui s'évade des questions religieuses de la Réforme par la mythologie. Ici aussi, un rayon de miel vient dire le plaisir de l'amour, mais cette fois il est entouré d'abeilles.

Enfin, dans la troisième salle, un autre tableau. Botticelli emprunte son thème à Lucrèce : *Vénus a dérobé les armes de Mars* qui est endormi. Elle a subjugué Mars, dieu de la violence et de la guerre. Elle regarde son Mars. Tout est pudique. Quatre enfants, ou quatre amours, aux pieds animaux, les entourent et tiennent la lance de Mars. Le premier est casqué : il ne voit rien. Un autre rit et regarde en arrière. Le troisième sonne du cor dans l'oreille de Mars. Le dernier a l'air béat, il regarde le ciel. Bon : l'amour est aveugle, l'amour est sourd, l'amour regarde en arrière et il est naïf. C'est évident. Mais la tête de Mars qui dort est entourée de guêpes. Est-ce pour cela que Vénus demeure si réservée ? Même s'il est voulu pour faire plaisir à la famille Vespucci (allusion au nom Vespa : « Guêpe » en italien), ce détail fait entendre un autre indicatif.

C'est ma question pour un sermon de mariage. Doit-il passer sous silence les trois états du rayon de miel : le miel sans les abeilles ; le miel avec les abeilles, enfin pas de miel mais seulement des guêpes ? Le symbole du rayon de miel en laisse peut-être deviner autant qu'une enquête sur la sociologie ou la philosophie de l'amour humain.

Au fond, trois choses sont finalement intéressantes sur terre : l'amour humain, l'amour mystique et l'amour trinitaire. Dans *les Adieux du Christ et de sa mère*, Gérard David, à Munich, à Bâle comme au Metropolitan de New York (où la Vierge est pourtant plus implorante) livre, par sa retenue même — et davantage qu'Altdorfer dans ses poses théâtrales — le lien entre ces trois amours. Aucune description, aucune dialectique jamais n'épuiseront ce mystère. Pourtant, dans les tableaux de Gérard David, tout est dit : « C'est toi qui comptes. — Non, c'est Toi, mon Seigneur. » La croix ouvre sur une blessure mais d'amour infini. « C'est toi qui comptes. Que ta volonté soit faite. »

GÉRARD DAVID,
1460-1523 : *Les Adieux du Christ à sa mère*
(7 × 11,5 cm). Bâle
Oeffentliche
Kunstammlung,
Kunstmuseum.

CHAPITRE 6

Le Caravage et Mozart

Le Caravage est mort à trente-neuf ans, banni de Rome à cause d'un duel stupide. Il aura autant marqué que Giotto. *La Vocation de saint Matthieu* dans l'église Saint-Louis-des-Français à Rome est sans doute l'un des tableaux les plus chrétiens de toute l'histoire de la peinture. Saint Pierre s'efface devant le Christ. La lumière arrive par une lucarne qu'on ne voit pas. On est mis en présence d'un récit dramatique, sans paroles. Seul Matthieu assis à la table des changeurs regarde vraiment le Christ. Il pourrait encore ne rien voir. Mais de sa propre main il se désigne lui-même. Il est brusquement devenu « ailleurs ». Deux adolescents se retournent, à peine curieux de ce qui les a dérangés. Deux changeurs n'ont rien perçu, ils examinent les pièces de monnaie dans la position légèrement crispée que Caravage emprunte à la *Danse des morts* d'Holbein où les joueurs de carte restent inconscients devant l'apparition de la mort, tendus comme ici vers leur argent. Toute la discrétion de l'appel de Dieu est dite par la main du Christ. Le Caravage s'est souvenu de la main d'Adam recevant la vie de Dieu dans la fresque de Michel-Ange à la chapelle Sixtine. Ici, la main du Christ est offerte plus que tendue, proposée plus que désignante. Jésus laisse Matthieu se désigner lui-même.

LE CARAVAGE : *La Vocation de Saint Matthieu* (détail), 1598-1601. Rome, Église Saint-Louis-des-Français.

MICHEL-ANGE : *La Création de l'homme* (détail), vers 1510. Rome, chapelle Sixtine.

Avec une intuition de génie, Le Caravage reprendra dans une des dernières œuvres de sa vie, exactement le même geste que celui du tableau de *la Vocation de Matthieu.* Comme à Saint-Louis-des-Français de Rome, la lumière arrive dans le dos du Christ. Mais cette fois-ci la position de la scène est inversée. Le Christ est à gauche. A la même place que celle de saint Pierre, un groupe de personnages regardent le Christ, surpris, étonnés. Deux femmes ont remplacé les changeurs d'argent, mais ici elles sont profondément attentives, non pas au Christ, mais à celui qui est le partenaire du Christ et dont, comme pour la Vocation de Matthieu c'est la main droite qui reçoit tout l'influx de la vie divine. Il ne s'agit plus d'une vocation mais d'une résurrection. Le tableau, l'un des plus grands qu'aura peints Le Caravage, est saisissant. C'est *la Résurrection de Lazare* au Musée National de Messine. Même fond noir qu'à Rome, c'est encore la même main, celle de l'Adam de Michel-Ange, qui sert à exprimer le pouvoir du Christ. Ainsi de la Création de la Sixtine à la Résurrection de Messine le cercle est bouclé.

Lazare n'a aucune des positions habituelles qu'on lui connaît. Il est porté par les serviteurs et écarte les bras. Il a exactement la position d'un crucifié. Son visage pend encore en arrière, inerte. Seule la main droite se lève vers le ciel. Elle reçoit l'influx divin, alors que la main gauche tombe vers la terre jusqu'à frôler un crâne de mort. On sent que toute la vie de Dieu vient de cette lumière qui arrive d'ailleurs, passe par-dessus l'épaule et « le bras étendu » du Christ, comme elle passe dans les Psaumes par la puissance de Yahveh lorsqu'il a sauvé son peuple. Ici, la main du Christ rend la vie à Lazare avec la même discrétion qui invitait Matthieu à découvrir sa vocation, celle d'une main d'une douceur infinie. « La » lumière provoque la main de Lazare à se dresser, glisse déjà le long de ce corps qui attendait, mais dont la posture même révèle à son Sauveur ce que cette résurrection lui coûtera : être à son tour lui aussi crucifié.

A Rome ou à Messine, on pense au Concerto pour piano n° 24 de Mozart. Tout s'y conjugue, comme les regards et les mains se conjuguent chez le Caravage entre le Christ, la lumière, saint Pierre et saint Matthieu. Je ne connais aucun raccourci qui puisse mieux donner à voir ce qu'est l'ébranlement d'une vocation dans une vie humaine, que la comparaison des deux visages de Matthieu et de son jeune compagnon de gauche. Ce dernier a beau s'appuyer du coude sur l'épaule de saint Matthieu, il ne voit rien. Seul le regard de Matthieu « écoute ».

Chez Mozart c'est la même complicité secrète entre le piano, les cuivres et l'orchestre, pour que peu à peu le thème secondaire, la sérénité après l'orage, occupe, comme chez le Caravage, la place du premier sujet. Rien n'exprime aussi bien une vocation que cette sérénité interrogatrice de Matthieu. On pense à la réserve avec laquelle Andrei Roublev évoque le mystère de l'Église dans l'icône de *la Trinité*. Un arbre s'élève en arrière-plan comme s'il sortait du repas même de la Sainte Trinité. Il s'efface dans le dos du Saint-Esprit. Ses branches peuvent alors nourrir les croyants, la sève vient de Dieu.

Il a été écrit des livres et des livres de théologie, il a été composé des traités de réflexion, il a été constitué une commission ou plutôt une « Congrégation » par le Concile de Trente pour se préoccuper des rapports de la grâce et de la liberté, c'est-à-dire de l'Esprit, médiateur entre l'inspiration de Dieu et l'action de l'homme. Comment dire cette involution bienheureuse, comment exprimer cette interaction de deux amours qui se respectent bien que l'un soit créateur de l'autre ? Si nous évoquons ici Roublev, Mozart et *la Vocation de Matthieu* du Caravage, c'est que la musique, la lumière, un regard, l'expression d'un visage ou d'une main en disent plus long que des pages, des discours ou des livres. On sait lire les livres. Mais il faudrait encore tant d'humilité pour entendre le message des génies, tant d'attention pour apprendre à « écouter » et à « voir ». Tableaux, symphonies ou concertos ne s'expliquent pas d'abord par des idées. Ne serait-ce pas plutôt l'inverse ? La poésie — au sens large — a son langage propre. La peinture dit davantage sur la *tradition théologique* du peuple chrétien que beaucoup de livres. Trois visages de Rouault annoncent les souffrances de 1914 ou de 1940 plus que bien des sermons.

Il faut beaucoup de temps, parfois des années, pour discerner une vocation. Il faut beaucoup de pages ou de paroles pour s'en exprimer. On a recensé entre les années 1965 et 1968 trois cents livres parus en français sur le sacerdoce. Il suffit au Caravage, à Mozart, à Beethoven ou à Monteverdi d'un symbole : le jeu de la lumière ou, en musique, d'une invention, l'écho ou le concerto, pour tout dire du réalisme et de la discrétion de Dieu lorsqu'il nous invite.

Revenons sur le Concerto de Mozart (n° 24 en ut mineur K.491) au risque d'en blesser la musique. Elle peut aider à entendre la « manière » de Dieu. Pourquoi pas ?

Il y a bien une sorte d'ivresse dans la fusion entre l'homophonie (le jeu d'un seul ou le jeu du semblable) et la polyphonie (la conjugaison de deux jeux différents). Or, il s'agit bien d'une conjugaison entre Dieu et l'homme, comme entre deux instruments de musique, de deux forces (apparemment) différentes. Deux forces capables de se mesurer sans que nulle ne soit écrasée : tel était le problème de Mozart. Que le soliste ne soit pas désavantagé par la faiblesse de son volume comme pourrait l'être le son fragile d'un violon lorsque, par exemple, les cors doivent intervenir et mettre tout l'orchestre en mouvement.

Comme il en va du dialogue d'une vocation, le Caravage avec la lumière, Mozart avec la musique ont poussé la rivalité des deux partenaires le plus loin possible — c'était les respecter — mais jamais au point que leur existence cesse de pouvoir être uniquement définie par leur communion mutuelle, dans une écoute réciproque.

Dans la symphonie, la structure musicale révèle un protagoniste mais il risque de compromettre l'unité par un dualisme. Ce n'est plus le cas dans le concerto. Certes, avec l'entrée en jeu du piano un duel serré s'engage. On a l'impression que le solo va être vainqueur. Mais il s'efface. Un second thème apporte la sérénité après l'affrontement de l'orage, après le ton dramatique du premier mouvement de l'orchestre. Le noviciat est fini. Dans le concerto n° 24, on est émerveillé de l'économie de moyens avec lequel se déroule l'échange. Il n'y a pas de chef d'orchestre. Il en est comme de la lumière dans le Caravage : elle fait tout voir — mais elle s'efface. Ainsi du Saint-Esprit. Dans le concerto, c'est le pianiste lui-même qui se lève et l'orchestre est d'autant plus attentif. Le public ne voit le pianiste que de dos. Ainsi de Dieu dans la Bible.

Arrive le moment où l'on ne sait plus qui joue. Le passage s'est insensiblement opéré entre l'orchestre et le piano par les notes les plus proches : celles du hautbois, de la clarinette. C'est le mouvement de la douceur parfaite. Alors le piano peut passer la main. Il n'est et n'a jamais été un concurrent.

Ainsi de Dieu.

Il est souvent imaginé comme un « ob »-jet : c'est-à-dire quelque chose ou quelqu'un, « jeté-devant », qui dirigerait, s'imposerait, déterminerait. Alors qu'on ne le voit pas, sinon de dos comme le pianiste. Comme dans la lumière et la musique, il est peut-être d'autant plus présent... qu'il se laisse oublier. Ce n'est pas parce qu'il est discret qu'il faudrait le penser absent. Il est vrai, il attendra toujours que violons, hautbois, cuivres ou clarinette veuillent seulement lever les yeux vers le piano.

Alors musique et vocation
peuvent naître.

CHAPITRE 7

Grégorien, écho, chaconne et cavatine

Nous sommes timides. Un chant monte du passé pour adoucir notre cœur. Pourquoi accepter d'en être privé ?

Nous sommes mesquins. Pourquoi laisser les circonstances rétrécir l'horizon de nos espoirs, même s'ils ne sont encore que des rêves ? Hélas, nous voudrions aimer.

Nous sommes fatigués, déçus ou ignorants. Notre civilisation aura au moins l'avantage de mettre à notre disposition tous les trésors de la planète : des pharaons de Tanis aux richesses des musées espagnols ; de Fragonard aux trésors du Tibet. Mais quelle « pauvre utilisation en faisons-nous » ?

Il est temps de demander à tous ceux qui entendent la musique des choses de nous partager leur privilège.

Nous sommes riches. Et, du coup, nous n'avons plus assez de disponibilité pour accueillir ce qui est proche, simple, et facile d'accès. Pourquoi oublierions-nous nos chances ? Pourquoi réduirions-nous la beauté à n'être que plaisir passager réservé à des esthètes, alibi pour justifier nos querelles ou occasion pour affirmer nos désaccords ? Rien ne sera superflu pour apprendre à discerner la discrétion et la force, la réserve et l'attirance du meilleur. Serions-nous si sûrs d'y arriver tout seul ?

Un exemple : il est temps de revenir au grégorien et de ne pas le considérer comme une réserve de musées pour âmes nostalgiques. On peut tenir le pari d'initier les plus indifférents. Il suffit d'une demi-heure par an. J'en ai fait l'expérience au Japon.

Pourquoi ne pas se laisser séduire par la sublimité affectueuse de l'introït du premier dimanche de l'Avent ; par le pressentiment courageux du *Circumdederunt me*, entrée de la Septuagésime ; par l'intime assurance du discours après la Cène, psalmodié autrefois dans les couvents dominicains l'après-midi du Jeudi saint, ou par la disponibilité offrante du graduel ; par la gravité des Ténèbres ou des lamentations de Jérémie du Vendredi des Préparatifs ; par la somptueuse convocation de l'*Exultet* de la Vigile pascale ou l'éclat de l'*Haec dies* de Pâques. Il faut moins de temps pour entrer dans leur secret que pour apprendre à se servir d'une calculette.

On ne pourra jamais donner une définition adéquate du grégorien, non plus que de la musique. On peut seulement, en écoutant ou en chantant, pressentir qu'il ne s'agit plus seulement d'émotions. Certes elles sont très fortes ici puisqu'il n'y a aucun instrument, aucun accompagnement nécessaire, aucun ajout extérieur avec lequel on devrait composer pour exprimer la communion de ce qui est dit entre deux interlocuteurs. Non seulement la place est faite au silence, mais la mélodie n'est destinée qu'à introduire à ce silence qui contient et la musique et les partenaires de cette musique, et cela de l'intérieur même de la « Parole ». Celle-ci vient de l'autre. Avant d'être chantée, la Parole a été reçue de Celui qu'on cherche à retrouver. Comme la fiancée du Cantique en l'appelant a déjà trouvé celui qu'elle désirait, on a, dans le grégorien, déjà entendu de lui une Parole. Elle habite le chantre. Elle a été lue, relue, méditée et intériorisée. Elle remonte à l'âme dans une économie totale de moyens. Elle flotte en sa mémoire comme une anamnèse heureuse. Elle est portée par la seule inquiétude du risque de se lasser dans l'attente de celui qu'on aime. La pauvreté qu'elle révèle n'est plus obstacle, elle devient au contraire la manière même dont l'amour prouve qu'il n'a plus peur de paraître démuni. La musique reste servante mais sans bavardage ou contrainte : elle se sait entendue. Elle n'élève pas la voix. L'adéquation tant désirée avec l'être aimé est déjà présente. L'attente a conduit à la communion et au respect qu'elle suppose. Je ne crois pas qu'aucun acteur, jamais, ne saura aller plus loin dans la nostalgie de tout amour pour dire son adéquation, son attention à la volonté de l'autre à moins d'avoir d'abord « chanté » les Passions grégoriennes selon saint Matthieu et saint Jean. Heinrich Schütz et Jean-Sébastien Bach s'en sont inspirés. Ont-ils approché davantage le mystère ? Les versions cistercienne et dominicaine ont autant de génie que la version romaine du grégorien. Chaque cadence du récitant y ajuste parfaitement la parole à laquelle elle est destinée : stridence sèche pour Pilate ou Caïphe ; hésitation pour Pierre ; respect si délicat pour le Christ. Sublimes préparatifs. On n'a jamais su introduire, attendre, prévenir la parole du Christ comme surent le faire les « inventeurs » de ces Passions. Malraux l'avouait à Guy Suarès : « Personne n'a suggéré le sacré ailleurs que dans le domaine de l'icône ou du chant grégorien. Même avec Beethoven, quelque chose ne va pas. La louange du Christ n'est pas le reflet du Christ. Les théologiens disent qu'ils appellent "le sacré" ce qui appartient à Dieu en tant que Dieu.

A partir de l'époque où le génie a quitté les moyens du symbole pour ceux de la représentation, ou, en musique, de l'émotion, le sacré a disparu. » (10 juin 1973.)

Cette résonance propre au grégorien donne sa profondeur et son site à la prière. Elle ajuste à la délicatesse divine. Elle aide à passer à la vraie vie dans la ténèbre lumineuse de la foi. Elle se fait métier et trame où l'histoire intime du Christ devient l'étoffe même de l'existence, là où se purifient et se tissent dans le secret nos nostalgies. Il n'y a plus à repousser l'instinct lorsque le grégorien nous aura saisis. On est proche de l'essentiel : la correspondance avec Dieu dans la plus grande pauvreté des moyens. La « correspondance »... cela que poursuit toute poésie, tout amour, toute religion : s'ouvrir à l'honneur de partager la pensée divine, dans la pauvreté du cœur.

On peut poursuivre le rapprochement entre icône et grégorien. La musique a d'autres secrets.

Je pense à la cavatine du 13e quatuor de Beethoven. Une cavatine ? Beethoven a repris la finale du 13e quatuor pour en développer toute l'intuition dans le 16e et dernier. La cavatine du 13e quatuor enseigne encore la vie de prière. Une cavatine ? Un air court, sans reprise, sans deuxième partie. On voudrait en revenant chaque jour à la prière qu'il y ait une deuxième partie. On aimerait remettre le disque, prolonger les paroles, rester dans la sonorité. C'est toute la rigueur du silence dont aucun initié ou charismatique ne peut prétendre se dispenser. Après tout morceau qui a éveillé une émotion, il n'y a que deux voies : remettre le disque ou bien entrer dans le silence, qui contient et la musique et la présence dont elle est le serviteur. Celui qui préfère remettre le disque, prouve peut-être par là même qu'il ne sait pas encore ce qu'est la communion de l'amour.

Le grégorien apprend la correspondance savoureuse, discrète et amoureuse pour écouter une « Parole ». Les quatuors introduisent au refus de la gourmandise : ne pas diminuer Dieu en prenant impressions ou états d'âme pour sa présence ; préférer le silence à l'appétit.

J'ajouterai un troisième exemple. Si l'on a une fois imploré, une fois prié, on est devenu contemporain des plus grands, capable de les comprendre et du coup de leur demander leur aide. Ils sont finalement eux-mêmes les serviteurs de ce qui est l'ultime raison de vivre : partager une vie divine. Alors les *Jubilus* de Vivaldi, les *Magnificat* de Monteverdi, *Israël en Égypte* de Haendel, un choral de Bach, un quintette du Padre Soler ou une étude symphonique de Schumann peuvent sauver notre sensibilité.

Un ami très cher m'appelle un jour juste avant de mourir. Sa révolte apaisée, je pouvais lui apporter la communion. Au téléphone, pour me le faire comprendre, il me demande seulement : « Connaissez-vous *les Vêpres de la Vierge* de Monteverdi ? Venez vite, nous les écouterons. »

En entendant le Magnificat, je percevais ce qui était le génie de cette musique et ce qu'avait compris mon ami : *l'écho*. Une voix commence, une autre reprend, à la même hauteur, ou plus haut, ou plus bas, les voix se combinent d'un côté à l'autre ; le chœur reprend la même pensée, la savoure, l'approfondit. Il ne s'agit plus seulement, comme au début de la musique polyphonique, de voix parallèles, mais de ce moment où la musique elle-même devient un jeu d'échange entre les voix. Cela fut accentué dans la musique vénitienne des XVIe et XVIIe siècles, dont la mode sera reprise dans toute l'Europe. On devine très bien comment Monteverdi en eut l'idée à la basilique San Marco de Venise avec ses deux tribunes d'où les chœurs se répondaient.

La fugue et toutes les formes musicales fondées sur la répétition (chaconne, variations, etc.) sont bien elles aussi l'image de la prière, de la liturgie et de l'oraison. Elles peuvent se réclamer au début de l'idée de l'écho qui s'enrichit. Mais finalement, ce n'est pas l'accroissement de richesses qui maintient l'intérêt, mais le jeu des thèmes dans la permanence de l'idée initiale. Certes, il y a dans *l'Art de la fugue* une véritable multitude de dérivés de cette intuition initiale. Mais, comme dans la prière, ce n'est pas d'abord d'augmenter les idées qui compte mais de rester fidèle à la fascination du début. L'écho apparaît alors comme cette voix qui n'existe pas matériellement et est cependant si réelle. Faut-il l'assimiler à un fantôme, une impression ou un esprit ? Et si c'était Dieu lui-même qui venait suggérer, révéler dans notre propre musique à quelle voix nous sommes accordés ? Il fallait attendre la venue du Fils et la Pentecôte pour que l'on puisse devant Dieu découvrir ce que nous sommes vraiment.

Orphée déchiré par les Bacchantes ne sait plus qui il est, il se découvre condamné à l'enfer et cependant en écho sa voix continue à appeler Eurydice, celle qu'il aime. Monteverdi ne s'est pas trompé en choisissant ce thème pour premier opéra... le premier de l'histoire. C'est aussi la nôtre. Ce n'est plus seulement un contrepoint, ce n'est plus seulement un parallèle. Il y a l'écho de l'homme qui peut renvoyer à Dieu sa propre voix. Dieu a désormais donné à son partenaire de prendre le timbre de sa propre voix. Et Dieu a besoin de nous entendre, d'entendre en nous l'Esprit de son Fils, et Dieu aime alors la voix de l'homme. « *Ne impedias musicam* », demande la Bible. « N'empêchez pas la musique... » (Si 32, 3.)

CHAPITRE 8

Des mains, un visage, une maison

Dans la galerie des portraits des maîtresses des rois de France que Bussy-Rabutin fit peindre, alors qu'il écrivait l'*Histoire amoureuse des Gaules* en son exil désespéré de l'Auxois, le petit marquis s'entête à mettre en valeur le buste des courtisanes. Mais les rondeurs passent. La nostalgie reste.

L'Évangile nous prévient. Un regard peut n'être pas innocent. On a remarqué que, selon les sociétés, la curiosité masculine se portait sur les jambes, la poitrine ou les hanches... Le regard déshabille, espérant posséder. Dans la nécropole royale de la basilique de Saint-Denis, Catherine de Médicis a fait préparer son tombeau à deux âges différents. Chaque fois, nue. Fut-ce fierté, défi ou repentir ? Le contraste est évident entre la poitrine fraîche de la jeune épouse et le torse fatigué de l'âge mûr. Est-ce suffisant pour dire le mystère d'un être ? N'y a-t-il pas d'autres signes pour traduire et révéler une personne ?

Il est un moment dans une vie de prêtre où, sans qu'on l'ait prévu, le mystère de ceux qu'on accueille est saisissant. Il ne s'agit plus de curiosité physique. Et pourtant il s'agit bien d'une rencontre. La plus forte et la plus discrète ; la plus noble et la plus libre ; la plus totale et la plus réservée, avant celle de la mort.

C'est le moment de la communion eucharistique.

On peut encore beaucoup attendre des réformes liturgiques. Aucune n'a donné pleinement ses fruits avant, au moins, cent cinquante ans. Que ce soit sous Gélase, sous Grégoire le Grand, sous Pie V ou sous Pie X. La tradition de s'agenouiller devant son Sauveur pour le recevoir, telle qu'on la pratiquait il y a encore peu, ne manquait certes pas de grandeur. Je suis cependant plus ému en voyant une paroisse tendre la main vers son Dieu pour le recevoir, depuis la réforme de Vatican II. Comme saint Thomas a tendu la main vers les plaies du Christ après la Résurrection, comme saint Pierre a saisi le bras du Christ lorsqu'il enfonçait sur la mer de Galilée, comme Marie-Madeleine au Jardin de Pâques s'est jetée les bras tendus vers son maître.

Devant les mains de ses paroissiens, quel prêtre ne serait pas ému et même beaucoup plus : bouleversé. Mains des émigrés portugais ou africains qui supplient par-dessus les barrières au fond du parc du Bourget lors de la messe du pape Jean-Paul II ; mains des messes du troisième âge, dans telle cathédrale lorsque s'avance une procession de huit cents ou mille personnes âgées présentant inlassablement leurs paumes ravinées, creusées, sculptées. Mains encore incertaines des premiers communiants. Mains des paysans du Jura un Jeudi saint à Porrentruy ou à Delémont... Inutile de s'interroger : ce sont bien des mains de charpentiers, de bûcherons, de menuisiers comme celles du Christ. Elles ont l'air d'être immenses, tellement plus fortes que des mains de citadins. Elles parlent, disent le travail, l'apprentissage, la peine et la finesse, l'habileté, la force et la retenue.

Après la cérémonie, on ne peut s'endormir. Jamais aucun cinéaste n'aura imaginé cela. Le défilé des mains se poursuit. Pas seulement des mains.

Avant d'offrir le corps du Christ, le prêtre présente l'hostie. Il croise alors des regards. Il découvre des visages. L'homme présente à Dieu le miroir de sa face. Pacifiée ou inquiète, presque toujours réservée, parfois distraite mais confiante. On ne s'y attendait pas. Il s'agit toujours de la plus haute rencontre « réelle » sur cette terre. Non pas sensuelle. Bien davantage. Seul moment où vraiment, deux êtres n'en feront plus qu'un. Ici, dans la communion eucharistique, le cœur de tout amour s'accomplit : « Je te mangerai » ; « Je ne veux pas être séparé de toi » ; « Je ne te quitterai plus ». Dieu a voulu être la nourriture de l'homme pour que rien ne puisse l'éloigner de Lui. Ou plutôt, selon la remarque de saint Augustin : « De deux vivants, c'est le plus fort, le plus vivant qui assimile l'autre. » Et Tauler, le mystique rhénan, souligne que c'est au moment où l'homme se ressent le plus indigne et, « réduit en miettes » qu'il est dans la meilleure condition pour devenir comme du bon pain, le pain de Dieu.

On ne s'étonnera donc pas que nous ayons choisi, pour interroger l'art et la poésie, ces deux « analogies » universelles. Plus que tout autre détail ce sont bien les mains et le visage qui traduisent le mieux le mystère de notre être.

On y ajoutera la maison, l'espace. Familial, monastique ou urbain, il cache toujours quelque chose de sacré. Les animaux dissimulent le lieu de leurs rencontres. Les humains en sont fiers. Chambres aux panneaux fleuris d'Ancy-le-Franc, pièces grandiloquentes de Versailles ou tristes de Fontainebleau, chambres somptueuses des villes de Teotihuacan, silencieuses des temples de Kyoto ou éclatantes de Abydos. Toute rencontre appelle un lieu. Lorsque la parole a préparé l'espace pour en faire une demeure, le couple ou la communauté est alors invité à ouvrir cet espace sur un ailleurs qui les dépasse. Laissons donc parler les mains, les visages et les maisons. Le dialogue peut commencer là où la noblesse et la communion, l'esprit et le partage empêchent le pouvoir de s'attribuer le dernier mot.

MAÎTRE DU HAUT-RHIN :
La Madone aux fraisiers,
peinture sur bois
(détail), vers 1430.
Musée de Soleure,
Suisse.

PREMIÈRE APPROCHE

LES PLUS BELLES MAINS DU MONDE

9. La Fiancée juive

10. Les Régentes

CHAPITRE 9

La fiancée juive

A la mi-novembre, les « liturgies » de France s'enrichissent. Chaque année le Beaujolais est « nouveau », comme le prix Goncourt. Puis le prix Renaudot, le Femina, le Medicis sont « nouveaux ». En 1987, un dixième cru classé a augmenté la quantité du beaujolais. Mais le gamay, le côte-du-rhône, le muscadet deviennent à leur tour « nouveaux ». Les vignerons du Beaujolais restent optimistes. Où s'arrêtera-t-on ?

Novembre connaît d'autres liturgies : celle des livres-cadeaux pour Noël ou des livres d'art. Chaque année, il y a le « Citadelles » nouveau, l'« Univers-des-Formes » nouveau. Point n'est besoin d'être amateur éclairé pour les savourer. Comme pour le Beaujolais ou le Goncourt, tous les crus ne sont pas de même cuvée. Il faut attendre novembre en histoire de l'art comme en œnologie. Les années heureuses seront désormais retenues comme les grands crus selon les surprises qu'elles auront apportées. On a ainsi vu arriver une même année deux Fra Angelico ; puis, l'année suivante, un Jérôme Bosch superbe et enfin au complet ; puis la totalité des Scrovegni de Giotto, puis l'œuvre de Roger Van der Weyden, elle aussi enfin au complet. Comment imaginer qu'il ait fallu attendre plus d'un siècle pour que la photographie nous ait permis d'accéder à ces génies ? Il n'y avait encore rien eu de semblable dans toute la littérature mondiale.

Je ne sais si nous imaginons notre chance. Avec quel appétit Émile Mâle, Élie Faure ou Kenneth Clark se seraient jetés sur le volume de Van der Weyden. Il faudrait des chapitres pour commenter celui qu'on peut considérer comme l'un des plus grands peintres religieux de tous les temps. Il a commandé tout le siècle d'or bourguignon et, bien au-delà, toute la peinture religieuse depuis le XVe siècle. Il est désormais sur notre table avec ses rythmes en plans d'ensemble et gros plans. Chaque page coopère à retourner notre regard. Il y a quelques dizaines d'années encore, la théologie utilisait la Bible comme un simple vivier d'arguments pour soutenir des thèses préfabriquées. Ainsi de la peinture : on comprend mieux maintenant qu'elle a son langage propre, et qu'il est aussi riche que celui de la tradition scolaire. Alors laissons-nous rêver devant l'un des retables de Rogier de la Pasture. C'est sûrement une des deux ou trois icônes les plus sublimes qu'homme ait jamais offertes. Pour entrer dans ce mystère, il faut redire l'importance des mains.

La fiancée juive

La main est, paraît-il, l'endroit du corps le plus innervé d'intelligence après le cerveau. En tout cas rien ne parle davantage que certaines mains. Celles par exemple, des *Époux Arnolfini* de Van Eyck à la National Gal-

lery de Londres. C'est tout ensemble un portrait en même temps que le symbole du sacrement de mariage. C'est la paisible affirmation de la fidélité aussi bien que l'évocation de la chair purifiée par la Rédemption. Dans sa composition en abîme, portant le regard à l'infini, grâce au miroir convexe, dans l'ordonnance de part et d'autre d'un axe central, c'est une réussite d'équilibre et de symétrie. L'éclairage discret de la fenêtre, comme dans *l'Annonciation* de Gand et *la Vierge* de Berlin, arrive de la gauche vers la droite, elle nuance l'accord des tons intenses, le violet, le vert, le grenat, le vermillon vivifiés par la note sensible des fruits d'or dans la lumière de la fenêtre. La demeure bourgeoise abrite un poème de certitude et de bonheur. On a, dans les objets usuels, décelé toute une symbolique précise : le chien aux pieds de la mariée est signe de la fidélité, les sabots du marié signalent la sainteté du lieu par allusion à Moïse qui s'était déchaussé pour voir Dieu ; les fruits sur le rebord de la fenêtre évoquent le paradis perdu ; le lustre, superbe, n'a qu'une seule bougie allumée, symbole du Christ ; le miroir du fond présente l'espace intérieur ; il est entouré des images de la Passion du Christ. Dans la surface réduite du miroir — à peine plus grand qu'une pièce de monnaie sur l'original — on voit le couple de dos, mais avec deux autres personnes : ce sont les témoins du mariage. C'est juste. Il suffit qu'ils soient vus de dos, leur rôle n'est que second. On pourrait poursuivre encore l'exégèse de ce petit tableau de 90 sur 60 centimètres, on n'aura rien « vu » si l'on ne s'arrête pas sur les mains et le regard.

JAN VAN EYCK : *Les Époux Arnolfini*, peinture sur bois (détail), 1434. Londres, National Gallery.

La femme repose sa main gauche sur son ventre où l'enfant a commencé de tressaillir. Lui indique, de sa main droite, en même temps son émoi et le ciel, tandis que sa main gauche soutient la paume ouverte et les doigts fins et longilignes de son épouse. Les regards n'ont pas besoin de se croiser, les mains ne se serrent pas, elles se soutiennent.

Il aura fallu attendre 1825 pour connaître l'histoire de *la Fiancée juive* de Rembrandt. Elle avait toujours été désignée sous ce titre traditionnel. Les deux personnages sont probablement juifs. Le terme de « fiancée » est-il assuré ? On a fait valoir que Rembrandt aurait représenté ici une scène biblique, illustrant un passage de la Genèse au chapitre 38, versets 14-18, qui conte l'histoire équivoque de Juda et Thamar. *A priori* cette explication ne peut être rejetée. (Un élève de Rembrandt, Aert de Gelder a, par la suite, pris ce même récit pour sujet d'un tableau qui est au Mauritshuis.) On a aussi voulu voir dans cette œuvre de Rembrandt une image d'Isaac et Rébecca au moment où Abimélech les épie. Il est possible que le tableau soit également le portrait d'un couple juif et peut-être même d'un couple de fiancés ? Le tableau lui-même conduit-il à cette interprétation ?

REMBRANDT : *La Fiancée juive* (détail), 1665. Amsterdam, Rijksmuseum.

Pour qui s'arrête devant ce chef-d'œuvre, une chose domine au premier abord : l'impression irradiante qu'on en reçoit. Comment décrire la composition sobre et sûre, fortement concentrée, des deux personnages, qui s'enlève sur un fond à peine esquissé ? Comment dire la profusion des perles et des autres bijoux ; la richesse des couleurs des habits, appliquées en larges touches ? Le secret est ailleurs. Il est dans le mouvement timide des *mains*, si surprenant qu'on a l'assurance d'être bien devant des fiancés. C'est par les mains que Rembrandt retrouve une tendresse semblable à celle des *Époux Arnolfini* de Van Eyck. Mais plus explicite, plus enveloppante bien qu'aussi respectueuse. Les doigts de la fiancée soutiennent la main de son futur époux qui repose sur son sein. On pense aux deux mains de la Vierge et du Christ dans la *Pieta* d'Andrea del Sarto à la Galerie Palatine de Florence : leurs deux mains dont on ne sait si c'est celle du Christ mort qui maintient sa Mère en vie ou celle de Marie qui accompagne de sa compassion le Christ reposant.

MATTHIAS GRÜNEWALD : *Retable d'Issenheim*, peinture sur bois (détail : la mise au tombeau), vers 1512-1516. Colmar, Musée Unterlinden.

On peut alors se tourner vers Grünewald, dix ans plus tôt. Plus expressive encore que la Crucifixion de Washington, de Bâle ou de Karlsruhe, celle du *Retable d'Issenheim* à Colmar ne laisse plus parler que les mains. Celle de Jean-Baptiste désigne, elle est deux fois plus grande qu'une main normale. Il est le prophète qui indique l'Agneau de Dieu, immolé. Les mains de Marie-Madeleine sont torturées, les doigts distordus : « Où avez-vous mis celui que j'aime ? » Les mains de Marie sont jointes et suppliantes : « Que votre volonté soit faite. » Enfin, les mains du Christ sont crucifiées mais offertes. Osera-t-on après cela, encore disserter ? Toutes ces mains introduisent au silence. Bien sûr, il y a aussi les mains des ermites, des anges, des démons tentant saint Antoine, de l'enfant de la crèche jouant avec le chapelet de sa mère ou de l'ange de l'Annonciation, exact précurseur de Jean-Baptiste près de la croix (de même que les langes de la crèche sont d'une facture identique au perizonium qui enserre le Crucifié). Tout le mystère est présent : l'ombre de la croix est déjà portée par la crèche.

ENGUERRAND QUARTON : *Couronnement de la Vierge* (détail), 1453-54. Villeneuve-lès-Avignon, Musée Pierre de Luxembourg.

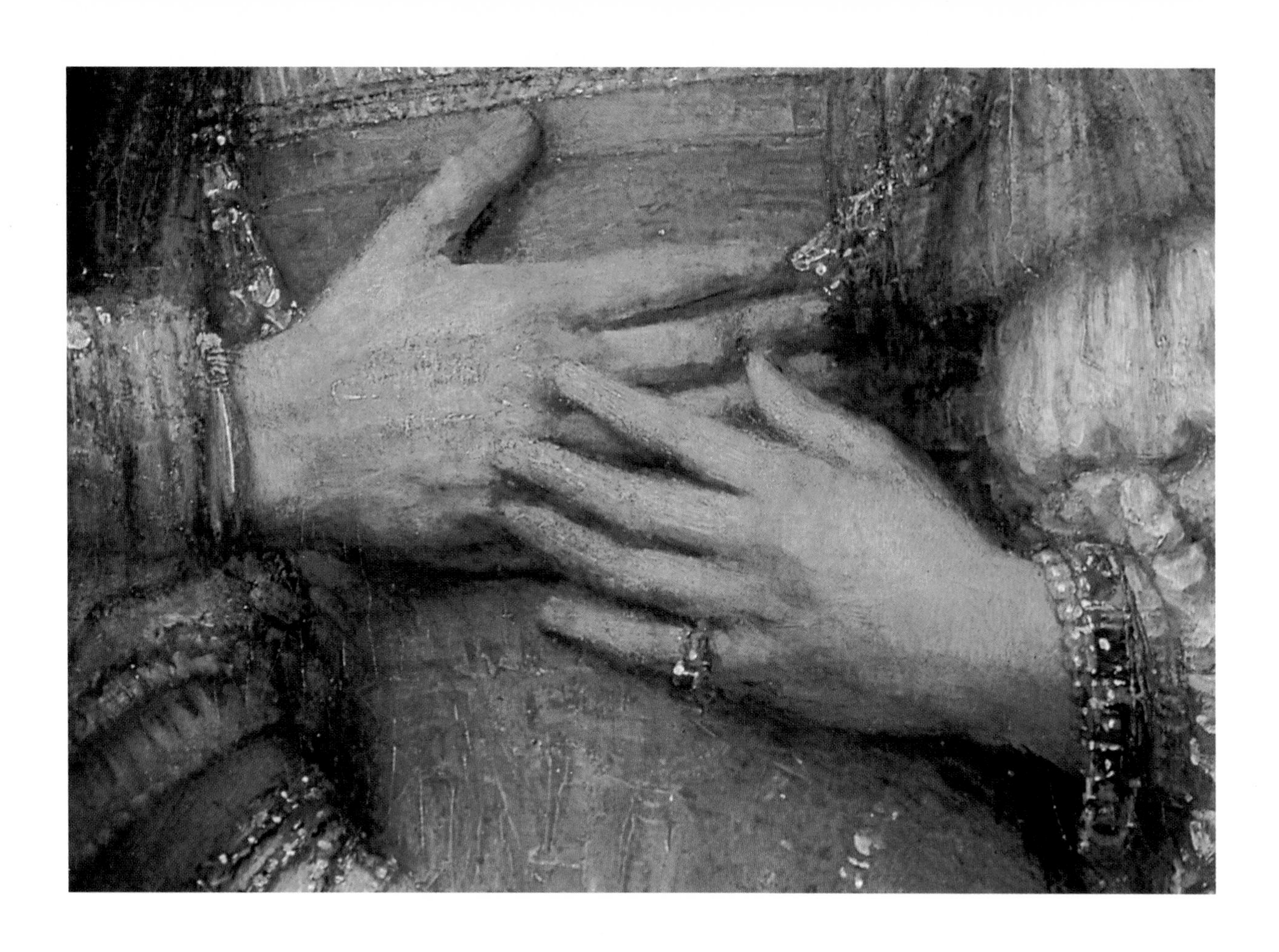

MATTHIAS GRÜNEWALD : *La Vierge* (détail de la mise au tombeau du Retable d'Issenheim). Colmar, Musée Unterlinden.

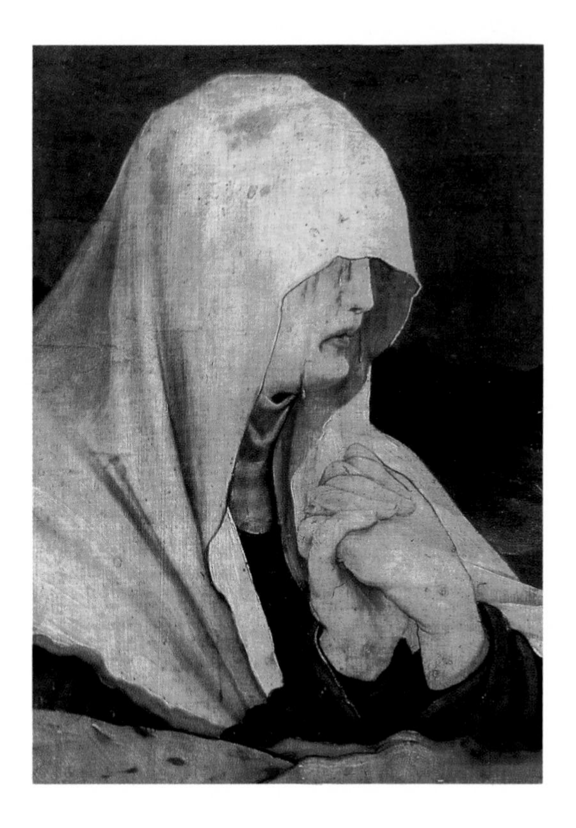

Miroku Kannon

Avant d'arriver à Rogier Van der Weyden, il faut une autre préparation. Un millénaire avant l'Occident, le Japon avait su dire, aussi par des mains, la compassion, la méditation et le mystère. Comment ne pas être fasciné au Horyu-ji de Nara par l'élongation flottante de la silhouette de Kudara Kannon. Alors que l'Occident n'en était qu'aux mœurs des rois fainéants, les moines bouddhistes savaient que la pitié est au cœur de toute religion. Ils avaient su représenter, aussi douces que les collines qui entourent Ikaruga, les modulations du corps de Kannon, symbole de la compassion. Bras allongés, une main ouverte, l'autre offerte, tendues vers la terre pour donner aux hommes le remède aux détresses de la vie. Le Trésor national japonais propose l'exemple sublime des mains de Yumegatai Kannon et de Yakushi Nyorai, la même tendresse du Ciel pour l'homme, des mains, qui expriment douceur, pitié et compassion. Quand un chrétien s'attache au mystère de Marie, il pressent la même lumière. Irons-nous dire qu'il s'agit seulement d'un détail à reléguer au rayon de la « dévotion » ?

Miroku Bosatsu, 623, époque Asuka, Kyoto, Koryu-ji.

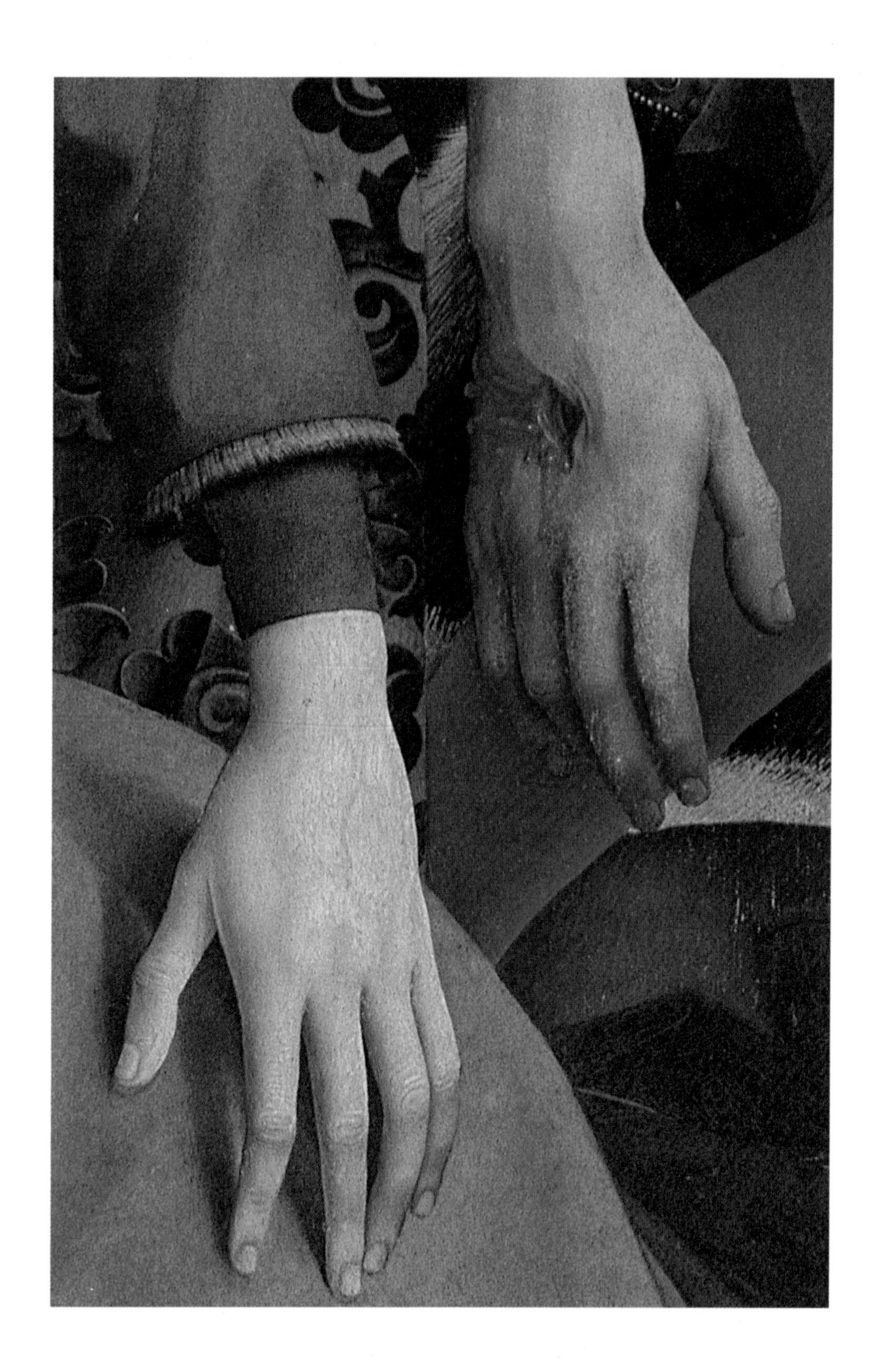

Pour qu'on retienne bien la leçon, au Toshodai ji, c'est un buisson de mains qui rayonne de Senju Kannon Bosatsu : « Kannon aux mille mains ». Alors au Koryu ji de Kyoto, Miroku Kannon peut, avec une réserve totale, d'une main parfaite de discrétion, désigner à nouveau le ciel.

Imaginez *le Penseur* de Rodin. La même pose. Mais au lieu d'avoir l'allure d'un bûcheron, il a la finesse d'une Vierge de Memling. Débarrassé de toute angoisse, le regard est pacifié, parfaitement intériorisé. Le personnage est revêtu d'une grâce féminine bien que l'on ne sache pas si c'est une femme. Les doigts longilignes ne soutiennent pas le menton. Ils ont l'attitude classique du Vitarka Múdra : du « sceau du raisonnement » où le ciel et la terre se rejoignent. On m'avait prévenu : « Vous allez voir la plus belle statue du monde. » Il n'y manquait que les stigmates.

Alors, Rogier Van der Weyden ? C'est encore plus grand que la plus belle statue du monde. Il a bien entrevu le même mystère de compassion que Rembrandt ou Grünewald, mais j'ose dire avec un génie et une profondeur inégalés. Moins âpre que Van Eyck, plus ferme que Memling, ce sont ici aussi les mains qui expriment l'essentiel. Van der Weyden ne se limite pas à dire la piété ou la tendresse. Il exprime le partage du mystère lui-même dans cette « icône » des plus prestigieuses qu'ait produites la peinture occidentale à sa naissance : *la Déposition de croix* de l'Escorial, que Philippe II fera recopier cent ans plus tard par Miguel Coxie. Les corps du Christ et de Marie ne se touchent pas. Celui du Christ, dans l'abandon aux mains des hommes, est l'un des plus beaux jamais représentés. Il est détaché de la croix, mais il n'est pas encore déposé sur la terre (comme Van der Weyden le représentera dans *la Déposition de croix* du temps de sa vieillesse). Ici, le Christ est encore porté par les disciples. C'est la Vierge qui, désormais, est devenue elle-même la croix. Elle va recevoir le Christ. Mais pour l'instant, elle est à son tour atteinte par la mort. Elle est en pâmoison. Ses bras ont perdu la rigidité de ceux de la croix. A travers la Vierge, c'est la croix elle-même qui s'incline vers la terre. Le Christ n'a pas encore rejoint cette terre. La Vierge, elle, n'a pas quitté la terre. Son corps l'épouse. La douleur l'a atteinte, son visage reste cependant droit. Au-delà de la beauté du Christ et des splendeurs des draperies, ce sont finalement deux mains qui attirent et retiennent le regard. Elles occupent le centre du tableau. A l'opposé de beaucoup d'autres Piétas, les mains du Christ et de la Vierge restent à distance l'une de l'autre : la droite du Christ et la gauche de la Vierge sont parallèles, descendant le long de la verticale du

ROGIER VAN DER WEYDEN : *La Descente de croix*, peinture sur bois (détail), vers 1440. Madrid, Museo del Prado.

ciel vers la terre. Elles n'ont pas besoin de se rencontrer, elles sont livrées l'une à côté de l'autre, l'une porte les stigmates des clous, l'autre désarmée. Toutes deux signifient l'abandon à la même volonté de Celui à qui elles se sont totalement remises. Les visages ne sont pas hiératiques. Ils sont seulement tous arrêtés devant le mystère. Au Metropolitan de New York, Van der Weyden garde la même retenue lorsqu'il met en scène *Le Christ apparaissant à sa Mère après la Résurrection*. Le Christ n'a toujours que ses stigmates à présenter. Des pleurs coulent encore le long du visage de Marie. Les mains de la mère s'élèvent, surprises et accueillantes mais réservées. La main du Christ stigmatisée bénit ou plutôt protège. Elle parait plus grande que les autres. Comme à la Croix, ce sont les mains du Fils et de la Mère qui disent le silence, la communion, la confiance.

Le Greco ne comprendra pas que ce mystère est désormais au-delà du besoin de contact charnel. Dans son tableau : *la Rencontre du Christ et de sa mère après la Résurrection*, au musée-hôpital de Santa Cruz à Tolède, à l'encontre de ce que le Christ disait à Madeleine : « Ne me touche pas », le Ressuscité prend la main de sa mère, il la tient, la soutient, la caresse. On est sensible à la tendresse du geste imaginé par Greco mais on a perdu le mystère. Après le tombeau et la Résurrection, le Christ n'a plus voulu être touché que par ses plaies. Van der Weyden l'a compris. Avec les mains de *la Fiancée juive*, qui exprime mieux les rapports du Christ et de Marie, leur tendresse au-delà de la mort ?

Les plus belles mains du monde ? Je l'ai dit. Un prêtre a le privilège de les découvrir lorsqu'il célèbre la messe pour une assemblée du « troisième âge », et que les mains des vieillards se tendent pour y recevoir la communion. C'est là que le Christ a voulu être reçu. Comme chez Van der Weyden. Nos mains : le tabernacle de Dieu...

Est-il besoin d'aller chercher Rebecca, Thamar ou « une » fiancée pour préciser le sujet de *la Fiancée juive* de Rembrandt ? Et s'il s'agissait simplement de « la » fiancée ? Cette vierge de Nazareth, « fiancée à un homme du nom de Joseph ». Leurs mains expriment bien en même temps la confiance silencieuse de Joseph et la tendresse sublime d'une vierge enceinte, totalement humaine et totalement chaste.

CHAPITRE 10

Les Régentes

Au garçon de café de la Coupole qui regimbe en critiquant la peinture moderne parce qu'elle lui paraît incompréhensible, Picasso répond : « Et le chinois, vous comprenez ? Pourtant ils sont des millions à le parler. » Mallarmé avait déjà renvoyé un interlocuteur réticent. Il raconte à Léon-Paul Fargue : « Ce Monsieur voulait comprendre mon poème en un quart d'heure, alors que j'ai mis quinze ans pour le faire. »

Les grandes vérités n'avancent que masquées.

Certains noms font grincer. Picasso a été — ou est — de ceux-là. Il ne s'agit pas d'amener qui que ce soit à aimer la peinture de Picasso. Elle ne prétend pas être aimable. Ce n'est plus le problème. Si l'art paraît avoir parfois renoncé à chercher la beauté, on ne peut pas rayer les artistes de la carte. Il en va d'eux comme de la terre : « Et pourtant, elle tourne. » On ne peut prétendre enlever Picasso de notre atlas intérieur parce qu'il déplairait. Il ne s'agit ni de snobisme, ni d'apologétique, ni d'avant-garde. Picasso n'a pas besoin de nous. Lorsque le monde est désespéré, il ne nous attend pas. Il est. C'est tout. « Et pourtant, elle tourne... »

« Si mes disciples se taisent, les pierres crieront pour moi. » Ce ne sont plus seulement les pierres qui crient aujourd'hui comme dans l'Évangile. Ce sont des hommes. Certes un cri dérange toujours. Le père Lacordaire avait raison à l'aurore de l'époque moderne : « Rien ne se fera de bon pour l'homme, si on ne l'aime pas », malgré ou à cause de son cri.

Pour la dernière fois en Occident, les foules auront, au printemps 1988, défilé devant *les Demoiselles d'Avignon* de Picasso. On faisait la queue à l'hôtel Salé et la lente procession des Parisiens au coude à coude a scruté les sept cents documents réunis pour préparer le tableau avant que la stupeur ne les arrête devant les « Demoiselles ». Le journal de l'exposition se termine sur les diverses interprétations possibles de l'œuvre fondatrice de l'art du XXe siècle. Cela amène un rappel banal : Il faut du temps pour pénétrer une œuvre. *Les Demoiselles d'Avignon* ont donc fait leur ultime voyage transatlantique.

Picasso a vingt-cinq ans lorsqu'il leur donne naissance. Pendant des mois il en est inquiet. Il s'interroge et interroge fébrilement ses compagnons. L'accueil est mêlé de stupeur. Braque, Matisse, Derain eux-mêmes sont déconcertés.

Que veut dire ce harem hiératique ? Il faudra attendre soixante ans pour savoir qu'une des demoiselles avait d'abord eu la forme d'un étudiant en médecine portant une tête de mort et qu'un marin s'est éclipsé du tableau et, avec lui, l'anecdote. Les cinq femmes ne sont ni des baigneuses, ni des modèles, mais cinq prostituées, et comme les hommes qui les occupaient sont partis, c'est désormais le spectateur qu'elles sollicitent de leur regard insistant. Les figures se sont figées dans des draperies qui semblent solidifiées. Le tableau est comme éperonné par la table basse qui porte les fruits. Que dire des deux femmes de droite aux masques inquiétants ? Il faut du temps. Un plan de télévision ne dépasse jamais dix secondes... Combien de temps pour entendre ces Demoiselles silencieuses ?

GIORGIO DE CHIRICO : *L'Énigme de la Fatalité* (128 × 95,5 cm), 1913. Bâle, Kunstmuseum, Emmanuel Hoffman-Stiftung.

AUGUSTE RODIN : *Main crispée*, bronze (45,8 × 31,4 × 19,2 cm), vers 1880. San Francisco, The Fine Arts Museum, don Alma de Bretteville Spreckels.

AUGUSTE RODIN : *La Cathédrale*, pierre (64 × 31,8 × 35 cm), 1908. Paris, Musée Rodin.

MATTHIAS GRÜNEWALD : *Retable d'Issenheim* (détail de la Crucifixion), Colmar, Musée Unterlinden.

Non seulement il faut du temps mais il faut peut-être aussi n'exclure aucun indice. C'est une loi secrète de l'interprétation comme de la graphologie : d'apparence mineure, un indice peut modifier tout le sens de l'écriture. Chacun croit avoir trouvé « la » clef. Prenons celles qu'on nous offre, mais gardons soigneusement les autres. Elles peuvent toujours servir.

Pour la Bible on a proposé successivement des lectures grammaticales, sémantiques, historiques, littéraires, structurales, analytiques, matérialistes... Chacune chargée de l'ultime secret. Tous les trois ans, ou plus vite encore, une nouvelle interprétation arrive sur le marché intellectuel, qui ne rend pas obsolètes les précédentes, mais relativise la prétention de toute méthode à tout expliquer. Gardons le positif de chacune sans nous sentir obligés par les exclusives des exégètes, voire leur terrorisme. La leçon de la peinture est utile pour la Bible, la théologie, la foi ou... la vie. Revenons à deux exemples. Ils sont précieux. *Les Demoiselles d'Avignon* de Picasso et *les Régentes* de Frans Hals.

Les regards de l'angoisse

De ces *Demoiselles*, le catalogue raisonné donne six lectures possibles. On pourrait en compter davantage. Des *Régentes*, cinq lectures sont au moins nécessaires. Ce n'est pas détour inutile de les rappeler. Le seul fait qu'il y ait plusieurs lectures possibles montre bien que l'essentiel est au-delà. Pour *les Régentes* comme pour *les Demoiselles*, ce secret est ici celui des

visages et des mains. Il dépasse toute parole. La science de l'interprétation, l'herméneutique, a ses limites. Elle sera toujours comme la bonne qui prépare le lit mais n'a pas pour mission de se coucher dedans ! Après les paroles, après les réflexions, après les dis-cursus qui préparent le lit, après les agencements et les raisonnements, après les interprétations et les exégèses qui relèvent encore de l'action de transition et de fabrication arrive une tout autre opération qui, seule, est le but de l'esprit : co-naître, naître avec, communier. C'est le moment *où l'on ne fabrique plus* des idées ou des schémas. On est devenu l'autre. L'esprit du zen comme la philosophie d'Aristote et de saint Thomas d'Aquin ont compris avec génie que c'était le secret du connaître. Non plus manipuler des concepts, mais être l'autre, sans pour autant devenir autre. On peut connaître la pomme sans devenir rond ni avoir des pépins. On la connaît par cela même qui la fait exister. Elle habite l'esprit et on l'habite, différemment et cependant aussi fortement que par la pulpe ou les molécules qui la constituent. La connaissance poétique n'est plus discours. Elle est intuition, communion, extase et enstase.

On peut réduire *les Demoiselles* à cinq interprétations.

Pourquoi ce *sujet scabreux* ? Puisqu'il ne s'agit pas de « demoiselles » mais de « filles » d'une maison publique ou d'un cabaret, non pas d'Avignon mais d'une rue de Barcelone voisine de celle où demeurait le peintre : la « Calle d'Avinyó », ou bien de « el carrer d'Avinyó », proche de la demeure de ses parents, où Picasso achetait son papier et ses couleurs d'aquarelles. Les protagonistes et la mise en scène sont bien clairs. Cinq femmes nues accueillent parmi elles deux hommes, l'un vêtu de bleu assis au centre, l'autre en costume marron portant un objet rectangulaire, peut-être un livre. Sur certaines esquisses, il porte une tête de mort. Détail non négligeable. La scène se passe dans un lieu clos par des tentures. On trouve là de quoi se désaltérer, de quoi se nourrir : des tranches de pastèque. L'homme au centre est un marin. L'homme qui entre à gauche soulevant la tenture d'une main est un étudiant en médecine, un carabin. Il changera de sexe dans le tableau définitif et deviendra femme alors que le marin aura disparu. Le titre premier était explicite, « le bordel philosophique ». Il ne faudra pas oublier « philosophique ».

Une deuxième interprétation puise sa lumière dans les influences que subit Picasso. D'abord celle des sculptures ibériques exposées au Louvre dans l'hiver 1905 à la suite des fouilles archéologiques faites en Espagne à ce moment-là. Depuis mars 1907, Picasso possède deux petites têtes sculptées que le secrétaire d'Apollinaire a volées au Louvre ! Puis l'influence de sa visite aux collections du Trocadéro : art africain et océanien. Puis *la Vision de saint Jean* du Greco que son ami Zuolaga a dans son atelier ainsi que *le Bain turc* d'Ingres ; *les Baigneuses* de Cézanne qu'il voit chez Matisse en 1906 et l'étrange figure d'*Oviri* de Gauguin, au Salon d'automne de 1906. Ajoutons *le Nu bleu* de Matisse et *les Baigneuses* de Derain.

Et après ? Claudel ne se résout pas par l'équation : « Eschyle + Shakespeare = Claudel ». Surtout qu'il faudrait aujouter pour Picasso, par exemple, les réminiscences des portails des églises romanes de son pays catalan. Il est facile de repérer que la Vierge de Cabestany ou le Dévot Christ de Perpignan sont étrangement proches des Demoiselles par l'étirement du visage.

On ne peut mettre entre parenthèses une autre interprétation : l'analyse formelle de l'œuvre. Ce tableau est fondateur de l'art du XXe siècle et, à quatre-vingts ans de distance, les réactions des contemporains en rappellent le choc. Nous sommes non seulement à la source du cubisme mais au départ d'une révolution. Or, même les compagnons les plus proches de Picasso ne l'ont pas perçue ou plutôt leur surprise prouve bien la nouveauté, qui inquiétait Picasso lui-même. Il reste fébrile et soucieux pendant des mois. Les étapes publiques des *Demoiselles* révèlent la crainte qu'elles inspirent. Il faut attendre dix ans pour qu'elles fassent leur première sortie publique dans les salons du couturier Paul Poiret. Puis quinze ans pour qu'elles soient achetées, sur l'insistance d'André Breton ; puis presque vingt ans, pour qu'elles soient reproduites ; et trente ans encore pour qu'elles accèdent à la dignité d'être exposées une deuxième fois. L'œuvre majeure de tout le XXe siècle aura mis trente-cinq ans pour être admise dans un musée (le Moma de New York).

A leur naissance, Kahnweiler est frappé de stupeur ; Braque pense que peindre ainsi c'est « comme si on buvait du pétrole ou mangeait de l'étoupe enflammée ». Matisse se fâche et parle de « couler » Picasso. Un critique polonais croit à un « coup de chien » de la part du peintre. Un collectionneur russe et ami en pleure. Seule Gertrud Stein reconnaît que se dégage « quelque chose de douloureux et beau, de dominateur et prisonnier ». Les amis, Max Jacob et Apollinaire, se taisent.

La toile restera montée sur son châssis dans un fond d'atelier, puis roulée pendant des années rue La Boétie.

Faut-il éliminer l'interprétation *moralisante* proposée par certains lorsqu'ils découvrent qu'un des protagonistes était un étudiant à la tête de mort ? Devant ces dames c'est le rappel : « Souviens-toi que tu es mortel. » Au seuil d'un lieu de plaisir la vertu rappelle la vanité des choses humaines.

Restent deux pas à franchir. Simplement oser *regarder ce qui est* : la sexualité manifestement exposée au regard du spectateur, que la sollicitation des femmes concerne directement puisqu'elles le regardent. Cela traduit évidemment une préoccupation profonde de Picasso. Il ne s'agit pas seulement d'une métaphore sexuelle.

C'est ici que les regards et les visages obligent à aller jusqu'au bout. Il s'agit d'un tableau « d'exorcisme ». C'est que Picasso avoue à Mal-

PABLO PICASSO : *Tête de femme*, pastel sur papier (61 × 50 cm), 1907. Paris, Musée National d'Art moderne, centre Georges-Pompidou.

PABLO PICASSO : *Buste de femme nue* (81 × 60 cm), 1907. Collection privée, Suisse.

raux. Ultime étape, pendant les dernières années de Picasso, entre ses quatre-vingt-cinq et ses quatre-vingt-dix ans, le peintre se bat frénétiquement non seulement avec son modèle mais avec les étreintes et avec son autoportrait. Il ramène à l'essentiel. C'est la lutte de la mort et du destin, de l'amour et de la poussière. Les foules qui se sont précipitées à l'hôtel Salé étaient frappées de stupeur et de silence. Devant le regard des *Demoiselles d'Avignon*, le spectateur se sentait regardé, pesé, testé par ces visages féminins. Ici se manifestait la force de ce que nous avons isolé comme médiateur d'une présence : les regards et les mains. Les mains levées, autant en signe de détresse offerte, voire crucifiée, qu'en geste de sollicitation. Les regards : lourds d'angoisse torturée.

« Philosophique », le premier titre du tableau ne se trompait pas. Et même davantage, il s'agit d'un combat religieux entre Éros et Thanatos, entre l'amour et la mort. Le tableau reprend la question posée par toute naissance humaine : pourquoi un appel indéfini, infini vers l'apaisement est-il inscrit dans la chair, dans la matière humaine ? Cinquante ans après *les Demoiselles*, le regard des derniers tableaux de Picasso ne répondra pas encore : il n'y a pas de réponse en dehors d'une interrogation suppliante et de la question crucifiée. Picasso terrifié de sa trouvaille l'avait inscrite dans le regard de ses Demoiselles.

Les mains de la cupidité

En 1664, deux cent cinquante ans plus tôt, l'ébranlement de la peinture moderne allait être donné par un tableau nous présentant aussi cinq femmes. A l'inverse des *Demoiselles* de Picasso, elles ne présentent pas la détresse mais l'assurance du pouvoir et de l'avoir. Comme pour Picasso, plusieurs exégèses sont utiles, mais au-delà de ces interprétations historique, descriptive ou formelle, le secret est livré simplement par ce qui nous est le plus proche : les mains, nos mains.

L'histoire est simple : un geste de charité fait naître un chef-d'œuvre. Le fait est assez rare pour être noté. Frans Hals a passé sa vie en procès perdus, pour dettes. A l'âge de vingt-cinq ans, il est cité en justice pour défaut de paiement de tableaux qu'il avait achetés : la même année il ne se présente pas au tribunal où on lui réclame l'argent dû à la nourrice qui s'est occupée de ses deux premiers enfants. Hals aura dix enfants, dont deux resteront débiles, et cinq deviendront peintres. A trente ans, le cordonnier, puis le boucher, puis le boulanger le citent en justice pour dettes. Cela durera toute sa vie. Condamnation, comparution devant notaire, citation devant tribunaux. Vers ses quatre-vingts ans, il lui est accordé un subside de cent-trente florins par an, versé en quatre fois, et trois chars de tourbe pour son chauffage. Enfin l'hospice de vieillards de Haarlem lui commande en deux groupes les portraits des régents et des régentes. Vingt ans auparavant il avait peint les régents dans une position digne, bien rangée, correspondant au sérieux de leur charge. Et voici que, comme Le Titien ou Goya, Frans Hals se libère. Parvenu au terme de sa vie, il ne se substitue plus à ses modèles. Il ne leur transmet plus sa chaleur personnelle, le rayonnement de sa nature généreuse. Lui, toujours enthousiaste, bon vivant, exubérant, voici qu'il regarde la réalité avec objectivité et détachement. Il dénude les visages et les êtres : c'est la surprise de ces *Régents* et *Régentes*.

Malraux relève une deuxième interprétation en situant le tableau dans l'histoire de l'art. La peinture des *Régents* et des *Régentes* est un cri. C'est un document humain et davantage. « Les mains des *Régentes* sont peut-être le premier accent agressivement moderne de la peinture. » Il suffit de regarder certains détails en gros plan. L'effet est saisissant. Deux siècles avant Delacroix, Manet, Van Gogh ou Nicolas de Staël, la modernité est là. « Agressif » : le mot résonne juste. Il s'agit d'une bataille avec le réel. L'approche est cruelle : mains décharnées et molles qui semblent aussi frêles que les cheveux emmêlés dans le peigne qu'elles tiennent ; main paralysée dans un dernier sursaut autoritaire sur la robe sombre ; visages déformés par l'âge, dont la peau laisse pressentir le crâne ; coiffe qui serre bien inutilement des cheveux que l'on devine rares. Cela

FRANS HALS : *Les Régents de l'Hôpital Sainte-Elisabeth* (détail), 1641, Haarlem, Frans Hals Museum.

n'a plus rien à voir avec la peinture de genre du XVIIe siècle, avec les « doelen-stuck » de type baroque des prédécesseurs ou contemporains. Il suffit de comparer avec Cornelis van Haarlem ou avec *les Régents* bien sages de Jan de Bray peints l'année précédente.

Cela autorise-t-il une autre interprétation, morale ou humoristique ? Peut-être. Bien qu'elle se limite à l'anecdote, encore insuffisante pour dire le secret. Avec ses tableaux, Hals aurait trouvé le moyen de se venger des responsables de l'hospice. Rétorsion du pauvre à l'égard de ceux et celles qui lui comptaient ou refusaient le vin et le tabac de ses vieux jours ? Certes, on se demande si ceux qui avaient commandé l'œuvre l'ont jamais regardée : le régent au chapeau de travers est manifestement ivre...

Mais finalement l'épiphanie secrète du tableau est plus simple. Plus profonde aussi. Pour la mieux saisir, il suffit de revenir aux mains. On peut imaginer ce que serait un festival des mains. Stephan Zweig a su décrire la fébrilité anxieuse des mains des joueurs. A l'opposé, on connaît le symbolisme précis des gestes du Bouddha, si finement codifiés dans les différents mudras qui sont comme autant de « sceaux » religieux : la méditation, la charité, l'absence de crainte, le raisonnement, la mise en mouvement de la Roue de la Loi, la prise à témoin de la Terre. Chaque position des mains ritualise ici la marque de Bouddha. Il y a encore les mains fragiles du pianiste, les mains protégées des boxeurs, mains câlines des amoureux, mains flottantes des orateurs ou précises des chirurgiens...

JAN de BRAY : *Les Régents de la Maison de charité pour enfants* (détail), 1663. Haarlem, Frans Hals Museum.

FRANS HALS : *Les Régents de l'Hospice des vieillards* (détail), 1664, Haarlem, Frans Hals Museum.

Regardons encore les mains de la vertu, mais auparavant passons à une contre-expertise. Non loin de Haarlem, un Hollandais pauvre, nostalgique de l'Évangile, fils de pasteur, s'est retiré pour vivre la vie des plus pauvres dans le Borinage, région des tourbières. Il rêve de prêcher l'Évangile. Les romans de Zola le marquent. Il a installé son atelier dans une annexe du presbytère familial qui sert de buanderie, avant de le transférer chez le sacristain catholique. Cette année-là, son père meurt. Le bruit court à Nuenen que Vincent Van Gogh est le père de l'enfant qu'attend une jeune paysanne qui a posé plusieurs fois pour lui, comme tant d'autres habitants du village. Elle lui a servi de modèle pour le personnage vu de dos dans le tableau qui nous arrête maintenant : *les Mangeurs de pommes de terre*, que Van Gogh a peint en avril-mai 1885. Le curé catholique interdit à ses paroissiens de poser dorénavant pour Van Gogh.

Or c'est la période des visages et des toiles les plus attachantes du Borinage. Fixons bien *les Mangeurs de pommes de terre*. Rien ne peut mieux nous rapprocher de ce que révèlent *les Régentes* de Frans Hals. Une lampe à pétrole éclaire cinq personnages. Un seul plat sur la table. La pénombre partout, sauf cette lumière qui de la lampe descend sur le plat. Au passage, elle suggère les visages. Ce sont ceux de l'accepta-

VINCENT VAN GOGH : *Les Mangeurs de pommes de terre* (82 × 114 cm), vers 1885. Amsterdam, Rijksmuseum Vincent Van Gogh.

VINCENT VAN GOGH : *Tete de paysanne du Brabant* (45 × 35 cm), vers 1885. Amsterdam, Rijksmuseum Vincent van Gogh.

FRANS HALS : *Les Régentes de l'Hospice des vieillards*, 1664. Haarlem, Frans Hals Museum.

tion silencieuse du destin, silencieuse mais interrogatrice, interrogatrice mais adoucie par le partage. Un plat, une cafetière, une table. Cinq mains d'êtres encore jeunes, mais des mains creusées, sculptées par le travail et la nécessité. Autour de cette table, elles disent la communion du repas, comme les regards expriment le dénuement de ceux pour qui donner équivaut à recevoir, réalisant dans leur pauvreté ce qui est le privilège de Dieu seul.

On est prêt à voir *les Régentes*.

L'enfer même a moins de terreurs

Cinq collerettes blanches, impeccables et bien empesées ; deux coiffes noires, trois coiffes blanches ; des manchettes immaculées ; cinq visages aux yeux perçants ; une table ; un registre ; un crucifix (?) sur la table ; un tableau sur le mur du fond. L'ensemble se détache sur un fond noir : robes, mur, dessus de table restant sombre. Le noir est ici appréhendé non comme un ton neutre mais comme une couleur. Avant Goya, Frans Hals le fait chanter ou plutôt parler, l'analysant dans toutes ses valeurs et l'insérant dans une harmonie subtile, comme s'il exprimait l'âme des protagonistes. Les régentes représentées ici sont Adriaenje Schouten, Marijte Willems, Anna van Damme et Adriana Bredenhol. La servante (ou mère ?) de l'hospice debout à l'extrême droite est inconnue. Il en va de ces *Régentes* avec Frans Hals comme de Ponce Pilate avec le Christ. Sans le Credo, personne n'aurait connu Ponce Pilate. On n'a retrouvé son nom pour la première fois qu'en 1961 sur une borne romaine de Césarée... Qui penserait aux *Régentes de Haarlem* sans la vieillesse démunie et le génie de Hals ?

Il a éliminé tout détail qui puisse interférer avec la nudité des âmes. Le défilé commence à gauche. La première régente tend la main droite comme pour mendier et bien signifier qu'elle est toujours prête à recevoir, alors que la main gauche repose sur le crucifix. Ce sont les mains de la rapacité qui calcule.

Le regard de la deuxième régente est fascinant, inoubliable. Il scrute, fouille, interroge, scalpe. La justice est là, figée, implacable. On est cloué sur place. Les deux mains sont posées sur la table, refermées, le poing gauche serré avec dureté, ce sont les mains de la possession.

Debout, au milieu du tableau, la troisième régente apparaît d'abord moins effrayante que ses compagnes. Mais, pas de chance, il est rare de voir dans l'histoire de la peinture tant de stupidité répandue sur un visage. Stupidité accentuée par la coquetterie déplacée de l'éventail, des gants

FRANS HALS : *Les Régentes de l'Hospice des vieillards* (détail), 1664, Haarlem, Frans Hals Museum.

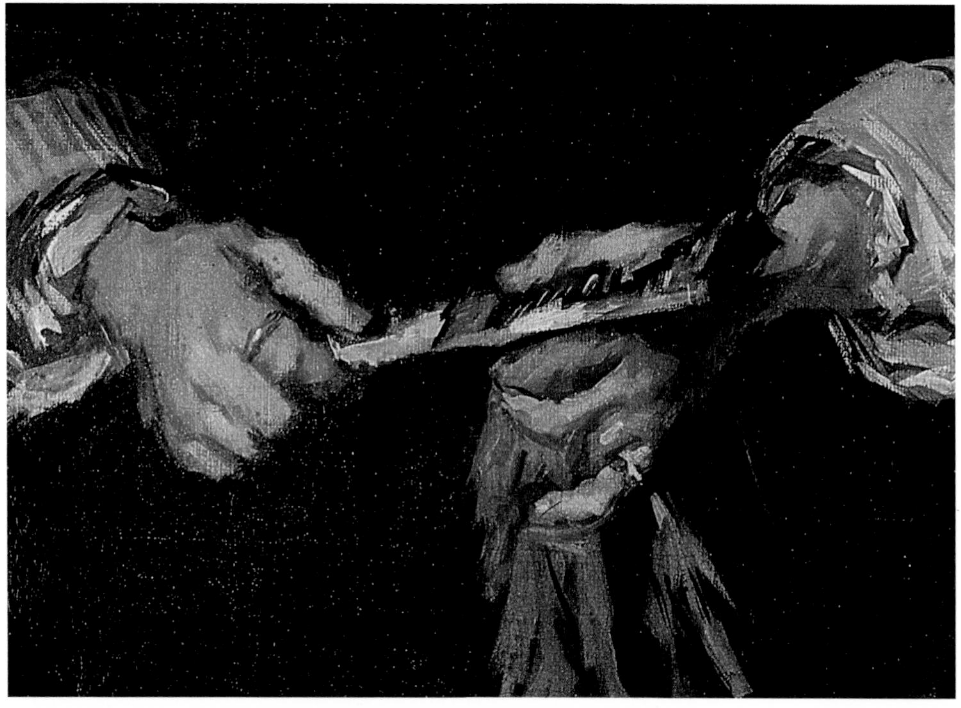

tenus par les mains de la frivolité, accentuée par les rides de l'âge. Les nœuds de la collerette sont parfaits. Les marques du temps sont là, indélébiles, et les bijoux portés aux doigts n'arrivent pas à les faires oublier. La vanité des mains rend encore plus désespérant le vide stupide du visage.

La quatrième régente, assise à droite, nous glace à nouveau par un regard qui fixe et déshabille celui qui oserait comparaître. Le menton pointu dissimule la sécheresse du cœur. La main se détend le long de la robe. Elle dit la conscience satisfaite, la vertu assurée, inattaquable. On est pour le bien. Debout en arrière des autres, la mère de l'hospice (ou la servante) apporte un billet, l'air égaré, vague, légèrement inquiet. Il y a de quoi. Quatre paires de mains ont révélé l'hypocrisie du bien qui se dissimule derrière la vertu ou la dignité du devoir alors que les âmes sont habitées par le goût du pouvoir, par l'assurance de la fonction et la rapacité de l'avoir. Tout peut servir à se conforter dans la conscience du bien, même le dévouement. A côté de ces régentes, que les femmes du Borinage de Van Gogh sont reposantes, désarmées et désarmantes dans leur attitude réservée...

Claudel a parfaitement décelé la vérité des *Régentes*. Ces lignes sont célèbres : « A Haarlem, dans ce ravissant musée qui fut jadis un hospice et que l'on peut maintenant appeler la maison de Frans Hals, c'est là que l'on se sent le plus irrésistiblement envahi par un charme dangereux, qui est comme l'avancement de la vie humaine vers sa conclusion. Nous nous arrêtons au milieu de la dernière salle. L'un des tableaux représente le bureau des régents et l'autre celui des régentes de l'institution. Ni dans Goya, ni dans le Greco il n'y a rien d'aussi magistral et d'aussi effrayant car l'enfer même a moins de terreurs pour nous que la zone intermédiaire... Tous les comptes sont réglés, il n'y a plus d'argent sur la table, il n'y a plus que ce livre définitivement fermé. La première des Régentes, au coin de la table, celle pourtant qui d'abord nous paraissait la plus rassurante, nous dit de ce regard oblique et de cette main ouverte qui interprète l'autre fermée : *C'est fini ! voilà !* Et quant aux quatres autres goules [...]. Nous avons affaire à une espèce de tribunal féminin dans ces guimpes et ces manchettes qui isolent et qui soulignent sévèrement les masques, et les mains accentuent le caractère judiciaire. Il a pris session non pas devant un crucifix mais au-devant d'un tableau représentant le rivage obscurci d'un fleuve funèbre... Comment décrire cette émanation phosphorescente, l'*aura* vampirique, qui se dégage de ces cinq figures comme d'une âme qui se décompose ? »

Tout est résumé : « L'enfer même a moins de terreurs... »

Les mains de la maternité

Quittons les mains du pouvoir pour regarder celles de la maternité. Avant d'interroger les *Fumi e* de Nagasaki ou *le Massacre de Corée* de l'hôtel Salé, arrêtons-nous devant deux tableaux qui ont offert à une Europe épuisée par la Peste noire et les querelles de la guerre de Cent Ans le refuge le plus pacifié de la maternité : celle de Noël, à Bruges et à Autun.

Quand Jean Fouquet dévoile le sein d'Agnès Sorel au musée d'Anvers en intitulant le tableau *la Vierge à l'Enfant*, c'est davantage pour la satisfaction de Charles VII que pour le lait de l'Enfant Jésus... A quelques années près, nous sommes dans un tout autre univers que les derniers Siennois qui, à la cour des papes d'Avignon, avaient su adoucir, humaniser le hiératisme des icônes de Byzance tout en gardant leur dignité. On est passé à la Renaissance, le corps humain envahit les galeries, et la Vierge est devenue prétexte pour exhiber la beauté des maîtresses des rois de France, gracieuses dans les muses de Fontainebleau, encore rigides dans *le Jugement dernier* de Jan Scorel à La Haye, franchement érotiques chez Lucas Cranach. Le sujet se prétend encore religieux mais les allégories de Cranach ne sont qu'alibis pour n'avoir pas à heurter de front les interdits de la Réforme. Sauf Stefan Lochner ou Martin Schongauer dans le retable des dominicains à Colmar, la peinture allemande est peut-être restée un peu en marge du miracle de grâce qui, à ce moment privilégié, libère l'Europe des austérités du gothique international avant qu'elle soit happée par les charmes de la Renaissance.

On ne résiste pas à ce miracle. Il fallut la chance de la venue des Siennois à Avignon et le génie des Flamands pour qu'il survienne aux deux extrêmes du duché de Bourgogne. Jamais peut-être expression plus noble dans la modestie ne fut aussi finement présente. Ni les hésitations de Holbein ni l'angoisse de Hans Baldung Grien n'y atteindront. Ce fut le privilège des derniers « primitifs » français et bourguignons de nous livrer l'un des sommets les plus incarnés et à la fois les plus respectueux de la contemplation humaine. Cela grâce au mystère de la Vierge Marie : au sud, avec le Maître de Flémalle, Enguerrand de Charroton et le Maître de Moulins ; au nord à Gand, Bruges et Anvers avec Rogier de La Pasture, Gérard David et Memling.

Deux fois un chancelier de Bourgogne aura eu l'honneur d'être présenté à la Vierge par ces génies : le chancelier Rolin ; une première fois par Van Eyck, une deuxième fois par le Maître de Moulins. Rien ne préparait à ce miracle. Un siècle de peste, siècle de guerre, avait épuisé le royaume de France et la Lotharingie. Et voici que sous les règnes de Charles VIII et Louis XII, dans le cercle qui gravite autour des ducs de Bourgogne, apparaît ce « Maître de Moulins ». Les liens sont étroits entre la Provence, Lyon et Moulins où, à la cour des Bourbons, se développe un art raffiné. Pierre II et Anne de France font de leur château de Chantelle et de leur palais de Moulins les plus belles demeures du temps. Le gracieux pavillon de la duchesse Anne va inaugurer la Renaissance en France. Sous les doigts de ce Maître de Moulins éclosent alors trois chefs-d'œuvre. Les derniers des grands « primitifs » français.

Qui est l'auteur de ces merveilles que sont *la Vierge à l'Enfant* entourée d'anges de la cathédrale de Moulins, *la Sainte Madeleine* du Louvre et *La Nativité* d'Autun ? On ne le sait pas. Il tient à Fouquet, mais il tient aussi au Dijonnais. Il est l'égal des plus grands de ses contemporains d'Italie ou des Flandres. On a envie de reprendre l'exclamation de Georges Lafenestre en 1904 : « Par pitié, messieurs les archivistes, un petit document ; un tout petit document, s'il vous plaît ; qui nous permette de saluer cet homme glorieux de son vrai nom ! » Qui était-il ? Jean Perréal, Jean Prévost, un Flamand ? Il y a ici quelque chose qui diffère des Flamands, une sobriété dans le décor, une économie de toute somptuosité, cette extrême modestie qui déroute, un linéaire plus fondu que chez le maître de Gand. Il y a un caractère nettement plus français qui nous empêche de le confondre avec un Flamand. On est tout proche des génies d'Aix ou d'Avignon : Nicolas Froment ou Enguerrand de Charroton. C'est le même mystère qui ennoblit tout : celui de la Vierge Marie. La forme est plus douce que chez Fouquet, le geste plus simple, l'expression plus enveloppée de douceur, les draperies moins sèches que chez les Flamands. Il s'agit bien de vénérer la Vierge, non pas d'exalter la maîtresse du Roi.

La Nativité avec le cardinal Rolin amènerait volontiers à refaire chaque année le pèlerinage d'Autun. Comment résister à un tel recueillement ? La simplicité dans l'entourage de la scène envahit le spectateur d'une sublimité rustique. Le boisage de la ferme est véridique. A côté de saint Joseph, la Vierge a les yeux baissés vers l'Enfant ; celui-ci est posé sur des draps déployés dans la paille. Le cardinal Rolin, fils du chancelier de Bourgogne, se tient en retrait enveloppé dans sa cape rouge. Deux anges, petits, sans ailes, coupés par le cadre, entourent Jésus. Deux bergers regardent la scène, accoudés à la porte de bois de l'étable ; ils se penchent et donnent à l'ensemble toute sa vérité. Derrière eux, un paysage où paissent les moutons, présente une ouverture qui épanouit l'œuvre en son rayonnement cosmique.

Et voici que le mystère s'est arrêté dans l'attitude des mains. Sur les six personnages principaux, quatre ont les mains jointes. C'est l'évidence ; ils ne peuvent qu'adorer : Joseph ; le cardinal ; les deux anges. Deux seulement écartent leurs mains. D'abord l'Enfant Jésus : ce sont les mains de la dépendance. Mais on a l'impression que tout le tableau a été fait pour révéler ce que fut la première émotion chrétienne dans l'histoire humaine, l'émotion primitive, l'émotion retrouvée d'avant le péché originel, la même qui sera dans la vision béatifique : et ce sont les mains de Marie. Levées ves le ciel, elles s'étonnent mais elles accueillent. Elles accueillent mais c'est Celui qui les accueille. Elles se recueillent devant Celui qui déjà bénit. La beauté de ces mains, la finesse des doigts, la jeunesse, le délié du mouvement ont de quoi libérer la nostalgie de beauté qui habite le rêve féminin.

MAÎTRE DE MOULINS : *Nativité au chancelier Rolin*, panneau de triptyque, peinture sur bois (55 × 73 cm), vers 1480. Autun, Musée Rolin.

L'attitude est unique : ce ne sont pas les mains de l'orante des Catacombes, ni les mains des charismatiques d'aujourd'hui, non plus que la position rituelle du prêtre célébrant. Ce sont les mains du respect et de la protection, ce sont les mains de la maternité. Elles enveloppent mais elles gardent distance. Elles s'extasient et entourent. Comme Moïse devant le Buisson ardent, elles sont attirées par la lumière et la chaleur et cependant elles restent presque craintives de trop s'approcher. Elles reçoivent la lumière de Celui même qui n'est qu'un petit enfant.

A un an près, un autre inspiré a repris la même attitude. A-t-il connu le Maître de Moulins ? Rien ne le dit. Allemand de naissance, il est attiré par la Venise du Nord, cette Bruges résidence des ducs de Bourgogne aux nombreux mécènes. Il y obtient droit de cité un an avant la mort de Rogier Van der Weyden. Il y travaillera pendant trente ans.

Son œuvre douce et tendrement féminine contraste avec le réalisme un peu âpre de Van Eyck comme avec l'émotion pathétique de Van der Weyden ou l'intuition dramatique de Van der Goes, ses devanciers et maîtres. Il accomplit néanmoins l'idéal des grands inventeurs flamands et clôture le XVe siècle par un message de pureté parfaite mais présentée à juste titre comme une vertu héroïque. Pas de lutte, ni d'inquiétude, rarement la souffrance. C'est la piété, la foi en la béatitude possible, la grâce. Après tout, rien n'empêche d'estimer ce Fra Angelico du Nord autant que Jérôme Bosch, son contemporain, pourtant si loin de lui.

Hans Memling a compris que la vie mystique n'était pas une partie de rêve. On peut le tenir pour « gentil », voire secondaire. Peut-être. Mais quel génie se découvre lorsqu'on scrute ses intuitions. Pour servir de modèle aux religieuses de l'hospice de Bruges, il leur présente le mariage mystique du Christ et de sainte Catherine. Ce mariage est entouré de Jean-Baptiste, persécuté, et de Jean l'Évangéliste, enserré par les fléaux de l'Apocalypse. Ainsi en sera-t-il de la vie des sœurs du Béguignage et de l'hospice. Le soin des malades appelle autant de force qu'un martyre et un combat des derniers temps. Des trois autres triptyques du musée de Bruges, celui qu'il peignit pour le frère Floreins, responsable de l'hôpital évoque la *Navitivé*. Au centre l'adoration des mages, à droite la circoncision, à gauche la naissance du Christ. C'est là qu'on retrouve à nouveau les mains de la maternité. Nous l'avons dit : étrangement semblables à celles du Maître de Moulins.

MAÎTRE DE MOULINS : *Nativité au chancelier Rolin* (détail).

Une auberge en ruines, une étable. La maison de David est soutenue par quelques colonnes symboliques. On sent le déclin du monde. Au milieu, la jeune Vierge, aux longs cheveux blonds en tresses, admirables. Sur un pan de son manteau bleu, l'enfant est entouré d'anges. Derrière la Vierge, se tient saint Joseph, un peu gauche, debout en grande robe rouge. Il éclaire d'un cierge allumé la Parole, Lumière véritable. Une main protège la flamme fragile. En bas, à gauche, quelques blocs de roche, rappel de la grotte de Bethléem ou plutôt symbole du rôle désormais inutile des anciens temples, devenus périmés depuis Noël. A l'arrière, le bœuf et l'âne, discrets, attentifs. A l'arrière-plan sur toute la largeur du triptyque, une ville neuve, heureuse : la Jérusalem nouvelle ? Tout est silence. Seules les mains dialoguent : celles de Joseph, réservées et protectrices. La Vierge n'a plus l'attitude du tableau du Maître de Moulins, mais l'ange de droite la relaie. Il a exactement le même geste que la Vierge d'Autun : celui de la prière étonnée et à peine formulée, levant les mains. Ici Marie a un autre geste de la maternité. Les mains ne sont plus dirigées vers le ciel, elles s'inclinent, se tendent vers l'Enfant, le préviennent, le veillent. Ce n'est plus l'émerveillement secret, c'est l'attention qui se réserve. On ne touche pas l'Enfant. On le découvre fragile, livré, humain, fils de la terre, reposant, abandonné mais protégé. Comme pour redire cette protection qui rend anxieuse toutes les mères de la terre, le deuxième ange, le plus proche de Marie, a la même attitude que la Vierge mais plus accentuée, déjà voûtée, courbée. Alors toute la beauté féminine du visage de Marie peut être contemplée : elle est souveraine, sublime comme à Autun, elle est pleinement chaste, mais au nom d'un amour, celui du Christ : son enfant et son Dieu.

Le malheur dénudé

Les maternités d'Autun et de Bruges sont douces. Toutes les *Pietàs* de la terre diront d'autres mains, maternelles aussi, mais crucifiées. Nous avons évoqué celles des Dépositions de croix de Van der Weyden. Il en est d'aussi troublantes. Dans l'île de Kyushu au sud du Japon, un petit musée avant que l'on arrive à Nagasaki rappelle les martyres qui eurent lieu exactement au même moment où Le Greco, Le Tintoret ou Rubens comblaient les cours d'Europe de leurs chefs-d'œuvre. Ici, ce ne sont plus des toiles de maîtres. Aux chrétiens que l'on avait traînés pendant six cent kilomètres dans la montagne et le froid de février, en cette fin du XVIe siècle, on présentait encore une dernière chance de devenir libres. Il leur suffisait de marcher sur une image : celle du Christ ou celle de la Vierge. Celle du Christ, une simple croix dessinée sur un papier de la taille d'un cahier d'écolier. Au croisement des deux bras de la croix : un visage malhabile, celui de Jésus. Le chrétien qui acceptait de le piétiner, de marcher dessus, était libéré. Avec ces premiers dessins, on a gardé d'autres témoins du martyre. Ce sont de petites plaques de bronze, dont la gravure usée est encore parfaitement lisible. On appelle ces plaques de dix à quinze centimètres de large des « Fumi e ». Je savais qu'elles représentaient la Vierge. Je ne les avais pas vues d'assez près. Elles représentent bien Marie, mais assise devant la Croix lorsqu'elle tient dans ses bras et ses mains le corps du Christ. Ainsi, pour accéder à la liberté, on proposait à des hommes d'écraser le symbole de ce qui est le plus désarmé sur terre, une femme tenant son fils mort innocent : ultime geste de la maternité, lorsque les mains d'une mère deviennent le premier tombeau de l'Homme et peuvent donner l'ultime caresse. Trente mille chrétiens ont préféré mourir plutôt que d'écraser ces mains. Depuis cette rencontre, je sais où sont les plus nobles icônes du monde.

MAÎTRE DE MOULINS : *Triptyque de la Cathédrale de Moulins*, peinture sur bois (détail), vers 1500.

Un tableau inattendu devait me le rappeler. Je connaissais le titre : *Massacre en Corée* ; la date 1951 ; la facture, proche de celle des esquisses de Guernica. Les visiteurs empressés se bousculent : « Oh, ça n'a pas la force de Guernica. » On est dans un des escaliers du musée Picasso à Paris. Les visiteurs passent vite. Pour celui qui veut bien s'arrêter, ce tableau a aussi valeur d'icône. Quatre enfants, quatre femmes, six guerriers, une ruine, un brasier. Au centre du tableau un petit enfant incliné par terre ; il joue sans se douter de rien. Il doit avoir deux ans. Son

voisin, quatre ans, se précipite horrifié vers la première femme : une jeune fille, droite, debout, nue comme les autres femmes, le visage impénétrable mais beau, ses mains cachent ses seins et son sexe, elle nous regarde fixement, impassible. A droite du tableau, six hommes nus, casqués de heaumes et d'armures, dressent en direction du groupe des femmes leur épée et leurs mitraillettes à plusieurs canons en faisceau menaçant. A l'extrémité gauche, un enfant, huit ans, se cache derrière sa mère dont le visage torturé, effrayé, interroge le ciel. Elle est enceinte. Près d'elle, une troisième femme serre un bébé dans ses bras, le visage déformé, les mains resserrées sur son petit pour le protéger. Au milieu du groupe féminin, enceinte elle aussi, les deux bras allongés le long du corps, les yeux fermés — la détresse est devenue intérieure — une femme se tient les jambes droites ; elle est totalement offerte. On ne voit plus ni ruine, ni brasier, mais désormais tout se concentre et se joue dans l'opposition des fusils et de ses mains, car celles-ci portent des stigmates. Elles ont exactement la posture que prennent aujourd'hui ceux qui prient à la manière charismatique : les paumes ouvertes vers le ciel. Rarement couleurs verdasses et bleuâtres du genre des uniformes militaires ont été si oppressives, malgré les quelques touches de jaune. On ne peut plus oublier ces mains qui hurlent en silence.

Les mains de la Gloire

PABLO PICASSO : *Massacre en Corée*, huile sur contreplaqué (109,5 × 209,5 cm), 1951. Paris, Musée Picasso.

Regards éperdus et scrutateurs des *Demoiselles d'Avignon*, mains refermées sur la bonne conscience des *Régentes d'Haarlem*, mains offertes ou crucifiées des maternités, on est prêt à lever les yeux vers les mains de la Gloire. A Ravenne, à Saint-Clément à Rome, qu'est-ce qui ouvre le ciel ? Une main qui rayonne vers la croix du Christ pour en dire la lumière. Elle vient d'en haut. Elle sort de l'arc-en-ciel des lumières de la Gloire. Ce n'est plus seulement la main de la puissance de Yahveh qui « à bras fort et à mains étendues avait libéré ses enfants des plaies de l'Égypte ». Ce sont les mains glorieuses des reflets dorés des mosaïques. Elles transpercent le ciel. Elles offrent le salut, elles déchirent les cieux. On les retrouve dans la splendeur des premières peintures romanes à San Clemente de Tahull en Espagne. Mains tendues à l'extrême, presque inquiètes de n'être pas saisies.

Michel-Ange s'en souvient lorsque au ciel de la Sixtine, le Père offre dans une puissance adoucie la vie à son Fils. Le Caravage en reprend exactement le mouvement lorsque le Christ invite Matthieu à quitter la table des changeurs et de l'argent pour suivre une autre vie. Peu à peu les mains du pouvoir cessent d'être concurrentielles. Elles sont *toutes* puissantes et donc elles n'ont plus rien à craindre, elles peuvent devenir fraternelles jusqu'à être celles du mendiant qui prie à Gethsémani. Elles sont pressées de déléguer à un autre, à l'homme, leur souveraineté.

A Saint-Clément de Rome, dans la splendeur des mosaïques du XIIe siècle, dont même les toiles de Matisse et des Fauves n'égaleront jamais la somptuosité des coloris, comme à Lerida, à San Clemente de Tahull dans l'Espagne du XIe siècle, comme au tympan du narthex de Vézelay, la main toute-puissante du Pantocrator sort du nimbe et de la mandorle sacrée. Elle vient au-devant de l'homme. Main du créateur, certes, mais elle est déjà la main du père de l'enfant prodigue qui attend son enfant. Elle s'offre. Qui aura jamais eu main si belle et si douce que celle de Dieu à Tahull ? Pour bien souligner que l'autorité créatrice n'est plus le privilège de Dieu seul, le Christ pantocrator mais *aussi* la Vierge et les apôtres ont la même main douce et forte. Qu'on est loin des mains des *Régentes de Haarlem* ! Il fallait que le Tout-Puissant apprenne à l'homme l'exercice du pouvoir lorsqu'il est infini. Il devient alors miséricorde et recréateur des forces blessées. Par la prière, l'homme peut, à son tour, être investi de l'efficacité de Dieu. Et l'on découvre que Dieu ne peut plus s'opposer à l'homme puisqu'il a décidé, dans la supplication de Gethsémani, de se livrer à sa discrétion. Et il l'a décidé de toute éternité. La main a fracturé les verrous célestes pour le dire.

Une fresque a résumé le mystère des mains. C'est la première peinture qui ait été gardée en France. Au IXe siècle l'une des plus émouvantes cryptes d'église, celle d'Auxerre, la garde précieusement. Cas unique en Europe, un lieu nous propose encore la continuité de huit siècles de prière : mérovingiens, carolingiens, romans et gothiques, dans des mouvements superbes de finesse. A l'entrée de la crypte, on est accueilli par saint Étienne, ou plutôt par un échange entre trois groupes de mains. Étienne fut le premier à « voir les cieux ouverts ». La peinture est parfaite de simplicité et de force. Trois interlocuteurs, trois mains. A gauche, des mains chargées de pierres lapident Étienne ; au centre, le protomartyr se penche, il a accepté la mort, il se présente les mains vides mais tendues vers l'offertoire. Alors du ciel, une seule réponse : la main de Dieu qui bénit. Le retable de Boulbon et Fra Angelico à San Marco en reprendront l'image, cruelle et confiante.

FRA ANGELICO : *Christ au tombeau*, fresque (détail : Christ aux outrages), vers 1439-1445. Florence, couvent San-Marco.

Tout est dit.
Les mains de l'homme sont libres :
elles peuvent tuer, offrir ou bénir.

Nos mains...

DEUXIÈME APPROCHE

L'EXISTENCE MASQUÉE

CHAPITRE 11

La nuit des césars

Vingt millions de Français regardent chaque année la nuit des Césars ou la remise des Oscars, récompenses destinées aux meilleures vedettes du cinématographe. S'agit-il ce soir-là d'autre chose que ce qui se passe pendant une danse dogon ? Aucune différence. Sur l'écran apparaissent les ancêtres ; une année, c'est Jean Gabin et Louis Jouvet ; une autre Charlie Chaplin. Puis c'est le défilé, hommage à ceux qui sont morts dans l'année. On voit leurs visages ou plutôt les masques qu'ils avaient revêtus pendant tel ou tel film. Que ce soit Lino Ventura, celui de la force tranquille ; que ce soit Simone Signoret, celui de la militante, de *Casque d'or* à son dernier film ; l'émotion est communicative : les masques n'ont pu cacher les atteintes du vieillissement. C'est peut-être pourquoi ce soir-là, chacun a composé son visage ; ministre ou ancien ministre de la Culture ; jeunes : Emmanuelle Béart ou Anémone ; moins jeune : Jane Birkin ; « encore » jeunes : Jeanne Moreau ou Michèle Morgan... Qui n'a pas son masque du jour ou de la nuit ?

RICHARD AVEDON : *Portrait de Marella Agnelli*, décembre 1953. Collection du « Center for creative photography », Tucson, Arizona.

Il n'y a rien à ajouter à cette évocation pour dire l'émotion qu'on reçoit à l'autre bout du monde lorsqu'en Mélanésie les danseurs de l'île des Pins regroupent leurs forces pour récapituler tous leurs rapports sociaux dans la fête d'un « Pilou » : là est conjurée la mort ; là est assignée au visage de l'homme une place dans l'histoire ; là est fixée sa trace, par la dignité d'un masque. Les Indiens des Rocheuses l'avaient saisi exactement de la même manière. Les musées de Vancouver et de l'Université de Victoria en témoignent de façon superbe sur la côte ouest de l'Amérique.

Pourquoi avoir besoin de masques et pourquoi des masques ont-ils parfois une telle force, une telle fascination par exemple les masques du Canada de l'Est, en Colombie britannique ? Déjà le Peabody d'Harvard ou l'American Museum of National History de New York donnent, comme l'a reconnu Lévi-Strauss, une émotion aussi forte que l'Égypte ou la Perse antiques et le Moyen Age européen. En ajoutant que cet art est égal aux plus grands, Lévi-Strauss avouait que sa redécouverte depuis 1930, avait représenté pour lui un phénomène aussi important que la découverte de la Grèce ou de l'Égypte. « Unique en son genre, cet art réunit dans ses figurations la sérénité contemplative des statues de Chartres ou des tombes égyptiennes, et les artifices du Carnaval. Ce don dithyrambique de la synthèse, cette faculté presque monstrueuse pour apercevoir comme semblable ce que les autres hommes conçoivent comme différent, constituent sans doute la marque exceptionnelle et géniale de l'art de la Colombie britannique. D'une vitrine à l'autre, d'un objet à son voisin, d'un coin à l'autre d'un même objet, on croirait passer de l'Égypte à notre XIIe siècle, des Sassanides aux Carrousels de foires suburbaines, du palais de Versailles à la forêt congolaise. »

Ainsi le choc ressenti à l'UBC de Vancouver est le même que l'on reçoit au musée de Nouméa, à la Punaruu de Tahiti ou au Musée national de Mexico ou de Oaxaca. C'est l'énigme du visage. Rouault l'a bien compris qui, en face des Juges, met sur le même banc que le Christ aux outrages, le Clown et la Prostituée. Avant le visage et après le visage, il y a le masque. Qui peut le faire tomber ?

C'est un premier constat : toutes les civilisations ont fait appel aux masques. Le carnaval est l'état habituel de l'humanité. Il n'y a pas que la remise des Oscars et des Césars qui soient semblable à la danse dogon de l'univers réconcilié. Tout homme fabrique diverses versions de son visage. Et les autres se complaisent à mettre à chacun le masque qu'ils souhaitent.

D'autres conclusions s'ensuivent. Si l'on a plusieurs masques, quel est le bon, ou le plus important ? Si chacun a ses masques, serait-il donc impossible de dire quel est le vrai visage ? Davantage encore : non seulement le visage est toujours revêtu d'un masque, il a en lui-même consistance et rôle de masque, mais les fonctions que l'on doit remplir ajoutent, apposés de l'extérieur, de nouveaux masques. Il n'est pas besoin d'être président de la République pour être transformé en buste impérial romain. Chaque vendredi, l'émission « Apostrophes » assurait un défilé de masques. Et c'est toujours un plaisir d'apprendre à lire sur un masque...

Énigme bienheureuse, si elle oblige finalement « à lever les yeux » vers « Celui que nous avons transpercé », comme le rappelle la liturgie au soir du Vendredi saint. Comment les peintures de Van Gogh, de Rembrandt, de Goya peuvent-elles être encore tellement attirantes ? N'est-ce pas que s'y décèle en filigrane le regard d'un autre visage : celui du Christ outragé, celui de la rencontre du baiser de Judas tel que Ravenne l'a inscrite dans la mosaïque, celui des Scrovegni de Giotto, du *Couronnement d'épines* de Jérôme Bosch ou du *Christ en dérision* du Titien vieillissant ?

Est-ce propre au christianisme d'être l'ultime révélateur du visage humain ? Je n'hésite pas à dire fermement : oui. Le judaïsme et l'islam ont interdit de tailler une image de Dieu. L'Inde les multiplie. Le bouddhisme aussi, de Ceylan au Japon.

Certes, on peut être saisi par la proximité (ou la différence) entre le Dévot Christ de Perpignan, les Pest-Kreuz de la vallée du Rhin (par exemple celle de Sankt Gereon de Cologne) d'une part et le visage du Bouddha de Lahore, d'autre part, lorsque les fidèles bouddhistes ont voulu représenter l'état d'extrême faiblesse à laquelle la volonté de pénitence avait conduit le Bouddha, inutilement. Certes, on peut rapprocher ce même Dévot Christ de Perpignan avec le sommet de l'art hindou, la trinité des sourires de la Maheçamurti, dans les grottes d'Elephanta près de Bombay, « ce masque aux yeux fermés comme un chant funèbre ». Le sourire d'Elephanta a pris ses distances en face de ce qui passe, la sérénité est acquise. On sourit : « Ça passe. Qu'on se consacre donc à ce qui demeure... » Mais qu'est-ce qui demeure ? Certes, l'archange de Reims irradie lorsqu'il se trouve à côté du Bouddha de Sarnath, inspiré d'un héros sur le modèle d'un général grec, mais on pressent que l'archange a une différence et que le visage du Christ dit autre chose que celui du Bouddha habillé en général. Il s'agit bien, comme avec Bouddha, de la recherche de « l'éveil » de la conscience, et donc d'abandonner les masques qui passent. Mais la venue de Dieu sur terre ne se réduit pas à la purification du désir par le vide. Le Christ n'est pas venu seulement pour éveiller. Il n'est pas venu seulement pour dépouiller l'homme de son masque. Il est venu révéler qui est l'homme. Ce n'est peut-être pas illusoire de lui poser la question. Même s'il faut d'abord pour cela quitter son masque. En dehors du Christ, qui peut enlever le masque de l'homme, avec douceur ? « Jésus aux longues patiences », dit un hymne acathiste grec.

PABLO PICASSO : *Étude de tête pour nu à la draperie*, aquarelle (31 × 24 cm), 1907. Collection privée.

Dévot Christ, bois, 1307. Cathédrale de Perpignan.

CHAPITRE 12

Que cache un visage ?

Beaucoup d'études, de textes, de colloques, de recherches se préoccupent aujourd'hui des rapports de l'Église, de ses institutions, de la catéchèse, et de la théologie actuelle avec la « culture » moderne, et c'est un immense bienfait. On cherche les fondements d'une « éthique de la culture » ; on s'inquiète des « flottements de l'Église » ; on se demande où en sont « l'Église et l'art moderne » ; on s'interrroge sur « le retour du sacré ». Bienheureuses études, bienheureux colloques, bienheureuses recherches. Elles sont probablement signes des temps et signes de beaucoup de bonne volonté. Mais ne cherchent-elles pas à dissimuler un certain vide ? Sont-elles preuves de vitalité ou indices d'une certaine impuissance à créer ? Suffirait-il de disserter sur la « culture » comme si à force de peler un oignon on devait atteindre assurément l'essentiel de l'oignon ?

Mieux vaut convoquer poètes, peintres et musiciens et leur demander d'être contagieux. Non pas de s'expliquer avec des notions ou des idées, mais de rendre présents leur espoir et leur désespoir, leur nuit et leur soleil, leurs stigmates et leur regard. Que voient-ils donc dans leurs mains et leurs chants ? Que cachent leurs mains ? et ce qui est le plus révélateur de l'homme : le visage ?

MICHIEL IBELINGS : *Monique*, 1981. C/o Art Unlimited.

Comment mieux introduire à la philosophie contemporaine, par exemple à celle de Heidegger et de ses disciples, qu'en présentant côte à côte certains visages ? D'abord ceux des tableaux du *Sabbat* ou du *Pèlerinage à la fontaine de San Isidro*, peints par Goya en 1820 lorsqu'il était devenu sourd à la Quinta del Sordo ; puis la série des dix *Monomanes* de Géricault, c'est-à-dire des fous que Géricault avait rencontrés à la Salpêtrière, spécialement celui de Winterthur, *le Commandement militaire*, peint exactement la même année que ceux de Goya, en 1820 ; puis trois *Autoportraits* de Van Gogh : celui du Jeu de Paume, celui du Courtauld Institute de Londres et celui du Fogg Museum de Cambridge dans le Massachusetts. Et l'on verrait immédiatement que bien avant l'existentialisme (dès *la Balayeuse* de Rembrandt à Washington), peintres et « poètes » ont rendu présente l'énigme de « l'être et du néant ». Ce sont eux qui, les premiers ont perçu que l'Occident entrait dans une « culture » nouvelle, par une troisième crise de croissance de son âme.

Faible, coupable puis solitaire

Qu'il soit marin, agriculteur ou soldat, le Grec se découvre faible car obligé de composer avec plus grand que soi : la tempête, le ciel ou le destin. Ces trois types d'hommes grecs étaient presque naturellement contraints d'accepter une force qui les dominait. Ils étaient ainsi amenés à prendre conscience d'une *faiblesse* insurmontable et donc à s'ouvrir à autre chose que soi. C'est ainsi que la première civilisation qui donna naissance à la philosophie fut préparée à entrer dans le religieux.

Après la peste noire et les guerres de Cent Ans, Luther provoque une deuxième étape : l'homme ne se découvre pas seulement faible, il se voit *coupable*. Il fallait donc, non seulement reconnaître l'existence des dieux, mais se les rendre justifiants, favorables non plus par des œuvres, puisqu'on est totalement fautif mais par la foi. L'homme ne peut rien sinon se reconnaître pécheur.

Il devait être proposé à notre monde contemporain de franchir un troisième pas : l'homme se découvre non seulement faible et coupable, mais *solitaire*. L'homme d'aujourd'hui pressent ce que serait sa destinée authentique mais il ne peut pas se la donner. Les regards de Goya, de Géricault ou de Van Gogh annoncent cette solitude. Ils valent les

VINCENT VAN GOGH : *Autoportrait*, dessin (19 × 21 cm), 1886. Amsterdam, Rijksmuseum.

introductions à une philosophie de l'authenticité de l'être. Van Gogh confie : « Être peintre n'est peut-être pas aussi difficile que vivre. » « Après tout, ma vie ne vaut peut-être pas ma nourriture. » « Mon travail à moi, j'y risque ma vie. » Après s'être tiré un coup de revolver, le 28 juillet 1890, il attend sa mort encore deux jours, calme et serein, en fumant sa pipe. Il a trente-sept ans. Depuis trente-huit ans, son propre nom est déjà inscrit sur une tombe. Son père, pasteur calviniste, emmenait le petit Vincent au cimetière et, dès qu'il sut lire, le premier nom que Van Gogh déchiffra fut le sien ! En effet, son frère aîné était mort exactement un an, jour pour jour, avant la naissance de Vincent. Or ce frère s'appelait lui aussi « Vincent Willem ».

Goya, Géricault, Van Gogh : des visages hantés par l'isolement de la surdité et par l'absurde des guerres européennes ; habités par la folie ; fixés sur la mort : ils révèlent l'épreuve de l'homme en quête de sens, dans la solitude d'aujourd'hui. Ils invitent aussi à remonter plus haut. Car on a tous besoin d'un visage.

Mars 1980, au centre de Pékin, quatre immenses portraits président dans le grand hall de l'Agence où tout voyage se règle. Visages inamovibles, écrasants : Marx, Engels, Lénine et... Staline. Le mausolée de Mao vient d'être fermé. La publicité apparaît timidement dans Pékin à deux ou trois endroits. Le portrait de Mao reste le seul sur la place Tien-an-Men à contempler les cerfs-volants des enfants ou les gardes rouges en permission. Mais on peut déjà pressentir que le silence qui avait déboulonné Staline quelques années après sa mort jouera à son tour pour Mao.

Les « Demoiselles », et après ?

Ne serait-ce pas partout la même nostalgie d'un visage ? Il y a le nôtre, bien sûr. Mais il vieillit et on ne le voit pas, sinon inversé. Les Romains ne furent que bâtisseurs, sans grand art à côté des Égyptiens ou des Grecs, ils inventèrent cependant, à la suite des Étrusques, la place du buste humain : mais c'était d'abord celui de l'empereur. César avait donné une ressemblance à la divinité : celle de son visage. Aujourd'hui, ce n'est plus à César que Picasso demande son inspiration, c'est à son propre visage. Peut-on en rester là ? Le pèlerinage humain, de la faiblesse à la solitude, est-il condamné à rester prisonnier d'un miroir ? Ne peut-on remonter ailleurs pour comprendre le désespoir de Giacometti, de Van Gogh, de Géricault ou de Goya ? Le nôtre ?

Picasso cherche à faire apparaître ce qu'il y a derrière les masques. Il casse les apparences. Et après ? Lorsque les masques tombent, que reste-t-il ? Une énigme : celle de l'ambiguïté même du visage humain. Où conduit-elle ? Qui peut guider ? La maison et le visage de l'homme ne s'ouvriraient-ils que sur le vide ? C'est toute la question. Est-on condamné à voir vieillir ce visage, pour n'aboutir qu'à la poussière du dernier masque ?

Quel que soit le point de départ, croyant ou incroyant, poète ou non, ancien ou moderne, comment peut-on éviter la prière biblique, celle des Psaumes, et le cri des prophètes : « Ah, si tu pouvais déchirer les cieux et nous montrer ta Face... » ?

L'humanité compte désormais ses jours à partir du moment où le Christ a rendu visible le visage du Fils de Dieu. Si l'on interroge le visage humain pour savoir ce qu'il cache et où il mène, on n'évite pas désormais de rencontrer ce regard, au moins une fois. Il faut bien, un jour, prendre parti en face du visage du Christ, ne serait-ce que... par inconscience ou pour l'oublier. Dieu a *pris* un visage. Pour quoi faire ?

On sait comment il fallut aux savants plusieurs siècles pour éviter d'en mal parler. Et si l'histoire des difficultés ou hérésies sur la personne du Christ résumait jusqu'ici le parcours de l'ère chrétienne ? Il ne fut pas seulement un homme visité par Dieu, passagèrement. Cela n'aurait donné lieu qu'à un masque, sublime, mais encore un masque de plus. On a appelé cette première erreur : « l'adoptianisme ». Le Christ, homme parmi d'autres, n'aurait été que fugacement « adopté » , « habité » par les forces d'une divinité. A l'inverse, il ne fut pas seulement un Dieu qui aurait pris « apparence » d'homme. On a appelé cette deuxième erreur le « docétisme », de *doxein*, « paraître » : pour un moment passager Dieu aurait emprunté un masque humain ; on en serait toujours resté plus ou moins à un maquillage.

A la question posée par le visage humain, il n'y a qu'une réponse : il faut remonter jusqu'au Visage qui ne ressemble à aucun autre, celui du Christ. Il *est* le Visage de Dieu et de l'homme. Le Seul. C'est pourquoi on peut lui demander son secret. Il est devenu le nôtre. « Dieu s'est fait homme pour que l'homme puisse devenir Dieu ». En résumant ainsi le christianisme, saint Irénée, saint Athanase, et tous les Pères de l'Église, et saint Thomas d'Aquin ne font que reprendre l'enseignement du Christ et des Apôtres. Un seul visage peut interroger les hommes : « Que dites-vous que je suis ? » et à celui-là seul on peut en même temps répondre par une question : « Que dis-tu, Seigneur, que nous sommes ? » Le seul qui puisse nous présenter non pas un miroir ou un masque de plus, mais une icône éternelle ; le seul qui, dans l'adorable lumière de la Transfiguration, soit une « Sainte Face ».

CHAPITRE 13

Au pays des Dogons

Le mot « personne » sous-entend dans son étymologie l'idée de masque. Personne, en grec *prosôpon*, veut dire « ce-qui-est-face-aux-yeux » comme le gothique *and-augi* ou le vieil allemand *ant-lizzi* ou *Antlitz*. Dans l'un et l'autre cas, le mot personne dérive de : « apparence », d'où « visage », « devant », « façade » ; d'où « expression du visage », « contenance » ; d'où « masque » ; d'où « personnage d'une pièce de théâtre », « caractère », et enfin : « personne ». Il n'est pas arbitraire que l'esclave soit, à l'inverse, appelé *aprosôpos*, c'est-à-dire celui qui n'a pas de visage.

Singulière destinée du masque : il est ce qui révèle, désigne et en même temps ce qui cache et dissimule. Suis-je seulement mon masque ? Tel le bloc de marbre devant lequel s'interroge le philosophe Aristote : deviendra-t-il cuvette, table ou dieu ? Le pèlerinage aux masques est l'un des plus poignants qui se puissent faire pour qui, à travers le visage, s'interroge sur la personne humaine. Avant de faire tomber les masques, on peut demander pourquoi un masque ? Toutes les civilisations portent un masque. Nietzsche avait noté : « Les idées profondes n'avancent que masquées. » Et les hommes ?

Entre bien d'autres, un premier groupe comporte quatre ensembles aussi attachants, puissants, insondables les uns que les autres : l'art africain, l'art du Pacifique, l'art de la Méso-Amérique et l'art des Indiens de la côte ouest du Canada entre l'Alaska et la Californie.

La société des masques ébranle la marche du monde

Il y a, vivant sur la falaise de Biadagara au Mali, un peuple qui pense que la beauté d'une œuvre d'art peut parfois fasciner la mort elle-même. Les Dogons sont d'infatigables rêveurs. Dès que les touristes s'absentent, le Boulou, la grande fête dogon de la pluie et des semailles, peut commencer. Elle dure plusieurs jours. Il faut se rappeler que les pluies insuffisantes de la dernière décennie au Mali ont amené le pays dogon au bord de la famine. Vêtues de leurs plus beaux atours, les familles se rendent visite. On prépare les jarres de bière de mil *(ogno)* avant de procéder individuellement au sacrifice du mil. Enfin le grand moment arrive : toute la population s'assemble, le soir, autour de la place du fétiche d'Ogol, au sommet de la falaise. Monté sur la terrasse, un notable brandit des épis de mil vers le ciel, soutenu par les invocations des prêtres, avant de les lancer à toute volée dans la foule, qui essaie de les récupérer, au milieu d'une bataille indescriptible, afin de les intégrer aux semences pour favoriser la récolte. La longue colonne des hommes et des enfants nouvellement circoncis se forme alors. Rangés par ordre de primogéniture, ils brandissent une longue tige de mil ou, symbole moderne, un parapluie. Rythmée par les tam-tams, conduite par les prêtres, la danse ondulatoire, qui imite la reptation d'un serpent-fétiche, commence. La danse, élément essentiel de la civilisation dogon, a développé une fantastique cosmogonie. Elle remonte à l'origine du monde. La première danse fut celle de la divination. Pas un Dogon, n'entreprendrait quoi que ce soit sans avoir consulté le renard pâle par le truchement des devins, qui inscrivent les questions le soir, sur un grand carré de sable. Il peut arriver que des funérailles succèdent au Boulou, comme un jour celles du chef de Bongo. Les anciens combattants rendent un hommage spécial au vieux guerrier. Et les masques viennent remercier le défunt pour ses activités passées. Les « masques » : c'est-à-dire ce qui représente l'ensemble du monde, humains, animaux, fonctions ou maladies. La société des masques, lorsqu'elle s'ébranle, danse la marche du monde.

CHAPITRE 14

Cubiste ou religieuse ?

Les collectionneurs d'art africain donnent encore aujourd'hui l'impression de relever de sectes étranges : ils ont la sensation d'appartenir à un petit groupe d'initiés. On a récemment présenté pour la première fois, un ensemble de figures de reliquaires du bassin de l'Ogoué. Toutes ont un rapport direct avec le culte des ancêtres, pratiqué dans une région qui correspond aux limites du Gabon actuel. Plusieurs groupes ethniques se partagent cet espace : Kotas, Ambétés, Fangs, Tsoghos, Vilis, etc. Leurs milieux, la forêt plus ou moins dense, sont à peu près identiques. La population est clairsemée. Les villages, dispersés, ont peu de liens entre eux. Ici, pas de structures étatiques comme dans l'ouest de l'Afrique. Aussi les colonisateurs les ont-ils pendant longtemps considérés comme particulièrement « arriérés ». Ces sociétés, très religieuses, sont imprégnées de l'idée que *l'homme a un dialogue constant à entretenir avec l'au-delà*. Les morts sont leurs intermédiaires. Aussi l'immense peuple des ombres est-il présent dans leur vie quotidienne. Comment ? Par les masques.

Les familles et les confréries accumulent les reliquaires contenant des fragments d'os humains ou animaux. Ces pratiques ont donné naissance à un ensemble de statues parmi les plus riches, les plus belles et les plus sophistiquées du continent africain. Les pièces les plus impressionnantes sont sans doute ces figures de reliquaires *kota*, effigies énigmatiques, sortes d'ostensoirs brandis lors des cérémonies, fixés en temps ordinaire sur une sorte de panier, réceptacle des ossements. On a pu les admirer à la fondation Dapper à Paris. Ces effigies aux formes si modernes avaient tellement fasciné Miro et Juan Gris que celui-ci en exécuta une copie en carton. Chefs-d'œuvre qui soutiennent la comparaison avec n'importe quelle autre sculpture du monde entier. On ne se lasse pas d'admirer les étonnantes « maternités » vili, hautes de quelques centimètres, les statuettes ang à la patine parfaite, les fétiches au miroir ou les formidables masques bakwélé, certains tout en arêtes et d'autres en ovale inscrit dans un ovale. Mais il faudrait tous les convoquer : les fétiches à clou yombe ou les impressionnantes statues d'ancêtre emba. Et si cela avait valeur « d'Ancien Testament » pour le monde entier ? Les collectionneurs ne se trompent pas lorsqu'ils reconnaissent que ces statuettes n'ont pas de prix. Ces masques cachent l'énigme fondamentale : la rencontre du visage humain et de la mort. Ça n'est pas seulement affaire d'ethnologue ou de savant. Que font d'autre les magazines féminins ?

On est loin, aujourd'hui, des réactions de rejet qui précédèrent l'engouement esthétique du début du siècle. L'attitude du monde occidental en face de ces masques a d'abord été moqueuse et péjorative.

« Une face abominablement sculptée, un énorme nez, de grosses joues, une bouche grimaçante, le tout surmonté d'une chevelure ébouriffée. Les guerriers barbouillés de noir, d'huile et de suie... sont affublés des travestissements les plus ridicules et trépignent en cadence au rythme guttural, sauvage et lugubre d'une mélopée barbare. »

Telle était, à peu près, la prose d'avant 1930. Au fond, n'était-ce pas une certaine peur de se confronter à son propre masque qui conduisait à rejeter les autres comme barbares ?

Suivit une phase esthétique. Ce n'est qu'à la fin du XIXe siècle que les artistes s'intéressèrent au sujet. Gauguin fut sans doute le premier. Peu après, Vlaminck, Derain et bientôt Picasso, Braque, les expressionnistes allemands et, enfin, les surréalistes s'enflammèrent pour tout ce qui vient des tropiques. La fonction rituelle ne les concernait pas. Cherchant à s'évader du naturalisme qui régissait la peinture, ils admiraient la liberté d'invention des formes et la puissance concentrée de l'expression. Chaque courant de peinture moderne choisit ses références selon les problèmes qu'il avait à résoudre. Les cubistes arrivent-ils sur la scène ? Le commerce lance les statues fangs, anguleuses et solidement charpentées. Modigliani et l'art 1925 mettent-ils à la mode les figures allongées ? Voilà qu'apparaissent les figures dans et baoulés, aux lignes harmonieuses et calmes. L'abstraction a ensuite favorisé les reliquaires kotas. André Breton, réagissant contre la passion pour l'art africain, s'évade vers les totems océaniens de Nouvelle-Zélande ou de Papouasie, qu'il juge plus magiques. Aussitôt les collectionneurs suivent et se tournent vers les îles lointaines...

Figures de reliquaires dites « kota », bois, cuivre et laiton (H. 61 cm, H. 57 cm, H. 61,5 cm). Paris, Musée Dapper.

On aborde alors une troisième phase : celle des *ethnologues*. Colonisés et méprisés ; puis admirés et collectionnés comme œuvre esthétique ; enfin répertoriés et analysés dans leurs différences ethniques, les masques gardent encore leur secret. Pourquoi le chef de tribu Kwakiutl

sur les rives du Fraser dans les Rocheuses est-il incarné en Castor, Canard-bec-scie, en Renard, ou Corbeau, ou Saumon-de-printemps ? Pourquoi ces totems qui nous intriguent ? Pourquoi le crocodile en vannerie peinte du Moyen-Sepik au nord de la Nouvelle-Guinée, ou le mât de la case Kanak dans la brousse de Pouébo, au visage complètement déployé, nous interrogent-ils encore ? Pourquoi la pièce d'albâtre, de Teotihuacan, grande comme une main, où deux yeux n'en finissent pas d'interroger, s'est-elle vendue à la dernière Biennale des antiquaires à Paris trois cents millions de centimes ? Pourquoi ?

Masque de Teotihuacan, IVe siècle, Mexico, collection privée.

Têtes de mort en sucre. Mexique.

Le masque d'un masque n'est pas un masque

Je ne crois pas qu'il y ait de réponse abstraite. On touche ici au secret. Il faudrait sortir du rapport à notre père pour savoir pourquoi nous avons tel père. Qui le dira ? Qui pourra jamais remonter au-dessus de sa source ?

Je me souviens du regard malicieux d'un des meilleurs philosophes que l'ordre des Dominicains ait connus depuis le début du siècle. Il devait ce jour-là manquer un des après-midis qui, dans les années 50, regroupaient des professeurs de philosophie en un colloque sur « l'acte d'être ».

On était en plein débat sur Heidegger. (Ce n'est pas d'aujourd'hui.) A la gare d'Évry (alors « Petit-Bourg ») le père Geiger, en béret, vieille pèlerine noire et habit dominicain, me montre sa musette et me dit : « Ils cherchent l'acte d'être. Il est là. Je l'ai emporté. » C'était vrai : le sandwich du père participait aussi à l'acte d'être ! Mais l'être de son étant n'était pas un « étant », c'était l'être... Comme du visage : est-ce un visage, un masque ou « le » visage ?

Lors d'une nuit américaine, équivalente à celle de nos « Césars », le prix du meilleur film de télévision fut donné à une religieuse. On voyait d'abord seulement une jambe avec d'affreuses plaies, puis les mains qui soignaient et, de dos, la coiffe d'une religieuse. Une voix *off* disait simplement : « Je ne ferais pas cela pour un million de dollars ! » Alors la religieuse se retournait : « Moi, non plus. »

Qui se retournera pour dire le prix du visage humain ? Et finalement, si ce n'était pas seulement le collectionneur, l'esthète ou l'ethnologue mais la religieuse ? Si les masques de Teotihuacan, de Nouvelle-Guinée ou de Mélanésie valent des millions, c'est peut-être parce qu'ils disent, tous, que l'univers entier se mobilise en face de la mort, et que cela n'a pas de prix, un visage.

C'est ce qui permet l'une des plus hautes expressions que l'histoire religieuse de l'humanité ait données de la continuité entre la vie terrestre et l'existence dite « future ». « Pour nous tous, le visage découvert nous réfléchissons comme en un miroir la Gloire du Seigneur, nous sommes transformés en cette même image, allant de gloire en gloire, comme de par le Seigneur qui est Esprit. » C'est aux prostituées et aux débardeurs de Corinthe que saint Paul donne cette assurance (2 Co 3, 18).

CHAPITRE 15

De l'écorché aztèque aux croix de peste

Peu de musées peuvent se prétendre plus fidèles au passé et au présent de leur peuple que ceux du Mexique. Le Musée national d'anthropologie de Mexico, ceux de l'Anahuacalli, de Frieda Kahlo, de Oaxaca, de San Cristobal, de Patzcuaro, de Palenque, de Teotihuacan ne font que prolonger le choc que donnent les civilisations qui, probablement, ont été les seules à se développer en restant « chimiquement » pures de toute contagion de l'Occident depuis les premières plantations du maïs à La Venta vers 3500 ans avant Jésus-Christ, jusqu'à l'arrivée de Cortès en 1519. Ce fut seulement le cas de l'Amérique car l'Inde a reçu très tôt l'influence de Darius, puis d'Alexandre, puis de l'apôtre saint Thomas. Les premières communautés chrétiennes y prirent naissance dès l'an 50 de notre ère. On a retrouvé aux environs de Pékin des tablettes nestoriennes datant des premiers siècles. Même au Japon la première évangélisation n'avait pas attendu saint François-Xavier. Alors où trouver une courbe de civilisations qui se soient développées à la recherche de leur âme *sans aucun contact* avec le bassin méditerranéen ? Sinon en Méso-Amérique. Ces civilisations n'occupent que quelques pages dans les encyclopédies si encore elles y sont mentionnées. Or cinq civilisations-mères, trois renaissances (qui débutent comme elles ont débuté en Europe, après les grandes invasions, avec l'art roman), puis un empire éphémère mais efficace, si proche de l'ordre romain, les Aztèques, font de cette histoire un laboratoire exceptionnel. Culte du maïs et de la vie, naissance de la vie urbaine, jeux et cérémonies, intelligence des rythmes solaires : pendant plus de deux mille cinq cents ans, on a l'impression qu'il n'y eut pas trace d'agressivité : ni armes, ni destruction ! Vers le VIIe siècle seulement, des tribus arrivent du nord, comme en Europe, et descendent se fixer vers le soleil ; alors les luttes commencent, avec les provocations à l'échange, les croisements d'influence et les mixages bienfaisants en dépit du prix des combats.

Or, ce qui émeut le plus chez ces peuples, ce n'est pas Coatlicue, la déesse aztèque de l'eau, ni Tlaloc, à jupe de serpents, à tête tranchée d'où sortent les flots de sang vivificateur, ni non plus le visage du Quetzalcoatl toltèque, émergeant de la gueule du serpent à plumes entièrement revêtu d'une fine mosaïque de nacre, ni même l'autel funéraire de crânes et de tibias croisés du Templo Mayor de Mexico. Certes les lutteurs et les priants olmèques, les prêtres zapotèques, les adolescents huaxtèques nous intriguent. Mais dieu de l'eau, dieu du maïs, *mulieres bonitas*, joueurs de pelote ou brasero symbole du dieu du feu disent au fond la même chose et portent les mêmes masques de toute humanité qui vit, se regroupe, joue, prie, scrute le sens de sa vie.

Le dieu écorché

Statue de Xipe Totec, terre cuite (45,9 × 26,3 × 27,4 cm). Bâle, Museum für Völkerkunde.

En revanche, un masque qui est en même temps un visage, interroge encore et, davantage, il perturbe, terrifie, donne des cauchemars. Il est probablement l'une des évocations les plus difficiles à supporter qu'on ait jamais imaginées. Or c'est *un visage et un masque*, indissociables dans la représentation du dieu Xipe Totec. Son nom nous est parvenu sous sa forme aztèque : *xipehua* (écorcher), *tec* (de *tecuhtli*, seigneur). Un mois de fêtes lui était consacré avec leur rite d'écorchement si particulier : le sacrifié était tué (par arrachement du cœur), puis son cadavre, battu à coups de verges, était dépouillé, et un prêtre revêtait sa peau. Xipe Totec n'est pas le seul dieu qui ait eu le privilège de ce rite. Des déesses sont aussi revêtues d'une peau humaine. C'est évidemment un symbole de la végétation et de son renouveau saisonnier. Mais Xipe Totec, en pierre, en céramique ou en or, porte toujours un masque, un double visage, puisqu'il porte la peau du sacrifié, dont pendent les mains et les pieds. Le réalisme est extrême : l'ouverture pratiquée pour arracher le cœur, l'espèce de chignon à l'arrière de la tête sont si minutieusement représentés que rien ne nous reste étranger de ces pratiques chirurgicales. A l'origine du culte de ce dieu de la végétation, les rites étaient précis ; ils consistaient, pour les prêtres ou les pénitents, à revêtir la peau du sacrifié et à la porter quarante jours durant, jusqu'à ce qu'elle jaunisse et évoque une feuille d'or. Ne traitons pas trop vite de « barbares », de « sauvages », de « primitives » ces coutumes. Elles cachent la nostalgie fondamentale.

Condamné à périr au combat ou sur la pierre des sacrifices, ou bien à rester enfermé dans une condition précaire, l'individu précolombien ne pouvait se démarquer d'un monde dont son sang ou son labeur le rendait responsable. La définition même de l'homme nahuatl, est significative : « un visage, un cœur ». La raison d'être de l'homme précolom-

bien est bien de participer à l'ordre de l'univers par le don de son cœur. Quelques visages très rares — et encore viennent-ils de la Huaxtèque — semblent sereins. La plupart expriment l'angoisse devant l'éphémère, cet éphémère que l'homme symbolise, et que le roi-poète de Texcoco, exprimait ainsi :

« Le jade se brise, même l'or s'écrase, même la plume de quetzal se déchire. Non, nous ne sommes pas pour toujours sur la Terre, seul un petit instant ici. »

Dans une telle conception, où l'homme n'est qu'une partie de l'univers, l'art du portrait ne peut qu'être inconnu. Reste seul le visage recouvert du masque de l'écorché, en face du ciel. Sur le Chac-Mool, il faut bien, avec le couteau d'obsidienne, répondre aux exigences du Soleil qui réclame chaque jour de plus en plus de sang pour continuer à nourrir la terre. On ira jusqu'à sacrifier plusieurs milliers de guerriers ou d'esclaves par semaine ! Ce sera, avant même les conquêtes, le commencement de la décadence aztèque. Mais que répondre à l'effarante angoisse de Xipe Totec ?

Quelqu'un, un jour, prendra définitivement sur lui l'interrogation suppliante. « Comme l'Agneau muet qu'on mène à la boucherie, il n'a pas ouvert la bouche. » Parce qu'il est égal à Dieu son Père, il peut se laisser injurier, souffleter, cracher dessus. Le christianisme parmi toutes les religions, est celle qui a vu dans la mort son moment de plus extrême tension. En un sens, le christianisme ne se résigne pas à la mort là où les autres religions se résignent. Il y a rupture absolue.

Ce Dieu-homme habitait parmi nous, il y a peu encore. S'il n'y habite plus, il n'y a plus rien qu'un scandale vide qu'il faudrait abolir en rendant nulle la mort. La mort du Christ est bien le tragique suprême parce qu'il est abandonné du Père dans son agonie et meurt apparemment sans Dieu. Personne ne peut aller plus loin dans l'obéissance. Jésus abandonné de Dieu se confie à la main de l'abîme. Au moment même où Il expire, l'absence de Dieu se révèle à Lui comme cette main à laquelle s'abandonner. L'homme alors a raison de Dieu. L'humanité atteint ici la limite interne de son propre mystère. Faute de cette jonction décisive, le christianisme ne serait qu'une vaine idéologie qui ferait appel à l'amour sans le fonder.

Une image d'ordination ?

Lorsqu'il fallut choisir une « image d'ordination » pour la vingtaine de religieux dominicains, du même noviciat que moi, qui devaient en juillet 1951 recevoir le sacerdoce, on retint finalement deux « images » : celle du Christ au tympan de Vézelay et celle d'un Christ lépreux sculptée par un artiste anonyme de la vallée du Rhin au plus sombre de la grande épidémie de peste noire qui, après 1348, fit mourir les deux tiers de l'Europe. Ce visage fit peur à mes compagnons. On vota pour Vézelay. Et pourtant les pestiférés du XIVe siècle ont été plus loin que Vézelay. Ils ont montré le Visage qui ne ressemble à rien. C'est bien celui d'un Dieu : celui qui peut laisser tomber toute protection, toute défense, toute puissance pour descendre plus bas que l'homme et prendre la dernière place, prendre sur lui notre propre peste et cependant rester glorieux. Les fissures de la Gloire éclatent sur cette Sainte Face ; épave dressée vers le Ciel, elle est couronnée d'un diadème.

Le masque est tombé. Il n'y a plus que le Visage : « Voici l'homme. »

Crucifix de Bockhorst (h. 352 cm) Westphalie, Munster, Westfälisches Landesmuseum.

CHAPITRE 16

L'humanité à la recherche de son visage

VINCENT MENTZEL : J.A. Deelder : *La Reproduction interdite*, René Magritte, 1984. C/o Art Unlimited.

Que proposer pour sa détente à un chef d'État en visite officielle ? Les services du protocole se rabattent habituellement sur les ballets de l'Opéra. L'avantage est qu'on n'a pas besoin de traduction. Combien de *Lac des Cygnes* auront été vus par les princes qui nous gouvernent ?

Ce jour-là, coïncidence heureuse, lors de la première visite officielle du président de la République Démocratique Allemande à Paris, le mime Marceau faisait ses adieux à la scène.

L'avenue Montaigne était encombrée de policiers, les gardes républicains assuraient la haie d'honneur à l'entrée du théâtre des Champs-Élysées. Le balcon était couvert de fleurs. Marcel Marceau ne prononça pas, bien sûr, un seul mot. Inutile de traduire un mime. Plus ferme qu'il y a trente-cinq ans à ses débuts, plus sobre qu'il y a vingt ans, son spectacle fut parfait, confinant à la métaphysique, en particulier à trois moments : avec *le Sculpteur, le Miroir* et *le Fabricant de masques*. Sans qu'on l'ait voulu le message était facile à décoder pour un chef d'État. Quel est donc notre masque ?

Le Sculpteur. Il combat avec ses portraits. Il lutte indéfiniment par ses mains pour obtenir enfin « le » visage qui dirait ce que nous sommes. On le devine, on va y arriver, on y arrive. Mais alors, le sculpteur s'aperçoit que ses mains sont vides. Il n'y a plus rien : ni glaise, ni marbre... La matière est épuisée. Pour obtenir le vrai visage, il a fallu, peu à peu, tout enlever de ce qui le recouvrait. Au terme, le vide seul reste.

Le mime joue devant son *Miroir*. Il est successivement surpris, attiré, séduit, étonné. Le jeu se poursuit et finalement excite sa curiosité. De l'autre côté du miroir, n'y aurait-il pas un secret ?

A la fin, l'homme saute le pas. Il franchit la grande glace en pied qui lui renvoie son reflet. Mais alors, c'est la glace qui le poursuit dans son dos. Il lui est toujours impossible de se retourner pour savoir qui il est.

Enfin *le Fabricant de masques*. Il essaye ses créations. Toutes les expressions défilent, rapides, imprévues, variées et variables comme un ciel de bord de mer. Le jeu est si plaisant que le fabricant de masques prend goût à se dissimuler derrière ses masques, et en revient toujours au masque du rire. Or le moment arrive où il a envie de casser ce jeu. Il lui faut enlever même le masque du rire. Et voici qu'il a beau lutter, se tendre, s'acharner. Il est devenu impossible d'arracher ce dernier masque. Le rire se fige. Ce n'est plus un masque. Crispé, le rire lui-même est devenu tragique.

Il faut revenir au masque, même si la leçon doit devenir angoissante, même si l'on ne s'y attend pas. Que cache-t-il ? C'est chez le mime Marceau la même leçon que dans la tragédie grecque. C'est celle de tout masque. Il y a tragédie justement parce qu'on ne peut pas sortir de l'impasse. Voilà ce que révèle le fabricant de masques : il est impossible de sortir de soi-même pour se posséder, se disséquer, se regarder, se voir comme ob-jet. Deux réalités ne seront jamais pour l'homme des objets. Impossible de les réduire à être « jetées-devant-nous », selon le sens étymologique d'ob-jet. Ce sont Dieu et... notre visage. Dieu tient la création dans ses bras. Il est toujours derrière elle. Impossible de faire de Dieu une « image taillée ». Toute expression de Dieu diminuerait Dieu. Quant à notre visage il n'est pas derrière nous, il est nous. Impossible d'enlever le masque. Il en restera toujours un autre après le dernier qu'on aura arraché.

RENÉ MAGRITTE : *La Reproduction interdite* (81,3 × 65 cm), 1937. Rotterdam, Musée Boymans Van Beuningen.

Magritte a saisi le drame dans son tableau du musée de Rotterdam intitulé *Reproduction interdite*. On ne voit qu'un homme de dos. Il se regarde dans une grande glace située au-dessus d'une cheminée de salon. Aucun décor ne distrait l'attention. Le mur autour de la glace est vide pour bien concentrer le regard sur ce que voit l'homme. Qu'est-ce donc ? Simplement lui-même, mais vu de dos. Le mime Marceau s'en est-il inspiré ? C'est la même intuition. L'homme ne peut pas voir son visage. Lorsqu'un photographe s'empare de l'idée, il saisit à son tour un personnage de dos regardant le tableau de Magritte se regardant de dos. Cela peut être indéfini. Qui pourrait retourner le miroir ? C'est peut-être la question que pose l'histoire des autoportraits tentés par les peintres en Occident. Que reste-t-il à la fin ? Une tête de mort... dernier masque. Rembrandt a essayé quarante-deux autoportraits, Van Gogh en a fait soixante-sept. Quel est le véritable ? En 1885, il n'hésitera plus. Il fixe sur la toile un crâne fumant une cigarette. Et pourtant il recommencera jusqu'au bout, inlassablement, ses autoportraits. C'est la même nostalgie que révèle l'histoire et l'ethnographie des masques. Il est impossible d'échapper à la recherche de son visage et cependant on n'a toujours affaire qu'à un masque.

Protection, identité, consolation

Régulièrement universités, musées anthropologiques ou ethnologiques, expositions culturelles s'essaient aux recensements des différents masques que l'humanité s'est donnés. Le pèlerinage est fabuleux. Lorsqu'ils donnent les clefs de lecture de ces masques, les chercheurs redoutent toujours un peu de ne pas respecter les nuances des civilisations. Cependant on peut tenter de lire les trois requêtes secrètes de tout masque. Elles sont tellement parlantes.

1. Il faut bien que l'homme *se protège* et des forces qui l'entourent et du poids du passé ou des menaces de l'avenir. Tout homme, tout groupe humain se découvre vulnérable. Il faut survivre. Pour cela il faut *s'intégrer à l'univers* et remettre en ordre le désordre.

2. Cela amène à se dédoubler et, du même coup, à demander *où est la véritable identité* ? Est-elle dans le double ou est-elle ailleurs ? La deuxième fonction du masque conduit au jeu du théâtre et du carnaval mais toujours sur un fond de question métaphysique : où est le réel ? Qui est le vrai ? L'homme ou son masque ? L'homme ou son ombre ?

3. Celui qui pourrait répondre à cette interrogation trouverait le salut. C'est la troisième fonction du masque : rompre la solitude, découvrir enfin un interlocuteur de l'homme. *Comment sortir de la solitude ?* Le masque n'est-il qu'un écho fabriqué ou le miroir d'une image qui nous habite ? Nos ancêtres ? Bouddha ? un empereur ? Les saints ? Jésus-Christ ? Qui peut « con-soler » l'homme, c'est-à-dire l'empêcher d'être seul, lui révélant qui il est, autrement que par le culte idolâtre de ses photographies ?

Protection et intégration à l'univers, remise en place d'un ordre en tolérant la marge d'un désordre ; *identification* par *comparaison*, mise en situation, jeu, voire dissimulation de soi au milieu du théâtre et du carnaval de l'éphémère ; enfin *rupture de solitude*, telles sont les trois étapes de la fabrication des masques. Au terme, leur procession aide peut-être à comprendre ce que Jésus-Christ est venu faire sur terre.

Les tentatives pour déceler les lignes magnétiques de l'histoire des masques peuvent toujours paraître trop ambitieuses ou illusoires. Elles obligent à parcourir l'évolution des civilisations humaines. Raison de plus pour se laisser guider. C'est peut-être justement l'intérêt de ces tentatives : tenir l'un des fils conducteurs de l'histoire. Il est normal que l'homme soit toujours à la recherche de lui-même et qu'il se protège de tous faux-semblants et masques secondaires.

L'un des essais les plus globalisants et respectueux fut celui du musée Guimet en 1959. Il ne prétendit pas à autre chose qu'à une ébauche de classifications. Depuis lors, des travaux de Lévi-Strauss aux recherches des spécialistes d'Harvard, des universitaires de Vancouver aux ethnologues de Mexico ou du Musée de l'homme de Paris, on a mieux découvert encore que la « voie des masques » n'aurait pas de terme.

Toute évocation comme toute exposition mutile le masque et le mutile par deux fois. Présenté dans une vitrine ou accroché au mur, dans des collections publiques ou privées, les masques sont réduits à la seule pièce de bois sculptée qui n'en constitue qu'une partie. Ils sont perçus comme des reliefs, immobiles, inertes, par un regard qui les situe dans l'universalité abstraite et trompeuse du « monde de l'art ». Alors qu'en Océanie, à Bali ou en Afrique, ils interviennent dans des ensembles complexes où ils sont associés à la musique, à la danse, à la récitation mythique. Ils sont vus en mouvement dans les trois dimensions de l'espace réel. Ils sont donc dans nos musées et salons par deux fois mutilés : désertés du costume et arrachés au spectacle. Ils se trouvent être à nouveau « sacralisés », mais hors toute référence à leur sacre propre, par une inscription dans un espace autre que frayent des conceptions dont ils ne relèvent pas. Ils sont aussi étrangers aux salons du XVIe arrondissement qu'un tabernacle baroque, revendu par l'antiquaire, devenu réserve pour apéritifs et qui termine là sa carrière en objet presque sacrilège. Exposés, les masques perdent leurs références cosmiques, liturgiques, sociales et humaines.

Lorsque le masque protège et intègre

Pour commencer on se réfère à l'Égypte. Peut-on remonter plus loin ? N'y aurait-il pas aussi le Japon ? L'Égypte est bien un point de départ. La barque sacrée d'Amon, dieu de Thèbes, à tête de faucon d'une part et à tête de chacal d'autre part, avec ses êtres masqués, conduit le roi à la statue d'Amon, accompagné par les dieux Atoum, à forme humaine, et Montou, à tête de faucon. Ainsi le pharaon avait pour assistants et pour partenaires des prêtres, *déguisés* en dieux. Sur les reliefs du temps d'Aménophis II qui représentent la cérémonie de lustration, c'est encore deux personnages à tête d'ibis et de faucon qui versent sur la tête du néophyte le contenu d'aiguières pleines d'eau « vivifiante ». Les masques sont toujours des têtes d'animaux, d'animaux réels, et ils reproduisent fidèlement les traits caractéristiques des modèles vivants.

L'Égypte offre un deuxième groupe : les masques funéraires. Ils ne déguisent plus. Mais, au contraire, par la feuille d'or ou le cartonnage qui épousent le visage du mort, ils ont pour objet de matérialiser et d'affirmer la « présence réelle » de ceux qu'ils représentent. On a pu dater la première figure : celle du roi Sahouré à la Ve dynastie, vers 2500 avant Jésus-Christ. Le faucon Horus, dieu national, représente la royauté égyptienne. Il est alors avant tout le protecteur. L'oiseau divin est plaqué sur la nuque du roi. Lorsque la dépouille du faucon couvre tout le dos du roi, celui-ci devient alors le dieu lui-même. Il est garanti de toute menace.

Quelle différence avec les masques eskimo de l'Alaska ? Les masques de type *inua* rappellent la double nature originelle de l'homme. L'animal et son double humain sont inscrits sur la même face. L'animal rappelle le temps — le danseur en fera revivre les épisodes — où la séparation ne s'était pas encore effectuée. Au fond de la bête, subsiste l'« inua » humain. Donc seul le chaman (le prêtre) peut diriger la fabrication des masques, qui sont d'un réalisme intense aussi bien dans le comique que dans le terrifiant. Chez les eskimos du Groënland, la représentation a glissé vers la figuration d'êtres démoniaques portés par des hommes pour des danses comiques ou licencieuses, qui se terminaient par l'extinction des lampes et l'échange des femmes. La caricature et le comique servaient alors d'exorcisme, comme dans les *atellanes* romaines, suscitant le rire qui protège du terrifiant lorsqu'on défie l'ordre des choses.

Tupilak, Est Groenland, 1982. Leyde, Rijksmuseum voor Volkenkunde.

En Sibérie, ce sont les femmes qui se couvrent de masques. Elles se cachent ainsi de l'ours tué ou de tout autre gibier important. Le morceau de tissu, d'écorce ou de bois qui recouvre le visage dissimule l'identité du porteur : il protège, il assure sa fonction défensive ; il ne faut pas exciter la colère de l'ours. La fête terminée, deux hommes se masquent encore, prudemment, pour achever de dépouiller l'animal qu'on aura de surcroît renversé d'abord face contre terre afin de n'en n'être pas vu.

Il en sera de même pour les autopsies rituelles sur le corps des morts. « C'est péché de regarder. » En réalité, c'est dangereux. L'âme du mort pourrait s'emparer du vivant. Le « chaman » (le délégué au rite, à la liturgie) est exposé aux périls du monde surnaturel, aux coups des nombreux esprits ennemis. Il faut bien marquer la séparation entre « la terre du milieu », celle où l'on habite présentement et celle dans laquelle le prêtre va pénétrer. Il va devenir l'habitant provisoire de cet univers sur-naturel, et alors il est intouchable, sacré mais impur, il faut qu'un masque le protège pendant le grand voyage extatique. Le masque est l'écran interposé entre deux mondes, comme la combinaison du visiteur d'un centre atomique. On doit se revêtir du casque et de la blouse protectrice. Les morts des îles Aléoutiennes, les morts des civilisations de Tachtyk auront ainsi non seulement besoin d'armes, de vêtements et d'ustensiles divers pour « faire le voyage » mais aussi de leur portrait personnel, du masque leur restituant d'office dans l'au-delà le rang qu'ils

occupaient dans la société des vivants. Le masque couvre et protège. C'est un bouclier. Il suit le défunt après l'avoir incarné et glorifié pendant les funérailles, facilitant ainsi son intégration dans l'autre monde, prolongeant et rétablissant le statut de son possesseur dans l'au-delà. Que font d'autre les liturgies folkloriques, maçonniques et... catholiques ?

Aux confins du Brésil et de la Colombie, les Indiens Tutuna se déguisent d'écorce battue et peinte, recouvrant tout le corps. Les visages sont vigoureusement imaginés et construits. On les utilise pour célébrer les étapes de l'existence, notamment lors des fêtes de puberté des filles. Que fait-on ? On se protège encore, en annexant, en matérialisant les démons cannibales qui furent exterminés par les ancêtres : les Démons-du-Vent, de-la-Tempête, de l'-Eau, et aussi le Démon-Singe, le Démon-Papillon, le Démon-Arbre. Du nord de l'Amazone aux rives du fleuve Frazer, c'est la même intuition : se protéger et s'intégrer à l'univers, aux forces de l'univers.

Avouerais-je que je garde un faible pour la splendeur des mâts totems et des masques des tribus de la Colombie britannique. Lévi-Strauss les a finement analysés et compris. Il ne se trompe pas, nous l'avons noté, lorsqu'il assigne à la découverte de cet art une importance aussi grande que le fut la révélation des civilisations grecques ou égyptiennes. Les grands mâts totémiques Haïdas ou Kwakiutl regroupés à Vancouver ou Victoria ou les mâts des Iroquois sont les plus compliqués que l'on connaisse. Ils représentent plusieurs personnages ou plusieurs aspects de la divinité. Ils sont parfois articulés, provoquant de véritables coups de théâtre lorsque, au cours d'une cérémonie, la tête du corbeau mythique s'ouvre en deux ou quatre volets, dégageant une face humaine précédemment dissimulée au spectateur. Les oiseaux cannibales claquent du bec. Le génie du Sommeil ouvre et ferme alternativement les mâchoires. Des oiseaux perchés sur une tête immobile battent des ailes, ou encore une vessie remplie de sang et subrepticement crevée, au bas d'un visage livide, permet au sorcier-prestidigitateur de simuler la décollation publique d'un esclave.

Iroquois et bébêtes-shows

Chez les voisins Iroquois, on a reproduit les traits d'un être mythique qui est à l'origine des maladies et qui ensuite s'est engagé à les guérir après avoir été vaincu par le Démiurge créateur dans un combat au cours duquel son visage heurta une montagne et en resta à jamais défiguré. Il existe de multiples catégories de masques : de maternité, de conseiller, de mendiant, de tempête, de scalp. Ces masques sacrés devaient être régulièrement « nourris », puis grattés et repeints une fois que les influences mauvaises s'étaient dissipées. On se croirait en pleine élection présidentielle française. Lors de ces campagnes, qu'est-ce qui a le plus « parlé » aux foules ? Les politologues l'avouèrent. Ce ne furent ni les meetings, ni les « face à face » ou « heures de vérité » des médias, mais le guignol de l'émission des « Bébêtes shows ». On dut même prévoir de repasser l'émission. Les caricatures étaient plus vraies que le réel. On se serait cru chez les Iroquois. Ici aussi, c'est le combat. Ici aussi, il faut nourrir les totems. Ici aussi, on a le président en dieu-grenouille ; le premier ministre en oiseau-à-griffe ; l'ancien premier ministre en ourson ; le syndicaliste en crabe ; l'éternel aspirant en corbeau ; le chef de parti en grouin de cochon ou en belette, etc. Leur rôle : ils permettaient d'exorciser les forces qui s'affrontent, de donner à chacun sa place dans la société, d'attendre le choc du heurt dans la montagne : c'est-à-dire le verdict de l'élection. Alors on pourra isoler à nouveau le masque pendant un certain temps, le gratter et le repeindre quand les influences mauvaises se seront dissipées. Qu'y a-t-il de différent chez les Kwakiult, les Haidas, les Tlingit et les représentants de la République française ? Masques de clowns, de hérauts, d'orateurs, de messagers, êtres d'un monde « surnaturel » (!) ont envahi le village ; représentations mi-religieuses, mi-théâtrales, rien n'y a manqué (même pas une messe de sainte Jeanne d'Arc aux Tuileries...). L'objet de ces séances et meetings était autant de terroriser que d'apprivoiser aussi bien les tribus des Rocheuses que les électeurs français. L'homme a besoin de s'exorciser de deux manières en assimilant les forces qui l'entourent. Il lui faut ou bien s'intégrer au cosmos sous peine de disparaître ou bien, en donnant place, visage, présence à ses morts et à ses ancêtres, s'incorporer et s'intégrer non seulement à l'univers, mais au temps, au passé et à la mémoire qui risquerait de se venger si on ne l'honorait pas.

Là-où-les-hommes-deviennent-Dieu

Les masques du Pacifique : de l'Océanie et de la Mélanésie sont, pour moi, les plus somptueux et les plus énigmatiques. Plus puissants, plus inventifs peut-être, ils laissent penser à ceux de l'Afrique et de l'Amérique précolombienne. Nous avons déjà noté le prix d'un masque de Teotihuacan, l'une des plus grandes civilisations de la Méso-Amérique non loin du Mexico actuel (au IVe siècle de notre ère, Teotihuacan était avec

Constantinople la ville la plus peuplée à cette époque). On a rappelé la valeur marchande actuelle d'un de ces masques, une fortune, la raison en est esthétique, certes, liée à la rareté de l'objet. Mais noblesse et sens véritable de ces masques viennent d'abord de leur fonction. Grâce à eux, la nature du dieu était transférée à un homme. « Teotihuacan » veut dire : *« Là-où-les-hommes-deviennent-dieu »*. Douze siècles plus tard, les Aztèques continuent le rite. Ils choisissent tous les ans le plus beau de leurs prisonniers de guerre pour être parmi eux le représentant de leur principal dieu, Tezcatlipoca. On le pare du costume du dieu, on lui en confie les insignes, on lui témoigne le plus grand respect et on lui assure une vie de luxe et de plaisir. Mais le jour de la fête du dieu, le jeune homme est dépouillé de toutes ses parures et le prêtre l'immole au sommet de la pyramide avec le couteau d'obsidienne, afin d'offrir son cœur au dieu qu'il vient d'incarner pendant un an. Nous avons rappelé le cas du dieu Xipe-Totec, « Notre-Seigneur-l'Écorché », dieu du Printemps, jeune dieu qui fait peau neuve tous les ans tandis que le prêtre s'enveloppe de toute la peau du héros sacrifié.

Moins cruelles, les danses de la Nouvelle-Calédonie sont encore aujourd'hui expressives de la valeur cosmique du masque. Il est garant de l'ensemble des aspects génésiques du monde. Planté comme un mât en haut de la case, le sculpteur a mis à plat toutes les parties de la tête. Il les a déployées, comme Picasso le fera, en inscrivant sur deux dimensions le volume déplié. Fantastiques et géniales représentations du visage humain que le musée de Nouméa a heureusement conservées. Somptueux tatamas de Nouvelle-Irlande qui ont séduit les surréalistes. Et ce sont les masques des îles Gilbert, de la vallée du Nouveau Sepik, des Vanuata, de la Nouvelle-Irlande : tous ensorcelants. On ne peut réduire l'activité esthétique de ces masques à celle d'un témoignage sociologique. Certes ils rappellent la place de chacun dans la société, mais le masque cache celui qui le porte autant qu'il révèle quelque chose de lui et d'au-delà de lui : son origine et son appartenance à un autre univers. Il met et remet tout en ordre. On croit le comprendre alors qu'il se refuse. On peut bien le voler mais il faut alors inventer une fonction puisqu'on n'a emporté qu'une forme.

Masque *Tapa*, Océanie : Nouvelle-Bretagne, écorce battue (79,5 × 45,5 × 55,5 cm). Paris, Musée des Arts africains et océaniens.

Le visage du capitaine

Une comparaison tirée de la mer pourrait résumer le rôle de ces masques. Ils sont comme le visage du capitaine tenant la barre en pleine tempête. Le centre opérationnel de la passerelle est sacré. Nul ne doit y pénétrer. On ne dérange pas le capitaine. Interdit d'aller le troubler. La mer est déchaînée. Et cependant les marins angoissés se risquent à enfreindre le tabou de cet abri de navigation. Il leur faut seulement voir, un instant, le visage du capitaine. Il ne s'agit plus seulement d'admirer la mer dans ses déchaînements spectaculaires. Envoyés par leurs camarades du fond, certains vont oser monter et lire discrètement sur le visage de l'ancêtre, du « vieux », du capitaine, qui seul peut révéler la gravité de la situation. Sourde angoisse d'un équipage qui connaît la mer, mais qui a besoin d'avoir un instant perçu le visage du chef. C'est le rôle du masque, élément charnière entre notre univers et celui des autres. Le musée Peabody à Harvard en possède un, merveilleux : dans ses cheveux, un poisson avale un bras ; en dessous, l'œil en retient la puissance de l'esprit au profit du groupe.

Qu'est-ce donc que le masque, en réalité ? Nulle théorie générale ne pourra répondre de manière satisfaisante. Seuls les utilisateurs et les créateurs pourraient résoudre l'énigme. Mais, justement, ils s'y refusent, sinon il n'y aurait plus besoin de masques.

Dieu a dansé le monde

C'est exactement la même leçon qui est donnée par le masque en Afrique. Plus proche du visage humain que les masques d'Océanie, ses fonctions sont les mêmes chez les Dogons, en Côte-d'Ivoire, au Nigeria, au Bénin, au Togo ou au Congo. Nous avons évoqué le génie esthétique des kotas du Gabon.

Au départ, le masque naît du besoin d'initiation par inscription dans l'univers et dans l'échelle du temps. Le masque africain est plurifonctionnel. Il conjure les forces hostiles, attire les bienfaisantes, rappelle et accompagne les ancêtres et du même coup assigne et révèle la place et la fonction sociale. Symbole polyvalent, la danse tournoyante du masque fait revivre la vibration interne de la matière créée et fait revivre l'idée que Dieu, debout, a dansé le monde en faisant tourner les quatre points cardinaux. On fait ainsi entrer le monde quotidien dans le cérémonial religieux.

Que faisait d'autre le prêtre catholique lors de la procession des Rogations en convoquant ses fidèles à faire le tour des terres du village avant les menaces des gelées, à la fin d'avril ? Le prêtre avançait revêtu de la chape solennelle. Tout le peuple fidèle avait mis ses plus beaux habits, coiffes, mantelets, voiles, châles. Alors, bannières déployées le prêtre alternait avec son peuple la litanie des « ancêtres » ; celle des saints, pour obtenir d'eux la protection de la récolte. Superstition ? Sûrement pas, infiniment plus : c'était le moment de l'insertion du travail et de la vie dans le monde qui nous dépasse, par le geste le plus haut qui soit, lorsque l'espérance devient prière et la litanie chant et hommage, la foule devient procession et que le désordre devient danse et partage.

Lorsque le masque révèle l'identité

A quoi rêve l'enfant qui découvre un masque dans l'armoire du grenier ? A quoi rêvent les foules qui, à Cologne, Venise ou Nice, élisent leur « prince Carnaval » ? A quoi rêvent les amis de la future épouse, curieux de voir à quoi ressemble sa robe de mariée ? A quoi rêve le professeur d'Oxford, d'Harvard ou de l'Université Colombia devant sa nouvelle barette avant d'être intronisé docteur-es-art ? Comme tout un chacun, s'ils révêtent masque, bonnet, robe ou déguisement il leur faudra l'enlever un jour. Pour trouver quoi ?

De la Grèce archaïque au théâtre japonais du Bunraku, de Bali aux danses du Tibet, les hommes demandent à leurs masques, au-delà ou en deçà du besoin de s'assurer protection et intégration, d'assurer un deuxième rôle : lever l'énigme de leur identité. Qu'il prenne l'allure du jeu, du théâtre, de la détente, du spectacle, par nature même, le rôle du masque reste ambigu. Nous l'avons dit le masque cache et révèle, en même temps. L'homme y cherche son identité tout en relativisant cette identité. L'homme est-il son masque ? Est-il seulement ce masque ou bien est-il plusieurs ? Mais d'abord qui est-il ?

Où est passé le rêve ?

En novembre 1987, Alfredo Arias, pour jouer *le Jeu de l'amour et du hasard* au théâtre Édouard VII à Paris, eut l'idée géniale de dissimuler tous les personnages sous des masques de singes, à la manière dont Chardin, contemporain de Marivaux, avait peint le « Singe-antiquaire » ou le « Singe-peintre » au musée de Chartres. L'effet était impressionnant. Non seulement parce qu'il était parfaitement homogène au ressort dramatique de la pièce, où l'amour se dissimule derrière une personnalité d'emprunt pour savoir si les déclarations sont véridiques, mais parce que

les masques montraient du même coup l'universalité des passions mises en scène par Marivaux. Grâce à leurs masques, les personnages atteignaient bien à l'universalité possible des sentiments de l'amour. Ils ne dépendaient plus des conditions ou des circonstances propres à telle ou telle époque. Grâce au masque... et à un masque de singe. Au dernier rappel, à la fin du spectacle, les acteurs enlevaient leurs masques. Mais loin d'atteindre son sommet, l'enthousiasme retombait alors brutalement. L'envoûtement était rompu. Ce n'était donc — que « cela » : Silvia, Lisette ou Dorante ? Où était passé le rêve ? On n'avait plus affaire qu'à tel acteur, telle actrice, tel individu, non plus à ces modèles valables pour tous que les masques avaient pu montrer.

Les Grecs avaient deviné cela, comme aussi le Nô, comme le Carnaval, comme Arcimboldo ou le Bunraku japonais. Une section de *l'Onomasticon* de Jullius Pollux (IIe siècle) énumère les soixante-seize espèces ou modèles de masques devenus familiers aux publics grecs qui fréquentaient les théâtres multipliés à l'époque : pères débonnaires, vieillards atrabiliaires, jeunes libertins, esclaves fripons, soldats fanfarons, parasites, matrones, ingénues, courtisanes ou servantes. Aristophane déjà faisait un usage constant du masque : masques caricatures pour les personnages politiques ou les vedettes de l'actualité, masques extravagants comme ceux des acteurs ou des choristes dans *les Oiseaux* ou *les Nuées*.

LYU HANABUSA : *Acteur du théâtre Kabuki.*

Qu'on ne s'y trompe pas. Le théâtre ici donne naissance à la métaphysique et la prolonge. Elle ne la supprime pas. Le masque traduit d'abord le sentiment de malaise et de saisissement qui résulte de la perception que la destinée de l'homme ne lui appartient pas. Elle dépend, d'une *moïra,* d'un destin, d'un sur-réel, qui bien entendu lui fixe les limites et les interdits à ne pas outre-passer. Le sur-réel n'est pas ici étranger ou extérieur à la nature. Il la pénètre. C'est bien le rôle du masque de montrer l'ambiguïté du statut de l'homme. Il ne peut prétendre s'appartenir. Le barbouillage de la face sous forme d'enduit livide, vermillon ou noir dissimule aux non-initiés la personnalité de ceux qui portent le masque.

Coupable malgré soi

Les ressorts secrets du Nô japonais ne sont pas éloignés du génie du théâtre grec. La source de la tragédie est, ici et là, une impasse. Elle est due à un interdit, à une culpabilité qui est cachée. L'innocent la découvre. Il ne s'en délivrera qu'en s'exhaussant au-dessus de lui-même. Le destin a été violenté, donc il est normal que le destin se venge. Alors l'homme, désarmé devant le paradoxe de cette vengeance du ciel, est amené par un guide spirituel à comprendre que son identité est plus haute qu'une simple feuille de route terrestre. Les deux cent quarante scénarios classiques du Nô reviennent toujours à la même source : on ne peut pas se comprendre tel qu'on est sans la médiation d'un drame et l'intervention d'un interlocuteur venu d'ailleurs.

Un seul personnage est masqué. Mais son rôle est fondamental. C'est lui qui a la maîtrise de la question : « Que se passe-t-il sur votre visage ? » Il n'y a pas de réponse tant que je ne suis pas devenu le masque.

Une nuit, un pêcheur prend du poisson dans la rivière sacrée du temple d'Isé. Il ne sait pas qu'il est sur le territoire interdit, réservé aux dieux. Il a donc attenté à la vie des Kamis, « dieux » protecteurs de la nature. Il découvre, trop tard, qu'il a ainsi rompu l'ordre de l'univers. Mais la loi est la loi. Un prêtre le lui révèle. Puis le prêtre meurt. Mais il revient consoler le pêcheur. Le pêcheur demande pardon. Tout va donc rentrer dans l'ordre.

Si l'on s'arrêtait ici, on resterait encore à une identité banale, celle de la Sécurité sociale... et à une contravention pour retard de paiement. La vérité est au-delà. C'est pourquoi un masque dissimule et révèle cet au-delà. En effet, le pêcheur va découvrir que sa joie est encore bien plus grande lorsqu'il fait le sacrifice de la pêche et qu'il abandonne et rejette son filet. Alors il a atteint son vrai destin. Il peut partir, libéré, en dansant.

Ce schéma classique d'un Nô n'est pas loin de la dramaturgie de la culpabilité ou de la fatalité qu'Œdipe avait nouée en épousant sa mère sans le savoir. Il lui fallait aussi ce passage par le drame pour accéder à sa vérité.

Qui sommes-nous ?

Le Carnaval le rappelle. On a besoin de masques pour n'être pas effrayé de ce que la lucidité dévoilerait. Une dame vient voir le Curé d'Ars. On lui a vanté la clairvoyance de ce petit curé de campagne d'un village de la Bresse. Elle attend comme tout le monde. Enfin l'heure de la rencontre arrive. Elle s'empresse : « Monsieur le Curé, comme je suis heureuse, je vais enfin grâce à vous pouvoir me connaître, je me connais si mal. » La réponse de Jean-Marie Vianney est aussi géniale qu'inattendue : « Oh ! madame, que vous êtes heureuse de peu vous connaître, si vous en connaissiez seulement la moitié, vous ne pourriez plus du tout vous supporter. »

Le mot « masque » est entré dans la langue française au XVIe siècle avec *mascarade* et *mascaron*. Le mot dérive du latin médiéval et désigne le spectre en même temps que l'instrument du déguisement, comme l'italien *maschera*, dont il procède a désigné auparavant une strige, c'est-à-dire une création fantomatique de caractère démoniaque. Cela implique quelque chose de suspect et de dangereux. On met toute sa vie à apprendre à cohabiter avec ses fantômes et ses démons. Carnaval, *commedia del arte*, théâtre essaient de les projeter hors de soi pour qu'on puisse s'y reconnaître. Michel-Ange tire parti du masque pour en faire un casque dans la statue du *Capitaine mélancolique*, Laurent de Médicis. L'« alfiere » de Léonard de Vinci dans *la Bataille d'Anghiari*, le *Persée* de Cellini ne se débarrassent pas de leur casque à face menaçante.

Arcimboldo, ordinateur des fêtes à la cour de Rodolphe II dans ses tableaux où chaque visage n'est représenté que par des éléments tirés de la nature selon un agencement bizarre, à la limite parfois du cauchemar et cependant étrangement suggestif et véridique, rappelle les deux fonctions du masque : il réintègre la personne humaine dans l'univers en utilisant et combinant les éléments de l'univers, végétaux, fruits, légumes, herbes, branchages, coquillages ou bestioles, et il en suggère l'identité cachée, voire menaçante, par la métamorphose et l'accumulation de ces objets hétéroclites et étranges voire hallucinants. Le chardon devient un œil ; la limace : un sourcil ; le requin : une bouche ; la pieuvre : une chevelure. C'est effrayant. Mais on a réintégré l'homme au sein des choses de la terre. C'est l'inverse de l'auto-portrait. On est à la fois dans un certain réel et en plein maquillage, en plein travail imposé par des rêves (ou des modes) qui vise à façonner artificiellement le visage devenu masque. La boucle est bouclée. Il est dangereux de découvrir son identité. Baudelaire avait fait l'éloge du maquillage. Les magazines proposent régulièrement des « argiles-miracles » pour améliorer le masque des dames.

Dans la même inspiration que celle du théâtre grec et du théâtre japonais, les masques de théâtre constituent le groupe dominant dans les pays du Sud-Est asiatique comme au Tibet. Ce n'est pas pour rien qu'au début les masques primitifs de Java reproduisaient les types d'un théâtre d'ombres. En arrière des fonctions ludiques qui permettaient d'affirmer son identité tout en relativisant ce qu'elle aurait d'inquiétant, subsistait la nostalgie d'assurer le rapport de l'homme au royaume de la nuit, de la lumière et des ancêtres. A Bali, les *barong* sont tigres, lions, sangliers, singes, parfois ours ou surtout animal irréel : le « Seigneur de la Forêt ». Il ne s'agit déjà plus pour le Balinais d'un masque, d'un topeng, mais déjà d'un « visage », plus vivant encore que n'étaient le « prosôpon » et le « persona » du théâtre antique. Le Barong, le « Visage » doit être consacré et purifié. Il exercera alors son action protectrice au-delà même du village dont il est le protecteur. On le reçoit solennellement ; on le mène au cimetière, et ce n'est qu'après qu'il y ait passé la nuit qu'on l'installe dans l'enceinte du temple.

Java, Bali, Thaïlande et Cambodge représentent les mêmes êtres fabuleux. Les deux grandes épopées de l'Inde, les Mahârabâtha et le Râmâyana en fournissent les thèmes principaux. Chaque région y ajoute sa version locale, son identité. Le masque repoussant d'homme sauvage du Prince Nago au Cambodge tombera lorsque la Princesse aura deviné la beauté de l'âme sous la hideur des traits.

Les masques sont revenus. Breughel avait peint les Mardi gras. Certains modernes : Ensor, Rouault, Nolde et avant eux Tiepolo avec ses *Polichinelles* ont réintroduit un double sens, dramatique, dans l'image de la vie humaine. L'homme n'est pas naturellement candide. Ce sont les hommes-mannequins du futurisme, les êtres-hybrides du surréalisme. Les cubistes et les fauves avaient déjà retrouvé, grâce à leurs méditations sur les masques primitifs, le sens d'un art chargé d'énergie démoniaque. L'histoire leur a-t-elle donné tort ? Une fois de plus, l'art avait devancé les événements.

Toute notre réflexion sur le masque ne nous a pas éloignés du propos de ce livre : des personnages de Jérôme Bosch à l'Enfant prodigue de Rembrandt, de Lascaux à Picasso, à quoi sert l'art lorsque l'humanité recherche son visage ?

Picasso dans son atelier, 1957.

CHAPITRE 17

L'Opéra du Bicentenaire

Esquissons un premier bilan.

La rencontre du masque est choc silencieux, surprise, commotion. Ce qui apparaît là et, soudain, fait surface, c'est notre supposée profondeur, quelque solitude intime, dérobée à tout miroir et comme une origine lointaine et souvent oubliée. Le masque touche au cœur de notre actualité, de notre modernité, en nous permettant de faire à neuf l'expérience de notre origine dont le masque serait à la fois la mémoire et le visage futur. Un seul exemple aide à le voir sur grand et petit écran : l'Opéra-Goude qui, pour célébrer le bicentenaire de la Révolution française fit descendre de l'Arc de triomphe à la place de la Concorde une procession de visages, costumes, danses et tambours. On alla jusqu'à repeindre en noir plus foncé la poitrine des Guinéennes.

Le théâtre occidental comme celui des autres civilisations est construit sur l'élimination du masque originaire. La vérité du théâtre repose alors sur celle du personnage en quête de sa propre vérité, et le masque doit disparaître, renvoyé aux catégories négatives de l'apparence, de l'illusion et du mensonge. Mais dans ce changement, il s'avère que le sujet se dérobe. Dans le vertige de la multiplicité des miroirs, son lot devient l'inquiétude qui envahit tout. Le masque, d'abord récusé, réapparaît mais comme déguisement double, fausse ressemblance. « Je doute qui je suis, je me perds, je m'ignore », pourraient dire, pour tous, les personnages du théâtre classique comme du théâtre des Temps modernes. Absent, le masque est cependant partout, comme l'attestent tous les grands rôles de ce théâtre : entre tant d'autres, Don Juan, Tartuffe, le neveu de Rameau, Lorenzaccio...

Dans la solitude, qui est aussi le silence des dieux, la conscience d'aujourd'hui s'éprouve. Elle a perdu et son rapport originaire à soi et son rapport au sacré. Comme l'a montré Walter Benjamin (précisément dans son livre consacré au théâtre : *Le drame baroque allemand*), elle ne peut saisir sa présence au monde que sur le mode de l'allégorie, de l'allusion, du déguisement. Que regardaient donc les spectateurs du 14 juillet 1989 pour célébrer le bicentenaire de la Révolution : un « Opéra », et le long de « Champs-Élysées » ! Était-ce seulement mémorial ? Ou aussi carnaval, clip télévisé, théâtre, rêve et divertissement ? Le tambour de Pékin montrait que c'était aussi autre chose. Le masque et l'allégorie ne signifient pas seulement image sommaire, mais bien réalité qui ne peut cependant être saisie que comme allégorie, c'est-à-dire comme vie pétrifiée, sous un regard mélancolique. Dans la procession de l'Opéra du Bicentenaire, on voyait en même temps le tambour géant des nostalgies de la place Tien-an-Men, uniquement rythmé des sonnettes des bicyclettes chinoises, et les longs manteaux des uniformes russes qui avaient pris le Palais d'Hiver de Léningrad en 1917. Les masques, le masque devient le visage même de l'allégorique : il est dans la vie comme dans la peinture, la « Melancolia » ou encore le crâne de la « Vanitas », emblème où se fige, se pétrifie la dimension originaire de la créature finie, limitée selon l'injonction baroque du « Souviens-toi que tu dois mourir », « *Memento mori* ». Crâne et masque échangent pour ainsi dire leur vérité dans beaucoup d'autoportraits, jusque dans la peinture du XXe siècle. Dans l'autoportrait de Géricault intitulé *Portrait d'un artiste dans son atelier*, un jeune homme aux joues creuses, en habit, cravaté, seul, accoudé au dossier d'une chaise, le poing soutenant la tempe, songe ; cette moderne « Mélancolie » est entourée de trois objets accrochés au mur : la palette du peintre, un crâne et un masque de plâtre. Quant à Ensor, il masque son visage au milieu de masques devenus, eux, visages. L'envers du masque, c'est la douleur de l'existence, à vivre sous le poids du Temps.

Façade peinte, Rome, 1978, photographiée par Cuchi WHITE.

Le masque ainsi compris n'est donc pas l'effacement de l'individu. Il en figure au contraire la profondeur illimitée et comme introuvable. Il en est la projection selon cette capacité qu'a la conscience de supplanter le vivant, par l'abstraction (morte et mécanique) de l'illusion, de l'allégorie. Même absent de la scène du théâtre occidental des Temps modernes, le masque est présent dans ses substituts que sont le spectre, le fantôme, le mannequin, la marionnette... et tous les maquillages. L'homme de pierre de *Don Juan*, sous le masque du spectre, à la fois statue et figure du Temps, désigne la transcendance pétrifiée ; et le rêve de l'homme-machine de Descartes et de La Mettrie (« rêve de pierre » comme le dira d'elle-même la Beauté dans le poème de Baudelaire) inspire autant les marionnettes de Kleist que les mannequins et les fantômes de Diderot, lorsqu'il évoque le comédien et son masque, par exemple *La Clairon*. Cette figure allégorique deviendra, au plus proche de la mélancolie inaugurée par Nietzsche, le mannequin de De Chirico, statue de l'homme

Two eyes, façade peinte, États-Unis, photographiée par Roger LANTAFF.

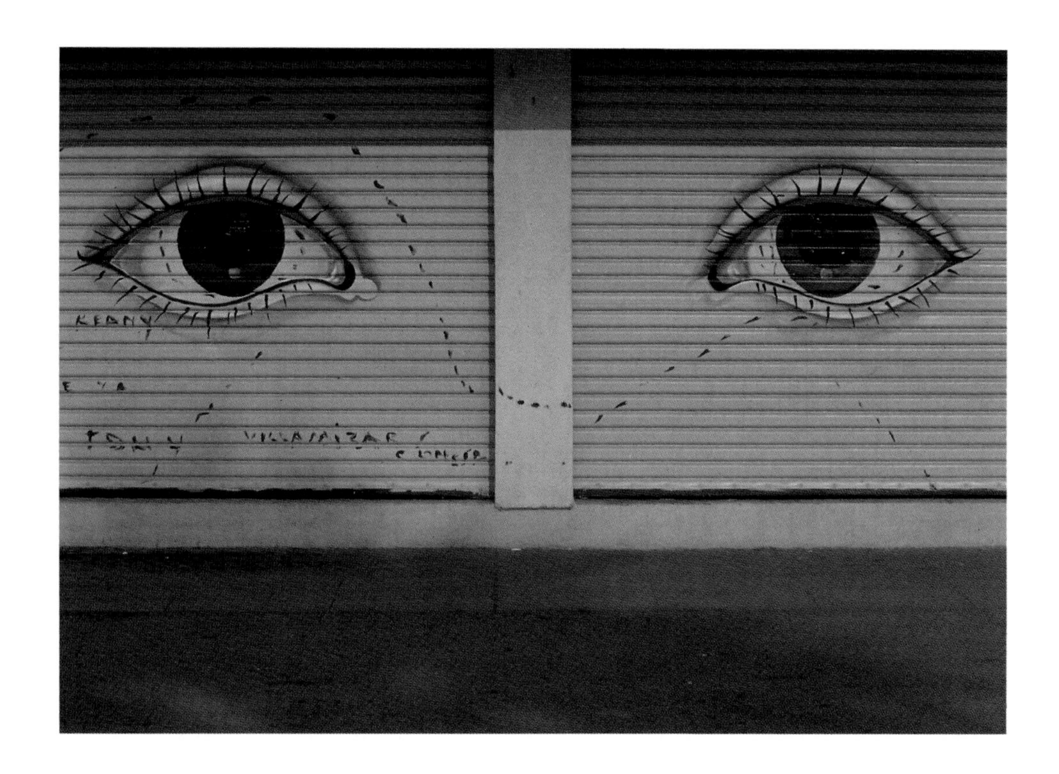

moderne en deuil des dieux et de lui-même, « Machine célibataire » selon la formule-titre de Michel Carrouges :

« Ici tout est peint comme un décor de théâtre, et c'est vrai, car le mannequin est l'acteur automate stoppé d'une tragédie antique et actuelle comme dans le théâtre de Jarry, Apollinaire, Roussel, et celui de Vitrac, Genêt, Ionesco, Pinter. Brusquement surgies en gros plan entre les portants du décor, *les Deux Sœurs* (1915) sont les grands masques des mannequins, les sœurs des masques dans les tragédies gréco-romaines et dans les mystères africains, ce sont les masques remplis des énigmes et des oracles de notre civilisation. »

La perte du sens du masque originaire est à la mesure de notre errance, de cette impression persistante de ne plus savoir d'où nous venons et où nous allons. Rilke le dit dans les *Cahiers de Malte* :

« Nous sentons bien que nous ne savons pas le rôle, nous cherchons un miroir, nous voudrions nous défarder, renoncer à toute feinte et être véritables. Mais quelque part est encore sur nous un morceau de travestissement que nous oublions. Une trace d'exagération demeure dans nos sourcils, nous ne remarquons pas que les commissures de nos lèvres sont plissées, et nous allons et venons ainsi, railleurs et moitié de nous-mêmes, ni réels ni acteurs. »

L'enjeu de notre métamorphose

Le masque apparaît ainsi selon tout l'artifice avéré de sa réalité superficielle, et peut d'autant mieux démasquer, faire venir à la surface le mensonge de l'intériorité, la supercherie de la dignité du sujet dont il peut révéler l'infatuation et la bouffissure, comme le fait le masque nommé *Politicien schizophrène* de Werner Strub[1]. Il peut donner figure à une vérité de nous-mêmes plus originaire : inachevés, presque décrépits. Les photographies des trois « grands » à la rencontre de Yalta resteront à jamais dans la mémoire de l'humanité : Staline triomphant, Roosevelt fini, Churchill concentré.

Le masque n'est plus fixité, il est métamorphose. Son enjeu, c'est notre métamorphose. Il opère comme un évidement. Rencontre presque insoutenable du masque, parce qu'il nous dépossède de notre enflure, de notre simple épaisseur, nous donne à voir, à nous aveugles, ce vide qui nous constitue, positivement. Le masque nous montre ce rien qui, selon le mot de Valéry, « perce » en nous de manière originaire : le vide apparaît dans les trous du masque, yeux et bouche agrandis. « Réussir un masque, c'est maîtriser les trous. » Faire un masque, c'est donner figure au vide primordial qui nous habite, dans le sens où Braque dit que « le vase donne une forme au vide et la musique au silence ». Le masque nous métamorphose : sans dedans ni dehors, à la surface de nous-mêmes, nous sommes nous-mêmes devenus surface. Le masque peut faire apparaître à la vérité de sa surface ce noyau vivant qu'est le crâne — de chair, veines et sang — qui obsédait le sculpteur ; non plus le crâne de la « Vanitas » baroque, non plus l'emblème allégorique du « Souviens-toi que tu dois mourir », non plus le vivant pétrifié, mais à l'inverse la réalité vivante de la mort présente à notre être originaire. Nous ne sommes qu'à la limite, et le masque incarne cette limite que nous sommes, vide, surface, finitude. La grâce du masque est de faire apparaître cette limite, notre origine la plus dérobée. Le masque nous restitue au tout de l'univers et à ses forces, à sa présence qui nous excède et nous anime. Le masque sait aussi, de manière originaire, nous rendre à la communauté. Le masque est rapport, manifestation de l'être ensemble qui forme notre être-au-monde et le fondement de toute société possible. « Au loin grondait, rumeur panique, l'hymne de la communauté » (Hölderlin) : c'est alors, dans l'union de la fête et du théâtre, que le chœur grec pouvait célébrer la proximité des dieux.

« Il faut bien s'établir à l'extérieur de soi... »

A l'origine du théâtre était le masque. Le masque grec ne dissimulait rien. Il était l'apparition consacrée au dieu de l'apparition, Dionysos, dont la présence se donnait dans la pure surface du grand masque accroché à l'un des montants du fronton du théâtre. Dionysos a de grands yeux qui vont droit dans la direction de celui qui regarde. Le masque est ici la figure même de la Rencontre : il n'a pas d'envers ; ce qu'il annonce peut être le terrible, qui vient d'en haut — jusqu'à la folie. Le masque est lié au chœur tragique. Au chant du chœur, dédié aux dieux, aux souffrances du héros et aux âmes des morts, répond (c'est le sens du mot grec « hypocritès » : le répondant) le héros masqué. Il apparaît, comme parole, dans la tension tragique où son être mortel à la fois décline et s'exhausse jusqu'à la limite du divin. Le masque était bien le lieu de la rencontre mutuelle des hommes et des dieux. C'est bien une des nostalgies des 14 juillet 1789 et 1989.

Pour l'homme d'aujourd'hui qui vit dans le retrait continué du divin, cette rencontre est question, théâtre à venir. Comme le beau visage de l'enfant qui guide Tirésias — masque rose, couronné de paille, bandeau sous le vide simple des yeux, la bouche délivrant déjà comme un clair murmure —, les masques ont une présence telle qu'ils paraissent creuser l'espace et ouvrir comme un site. Tel se voit à l'avance ou pour toujours Président de l'hexagone, tel autre sauveur de l'Europe ou simplement de sa municipalité. L'Opéra du Bicentenaire comme un vaste miroir donnait par l'évocation du passé place au rêve du futur, liberté et fraternité. Dans *La Marseillaise* de la Concorde se lisait le site de la liberté. Elle nous faisait face pour nous aider à faire face. Rêve d'une nuit... Saint Augustin à Hippone et à Ostie, désarmé par sa conversion, verra que le rêve est autre où le Christ propose une autre paix que celle d'un masque nouveau. Il désarmera devant celui qui est en moi-même plus moi-même que moi. *Intimior intimio meo...* Claudel vaincu par le Magnificat reprend le même aveu. L'extérieur Tout-puissant, parce que Tout-puissant, n'oblige plus à sortir de soi. Il y a un en-deça ou un au-delà de la poésie. Mais peut-on faire l'économie de ce passage, de cette « Pâque » : « Il faut s'établir à l'extérieur de soi, au bord des larmes et dans l'orbite des famines, si nous voulons que quelque chose hors du commun se produise, qui n'était que pour nous » (René Char).

Donner forme à l'invisible

Devrions-nous être plus sérieux que la nature qui, dans une folle débauche, déguise la sauterelle en feuille ambulante, le coléoptère en cerf volant, peint des regards féroces sur les tendres ailes du papillon de jour et des têtes de mort sur le dos du papillon de nuit... On dira que ces jeux de la nature sont utiles pour la survie de ces bêtes. Mais qu'elle est joyeuse et heureuse, l'utilité, quand elle prend de telles formes et de telles couleurs !

ROBERT ARNESON : *George et Mona dans les bains de Coloma* (62 × 150 × 80 cm), 1976. Amsterdam, Stedelijk Museum.

Quelle forme donner à l'invisible et à ceux qui furent et ne sont plus ? Pourquoi couvrir le visage de ceux qui encore « mangent la lumière », comme le dit le théâtre grec, d'un masque imaginaire ? S'agit-il de lutter contre la dent rongeuse de l'oubli ? De maintenir la solidarité d'un groupe, si petit soit-il ? D'établir une circulation bénéfique entre les vivants et les « autres » ? De conjurer cette part incertaine qui, pour quelques-uns, subsiste après la séparation du souffle et du corps, de l'os et de la chair ? Il y a une autre « voie des masques » : celle qui s'interroge sur le jeu des figurations à l'intérieur d'un groupe d'un même territoire. Corrélations qui se complètent, s'opposent, se réfléchissent à la manière des pièces d'un damier d'échec — comme le dit Lévi-Strauss à propos des Eskimos... et qu'on pourrait redire équivalemment de toute fête « folklorique ». Cette interprétation est puissante mais insuffisante.

Elle réduit à la logique, elle a chassé l'important. Elle laisse entière la question : pourquoi un masque, plutôt que rien ?

Dans la somme extrêmement variée de populations qui occupent aujourd'hui les différentes parties du globe, il n'en existe aucune chez qui le corps soit laissé dans son état de naissance... Ainsi les scarifications, les maquillages, les inscriptions tégumentaires, les arrangements capil-

laires — qui sont des masques —, aussi bien que le masque lui-même sont autant de moyens pour falsifier une forme naturelle que nous recevons comme une fatalité. C'est un fait : le visage humain n'a été que rarement vu par celui-là même qui s'en déclare le détenteur puisque *d'immenses régions du monde n'ont jamais connu le miroir.* Or ce sont précisément celles où le masque a pris son sens le plus riche et le plus fécond. Faire un masque n'est-ce pas se voir dans le regard des autres et attendre des autres qu'ils façonnent notre visage ? Là commence une fantastique dramatisation : on joue les morts, les invisibles, on fraie le chemin des jeunes au monde des adultes, on accompagne les accordements de mariage ou de naissance. Le théâtre des masques n'est pas ce que nous appelons théâtre, mais il peut à tout moment le devenir, puisqu'il aide l'homme à pénétrer ce sur-réel sans lequel notre existence serait celle des abeilles ou des fourmis. Dédoublement, transpersonnalisation, figuration d'un voyage imaginaire ? Et par là aussi, le corps échapperait à son état de « naissance », puisqu'il deviendrait un dieu... Le masque restera toujours une énigme parce que l'homme n'est jamais nu.

CHAPITRE 18

Ta face est ma seule patrie

Derrière le masque se cache une identité. Derrière la Bête, il y a la Belle. Mais elle ne peut se reconnaître elle-même que si elle a un partenaire. Bouddhisme et christianisme offriront un visage ami, troisième étape sur le chemin des masques. Il ne suffit pas à l'homme d'avoir garanti sa protection et son intégration. Il ne suffit pas d'avoir trouvé une identité dans un visage. Il a besoin d'être reconnu et d'échapper ainsi à la solitude, d'être, selon l'étymologie, « con-solé ». Il faut un jour passer du masque au visage et, pour cela, avoir trouvé son interlocuteur.

A une vingtaine de kilomètres de Tokyo, un temple nous accueille. Nous devons assister à une cérémonie de purification, équivalente à ce qu'était autrefois la célébration chez nous des relevailles après une naissance. Au bruit du tambour qui chasse les esprits mauvais, le bonze s'assoit devant l'autel des offrandes. Un petit brasero entretient le feu purificateur. La mélopée s'élève, de style grégorien. Assis sur les talons, nous méditons. L'atmosphère est festive mais recueillie. Cet enfant, cette femme ont donc besoin d'être purifiés ? Il n'est que de lever les yeux vers la statue de Bouddha, entre transcendance et compassion, pour se rappeler que le chemin est encore long avant d'atteindre à la sérénité intérieure et pour cela avoir vraiment assumé le « moi » et ses illusions. Mais peut-on les abolir si on ne les a pas précédemment décelées ? C'est peut-être pour cela que nous terminons la cérémonie en allant méditer à quelques pas du temple, dans l'enclos de Kawagoe.

Là se trouvent cinq cents statues. Je croyais que c'était comme au Sanjûsangendô de Kyoto et, bien souvent ailleurs, par exemple dans les collines parfumées près de Pékin ou dans les cavernes près d'Aurangabad, un temple aux nombreux Bouddhas, montrant la sollicitude des disciples, de ces Boddhisatva qui n'ont pas encore voulu atteindre le nirvana et la félicité de l'ultime libération par amitié, par compassion pour leurs frères humains, préférant par pitié rester encore sur terre et attendre avec leurs frères sur le chemin de la détresse. A Kawagoe, il ne s'agit

pas de cela. Ces cinq cents personnages ont tous une parenté dans les traits du visage, mais les postures, les attitudes, les expressions sont toutes différentes. Il s'agit de montrer aux hommes comment ils sont lorsqu'ils regardent Bouddha. L'idée est simple : l'homme a besoin d'un partenaire qui lui révèle comment il se tient. Alors il peut se corriger. Bouddha lui offre donc ici l'occasion de se révéler à lui-même ses illusions. Il oblige l'homme à se voir tel qu'il est. Et c'est la collection hilarante ou angoissante de nos attitudes réelles en cinq cents figures : distraction, oubli, somnolence, irascibilité, jalousie, apaisement, vindication, soif, concupiscence, innocence, rire... Plus besoin de masques, c'est le visage de l'autre qui est devenu le sacrement de la purification.

Sommes-nous si loin du rôle des saints ?
Oui, encore très loin.

Les tableaux d'Arcimboldo, qu'il utilise végétaux, coquillages, voire corps humains pour dévoiler et intégrer le visage de l'homme aux éléments de l'univers, achèvent la courbe qui, des Eskimos aux Dogons cherche à s'assurer protection et relation aux forces du cosmos. Les autoportraits de Van Eyck à Van Gogh, ceux de Masaccio, Filippo Lippi ; de Botticelli, de Michel-Ange dans le désossé de la Sixtine, du Caravage, de Vélasquez dans *les Ménines* du Prado, de Rembrandt ou de Goya parachèvent cette nostalgie de trouver une identité qui, des Grecs au théâtre Nô, des carnavals aux danses de Bali pousse l'homme à sortir comme Diogène de son tonneau pour « chercher l'homme ».

Disciple de Bouddha, temple de Kita in, Kawagoe, Japon.

Reste à trouver le compagnon qui dira que nous ne sommes pas seuls.

Les Étrusques ouvrent la recherche. Les Grecs avaient trouvé la mathématique née de l'astronomie. Il y avait au moins un lieu qui échappait au désordre : le ciel. Et l'on pouvait prendre possession de ce lieu par la mesure des nombres. La solitude était vaincue, non pas par la vie de fabrication, la vie « pratique », mais par la vie de contemplation et de communion, la vie « théorétique » qui ouvrait l'esprit à l'échange. Mais la vie contemplative ne donnait à l'homme ni compagnon, ni sauveur. Elle lui ouvrait peut-être la voie de sa vraie destinée. Il se découvre invité à devenir spectateur de la cité divine. Mais il restait seulement un « spectateur ». Rome fera descendre la cité divine sur terre. Elle invente le visage de l'empereur. Désormais c'est lui l'interlocuteur. Sacrifier aux dieux devient second. Il faut d'abord sacrifier à l'Empereur.

Les bustes étrusques et romains avaient perçu et rappelé une chose immense, irréversible : la dignité du visage. Il n'y avait plus besoin de masques. On pouvait aller à l'encontre de son destin, démasqué. Pour ce faire, l'Étrurie du VIIe siècle avant Jésus-Christ, dès le début de l'histoire toscane, avait moulé ou copié le visage du mort : masques d'argile ou de matière précieuse, argent, or ou ivoire, beaux masques de bronze. On pouvait disparaître, être incinéré, le visage demeurait fixé sur les flancs de l'urne funéraire. Puis, le masque devenu inutile, le vase lui-même fut modelé à l'image de la tête du défunt. Les urnes canopes deviendront

Buste d'Auguste, bronze, 14 av. J.-C. Londres, British Museum.

THÉODORE GERICAULT : *Portrait d'homme* (46,5 × 38 cm), vers 1818. Malibu, Musée J. Paul Getty.

le premier balbutiement du portrait. L'homme accède à l'autonomie. Il devient une personne. Le tombeau est inviolable. Le visage n'est plus réductible à une fonction. Il est devenu hypostase. Du symbolisme funéraire, la voie est ouverte pour déifier le portrait. Auguste est devenu possible. On est passé de la scène au sacrifice, du jeu à l'offertoire de l'encens.

Mais le buste, même devenu Empereur, ne répond pas.

Si les époux étrusques de Tarquinia ont la chance d'être deux et d'avoir encore au royaume de la mort le sacrement de leur tendresse de conjoints pour savoir qui ils sont, qu'en est-il pour l'esclave qui meurt seul ?

« Qui répondra à la mère dont l'enfant est mort et qui demande pourquoi il est mort ? Qui répondra à l'esclave qui interroge ? Qui dira à l'esclave qui doit mourir en vain pourquoi il ne serait pas aussi né pour rien ? »

Il ne suffit plus comme à Kawagoe de regarder les masques des cinq cents Bouddhas. Il ne suffit plus comme à la nécropole étrusque de Tarquinia de savoir que Phersu, l'homme masqué, sera dévoré par le chien pour que naisse les droits de la personne humaine et la dignité de son visage. Il faut autre chose que des statues, des fresques ou même un livre. A certains soirs, il faut un visage. Où est-il, ce visage qui dira à l'homme en même temps ce qu'il est et qu'il n'est pas seul ? Où est-il, celui qui révélera le prix de la dignité humaine ? Les poupées géniales du Bunraku japonais proposent le « suicide... à deux ». Ce serait peut-être l'aboutissement le plus logique de la vie. L'amour aiderait à se dissoudre dans le cosmos, le shéol, le grand tout. Mais alors, quelle farce !

Le Christ propose autre chose. Il propose seulement son Visage. Il le propose par des sacrements. Et c'est davantage qu'une liturgie, un théâtre, un carnaval, un masque de plus ou un jeu. C'est une action à deux où l'un propose à l'autre d'entrer dans sa propre vie, tout en gardant la liberté entière d'en disposer ou non. On peut désormais se reconnaître dans une existence humaine, dans les traits d'un visage qui devient sien sans cesser pour autant de nous dépasser car il est celui de la Gloire. L'homme, assis à la table des pécheurs, se découvre assis à la table du Père de Jésus-Christ. Les religieux changent de nom lorsqu'ils entrent en religion. Ils adoptent une identité nouvelle sans perdre la leur. « Dans le siècle, tu t'appelais : Thérèse, désormais tu t'appelleras Thérèse de l'Enfant Jésus et de la Sainte-Face. » Celle qui devait devenir sainte Thérèse de Lisieux a pu dire au Christ : « Ta face est ma seule Patrie. » Elle résumait là le christianisme : un échange d'identité.

C'est un petit village de pêcheurs. A quelque distance du bourg, une masure abrite un vieux couple. L'homme va parfois au village. Celui-ci regroupe cinq ou six maisons. La principale est celle du cafetier-épicier, qui sert aussi de magasin. On y trouve ce qu'il faut pour la pêche : fil, hameçon, alène pour réparer les filets. Un jour, le patron est surpris. Depuis quelque temps le vieux pêcheur revient plus souvent au magasin et s'isole dans le fond de la boutique. Intrigué, le cafetier épie le manège du vieux. Il découvre que celui-ci a repéré un petit miroir. Le vieux se regarde. Or, il n'avait jamais vu auparavant son visage. En se regardant, il retrouve le visage de son père. Il entre en contact avec le royaume de la nuit et, devant ce qu'il croit voir, il murmure le mot qui résume tout : « Père ». Ému, l'épicier fait cadeau du miroir au pêcheur. Rentré chez lui, celui-ci revient souvent au même geste. Il s'isole et parle à son miroir. Cette fois-ci, c'est sa femme qui est intriguée. Un soupçon s'installe. A qui son mari peut-il donc bien parler ? Un jour où le vieux est parti ayant laissé sa vareuse à la maison, sa femme fouille les poches, découvre l'objet. Elle prend le miroir et regarde. Son soupçon s'évanouit : « Oh, ce n'est qu'une vieille femme. »

Tout être humain a besoin d'un miroir. Les masques renvoient le visage d'un père, d'un ancêtre, d'une vieille femme... C'est précieux. Même illusoire, on découvre la dignité humaine : un « visage »... Il suffit peut-être d'un seul mot pour exprimer le christianisme. Ce n'est ni la compassion de Bouddha, ni la puissance d'un Empereur, ni la consolation du couple, ni le pouvoir magique d'un chaman ou d'un animal, même fabuleux, qui disent ce que nous sommes. Devant le visage que renvoie le miroir, il suffit de dire : « Père ». Le secret est là. Dieu s'est fait homme pour que nous puissions devenir Dieu. Par l'ascèce, par l'éveil, par une danse, par une liturgie ? Non. Seulement par l'échange libre de notre identité. « Rendez à César ce qui est à César, et à Dieu ce qui est à Dieu. » Mais qu'est-ce qui est à Dieu ? Une seule chose : le visage de son Fils. Depuis la Passion du Christ et depuis le baptême des hommes, la terre sait que Dieu ne peut plus regarder l'homme sans y voir le visage de son Fils. Nous avons désormais le pouvoir de rendre à Dieu le visage de son Fils. Il l'a décidé. Et ce n'est plus facultatif car il l'a décidé de toute éternité. Dans le visage du Christ, chacun est invité à trouver son identité et son interlocuteur et, en même temps, la tendresse qui ouvre le Royaume du Ciel.

CHAPITRE 19

Jésus et Bouddha

Assyriens, Grecs et surtout Étrusques et Romains ont dit la nostalgie de déifier le visage humain, seul signe qui puisse implorer la mort, en sortir victorieux ou y sacrifier. Le couvercle des urnes funéraires à Tarquinia correspond au cercueil exposé au-dessus du sol en Nouvelle-Calédonie. Mais l'Étrurie invente la tendresse, celle des couples, sur le dessus des sarcophages, comme à Cerveteri. Elle rend aussi la gravité plus lumineuse, celle des gisants de Tarquinia, et même la compassion, avec la déesse-mère de Urzulei, tenant sur ses genoux un guerrier défunt, comme une Piéta du XIVe siècle tiendra le Christ.

Et voici que Rome arrive. On déifie les empereurs, comme on a déifié le pharaon ou les rois assyriens. Mais il faudra encore sacrifier aux idoles ou... être sacrifié. Trajan et Dioclétien ne transigent pas. Ils persécuteront ceux qui n'encensent pas leur visage.

L'énigme demeure. On érige des bustes. Le ciel n'a pas encore libéré le visage. Il y faudra Jésus-Christ. Il y eut aussi Bouddha. Ces deux visages dominent toute l'histoire mondiale. De Lahore à Tokyo en passant par Ceylan, l'Indonésie, le pays Khmer, la Chine puis le Japon, ce fut le chemin du bouddhisme. Et il y eut Jésus. L'un et l'autre attendront des siècles pour qu'on ose les représenter. Bouddha : six siècles. Jésus : trois siècles, sinon davantage : jusqu'à la querelle des Images et le concile de Nicée II (787).

Trois siècles après la mort du Bouddha, en universalisant la religion de Sakyamouni, l'empereur Ashoka n'ose pas encore montrer le visage de Bouddha. Six cents ans après la mort de Bouddha, les sculptures du principal stupa de Sanchi et ses toranas, qui sont pour le bouddhisme l'équivalent de ce que serait la cathédrale de Chartres pour le chrétien, n'évoquent encore Bouddha que par des symboles : le siège vide du premier sermon au Parc des Gazelles, la trace du pied, l'arbre de la Boddhi en forme de parasol, le figuier sacré du lieu où se réalisa l'éveil. On représente bien la mère de Bouddha : Maya, lorsqu'elle se tient à l'arbre pendant l'enfantement ou bien les jakatas, vies antérieures de Bouddha, mais non pas le visage de Bouddha.

Statue de Ganjin, laque sèche polychrome, 763. Nara, Tosho-Dai-Ji.

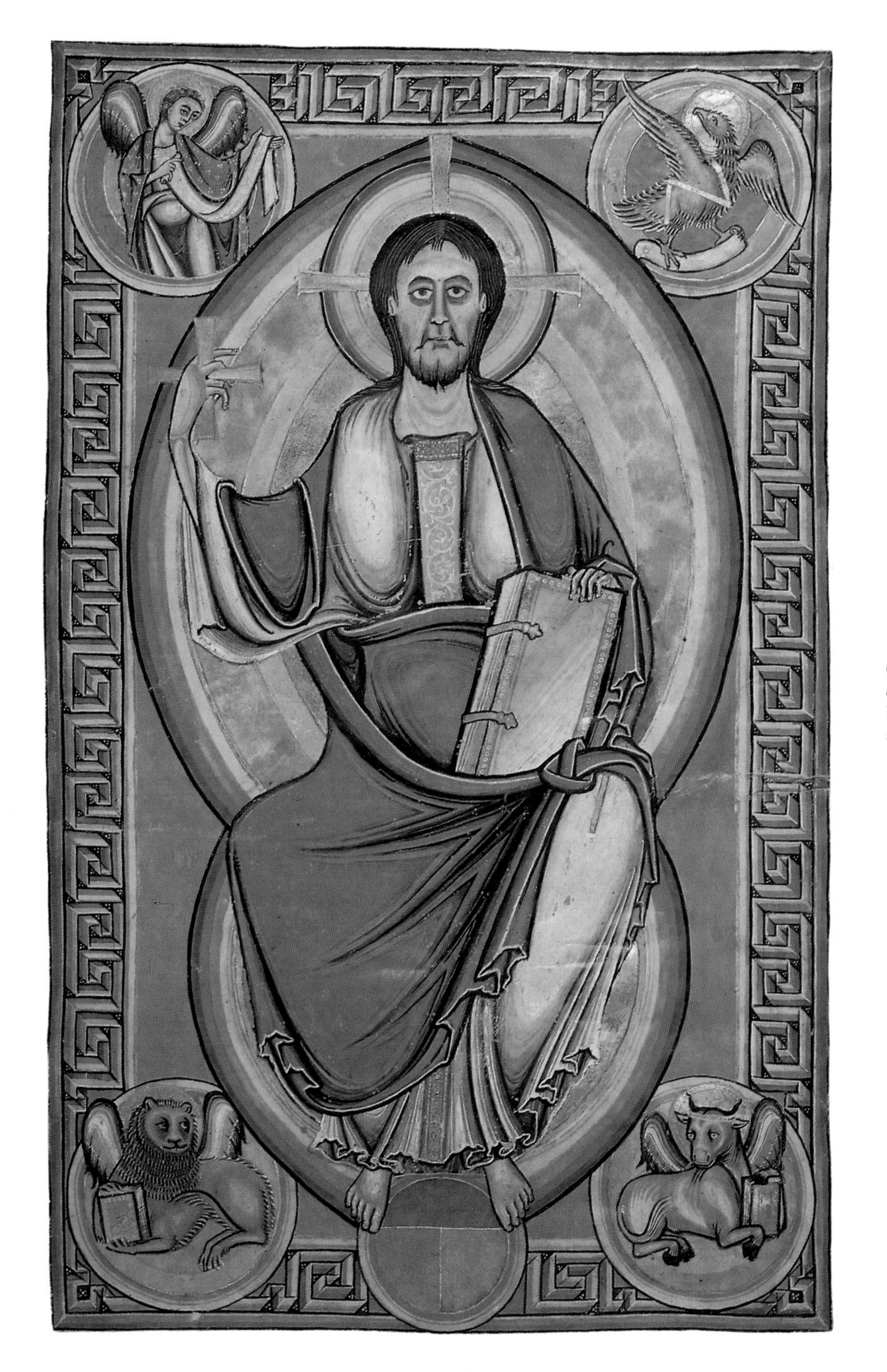

Christ en majesté. Bible de Stavelot (1093-1097). Londres, British Library add. 28 107 Fo 136.

Il en fut de même pour Jésus. Au début, on utilise seulement des symboles : le poisson, Apollon sur son char marqué d'un nimbe, signe du nouveau soleil, ou le monogramme grec XP. Il fallut attendre quatre siècles pour que la Crucifixion fût enfin dégagée du signe infamant de l'esclave et pour que le Visage qui ne ressemble à aucun autre, puisse ne pas être confondu avec une idole.

C'est normal. Il avait fallu vingt siècles à partir d'Abraham, pour qu'on admît que la manifestation du Jour du Jugement de Dieu venant du Ciel, Sagesse et Purification, pouvait coïncider avec le nouvel Adam récapitulateur ou le nouveau Moïse, sauveur non plus du seul peuple élu mais de tous ceux qui « lèveraient les yeux vers Celui qu'ils ont trans-

ENGUERRAND QUARTON : *Couronnement de la Vierge* (détails). Villeneuve-lès-Avignon, Musée Pierre de Luxembourg.

percé ». Alors le Visage insoutenable de la douceur qui ne se défend plus, parce que divin, pouvait signaler tous les croisements des routes du monde.

Des lèvres ou une blessure

Bien sûr, les grands tympans de l'art roman français, Moissac, Beaulieu, Conques et Vézelay, expriment le sacré pour un regard d'historien profane au même titre que la majesté d'Elephanta près de Bombay. Mais il restera toujours que la bouche indienne ou chinoise, ce sont des lèvres ; la chrétienne, *une blessure*. Au Musée de Nagasaki, des objets chrétiens sont fidèlement gardés : les plateaux et les coupes en grès qui servaient de patènes et de calices pour la messe. Là se trouvent aussi les « icônes » dont nous avons parlé : simples dessins, griffonnés sur une page d'écolier ; deux visages, celui du Christ, celui de la Vierge. Même grossièrement stylisés, leur présence gardait un pouvoir fantastique puisqu'ils détenaient décision de vie ou de mort. Ainsi réduits à une misérable page d'écolier, certains visages défiaient la mort. On les désignera du nom de « Sainte Face » parce qu'ils gardent le Ciel et la terre unis dans la tendresse.

Rouault chez l'empereur

GEORGES ROUAULT : Sainte Face, peinture à la détrempe et gouache (51 × 39 cm), 1904. Collection privée.

Au musée Idemitsu, juste en face du Palais impérial, en plein Tokyo, qu'est-ce qui nous accueille ? Qu'est-ce qui retient le regard ? Certes, des poteries et céramiques fabuleuses, des estampes d'Hiroshige et Hokusaï et des calligraphies zen du moine bouddhiste Sengai. Mais après ? On est saisi. Six toiles. Petites, presque discrètes dans leurs teintes bleuâtres. On comprend qu'elles forment une série. On devine la comparution devant Pilate, la chute sous la croix, l'interrogation suppliante. Ce sont six tableaux de Rouault, les plus sublimes. Un seul titre : *La Passion.* Six phrases résument toute l'histoire, individuelle ou collective : 1. « Conduis-les donc au port. » 2. « Ces yeux, ces tristes yeux. » 3. « Il revoit le Thabor. ». 4. « Je revois le démon et son air de docteur. » 5. « Je cours tout le long de votre ombre. » 6. « L'Heure est venue. » On oublie alors l'empereur et ses jardins, qui se découvrent sous les fenêtres. On pressent que l'histoire du visage chrétien a été poursuivie par la même intuition depuis les toutes premières représentations des diacres, fidèles et saints représentés au IIe siècle sur les sarcophages égyptiens du Fayoum. Chez Rouault, c'est la même gravité, celle d'un combat, mais combat d'une douceur infinie. Les représentations de Bouddhas sont sublimes. La croix du Christ n'est pas de l'ordre du sublime. Elle ne ressemble à rien d'autre. Elle porte le visage d'un Dieu mendiant et meurtri, celui qui « court le long de notre ombre », jusqu'à ce qu'enfin la miséricorde infinie se soit inscrite sur le visage humain.

G. Rouault
1904

REMBRANDT : *Ecce homo*, pointe sèche (4e état), (38,3 × 45,5 cm), 1655. Paris, Bibliothèque Nationale.

REMBRANDT : *Ecce homo*, pointe sèche (7e état), 1655. Paris, Bibliothèque Nationale.

CHAPITRE 20

Voici l'Homme

Ceux qui ont connu le drame d'être gardés comme otages avouent qu'à un moment donné, ils ont dû lutter et se défendre contre eux-mêmes pour ne pas « craquer » et ne pas fraterniser avec leurs gardiens et ravisseurs.

Le paradoxe avait tenté le cinéaste Clouzot. Peu avant sa mort, il posait la question : « N'y a-t-il pas quelque chose de mystérieux qui expliquerait que l'Inquisiteur et le torturé puissent se regarder avec une certaine complicité, au-delà de l'horreur ? » Ionesco le dira peut-être s'il aboutit à livrer sa méditation sur le père Kolbe, sur saint Maximilien Kolbe, martyr à Auschwitz. Kolbe n'a pas seulement imaginé ou pensé cette énigme de deux visages face à face, l'un couvert du masque du tortionnaire, l'autre réduit à la seule noblesse de la supplication. Il l'a vécue, jusqu'au bout. Les témoins du bunker de la faim et les bourreaux eux-mêmes en ont été bouleversés. Dans la longue liste des martyrs, le père Kolbe est peut-être l'une des effigies les plus hautes qui aient jamais été proposées aux hommes pour comprendre ce que fut la rencontre de Pilate, de Caïphe et d'Hérode lorsqu'ils livrèrent le Christ, dénudé, à la foule. Unique et première fois où l'on a pu proclamer en pleine vérité : « Voici l'Homme. »

Rembrandt l'avait compris. Au fur et à mesure des différentes étapes de sa gravure *le Christ présenté au peuple*, il a enlevé les personnages qui étaient en face du Christ. Au début les partenaires sont nombreux. On les voit de dos au pied de la terrasse du prétoire. Pilate présente le Christ. La foule s'agite. Elle ose encore se présenter devant l'Innocent. Elle n'a pas encore vu de quel face à face il s'agit. Rembrandt va se battre avec sa gravure : huit états différents de la planche nous en restent. Au sixième état, la foule qui se pressait au bas de la plate-forme a été supprimée. Au septième état, le travail de repolissage et de rembossement de la plaque de cuivre permet à Rembrandt de remplacer la foule par deux arcatures de pierre, ouvertes comme des gueules béantes et noires. Il a compris qu'aucun vis-à-vis ne pouvait tenir en face du Christ. Les bourreaux ne le regardent plus, sinon de côté. Seules les statues de la Justice et de la Force sont restées en place, dérisoires. La Justice avec sa balance, mais elle a les yeux bandés. La Force avec sa massue, mais elle est mollement accoudée à la pierre de la balustre. Il ne s'agit plus alors de la moquerie d'une foule. Le Christ n'est plus confronté à la haine de partenaires dont on pouvait s'abstraire parce qu'ils étaient représentés de dos. Désormais, c'est le spectateur lui-même qui est directement impliqué dans le drame dont plus rien ne le sépare.

Une douceur absolue

Quel est donc ce drame ? C'est celui de la rencontre d'un visage qui ne ressemble à rien. La Toute-puissance a désarmé, revêtant les traits de la douceur absolue ; désarmée mais désarmante parce qu'elle reste l'incarnation de la *Toute*-Puissance.

Christ de l'Église saint-Gereon de Cologne, vers 1070. Cologne, Schnütgen Museum.

Personne ici ne peut oser une glose, sauf ceux qui, comme le père Kolbe, ont connu l'affrontement de l'innocence condamnée. Maximilien Kolbe avait pris volontairement la place d'un déporté au bunker de la faim. Lorsque les bourreaux nazis eurent enfermé le groupe des détenus dans le bunker, ils furent stupéfaits. Jusqu'alors les prisonniers hurlaient car ils n'étaient pas seulement privés de nourriture mais aussi condamnés à l'absence de toute boisson. Ils en arrivaient à s'entre-dévorer. Dans le bunker du père Kolbe, l'extraordinaire advint. Le groupe se mit à prier et à chanter des cantiques. Prises de contagion, les cellules voisines en vinrent à se taire. Les bourreaux cherchèrent alors à voir ce qui se passait.

Ici Maximilien Kolbe rejoint le mystère du Christ. Devant lui les nazis ne purent rien faire. Comme dans l'*Ecce Homo* de Rembrandt, ils furent incapables de soutenir le regard du père Kolbe. Face à ce nouvel *Ecce Homo*, il leur fallut se protéger. Lorsque les bourreaux entrouvraient la porte du bunker, ils vociféraient au père Kolbe : « Arrête de nous regarder ainsi. » Il leur était devenu impossible de supporter le rayonnement de son visage. Ils capitulaient devant un regard, non pas que ce fût un regard de haine, de mépris ou d'indifférence, mais parce que c'était un regard de tendresse : au-delà de la folie et de la contagion du mal auquel ils consentaient, c'était une brûlure pour la détresse qui les habitait.

Qui saura transcrire ce mystère ?

« *Ecce Homo.* » Rembrandt a compris qu'au bout de l'abîme,

l'homme ne découvre ce dont il est capable que devant un regard venu d'ailleurs, et que seul le vide peut dire l'abîme de cette révélation. Aucun masque alors ne résiste.

Narcisse ou la revanche

Picasso ne s'est pas trompé qui, au terme de sa vie, est allé s'enfermer pendant des mois pour se battre avec un des plus hauts tableaux qui fut jamais peint : *les Ménines* de Vélasquez. Picasso s'attaque à ce « chef-d'œuvre absolu », au « tableau le plus troublant, véritable théologie picturale qui dévoile le secret de ses fondements ».

Les conservateurs du Prado l'ont entendu. Ils ont placé le tableau de Vélasquez au fond d'une aile du musée dans une pièce particulière, sorte d'alcôve noire, éclairée d'une manière très étudiée. Il ne s'agit plus de regarder des personnages qui nous resteraient extérieurs mais d'être progressivement amenés à découvrir que c'est nous qui sommes regardés. Inutile d'aborder *les Ménines* si l'on refuse d'être obligé finalement de se sentir fixé par le regard des personnages de Vélasquez. Pour la première fois, nous l'avons dit, dans l'histoire de la peinture, le spectateur va faire partie du tableau lui-même. Les personnages, répartis en cinq plans selon une certaine profondeur de champ, regardent chacun le spectateur. Le cinéaste Bresson franchit le même seuil lorsqu'il eut l'audace de capter dans la caméra ses acteurs de face en plan fixe, dévisageant le spectateur. Il faudra les interviews de la télévision pour n'en plus être étonnés... et encore.

VELASQUEZ : *Les Ménines* (318 × 276 cm), 1656. Madrid, Museo del Prado.

Au Prado, on n'entre pas directement en contact avec *les Ménines*. Une salle précède le tableau. Est-ce hasard ou préméditation ? Rien ne pouvait mieux laisser entendre qu'on pénètre dans un domaine mystérieux, d'une autre nature de perception et d'implication de soi. Avant *les Ménines*, cette première salle comporte trois ensembles de tableaux. Ils regroupent trois types de regards humains. Sur le côté droit, quatre bouffons nous accueillent. Ce sont des nains. Ils sont saisis dans leur infirmité mais s'assurent leur revanche par leur regard. Ils ne grimacent pas seulement, ils soulignent leurs distances par l'acuité, la moquerie ou l'absence. Attirent-ils la pitié ou suscitent-ils la crainte ? Leurs visages, regardant droit en face, dénudent le passant.

Dans le fond de la salle, deux personnages royaux : Philippe IV et Marie-Anne d'Autriche. Ils ne respirent guère l'intelligence. Ils regardent le vide.

Heureusement, en face des bouffons, deux ermites, saint Antoine

et saint Paul, nous ramènent à une certaine tendresse. Saint Antoine regarde son ami saint Paul, mourant. Puis tous deux regardent le ciel. Une lumière venue d'ailleurs peut habiter le visage de l'homme.

Les Ménines

On est prêt à comparaître devant *les Ménines*. Entré dans l'alcôve qui les protège, le visiteur parle à voix basse. Puis il se tait. Tableau-miroir, tableau-piège, jeu de reflets, inversion des rôles des regardés et du regardant, il était logique que cette toile séduise le peintre Picasso. Il s'inscrira comme le dernier reflet du jeu de miroirs mis en place par Velasquez. Picasso va faire le tableau d'un tableau représentant le vide de ceux qui sont peints (le roi et la reine) et plein de ceux qui sont de l'autre côté (le peintre, les ménines). On est en pleine ambiguïté du rapport entre la réalité picturale et la réalité extérieure, de la coexistence des deux mondes, celui du masque et celui du visage, celui de l'art et celui de la vie. Picasso est pris. Du 17 août au 30 décembre 1957, enfermé au second étage de *La Californie* près de Grasse, dans des pièces vides spécialement aménagées en atelier, il n'aura de cesse d'aller jusqu'au bout. Il exécute quarante-quatre fois une toile où il reprend le sujet des *Ménines*. Et c'est étonnant, Picasso simplifie, schématise mais il nous oblige à être de plus en plus serré par l'énigme. C'est encore plus impressionnant que son combat vers les mêmes années avec *l'Enlèvement des Sabines*, de Poussin et d'Ingres, puis avec *les Femmes d'Alger* de Delacroix ou *le Déjeuner sur l'herbe* de Manet. Avec la série des quarante-quatre (!) Ménines, les personnages perdent de leur substance jusqu'à n'être plus qu'une silhouette blanche grossièrement dessinée. Le noir et le blanc structurent l'espace. Les couleurs ne viennent qu'après, vives, éclatantes. Et Picasso se concentre sur l'Infante. C'est « le » personnage. Travail de laboratoire et d'autopsie, Picasso analyse, dissèque, recompose, se bat jusqu'à l'épuisement. Et la série se clôt sans avoir livré son mystère : le 30 décembre, Picasso s'arrête sur le petit tableau de l'Infante, qui nous fait la révérence. Elle se retire, ayant gardé son secret, celui du visage qui regarde l'homme. Que pense-t-elle de nos masques ?

PABLO PICASSO : *Les Ménines* (161 × 129 cm), 1957. Barcelone, Musée Picasso.

Le vieil homme assis

Ce que l'Infante des *Ménines* n'a pas livré à Picasso, il le trouvera quand même douze ans plus tard. A quatre-vingt-dix ans, il se bat avec fébri-

REMBRANDT :
Autoportrait, Plume et lavis (14,5 × 12,1 cm), vers 1636. New York, Metropolitan Museum of Art, Lehman Collection.

PABLO PICASSO :
Autoportrait, crayon et crayon de couleurs (67,5 × 50,5 cm), 30 juin 1972. Tokyo, Fuji Television Gallery.

lité contre l'approche de la mort qu'il entrevoit. C'est le sublime *Vieil homme assis*, portrait fatidique du vieux peintre. Il ne peindra plus rien ensuite, sinon deux ou trois toiles. C'est décembre 1971 et l'ultime message. Nous l'avons déjà rapproché du dernier tableau de Cézanne. Les dernières œuvres de Picasso et de Cézanne ont exactement les mêmes poses. Le tableau de Picasso est flamboyant. Il condense en une seule image plusieurs références picturales, évocation de ceux à qui il rend hommage. Il suggère Matisse par *la Blouse roumaine*, Van Gogh (le chapeau), Renoir (la main tronquée), et Cézanne *(le Jardinier Vallier)* ; tous réunis ici pour dire la bataille du peintre au seuil de la mort, l'accablement du savoir et le poids de l'être, la solitude et la nostalgie d'un regard qui a tout vu et au dernier moment se souvient des images essentielles, la passion violente enfin de la peinture à laquelle l'un sacrifia son oreille et l'autre les mains.

Picasso n'a pas tout à fait terminé. Après l'hommage à la peinture, il y a encore à rendre un autre hommage : à la peur du visage. Désormais plus d'intermédiaire : ni les Ménines, ni le Vieil homme, mais seul l'autoportrait, seul le dernier masque. Et c'est le portrait du 30 juin 1972. Picasso regarde la mort dans les yeux. Il ne cache plus rien, il a tout dit, il a atteint la vérité du masque. Quand les deux faces, celle de la réalité et celle de l'art, se superposent, c'est que la fin approche. « J'ai fait un dessin, hier, je crois que j'ai touché à quelque chose..., ça ne ressemble à rien de déjà fait. » Et, raconte Pierre Daix, « il tint le dessin à côté de son visage pour bien montrer que la peur qui y est inscrite était inventée ». Était-elle seulement « inventée » ?

Le prix d'un visage ami

L'anniversaire des deux années que Vincent Van Gogh passa à Paris, il y a cent ans, a donné occasion de célébrer le peintre du Borinage par une exposition au musée d'Orsay qui draina plusieurs centaines de milliers de visiteurs. Il fallait accepter une heure et demie d'attente pour pénétrer dans le sanctuaire. Pour Van Gogh, ces années 1886-1888 furent décisives à plus d'un titre. Le temps de lui rendre hommage, Paris oublia un peu l'au-delà de l'histoire et l'histoire tout court. L'exposition, telle qu'elle fut conçue, permettait de se détourner des ombres et blessures que Van Gogh ressentit à Paris. Il suffisait de rappeler les rencontres et découvertes qu'il fit. On pouvait alors s'évader dans la comparaison entre sa peinture et celle de ses contemporains. Quelle délectation pour un commentateur de disserter sur un étang vu par Monet et par Van Gogh ; sur les bords de la Seine à Clichy ou Argenteuil vus par Renoir et Pissarro, et Van Gogh ; sur un visage accablé vu par Toulouse-Lautrec et par Van Gogh. Peut-on en rester là ?

Nouvel arrivé à Paris, Van Gogh allait voir Degas. Celui-ci tenait ses assises au café de *La Nouvelle Athènes*. Vincent avait pris l'habitude de l'y rejoindre. Il arrivait, portant une lourde toile sous le bras. Il la posait dans un coin, et attendait que quelqu'un la remarque. Rien. Vincent touchait à peine à sa bière, surveillant les regards, se mêlant peu à la conversation. Puis lassé, il remballait sa toile et partait. Mais le lendemain il revenait, et le même manège recommençait... Peu à peu Vincent va délaisser *La Nouvelle Athènes* pour *Le Tambourin*, boulevard de Clichy. Il faut dire que l'endroit appartenait à un ancien modèle, la Segatori, qui avait eu quelques faiblesses pour Vincent. Mais la *love story* finit mal : le cabaret est bientôt en faillite, et les toiles peintes par Van Gogh pour décorer le local sont vendues aux enchères sur le trottoir. On les avait liées par paquets de dix ; elles furent adjugées de cinquante centimes à un franc le lot ! Et, bien sûr, on ne les a jamais retrouvées.

Remarquable, l'exposition de 1988 fut quand même laborieuse. Van Gogh y était noyé au milieu de ses contemporains et du même coup, le mystère était occulté. Certes, l'arrivée à Clichy et la lumière de l'Ile-de-France avaient vite eu raison des couleurs noires et graves du Borinage. Le passage est éclatant. Trois influences sont évidentes : la rencontre de l'impressionnisme ; puis l'engouement pour les estampes japonaises qui apportaient un bouleversement total dans les habitudes visuelles par le traitement inaccoutumé de la perspective et de la couleur ; enfin le choc et l'étude acharnée du pointillisme de Seurat, Signac et Pissaro. Il faut ajouter sous la houlette d'Anquetin et de Bernard, l'attention au syncrétisme que le génie de Gauguin avait découvert. Cela nous vaut la splendeur des *Fritillaires* et des *Cinéraires*. Cela n'explique finalement rien de la vraie préparation souterraine et beaucoup plus forte de l'explosion des deux grandes années de Van Gogh qui seront celles d'Arles. Il y eut une autre cause, plus proche, plus violente, plus cachée, plus simple qui va révéler définitivement Van Gogh à lui-même et ouvrir les années d'Arles. Simplement, la découverte de son visage. Avant Paris, il n'a jamais tenté son autoportrait. Alors qu'en deux ans, de mars 1886 à février 1888, il le fera vingt-cinq fois. Le premier fut d'une banalité consternante, bien éloignée d'effrayer qui que ce soit. Agostina Segatori, l'amie du *Tambourin*, puis le père Tanguy prendront momentanément la relève. Van Gogh s'approche peu à peu de ce qu'il cherche. « Je préfère peindre des yeux humains plutôt que des cathédrales », écrit-il à son frère Théo en ce décembre 1885. Il ajoutera :

« Il n'y a pas de meilleur et de plus court chemin pour améliorer le travail que de faire la figure. Aussi je me sens toujours en confiance en faisant des portraits sachant que ce travail-là est bien plus sérieux... »

Et c'est la série des autoportraits, de plus en plus intrigants. Enfin Van Gogh existe. Il peut donner libre cours au sentiment tragique qu'il ne pouvait exprimer ni dans le paysage ni dans la nature morte. Ces deux genres ne lui suffisent plus qui semblent suffire aux autres peintres. On assiste à l'ouverture de la tragédie qui le conduira au suicide. Il aura ressenti jusqu'au désespoir l'inacceptable condition qui opposait son incertitude profonde d'artiste à la certitude de sa vocation. Cette contradiction, il la résout en faisant de sa vocation le sujet de ses autoportraits. Il ne pourra plus se détourner, jusqu'à la mort, de la question que pose encore son regard : « A quoi bon vous regarder, sauriez-vous m'aimer ? » Il avait droit à la question. Trois de ses oncles étaient marchands de tableaux. Parmi eux, pas un seul ne fut capable de vendre une de ses toiles. Seul, apparemment, Théo a vendu un tableau, justement un portrait, à des marchands anglais. Une autre vente eut lieu, pour quatre cents francs, d'un tableau exposé à Bruxelles. C'était l'année qui précédait sa mort... Quatre cents francs pour le visage de celui qui y laissa deux fois son sang. Quel est donc le prix d'un visage lorsqu'il est privé d'un regard ami ?

Pour ouvrir son film sur le *Mystère Picasso*, Clouzot remarque qu'il ne s'est trouvé personne pour interroger Mozart sur ce qui s'était passé dans son imagination et sa pensée lorsqu'il composait la symphonie *Jupiter* ou pour saisir l'inconscient de Rimbaud lorsqu'il écrivait *le Bateau ivre*. Personne ne fut là pour nous le dire. Alors Clouzot propose à Picasso de jouer le jeu. Picasso accepte, et c'est la chance unique : un document fixe sur la pellicule les processus d'invention, de ratures, de retours, de fébrilité, d'angoisse, d'alchimie qui font naître œuvre après œuvre. Mais comment imaginer ce qui se passe quand l'homme cherche à saisir son mystère dans l'autoportrait ? Malgré le merveilleux jeu de joie, d'humour et de vie, Picasso ne s'y risque pas sur la pellicule de Clouzot. Il y faut peut-être des génies moins puissants que ceux de Van Gogh, Picasso, Goya ou Rembrandt. Pascal Bonafoux a très bien remarqué que deux essais pouvaient nous aider ici par leur singularité : ce sont *l'Autoportrait* de Johannes Gumpp en 1646, et les tableaux de Ensor, spécialement celui qui s'intitule *Ensor entouré de masques*, en 1895.

Le tableau de Johannes Gumpp est d'un abord apparemment simple. A gauche, un miroir octogonal renvoie au peintre son image. Elle ne nous regarde pas mais le peintre. Celui-ci occupe le centre de la toile, on ne le voit que de dos. Tandis qu'à droite l'autoportrait peint sur une toile, lui, nous regarde fixement.

Pour déchiffrer le dialogue sous-entendu dans ce triangle magique, on peut se laisser aller à imaginer avec Bonafoux :

Le peintre est mort

« Le peintre se peint. Assis devant son chevalet, il pose et peint. La toile est posée devant lui où s'ébauchent de touche en touche des traits, un regard ; ce regard le fixe, et c'est celui d'un face-à-face. Le peintre est assis et pose. A gauche (est-il posé sur une table, accroché à un mur, sur un chevalet ?) un miroir où il se regarde. Il regarde un peintre assis dans une pièce, une salle qui lui tient lieu d'atelier, qui se détourne de la toile posée devant lui. Le visage qu'il regarde est-il celui d'un peintre ? Le peintre se regarde mais la palette comme les pinceaux sont absents de ce qu'enserre le cadre du miroir. Restent un visage et un regard ; il les sait siens. Il les sait à l'évidence ceux d'un peintre mais ils sont là sans attribut. Le regard qu'il regarde le fixe. Et c'est d'abord ce regard-ci qui l'aborde, précis, incisif, pertinent, immédiat. Puis le peintre se détourne sur sa droite vers la toile posée sur le chevalet. Incertain, imparfait, ébauché, il regarde le même visage qui n'est encore sur l'apprêt que traits à la craie peut-être ou au fusain, et ces traits sont ceux du visage qu'à sa gauche, il examinait à l'instant. Le regard y est le même, direct, qui maintenant dans le miroir voisin se détourne. Il approche son pinceau chargé de couleur de la prunelle qui l'épie sous la paupière qui n'est encore qu'une ligne sans épaisseur ni poids. Il peint ce regard comme à l'instant il le vit dans le miroir, tel quel. En réponse semble-t-il il l'assigne ; il l'oblige à comparaître. Ce regard peint n'est pas le regard de l'attente auquel la pose tenue si souvent oblige les modèles. Il n'est pas une description, il n'est pas une ligne, il est jet. Le regard est décroché.

De touche en touche, le visage se parfait. Les mèches et leurs ombres s'ordonnent autour du front, des tempes. Le nez, l'épaisseur des lèvres, l'arcade sourcilière, un cerne, le menton, ombrent une tempe, une paupière, une pommette, le cou. Le teint de la peau sous la lumière et l'ombre vraie. Le peintre a peint ce teint pareil à celui reflété par le tain du miroir. Le tain ; le teint ; homonymes équivoques, ces mots ébauchent un trouble qui n'est pas le dernier.

Sur le chevalet le portrait est achevé. Le peintre regarde le portrait ; il regarde le miroir ; il regarde le portrait ; il regarde le miroir. Miroir et portrait sont identiques : le regard et l'ordonnance du visage sont, ici, là, semblables. Peut-être alors le peintre, cette épreuve achevée, se lève-t-il et va-t-il remettre à sa place habituelle le miroir qu'il prit le

temps de peindre. Reste le portrait, qui, copie conforme, subroge le miroir évincé. Le portrait est le miroir fixé, éphémère, mobile, le reflet est figé ; son temps fugace arrêté. Le peintre regarde son portrait ; substitut du miroir, le portrait regarde le peintre. Et, peint présent, le portrait regarde le peintre vieillir. Le portrait regarde le visage qu'il fut, se creuser des rides de l'âge ; le portrait indifférent regarde le temps qui de jour en jour invente la mort.

Le peintre meurt.
Le peintre est mort.

Reste, seul, le portrait, dernier pan de ce que fut ce triangle où le regard, de renvois en renvois, du peintre au miroir, du miroir au peintre, du peintre à la toile, de la toile au peintre, se déchiffre et s'invente. « Je » regarde la toile. Je regarde cet autre dont je sais qu'il est peintre et qu'il fit à je ne sais quelle date encore, ce portrait de lui-même. Je regarde, le visage est beau, indifférent, laid ? Je regarde le regard. Et ce regard dardé me fixe, me fiche. Ce regard de 1496, de 1639, de 1787 ou de 1849... est présent. Je suis anachronique à ce portrait et cependant nos regards sont contemporains l'un de l'autre. Nous sommes l'un l'autre, de plain-regard comme l'on dit être de plain-pied. Le temps qu'inventent ces regards est hors de toute chronologie, et vire au leurre. Ce temps est autre.

Ce n'est plus Narcisse qui regarde son reflet, ce sont les yeux reflétés qui regardent Narcisse. »[2]

JOHANNES GUMPP : *Autoportrait* (diam. 89 cm), 1646. Florence, Galleria degli Uffizi.

Van Eyck dissimule son autoportrait au creux du bouclier de saint Georges dans *la Madone au chanoine van der Paele* ; Masaccio se glisse près de saint Pierre lorsqu'il prêche ; Filippo Lippi s'agenouille au pied du *Couronnement de la Vierge* ; le Caravage se représente sous la tête de Goliath pendant de la main de David ; comme Michel-Ange s'était représenté dans la peau du désossé de la Sixtine, pendant au bout du bras de saint Barthélémy ; Goya se dissimule dans l'angle du tableau de la famille royale, à moitié caché derrière une toile ; Rembrandt et Hals font de même dans *la Ronde de nuit* et dans le groupe des *Officiers et sous-officiers du corps des archers de Saint-Georges à Harlem*. Dürer prend moins de précautions. En 1500, il est le premier à oser être le Christ : il nous regarde, légèrement absent, mais de l'absence de celui qui est certain de lui. Parce qu'il est peintre, il se croit autorisé à être le Christ, « Salvator mundi »...

Gauguin prendra le visage du Christ, mais affaissé, du Christ qui affronte le calice amer de la douleur, de la solitude et de la mort au jardin des Oliviers. En 1889, Gauguin est *le Christ au Jardin*. En 1896, il est encore le Christ, mais près du Golgotha. Vers 1890, c'est pour le doute et la solitude que Gauguin est le Christ. Le Calvaire l'a emporté sur la Gloire. Cela nous touche davantage. Rembrandt s'était gravé comme le loqueteux debout sur l'échelle appuyée contre la croix du Calvaire. Il ose son autoportrait de ce personnage invité à maintenir le corps du Christ descendu de la croix.

PAUL GAUGUIN : *Le Christ au Jardin des oliviers* (73 × 92 cm), 1889. West Palm Beach, Norton Gallery.

REMBRANDT : *La Grande descente de croix*, Eau-forte (détail), 1633. Paris, Musée du Petit-Palais, collection Dutuit.

Chez les modernes, il revient à Ensor, avant Picasso, Mondrian, Modigliani ou Francis Bacon d'avoir montré la dérision ultime de l'autoportrait quand l'homme va seul à la recherche de son visage.

Quand il n'y a plus que la dérision

« Ce sont masques de toutes sortes, leurs bouches rouges geignent ou rient, leurs yeux ne sont que trous, ou c'est un regard ; sur celui-ci une perruque ébauche une chevelure, l'autre est coiffé de fleurs, d'une couronne tressée de feuilles, ou de plumes. Ces masques ne sont pas portés ; l'un d'eux, sur la gauche, basculé, met ce vide à jour. Ces masques sont grimaces et leur foule pressée, dense, avance semble-t-il (au fond, c'est en haut qu'il faut dire, les têtes, entre un crâne à gauche et un chat à droite qui se penche, sont plus réduites). Au centre de ce cortège, vêtu de rouge, coiffé d'un chapeau rouge décoré de fleurs et d'une plume, Ensor en Rubens.

JAMES ENSOR : *Ensor aux masques* (120 × 80 cm), 1899. Collection privée.

Que sont ces masques ? Une présence obsédante : ce sont les masques vendus au milieu des coquillages dans la boutique de la grand-mère d'Ensor, ce sont les masques du carnaval d'Ostende, sa ville natale jamais quittée, sauf lorsqu'il fut élève à l'Académie des beaux-arts de Bruxelles entre 1877 et 1880. Et le masque est l'un des attributs de l'atelier (1889) comme l'est la palette ; ces masques sont *les Masques singuliers* (1891) qui deviennent *Masques scandalisés* en 1895 ; ils seront en 1901 ceux de *l'Échauffourée de masques* comme ils furent ceux de *l'Entrée du Christ à Bruxelles* (1888), ceux de *les Masques devant la mort* (1888) et ceux en 1889 de *la Vieille aux masques* cernée de la même manière par une foule pressée de masques. Ces masques obsédants, qui cernent le peintre, se pressent autour de lui, le harcèlent ; les démons gravés en 1898 *(Démons me turlupinant)* ont les mêmes faces odieuses, ridicules, difformes et leur présence autour du peintre est semblable. Ces démons ne diffèrent pas de ceux que décrivent au XIIIe siècle les scolastiques, entre autres l'abbé cistercien Richalmus dans son *Liber revelationum* qui affirme que nous sommes cernés de démons comme un homme plongé dans la mer est baigné d'eau. Saint Antoine tenté est ainsi harcelé. Chaque homme, en prière.

Ces masques ressassés sont les confidents, les complices de la mort. Les crânes aux orbites vides sont masques encore ; ce sont les masques de la mort. C'est ce masque macabre qu'Ensor porte lorsqu'il grave en 1889 son portrait, debout accoudé à une cheminée ; sa tête n'est plus qu'un crâne. Un an plus tôt Ensor gravait *Mon portrait en 1960* : un squelette allongé.

Et Ensor lui-même est masqué. Ensor se veut Rubens. Ensor s'est peint déjà Rubens dérisoire : *Ensor au chapeau fleuri.* C'est le portrait de Rubens par lui-même du Kunsthistorisches Museum de Vienne qui est plagié ; mais le rigoureux, ample et élégant chapeau noir que porte Rubens devient un petit chapeau fleuri où sont plantées deux plumes d'autruche qui s'avachissent sur la nuque du peintre. Ensor n'est que ce Rubens de carnaval. Où est la dérision ? En 1929, Ensor devait être fait baron par le roi des Belges comme Rubens avait été fait par deux fois chevalier, par les rois d'Espagne et d'Angleterre.

Le portrait d'Ensor entouré des masques est variation d'après le portrait de Rubens par lui-même du château de Windsor, mais le sens dans lequel le visage de Rubens est peint est inversé : Rubens se détourne vers la droite, Ensor vers la gauche. Et le chapeau porté par Ensor tient davantage des chapeaux décorés de fleurs et de plumes de Suzanne et d'Hélène Fourment que de ceux de Rubens lui-même.

Ainsi, Ensor travesti en Rubens, coiffé à la manière de la femme ou de la belle-sœur de celui-ci, est-il masque. Masque au milieu de masques qui pour certains dont les orbites ne sont ni creuses ni vides, s'inventent un regard et deviennent visages. Le visage d'Ensor vire au masque et les masques deviennent visages »[3].

Sera-t-on toujours condamné à soigner son autoportrait jusqu'à en devenir malade comme Narcisse. Ne pourrons-nous échapper à l'amertume de la vieillesse que par la seule dérision ? N'y-a-t-il pas d'autre alternative : Gide ou Valéry ?

Une lumière venue d'ailleurs

Narcisse ou dérision ? N'y aura-t-il donc pas d'autre solution sinon le vertige éternel de Van Gogh jusqu'au suicide ?

C'est alors que Rembrandt, Goya, Jérôme Bosch, Breughel ou Van Eyck nous aident. Comment ? Non plus par la seule quête du visage humain mais en découvrant que ce visage se révèle lorsqu'il est éclairé par une lumière venue d'ailleurs. Cette lumière n'ajoute rien au visage. Elle ne le brutalise pas. Elle ne cherche pas à savoir s'il est encore un masque. Elle apprend seulement à en lire l'histoire. Car ce visage fut une fois celui du Fils de Dieu. Claude Roy l'a très finement vu dans son essai *l'Amour de la peinture.*

Certes, Rembrandt sait que la chair est de la boue dont la lumière fait de l'or. Il supporte et accepte ce qu'il voit : les femmes sont ce qu'elles sont. Il n'en trouve guère que d'obèses ou de décharnées. Même les quelques belles qu'il a peintes le sont par on ne sait quelle émanation de vie plus que par forme. Il ne craint pas les ventres pesants, plissés en tabliers de peau épaisse et grasse, les membres gros, les mains rouges et lourdes, les visages très vulgaires. Mais ces croupes, ces panses, ces tétines, ces masses charnues, ces laiderons et ces servantes qu'il fait passer de la cuisine à la couche des dieux et des rois, il les imprègne ou les effleure d'un soleil qui n'est qu'à lui, il mélange comme personne le réel, le mystère, le bestial et le divin, le métier le plus subtil et le plus puis-

REMBRANDT : *Adam et Eve*, gravure (16,2 × 11,6 cm), 1638. Paris, Musée du Petit-Palais, collection Dutuit.

sant, et le sentiment le plus profond, le plus solitaire que la peinture ait jamais exprimé.

Ce que le peintre ne cesse de dévisager, c'est le visage de ceux qui ne sont plus ce qu'ils étaient, et qui savent que bientôt ils ne seront plus rien : les vieillards.

Soixante-deux portraits de soi, une vingtaine de sa mère, autant de son père, une trentaine de sa première femme, une quarantaine de la seconde, les centaines de portraits de commande, aux temps du succès ; les images de son fils, dans la débâcle de tout, les portraits des amis qui lui restent fidèles ou le découvrent aux mauvais jours et jusqu'au

dernier jour, théologiens souvent un peu hétérodoxes, prédicateurs mennonites, amateurs d'art, rabbins et philosophes, élèves qui lui demeurent attachés, poètes calvinistes, des centaines de visages, mais un seul regard, celui de Rembrandt et non pas seulement celui de Rembrandt : mais celui du Christ.

Cette clarté qui émane d'un homme souffrant

« Ce qui est la note fondamentale de l'attitude de Rembrandt, c'est l'évidence qu'a pour lui le prix de n'importe quel être : il n'y a pas à ses yeux de grands de la terre parmi les hommes, de beautés parmi les femmes. Le seul privilège qu'il reconnaîtrait peut-être, c'est celui de l'extrême dénuement. Rembrandt a interrogé un enfant, Titus, et des centaines de vieillards. Rembrandt sait que le christianisme est d'abord l'histoire d'un Dieu qui se fait homme pour rassurer l'homme sur ce qui en lui est divin, et exalter dans le plus pauvre des délaissés la gloire d'être unique. Rembrandt est bien un immense peintre chrétien et non seulement quand il illustre la Bible et la réincarne dans un village de la campagne hollandaise avec Tobie, Jacob et Jésus, mais aussi quand il demande à un visage qui a essuyé toutes les défaites de l'être, et d'abord celle du temps, de répondre à la question qui l'obsède, à cet étonnement sans fin d'exister et d'être parmi les êtres. Quand il ouvre la Bible lue et relue et tombe sur les mots « pauvres gens », Rembrandt voit les pauvres gens de sa Hollande, la gueuserie de Leyde. Il l'éclaire seulement, alors, d'une lumière différente de celle des rues : cette clarté, qui n'a pas pour source le soleil ou les lampes, mais qui émane d'un homme souffrant et effacé, Jésus. Pour lui, le premier paysage du monde, c'est le regard d'autrui, et ces surfaces vivantes où vient écrire la mort pour en faire des vieillards, et bientôt du néant. Que le tableau qui est sans doute le dernier qu'ait peint Rembrandt soit *Siméon au Temple*, ce n'est pas un hasard, et c'est sûrement un symbole. Le vieillard perclus d'ans tient dans ses bras l'enfant à peine éclos. Jamais la joie de peindre pour peindre n'a chanté plus insolemment, plus merveilleusement que dans cette scène où la barbe du vieil homme, avant d'être des poils, est un poudroiement de lumière et de couleurs, où les langes du nourrisson sont une musique assourdie et joyeuse, et où tout s'enchaîne et se fond dans une fête de la couleur, de la lumière et de l'ombre, la fête même que fait la vieillesse à l'enfance, la mort prochaine à la vie surgissante, vie promise au supplice, au tombeau et — Rembrandt le sait — à la Résurrection. Il peint pour la devancer, pour imiter ce geste qu'il attend à la fin des temps, quand un Pein-

REMBRANDT : *La Résurrection de Lazare*, peinture sur bois (96,8 × 81,3 cm), 1630. Los Angeles, County Museum of Art, don H.F. Ahmanson and Co.

tre suprême fera ressurgir sur la toile de l'éternité tout ce qui fut, vécut, eut face humaine et regard. » (Claude Roy, *L'amour de la peinture*. © Gallimard, 1987, Folio, pages 11-41).

Dans sa recherche passionnée du visage, Rembrandt a découvert que le Christ et l'accomplissement de sa destinée avaient apporté dans le monde une nouveauté radicale. Cet homme, Jésus, fut assis à la fois à la table de Dieu son Père, à la table de la Gloire divine et en même temps à la table des pécheurs. La nouveauté chrétienne est là. Il ne s'agit pas seulement de restituer un paradis perdu. Le Christ invite à entrer dans une vie qui prétend à autre chose qu'un humanisme accompli. L'irruption du Verbe de Dieu, incarné parmi les hommes, a introduit dans le monde une psychologie entièrement neuve : la psychologie de la Gloire divine. Cette psychologie reste un mystère insondable. *Les Disciples d'Emmaüs* de Rembrandt en sont effrayés. Ils lèvent le bras pour s'en protéger. Ce n'est pas énigme irritante ni déroutante. Le Christ ressuscité ne communique pas seulement aux hommes la grâce, sorte d'énergie, de lifting spirituel, de restauration de leur visage, mais, dès maintenant, quelque chose de sa Gloire. Cela suppose un déchirement. L'événement est radicalement neuf dans l'histoire de la psychologie humaine. Désormais, l'humanité ne peut plus se contenter d'être humaine. Notre nature surélevée par la contagion du Christ réclame de voir Dieu. Et cela tout en étant encore assise à la table de la misère. C'est ce pour quoi, quelle que soit notre croyance, nous sommes sans doute obligés de reconnaître que les génies chrétiens sont incompréhensibles en dehors de ce point d'équilibre, qui est aussi un point de « folie » dans l'histoire. Le Christ fut bien assis à la table des traîtres avec Judas, des lâches avec Pierre et les apôtres. Il se voulut sans défense devant ceux qui le souffletaient. Il a accepté d'être rayé de la carte des humains, moqué, flagellé, livré, trahi. S'il a pu faire cela, s'il a pu vouloir cela et non pas seulement le subir, c'est qu'il était en même temps assis à la table de son Père. Il faut aller jusque-là pour entendre Breughel ou Bosch, Rembrandt ou Goya, Massaccio ou Rubens, Giotto ou Delacroix.

Paradoxe suprême : l'homme ne découvre désormais son visage de liberté qu'en face d'un crucifié. Dès le début, cela fut naturellement insupportable. Devant la croix, les peintres et poètes ressentent la même question que les apôtres. Ce n'est pas seulement celle qui se pose à tout homme : Pourquoi le mal ? Pourquoi la mort ? Pourquoi la liberté ? Cette question résume notre feuille de route. Le spectacle de la croix oblige à aller plus loin. Et du même coup il est révélateur de notre véritable identité. Celle que tout croyant cherche dans la prière et l'oraison.

Voici la question et elle est radicalement nouvelle :

En face du Crucifié, quelle aurait été notre attitude ? Personne ne peut prétendre faire spontanément partie du petit groupe des fidèles, celui des femmes qui suivirent le Christ jusqu'au bout, et de Véronique essuyant la Sainte Face, personne n'a envie d'être avec ceux qui, comme Hérode ou Caïphe, ont décrété la mort de l'Innocent. On ne souhaite pas plus être du côté de Judas qui livre et trahit pour l'argent, ni du côté de Pilate qui se lave les mains. Que reste-t-il ? Le groupe des apôtres. Mais ils ont fui.

N'est-ce pas cette question précise qui habite l'ultime énigme des peintres en face du visage de l'homme. D'Arcimboldo ou Ensor avec leurs masques, des Dogons, des Grecs et des Japonais avec leurs danses et leur théâtres, de Picasso à Giotto, l'homme ne peut sans doute pas prétendre à autre chose, lorsqu'il est seul en face de lui-même, qu'à s'enfuir. En face du visage et du corps de l'Homme totalement et impunément mis à nu sur la croix, les apôtres du Christ n'ont pas fait autre chose que fuir. Van Gogh n'eut pas d'autre prétention. Rembrandt et Goya non plus. Qu'ont-ils espéré ? Peut-être seulement, dans leur fuite, aimer un peu plus le visage humain, ayant vu, grâce au Christ, qu'il n'y avait plus désormais à avoir peur de la fragilité elle-même. Pour eux, le visage était devenu aimable.

Job au fond de son désespoir, mais aussi bien les philosophes grecs ou hindous ont pénétré cette sagesse : l'homme sait que son principal avocat en face du Ciel et de lui-même est sa propre faiblesse. Jérôme Bosch et Breughel ne revendiquent rien d'autre. Devant la croix, la fuite est normale. Mais que ce soit au moins occasion de mieux aimer l'homme et sa dignité, grâce à Jésus-Christ. On franchit ici l'ultime frontière de la destinée humaine. En face du mal, il n'y eut jamais que trois solutions.

Ou bien le mal fait partie du scénario inévitable de l'univers. Alors il faut l'intégrer dans un programme rationnel qui le déborde et prévoit des lendemains qui chantent.

Ou bien le mal n'est qu'absurde, pure négation, totale corruption. Alors seule la révolte est l'issue. Et elle invite à emprunter au mal ses propres armes.

Ou bien le mal reste énigme dangereuse, mais quand même évitable par la fuite. Alors la voie est celle de la recherche d'une libération intérieure, mais en essayant d'abandonner la barque terrestre de la malédiction.

Peintres et poètes chrétiens ont entrevu un autre langage. Ils ne s'évadent pas dans un projet abstrait, futur : politique ou philosophique. Ils n'ont pas le luxe de pouvoir s'enfuir. Ils ne se révoltent pas seulement. Au nom du visage du Christ, ils questionnent et entrent plus avant dans l'interrogation suppliante. Ils s'enfoncent, sans s'évader, jusqu'au bout de la confiance dans la question crucifiée. Qu'est-ce que Goya ou Breughel, Bosch ou Lorenzetti ont fait d'autre avec *les Vieilles* du musée de Lille, *le Saturne* de la maison du Sourd, *Dulle Griet* ou *Margot l'enragée* du musée Van der Bergh d'Anvers, *la Crucifixion* ou *la Déposition au Tombeau* de la crypte d'Assise ?

Retenons ici deux visages. Ils disent bien une révolte — et Dieu veut la révolte — mais ils disent que cette révolte ne conduit pas à condamner le Sauveur mais à l'accompagner dans sa descente aux Enfers.

Peut-on renier l'angoisse ?

FRANCISCO GOYA : *Le 3 mai 1808* (détail), 1808. Madrid, Museo del Prado.

« Ce que Goya arrache à la nuit ou à l'insignifiance, les bedaines couronnées, les reines-sorcières au masque de patronne de bordel, les sorcières-reines chevauchant dans l'ombre exaspérée, les belles filles habillées de désir et tiédeur, les cadavres empilés dans les fourgons pressés, les ministres vaniteux dans leur décor voulu de dossiers et de livres, et la *maja* doublement nue, nimbée de satin clair et de douce insolence, et le mort doublement mort, coupé en morceaux liés à l'arbre, arbre lui-même mutilé, et l'âne qui étudie sa généalogie, et l'éléphant auquel les docteurs tendent à lire le livre de la loi, et la gaieté des gosses à califourchon sur la balustrade de San Antonio de la Florida, pendant que saint Antoine de Padoue fait un miracle comme un saltimbanque son tour, et l'horreur de Saturne qui mastique ses enfants dans la salle à manger où Goya prenait ses repas à la maison du Sourd — non, le génie de Goya, on n'en rendra pas compte en inscrivant en abscisse la surdité et en ordonnée la Révolution française. Il faut remonter plus haut.

Goya a pu peindre dans la maison du Sourd le *Saturne* monstrueux dont les babines dégouttent du sang de l'humanité. L'autre face de la vérité reste pour lui baignée de cette lumière paisible qui enveloppe les deux jeunes filles de l'admirable *Jeunesse* du musée de Lille. *Esto es lo verdadero*. Reconnaître ceci est une évidence. Mais on en reste encore à deux lumières séparées. Et on n'a pas respecté l'énigme. A côté des créatures abyssales de Goya, les monstres de Delacroix sont des reconstitutions archéologiques, comme les gargouilles que Viollet-le-Duc ajoute à Notre-Dame.

Lorsque Goya ou Manet peignent *la Fusillade du 3 mai* ou *l'Exécution de Maximilien*, ils ont vu l'horreur du tragique. Or la tragédie, c'est la certitude du destin. Antigone qui marche vers la mort, Phèdre qui accepte sa perte, sont déjà au-delà de l'angoisse. Les dieux ont décrété, leurs victimes ont accepté. L'angoisse, du moins l'angoisse réelle, immédiatement explicable, aisément définissable, c'est l'évidence d'un danger avant qu'on ait eu la force ni le temps de l'accepter. Mais devant le tableau de Goya ou celui de Manet, nous savons que déjà tout est accompli. L'horreur est là, non plus l'angoisse, ni la révolte, ni l'espoir sans doute insensé « d'en sortir ».

Les œuvres d'art les plus angoissantes ne sont d'ailleurs pas forcément celles où l'angoisse est évidence. Certes, lorsque Odilon Redon fait surgir *« la fleur du marécage, une tête humaine et triste »*, lorsque Rouault dévisage avec une fraternelle compassion le masque d'un clown rongé de tristesse, ils suscitent en nous cette contagion par la mimique, cette contamination par le regard humain, qui peuvent agir dans tous les sens : un visage riant inspire l'allégresse, un visage défait nous frappe de défaite, et l'angoisse d'un regard fait vaciller le nôtre ; le cœur soudain nous manque de ce qui manque à un autre.

L'angoisse la plus angoissante est aussi la plus subtile, la plus sournoise, celle qui dans les images peintes ou taillées a le caractère à la fois feutré et inexorable, suppliciant et invisible, du sentiment d'angoisse tel que notre âme-corps le ressent. Quand Munch convulse sous nos yeux une femme qui voudrait sortir d'elle-même comme l'obus d'un canon, nous voyons la panique prendre corps. Mais lorsque Van Gogh regarde simplement un paysage d'Arles, où tournoient des soleils qui devraient être heureux ; lorsque Soutine regarde s'éloigner dans les bois une mère et son enfant, et que les arbres d'automne se contentent de s'étirer avec un silence vaguement cannibale ; lorque De Chirico surprend une rue presque déserte à l'instant où personne ne la regarde, et que les maisons, les pavés, les horloges suintent glacialement une menace indécise — alors, nous ressentons l'angoisse essentielle : la furtive, la dérobée, celle qu'on ne peut pas prendre sur le fait, mais qui nous prend à bras-le-corps, celle qui étouffe sans en avoir l'air, qui ne prévient pas, s'approche en tapinois, a des gants de velours, des semelles de vent et des lèvres de nuit, celle qui étrangle en caressant, et qui déchire en se moquant. Nous ne savons pas ce qu'elle chuchote. » (Claude Roy, *op. cit.*, © Gallimard, 1987, pages 45 et 100-109).

Que chuchote donc notre masque devant le miroir ? Quelqu'un l'a su : Jésus-Christ. Les peintres ne s'y sont pas trompés qui le représentent angoissé sur les genoux de sa mère. Le lieu de naissance de l'Église, on pourrait dire le destin, la feuille de route de l'humanité, ne se sont pas inscrites en un seul moment, en un seul événement ou dans le passage d'un seul acte dramatique. Ils se sont inscrits dans un visage et dans l'angoisse de ce visage devant un peuple à sauver et qui s'y refusait. Voici ce que je prétends être le secret de ceux qui ont essayé de réconcilier le ciel et la terre, ceux qui y croyaient et ceux qui n'y croyaient pas. Il se joue en chacun : c'est le combat du masque et du visage, de la prière et de la nuit.

Avant Goya, avant *les Caprices* et *les Désastres*, avant *le Colosse* ou *le Saturne*, Bosch et Breughel avaient tiré des profondeurs des monstres aussi persuasifs. Bosch dessine des hommes-maison, des démons-poissons, des chapeaux-rondaches et donne vie à un étrange univers en le plongeant dans le temps, en donnant des béquilles à ses diables, en le plongeant dans l'espace : des damnés faits de crustacés et de coquilles d'œufs tombent éternellement au fond d'un lointain que Bosch invente en même temps que Léonard dans un soir d'enfer aussi pur que nos crépuscules d'enfance, dans une nuit d'enfer où, derrière le triste visage de l'Homme tournent des moulins-à-vent aux ailes d'incendie. Dans *Dulle*

Griet ou *Margot l'enragée*, Breughel dépasse le pittoresque des « tentations ». Déjà *le Triomphe de la mort* nous glace d'effroi. Mais dans sa Margot, on rencontre le fléau absolu, la maritorne déchaînée sur le grouillement incendié du malheur.

Margot l'enragée

On a proposé de nombreuses interprétations de *Dulle Griet*. Breughel a découvert le monde infernal de Bosch. *Dulle Griet*, *Margot l'enragée*, qui est-ce en fin de compte ? Sinon l'humanité. Cette mégère cuirassée dans sa marche est saisie au milieu du tableau précipitant son avancée agressive vers la bouche immense d'un visage à dents de requin qui représente évidemment l'enfer. Autour d'elle, êtres monstrueux, métamorphoses, obscénités, tumultes : le répertoire des symboles sexuels et magiques au grand complet, de l'œuf à la lyre et à la sphère de cristal, sur une atmosphère rougeoyante d'incendie. Margot est ici mégère, sorcière, furie infernale, elle personnifie exactement les furies démoniaques, la « Schwarze Gret » des Niebelungen.

On a proposé successivement d'y voir la méchanceté de la femme déterminée à se lier même aux puissances infernales ; puis la personnification de l'avarice puisque, derrière Margot, une grande figure drapée de larges vêtements puise de l'argent à l'aide d'une louche dans son postérieur. On passa ensuite normalement à une interprétation alchimique. Avec son épée, l'action de Griet est analogue à celle du néoalchimiste en marche vers le feu, l'épée au poing, entouré de symboles classiques : la barque, la sphère, le creuset, le poulet rôti, l'œuf cassé avec ses pièces d'or... Enfin on crut y discerner tout simplement l'allusion aux malheurs qui frappaient alors les Pays-Bas, sorte d'accusation de la tyrannie étrangère.

C'est oublier l'essentiel : le visage de Margot. Chronologiquement, il suit exactement celui de la *Tête de la vieille paysanne* du musée de Munich. Il faudra attendre *les Surprises du miroir* de Goya et *les Fous assassins* de Géricault ou *les Vieilles* de Goya au musée de Lille pour retrouver semblable interrogation de la révolte. *Les Vieilles* de Goya sont, à l'inverse de *Dulle Griet*, parfaitement arrêtées, assises, fixes, les yeux rougis ou bleutés, caverneux, les dents en avant, ou les lèvres pincées : elles posent la même question que *Dulle Griet* : *« Qué tal ? »*, c'est-à-dire non pas « Comment va ? » mais plutôt : « Où en suis-je ? » La question est métaphysique. C'est celle de notre angoisse, celle de notre miroir. Pour *Margot l'enragée*, c'est aussi celle du mouvement non contrôlé de l'huma-

nité qui poursuit sa fuite en avant sans savoir vers quoi, mais prise par le délire de tout fabriquer, tout inventer, tout détruire, tout vendre. Née de la peur et de l'angoisse, elle s'avance, le pas large et décidé, l'épée des géants à la main, le regard égaré mais perçant. Casquée et cuirassée de fer, elle a bien revêtu les armes de la révolte. Sa bouche furieusement ouverte clame le chant de l'oppression : « wil je niet je moet wal », « Si vous ne le voulez pas, vous le devez. » Elle porte allègrement les fruits hétéroclites du pillage aveugle, insoucieuse de la ruine qu'elle a voulue totale : les flammes de l'incendie illuminent de toutes parts son œuvre destructrice. Figure apocalyptique, elle convoque l'esprit de la violence, à qui toute pitié est étrangère. Deux singes enchaînés derrière les barreaux de leur cellule renforcent l'allusion. *Dulle Griet* préfigure *Guernica* de Picasso et *les Désastres de la guerre* de Goya. La rêverie sur le feu en est la source souterraine : ce qui va libérer par la destruction et le ravage. Enfin, brusquer le temps, porter toute vie à son terme, à son au-delà. La rêverie amplifie le destin humain. Le foyer est relié au volcan, la vie d'une bûche à la fin du monde. La destruction est davantage qu'un changement, c'est la volonté impossible de renouvellement qui s'achève dans la destruction.

Avant de répondre par d'autres visages, il est évident que *le Triomphe de la mort* du Prado avait déjà dit cette apocalypse, mais là-bas, la mort avait accompli son œuvre. Les gibets et les pendus avaient des allures anticipées des personnages de Dali égarés dans le désert sans fin mais déjà bouclé. *Dulle Griet* se situe avant *le Triomphe de la mort*, elle court, elle brûle, elle enflamme encore de sa révolte. C'est plus que le constat du mal irrémédiable, c'est la réaction aveugle du dynamisme devenu incontrôlé. Plus rien ne pourra venir apaiser le visage devenu fou d'en finir avec le mal par les armes du mal. L'antidote n'est pas dans les débordements de *la Hugue bleue* de Berlin ou des *Kermesses* de Vienne ou dans la sagesse de *la Fenaison* de Prague ou la tranquillité du *Repas des moissonneurs* du Metropolitan de New York. Il faut chercher ailleurs. Ce sont les visages arrêtés, presque pétrifiés qui dans l'angle droit du tableau de *l'Adoration des mages* de la National Gallery de Londres, ont discerné qu'une femme et un enfant avaient, non pas donné une réponse à notre angoisse et à la question du mal mais qu'ils avaient désormais remplacé la question par une présence.

PIETER BREUGHEL : *Margot l'enragée*, peinture sur bois (détail), vers 1561. Anvers, Musée Mayer van den Bergh.

Des visages possédés par la folie, on est passé à l'arrêt étonné, attentif, presque convaincu. Sur la face humaine, les masques de l'effroi, les crispations de la révolte, les blocages de la raison se dissolvent devant cette double présence. Ils interrogent encore, mais déjà ils adorent. C'est la même gravité que celle du *Portement des Croix* de Vienne où le monde entier est convoqué pour monter au Calvaire.

Adorer n'est pas ce qu'on croit

On est prêt à entendre le dialogue mystérieux que le premier tableau à l'huile de l'histoire occidentale a osé inscrire dans une église, dialogue des visages qui se répondent les uns aux autres, tout au long des vingt-quatre panneaux du *Polyptyque* de Van Eyck à la cathédrale de Gand. Les commentaires sont parfois décevants malgré leur souci de fidélité à décrire par des paroles les intuitions de Van Eyck. On transcrit, on déplie les choses, mais l'essentiel reste absent. Comment l'exprimer ? Il est pourtant visible, évident et « dit », mais par la peinture elle-même. Tout tient dans les contrepoints des visages, comme les échos d'un opéra de Monteverdi. Il suffit de comparer. Les visages des anges d'abord. On s'attendrait à des figurations charmantes ; or voici que les figures sont craintives, les sourcils serrés, les fronts ridés. Devant le mystère de la Déésis et de l'Agneau mystique, personne, pas même un ange, ne peut échapper à la crainte. Dieu s'est livré jusqu'à se laisser conduire comme l'agneau à la boucherie. « Il est dangereux de parler de ce Dieu-là », dit Origène, et de s'y reconnaître. Les visages des anges chanteurs sont empreints de distance révérentielle, les anges musiciens sont plus apaisés : leur louange exprime l'holocauste accompli.

JAN et HUBERT VAN EYCK : *Retable de l'agneau mystique*, peinture sur bois (détail), 1432. Gand, Cathédrale Saint-Bavon.

On peut alors comparer d'une part Adam et Jean-Baptiste ; puis Ève et Marie. Tous les personnages du retable sont évidemment voulus pour être témoins de la grandeur divine. Mais la foi ne supprime pas le paradoxe déchirant.

Certes, les personnages du *Polyptyque* de Van Eyck adorent. Adoration ne veut pas dire évasion. S'ils dépassent la contradiction à laquelle ils sont affrontés : pourquoi sommes-nous nés ? c'est que l'adoration n'accepte aucune diminution de l'obscurité. Le visage d'Adam est encore inquiet, coupable, pétri d'angoisse, le visage de Jean-Baptiste totalement remis et confiant ; les yeux d'Ève, absente ou provocante, le regard de Marie, méditatif et présent. Même couronnée de pierreries, elle n'est pas ailleurs que là où son Fils est né et où il est mort : près du peuple souffrant de la terre. Tous adorent. Ils ne peuvent plus faire autrement. Chevaliers, ermites, pèlerins, juges, prophètes et mêmes papes ou anges, n'échappent pas à l'attention grave et respectueuse du Tout-Puissant. Van der Weyden dans *les Sept Sacrements* ou *les Dépositions de Croix* ne dira rien d'autre.

Il ne suffit pas de mettre cette intuition au compte du génie encore âpre et tendu de Van Eyck. De Van der Weyden à Rubens, toute l'histoire de la peinture la plus tendre qui soit, celle des Flandres, l'a redit. Van der Goes n'a pas dépeint ses apôtres lors de *la Mort de la Vierge*

autrement que les anges de Van Eyck. Il suffit de regarder l'apôtre qui pose son visage sur la robe de Marie en s'accrochant à son chapelet... Quelle angoisse et, en même temps, quelle paix...

Ce n'est pas parce qu'ils sont tous pris dans la vénération de Dieu que les personnages de Van Eyck n'auraient pas connu la question de feu. Qui est donc Celui-là qui ne permet pas à la créature d'être totalement la source d'elle-même ? L'adoration amène encore plus profondément celui qui prie dans l'interrogation suppliante. Qui adore sait que Dieu est tout, cependant que la créature n'est pas rien. C'est pour Dieu et par Dieu que les personnages de Van Eyck existent, mais exister signifie pour eux ne pas être Dieu. Privilège étrange, ils existent doublement : en Dieu et dans leur être de créature. Que signifie donc ce privilège ? Il fallait peut-être cette sorte d'effroi des anges pour nous le laisser soupçonner. La créature se distingue de l'existence qu'elle possède en Dieu sans pourtant rien ajouter à celui qui est tout, puisqu'Il est Dieu. Les anges, Marie, les prophètes, sont bien posés en face de Dieu, mais Dieu n'est pas posé en face d'eux comme un autre être. Le Dieu de Van Eyck se distingue non par une distance entre lui et ceux qui l'entourent. Certes, pour tous, la distinction d'avec Dieu est ressentie comme un éloignement. C'est ce que signifie la crainte révérentielle des visages et des regards. Et l'existence et la consistance de leurs personnages est pour eux-mêmes aussi incompréhensible que Dieu lui-même... Van Eyck aide à ne pas attendre plus qu'il ne faut pour découvrir l'interrogation primordiale. Car on peut arriver au terme de l'existence terrestre en ayant été assez habile pour n'avoir jamais eu à répondre à cette question de l'origine : « A quoi bon chercher, puisque on n'a pas demandé à naître ? » Adam et Ève ont préféré ne plus avoir à entendre la question. « Vous serez comme des dieux. » Afin de n'avoir pas à dire « non » à l'invitation qui travaille tout être humain, on peut se débrouiller pour esquiver la question et se dispenser d'y répondre, en se mettant dans les conditions où la question elle-même n'est plus à entendre.

JAN VAN EYCK : *Madone au chanoine van der Paele* (détail), 1436. Bruges, Groeningemuseum.

C'est l'intelligence de Van Eyck d'avoir remplacé la réponse par une présence : celle de l'Agneau immolé. Dieu a pris la place de l'angoisse humaine autrement que par une « réponse ». Tous les visages du *Polyptyque* demeurent graves. Secrètement ils vénèrent. Et c'est par la grâce du peintre que l'angoisse a été subsumée en la métamorphose d'un amour. Le sang et le calice de l'Agneau ont retourné l'interrogation. Dieu lui-même, par la lumière de l'arc-en-ciel et de la Colombe, entoure l'Agneau pour dire à la créature encore craintive : « C'est toi qui comptes, regarde les stigmates de ta dignité. Ton nom est inscrit dans mon cœur. »

Le génie des grands peintres atteint peut-être ici son sommet, pacifié ou crucifié. De Van Eyck à la détresse finale de Nicolas de Staël, qu'auront poursuivi les grands illuminés de la peinture, même lorsqu'ils se limitent à l'anecdote ? Sinon, d'une manière ou d'une autre, nous aider à ne pas fuir devant la question de l'origine mais à entrer — chacun comme il peut — dans l'acceptation, sereine ou tourmentée, de n'être pas à soi-même tout son destin. « L'homme passe l'homme. » « Plus est en nous. » Les Grecs redoutaient la vengeance des dieux si l'homme « transgressait la mesure » *(to métron huperbénai)*. Il fallait « en rester à des sentiments humains » *(anthrôpina phronein)*. Tout excès, toute « ubris » tout désir « d'outre-passer la ligne » — de se « faire dieu » — provoquait inévitablement indignation du ciel et vengeance des dieux contre le téméraire qui n'aurait pas reconnu ses limites.

Le drame de l'humanité est inscrit entre ces deux pôles. Ou bien le désir est pure folie. Il faut donc le calmer : « Aux mortels, pensers de mortels. » Hésiode, Pindare, les tragiques, la sagesse du dieu de Delphes y ramenait toujours : « Connais-toi toi-même » ; « Rien de trop ». Ou bien ce désir exprime le plus profond de nous-même : « devenir Dieu ». L'Agneau mystique répond. Non seulement par un offertoire mais par le partage de son sang, « livré pour tous ». Dans le calice chacun est invité à recevoir le principe de vie qui le rend connaturel à son Dieu.

JAN VAN EYCK : *Madone au chanoine van der Paele* (détail), 1436. Bruges, Groeningemuseum.

A la question posée par Socrate : « Faut-il calmer la folie ? » l'Agneau de Van Eyck annoncé par Isaïe, préparé au Calvaire, consumé dans l'irradiation de Pâques offre aux « 144 000 » de l'Apocalypse venant de toutes nations, toutes races, tous peuples, le seul apaisement qui garde la folie du désir : l'homme n'a plus à craindre de communier à son Dieu.

Rubens est encore tout imprégné de la force de Michel-Ange lorsqu'il peint l'immense retable destiné à la cathédrale d'Anvers : *l'Érection de la Croix*. Il a à peine vingt-six ans. Qu'est-ce qui nous bouleverse le plus ? A droite, les deux larrons qu'on emmène, tirés par une corde, vers leur exécution ? A gauche, la Vierge Marie et saint Jean, comme en retrait, déjà « ailleurs » dans une conversation dont on sent qu'elle ne finira plus ? Non, c'est un visage, celui d'une vieille femme, tendue vers le Ciel, antitype parfait de *Dulle Griet*. Les deux visages sont bien stigmatisés, mais à Anvers, on est au-delà du désespoir. C'est l'inverse de la force des bourreaux musclés qui dressent la croix. C'est la confiance, c'est le regard éperdu en face de Celui qu'ils ont transpercé. C'est en acceptant de se perdre que cette vieille femme découvre la lumière. Son visage est le même que celui de *la Dernière Communion de saint François d'Assise*, s'offrant au prêtre complètement dénudé, au musée d'Anvers.

C'est encore cette même douceur retenue mais offerte que peindra Goya dans *la Dernière Communion de saint Joseph Calasanz*, si proche de celle de Rubens. Celui-ci ne s'est pas trompé en appelant *le Christ à la paille* sa *Pietà* du musée d'Anvers. Là, seuls, les deux visages de la Vierge et du Christ sont tournés vers le Ciel. La paille rappelle la Crèche. Les yeux adorent même s'ils interrogent encore.

On peut conclure en partageant le regard du Christ, dans ce qui fut la plus grande création de Jan Van Eyck après le *Polyptyque* de Gand : *la Vierge au chanoine Van der Paele* (dont on retrouve exactement les mêmes attitudes dans le retable de la Frick Collection de New-York, *La Vierge et l'Enfant avec un chartreux*). La Vierge est entourée de Caïn tuant Abel et de Samson ouvrant la gueule du lion. Sur les montants de son trône, Adam et Ève. A gauche, un évêque, saint Donatien, tient une couronne de lumière ; à droite, agenouillé devant saint Georges qui se découvre : le chanoine. Il a enlevé ses lunettes. Il offre son visage de sage arrivé au terme de sa vie. Ses mains ridées tiennent le missel. Mais un livre ne lui suffit plus. Il a besoin d'un visage en face de lui. Il regarde. Et voici qu'il se sait regardé. Il existe pour Quelqu'un. Ce quelqu'un est un enfant qui tient de sa main gauche un bouquet d'ornithogales, puschkinias et iphéions aux nuances blanche, bleue et rosée et qui les remet à sa mère. Sa main droite caresse l'aile d'un perroquet. Une restauration du tableau a supprimé le linge blanc qui recouvrait le sexe de l'Enfant. Son corps est celui de l'innocence. Tout le tableau converge vers son visage. Les cheveux sont admirables de finesse blonde, heureuse, juvénile. Mais voici que tous les traits se sont figés dans une certaine angoisse. Le Fils de Dieu a voulu aller jusque-là. Ce que les anges, les prophètes, les juges, les ermites et les papes connaissaient, le Christ l'a connu. Dès le début. L'angoisse du Sauveur qui regarde l'homme. Toute notre destinée est inscrite entre ces deux visages. La sérénité est passée sur le visage de l'homme agenouillé. L'angoisse a été revêtue par le Fils de Dieu. Désormais, il n'y a plus de masque.

Alors l'Homme a existé,
sauvé.

TROISIÈME APPROCHE

OÙ VIVRE HEUREUX ?

CHAPITRE 21

Une tendresse partagée

Les chats meurent lorsqu'on les empêche de rêver. Les hommes aussi. Au retour de toutes vacances, de chaque voyage, une question revient : « Où vivre heureux ? » Dans son célèbre interrogatoire, Proust pose la question en deuxième place : « Où aimeriez-vous vivre ? » La première proposition demandait : « Quel est pour vous le comble de la misère ? » La troisième : « Quel est votre idéal de bonheur terrestre ? » Ainsi l'habitat se situe entre la misère et le bonheur.

A vrai dire, Proust a répondu deux fois au questionnaire. Et ce n'est pas à celui qu'on lui attribue. Il y a peut-être dans ces questions autre chose qu'un jeu de salon. Il suffit de lire, par exemple, les réponses de Bernanos (et de bien d'autres...) pour voir qu'une enquête d'allure ludique ou anodine provoque à lever certains secrets. « Pour quelles fautes a-t-on le plus d'indulgence ? » « Quelle qualité préférez-vous chez la femme ? » « Quel est votre principal défaut ? » « Vos poètes préférés » ou « Comment aimeriez-vous mourir ? »

ANDREW WYETH : *Le monde de Christine* (82 × 120 cm), 1948. New York, Museum of Modern Art.

A quinze ans, Proust aurait aimé vivre « au pays de l'idéal, ou plutôt de mon idéal ». A vingt et un ans, le cœur est passé par là et la réponse est devenue davantage proustienne : « Dans le pays où certaines choses que je voudrais se réaliseraient comme par un enchantement et où les tendresses seraient toujours partagées. » Étrangement, la réponse de Bernanos, trente ans plus tard, est très proche. Invité par une famille amie, en 1921, à remplir à son tour un « album-confidences-du-musée-des-familles », Georges Bernanos répond à la vingt et unième question, « De quel site avez-vous gardé le plus agréable souvenir ? » : « Tout dépend du compagnon féminin. »

« Tendresses partagées », « Tout dépend du compagnon », est-ce à dire qu'un musée imaginaire de l'habitat serait totalement subjectif ? Nos rêves se trompent-ils forcément ?

« Où aimeriez-vous vivre ? » Cette question est sans doute l'une des plus aiguës qui oblige à faire une radiographie ou une échographie de notre secret le plus intime. Elle oblige à dévoiler comment on accepte ou non d'être en équation avec la vérité, c'est-à-dire à admettre une coopération saine avec le « réel ». Or, plus que jamais tout se fabrique, se vend, se programme. On en arrive jusque dans la philosophie, les sciences ou la religion à n'avoir plus jamais à s'incliner devant ce qui existerait — et donc résisterait — en dehors de nous. Or c'est cela le « réel ». Ce qui ne se fabrique pas seulement mais ce qui s'accueille, s'écoute, se reçoit et éventuellement se défend. On est devenu habile pour éviter d'avoir à regarder ce qui existe ou pour esquiver ce qui résiste. On se proportionne. On se donne des alibis pour se justifier. On transforme en qualité ce qui est agressivité ou dérobade. De quelqu'un qui possède une puissance de conviction et sait faire triompher son avis, on dira : « Il a un tempérament de commercial. Il est doué pour cela »... Tout s'achèterait-il ? « Que sert à l'homme de gagner l'univers s'il vient à perdre son âme ? » Cette phrase de l'évangile de saint Matthieu a converti Ignace de Loyola, le jeune capitaine espagnol au tempérament batailleur. On ne peut qu'inlassablement revenir à ce constat : tout se conjugue pour qu'on s'arrête aux interprétations, aux modèles, aux impressions, aux sondages. C'est une dominante depuis deux siècles : il n'y a plus de faits, il n'y a plus que des interprétations. Et voici que pour nous guérir de cette maladie, esquiver ou seulement fabriquer un réel à notre goût, des chemins inattendus se présentent. Des questions simples. Et même plus, des questions qui ont l'attrait du rêve ou de la beauté. « Où aimeriez-vous vivre ? » Interrogation d'apparence innocente.

Ce qui touche à la beauté ou au rêve montre l'au-delà de ce que l'on imagine bien connaître de soi-même. La beauté révèle l'interaction secrète et inévitable entre le réel extérieur, mesurable et la manière dont on le perçoit ou le limite par des a-prioris. On se préserve du réel en le recevant. Mais voici qu'on découvre ne pas pouvoir totalement empêcher la musique, la poésie, le rayonnement des êtres, la splendeur des choses, le « plus-être ». Ce « plus » existe partout, même s'il n'est présent que pour quelques-uns. Il est gênant. Il dérange car il amène à voir qu'on sait parfois mal lire ou accueillir ce qui est. Au fond on a peur d'accepter en soi davantage que soi... Beauté, rêve ou poésie révèlent quelque chose qui nous dépasse. Il n'y a pas seulement une « vérité » extérieure ou des « modèles » extérieurs qui s'imposeraient. Il y a aussi la manière de les recevoir, sans quoi la vérité n'existe pas. Nous ne sommes pas des minéraux. Il y a bien une vérité. Pour que la vérité existe, elle requiert cette part de nous-même, cette humilité d'un certain accueil, cette coopération, cette écoute, cette adéquation avec le réel. « Dieu nous invente avec nous. » La beauté aussi. Elle provoque le cœur humain à se révéler. A quoi est-il sensible ? Pourquoi faut-il quatre-vingts ans aux *Demoiselles d'Avignon* ou six cents ans à Giotto ou Lorenzetti pour être enfin reconnus ? Où voudrait-on vivre ? Mais veut-on être heureux ? Pour cela, est-on prêt à dépasser la simple envie de violenter les choses ?

On peut critiquer tous les musées imaginaires à la manière de Malraux ou tous les questionnaires à la mode de Proust. Mais c'est au risque d'oublier la moitié du réel : cette résonance secrète, cet écho, cette mémoire dans le cœur de l'homme. Le dernier mouvement du 13e quatuor de Beethoven est une cavatine, c'est-à-dire un mouvement court, sans reprise, sans deuxième partie, un moment qui ne revient pas, qui n'est pas redit. Cela n'empêchait pas Beethoven d'avouer que « jamais sa propre musique n'avait fait sur lui une telle impression et que lorsqu'il revivait ce morceau, cela lui coûtait des larmes ». Quelle trace la poésie laisse-t-elle en nous ? Où nous conduirait notre rêve ?

Georges Duthuit s'est acharné à détruire en deux volumes *le Musée imaginaire* de Malraux. Je préfère avec Beethoven revivre les moments heureux où l'on a pu être, ne serait-ce qu'un instant, élevé au-dessus de soi-même.

Le bain turc ou Persépolis ?

Malraux a fait école. A la suite de la grande exposition faite en juillet 1973 de son musée imaginaire à la Fondation Maeght, certains magazines ont poursuivi l'enquête. « Si, comme André Malraux, vous aviez la disponibilité de constituer votre musée imaginaire, de quoi serait-il fait ? »

Ionesco répondait : « Le mois d'avril des *Très Riches heures du duc de Berry*. Et des œuvres de Giotto, Konrad Witz, Lucas Cranach, Andrei Roublev, Bruegel l'Ancien, Georges de La Tour, Vermeer, Paolo Uccello, Dali *(la Cène)*, Klee, Mondrian, Max Ernst, Brancusi, Kokoschka. »

Le pianiste Sviatoslav Richter : « Un Cézanne, un Dufy, peut-être un David ou un Delacroix. Sûrement un Maillol. Et un Giacometti. »

Pierre Boulez : « La seule idée d'un musée imaginaire me paraît stupide. C'est célébrer le culte de sa propre personnalité à travers les œuvres des autres. »

Aimé Maeght : « L'art représenté au début de chacune de ses époques. Mon musée commencerait par un os gravé et se terminerait sans doute par *L'Homme qui marche* de Giacometti. »

Le Pr Milliez : « *Le Scribe accroupi*, la tête d'Apollon de Delphes, la tête d'une des choéphores de l'Acropole, une tapisserie des Flandres du début du XVIe siècle, et Bruegel, Clouet, la Tour, Boudin, Renoir, Hartung, Vasarely, ainsi qu'un Picasso de l'époque bleue. »

Le cinéaste Jean-Pierre Melville : « J'y mettrais soixante-trois films de soixante-trois réalisateurs américains d'avant-guerre. Plus les œuvres de René Clair, Feyder, Renoir, Duvivier et Carné. »

Yves Saint-Laurent : « Le Pagodenburg de Munich, *le Salon du vicomte et de la vicomtesse de Noailles* par Jean-Michel Frank, *le Bain turc* d'Ingres, le *Burn Jones* du Metropolitan de New York, le manuscrit de *A la recherche du temps perdu* et *Shangaï Express*, de Josef von Sternberg. »

L'architecte Émile Aillaud : « Les rampes d'accès de la terrasse de Persépolis, une tête de taureau de Persépolis, un tombeau dans la vallée des Rois où un adolescent porte une oie, un autre tombeau, celui d'un pharaon dont la sœur a les doigts posés sur son épaule ; deux Tintoret vénitiens, *l'Annonciation* de San Rocco, et celui qui représente Moïse au pied du Sinaï ; une peinture chinoise représentant un vieillard contemplant un paysage qu'on ne voit pas, un bras plié d'adolescent qui se trouve au musée de l'Acropole. »

A la même question sur les films qu'elle garderait, Marguerite Duras répliquait : « Il y a une centaine de films que je préfère à tout. Quant à me déterminer sur le choix d'un seul, c'est comme demander à un enfant s'il préfère un caramel ou sa mère. » Éric Rohmer, le cinéaste — philosophe — inspirateur de la Nouvelle Vague, répondait comme le philosophe Bachelard interrogé sur ses cent livres préférés : « Quand on me demande de parler du film que je préfère, j'en cite vingt. Et si l'on me demande les vingt j'en cite quarante... »

Tours de Mathias Goeritz à Mexico.

Musée imaginaire, poésie ou beauté sont sources d'un étrange appel à une liberté créatrice de bonheur dont on met beaucoup de temps à découvrir combien on en a soif mais combien on a, en même temps, peur d'avoir soif.

Lorsqu'en août 1988, Marcel Bigeard, l'ancien colonel de parachutistes de Dien Bien Phu et de la bataille d'Alger, reçut à Toul dans la circonscription dont il était le député, Maurice Rheims, spécialiste à l'Académie française de l'histoire de l'Art qui était venu l'interroger sur la « culture », Bigeard répondit : « Les tableaux les plus beaux, je les ai dans la tête. C'est une descente en pirogue de la rivière Noire, au petit matin, dans un paysage dont personne n'a idée. C'est un coucher de soleil sur les sables de Timimoun. C'est une nuit d'enfer à Dien Bien Phu, zébrée d'éclats de feu... »

Les mains et le visage livrent certaines clefs de l'univers que seule la poésie décèle à ce point secret de la rencontre entre l'espoir et le désespoir. Mais on peut répondre sur un tableau sans se compromettre,

POSTUROPEDICO
FAIRMO

bien que ce soit plus difficile sur des mains ou sur un visage. Lorsqu'il s'agit d'un lieu, il devient probablement impossible de se dérober. On est forcé de s'impliquer. Où aimeriez-vous habiter ? L'habitat habille. Aristote l'avait compris qui rangeait comme une catégorie à part cette propriété de l'être : la capacité de se prêter à la raison de l'homme pour qu'il imprime sur les choses sa mesure et en fasse sa demeure. Le premier habit de l'homme fut un jardin : le Paradis. La dernière image du bonheur que propose l'Apocalypse est une ville lumineuse, translucide, communicante.

Pour répondre à la question : où vivre heureux ? je retiens avec Proust et Bernanos qu'il y faut la possibilité d'une tendresse partagée ; avec Rohmer et Duras qu'il n'y a pas « un » lieu (ou un film) mais vingt ou quarante ; enfin avec Bigeard qu'il y faut la mémoire.

On comprendra sans peine que la réponse est conditionnée par trois expériences qui, pour moi, sont les principales où communion et tendresse, variété et accueil, mémoire et liberté se soient conjuguées : les églises, les monastères et enfin certaines villes. Au terme, on peut alors rêver sur la litanie des lieux de bonheur possible.

CHAPITRE 22

Le sang et la fête

Comme toutes les périodes dites « primitives », l'art roman fut longtemps ignoré, voire méprisé. Le XIXe siècle s'intéressa à un certain nombre de monuments gothiques et les sauva (à sa manière). Pendant ce même temps, les conservateurs des grands musées naissants daignaient acquérir certains tableaux du Quattrocento italien ou des « primitifs » flamands, non pas pour leur propre valeur mais parce qu'ils étaient utiles pour comprendre la Renaissance. Cimabue, Giotto ou Sassetta n'étaient admis que par la petite porte. Il fallut attendre les protestations de Ruskin et le comité de 1853 pour que la National Gallery de Londres s'intéressât à Botticelli ou Mantegna ; 1861, à Piero della Francesca puis enfin à Duccio et Giotto. Le rapport des conservateurs de 1853 en était encore à cette analogie : « Ce que Chaucer et Spencer sont à Shakespeare et Milton, Giotto et Masaccio le sont aux grands chefs-d'œuvre de l'école florentine. » Il était pour eux évident que la peinture occidentale n'avait atteint son apogée qu'au début du XVIe siècle en Italie. Il faudra des décennies et l'énergie du peintre Eastlake pour qu'on s'intéresse aux géants du Quattrocento sans les considérer comme inférieurs aux peintres de la Haute-Renaissance et pour qu'on découvre les étonnantes affinités qui existent entre ces « primitifs » et le XXe siècle. Il était facile d'aimer *Mercure instruisant l'Amour en présence de Vénus* du Corrège, plus difficile d'obtenir que *les Époux Arnolfini* de Van Eyck ou *la Madeleine lisant* de Van der Weyden entrent au musée. Tous les conservateurs, toutes les époques, tous les comités ont connu les mêmes hésitations. Il a fallu attendre 1934 pour qu'un recensement des tableaux de Georges de La Tour éveille l'attention des Français.

En 1988, on fera appel à Jacques Chancel et à Antenne 2 pour mobiliser la nation en vue d'obtenir par une quête publique que le *Saint Thomas* du même La Tour ne parte pas au Japon ou aux États-Unis. Certes, on n'en est plus au temps où Cézanne écrivait sur l'« hénaurme » inattention des « Bozarts ». Les ministres font assaut de promesses. Cela n'empêche pas l'état préoccupant des plus beaux monuments français.

Quelques kilomètres de trajet en Bourgogne suffisent pour constater — et c'est partout la même chose en France — qu'il est souvent trop tard. Il faut plus d'un milliard pour éviter à l'église clunisienne de Saint-Cydroine près de Joigny de pourrir dans le salpêtre, et qu'en est-il de l'un des plus vieux monuments français, la crypte mérovingienne d'Auxerre, et de l'église du marquis de Seignelay ? Même les châteaux de Tanlay ou d'Ancy-le-Franc se vident de leurs trésors (huit camions de meubles d'époque s'en sont allés d'Ancy-le-Franc pour l'Hôtel Drouot).

Pourquoi nos voisins allemands ou suisses savent-ils merveilleusement sauver leurs trésors, qu'ils datent de Charlemagne en Engaddine comme à Müstail ou à Müstaïr, ou de l'époque baroque comme à Birnau, à Steinhausen ou à la Wieskirche ? « Où vivre heureux ?» Peut-on espérer qu'il y aura encore des lieux où le rêve puisse naître ?

Une étincelle suffit parfois. L'effort de *Zodiaque* et des bénédictins de La-Pierre-qui-Vire, et avant eux de Focillon et de Marcel Aubert l'a prouvé. On s'est remis à aimer l'art roman. Il fait de nouveau partie de l'environnement culturel français, jusqu'à la silhouette du clocher qui se détache derrière le visage des affiches pour le candidat à l'Élysée. Il est évident que personne ne peut rester insensible aux apôtres de Saint-Sernin, au Christ de Carennac, aux fresques de Corneilha ou à l'église de Tournus.

Comment saisir la clef qui nous permettrait d'entrer plus avant dans la mélodie du Thoronet, de Silvacane ou de Sénanque autrement que par des impressions romantiques ou par la satisfaction d'avoir coopéré à protéger le « patrimoine » ? Comment comprendre le pourquoi d'une église ? Comment entendre sa « musique » ?

Il y a l'histoire. On a vite fait de saisir les sept courants de culture et d'influence qui ont dominé l'Europe après la fin des trois grandes invasions ; nordique, arabe ou hongroise. Au milieu du Xe siècle, un renouveau du génie architectural fouette l'esprit européen et fait naître l'art roman, celui des premières églises que nous ayons gardées. Que le souffle vienne d'Austrasie, du royaume d'Arles, de la Gascogne, de la Burgondie, de la Catalogne, du Poitou ou des pèlerinages de Saint-Jacques de Compostelle. De Vérone à Pontresina, de Souillac à Moissac, du Canigou à Elne, d'Auxerre à Charlieu, de Poitiers à Chauvigny, de Conques à Mozac ou Brioude, s'élabore l'une des plus prestigieuses bandes dessinées que l'homme ait inscrites dans la pierre. Gardes terrifiés, tristesse des apôtres, femmes au Tombeau, Christ ayant pris sur lui la lèpre, atlantes ou centaures, Vierge à l'oiseau ou griffons : du sacrifice d'Isaac à la fuite en Égypte, toute l'épopée biblique renvoie le visage de l'homme en l'insérant dans un espace où l'ombre a su capter le soleil, pour dire que nous sommes au centre du combat des ténèbres et de la lumière. Au soir du 24 juin, pour la fête de la Saint-Jean du solstice d'été, le dernier visage éclairé au portail nord de Chartres est celui de saint Jean-Baptiste portant l'Agneau ; le même jour à Vézelay, la lumière tombe tout droit, comme un chemin de clarté, du narthex, où saint Jean accueille le pèlerin, pour le conduire de ses inquiétudes jusqu'à l'autel. A Noël, la même lumière éclaire seulement les chapiteaux les plus élevés qui rappellent le péché et la chute d'Adam.

Qui pourrait résister à un tel génie ? Et cependant ni l'histoire, ni l'analyse des structures, ni le décryptage esthétique ou formel ne suffisent à dire les raisons de notre séduction. Il faut remonter plus haut. Là où la poésie permet à la tendresse d'être partagée. Tous « les mariages à la mode », pour reprendre l'expression de Hogarth, recherchent « la » petite église pour leur célébration. Est-ce seulement besoin romantique et compromission impure ? Je ne crois pas. En France, au moins, qui pense « église », pense immédiatement au petit clocher qui se détache sur champ de blé ou de colza entre les toits de tuiles brunes. Et personne ne s'en prendrait plus au portail heureux, au tympan énigmatique, à la nef tamisée, à l'autel recueilli. « Ça » peut toujours être utile pour le baptême du petit-fils, le mariage de la nièce ou l'enterrement de l'oncle. Pourquoi s'en formaliser ? Serait-il indécent de consentir au vœu de Proust : des tendresses partagées ? Et si cela avait d'abord été le vœu de Dieu ?

La poésie, aidée par l'histoire, invite à renouveler le temps et aussi à élargir l'espace. La tendresse partagée n'est pas réservée à l'intimité de la nef romane. Les raisons mêmes de la construction d'une église rejoignent la nostalgie la plus profonde des hommes. Il ne s'agit plus seulement d'états d'âme pour le visiteur occasionnel de Vézelay, mais des fondements même de l'existence. Que l'on soit croyant ou non, deux mots résument le mystère d'une église : le sang et la fête. Deux mobiles ont présidé à la construction des églises chrétiennes : le besoin d'honorer le sang des martyrs et le besoin de répondre à la convocation du Dieu qui regroupe un peuple pour entendre la parole qui sauve et transforme.

« Où vivre heureux ? » Les premiers moines ne choisissaient pas n'importe quel lieu comme résidence. Dans le désert de Scété, les solitaires s'installaient dans les grottes destinées à être des tombeaux. Ce n'était pas goût morbide mais besoin de signifier qu'ils avaient décidé d'être, dès maintenant, citoyens d'une autre patrie, celle du Ciel, dont parle saint Paul. Ils prétendaient anticiper la mort car le baptême les en avait rendus victorieux. Les premières églises ne furent pas établies n'importe où. Devant la « folie » du martyre, il fallait que soit répandu un sang qui était encore plus fort que celui de la persécution. Seul le sang du Christ pouvait ressusciter le sang versé par les hommes.

Depuis Abraham l'homme sait que l'échange du sang scelle toute tendresse et qu'il est le fondement de l'Alliance de Dieu. « Voici mon sang versé pour vous et pour la multitude. » Les martyrs chrétiens ne furent pas d'abord des héros mais des témoins. Si leurs reliques ont pu devenir objet de trafic, elles furent d'abord mémoire, rappel, re-présence d'une alliance qui, parce qu'elle venait d'une force divine, d'une force d'en haut, ne pouvait pas passer. Dieu avait le premier offert son sang à l'homme. C'est pourquoi, dès le début, l'Église se forme comme une *memoria*, un enveloppement sacré, un hexagone, autour du coffret précieux des vestiges des martyrs. Le premier autel sera un sarcophage, que ce soit à Arles, au cimetière de Domitille, de Calliste ou de Prétextat aussi bien qu'à l'Hypogée des Aurelii à Rome ou aux catacombes de Saint-Jean à Syracuse, en Sicile si prégnantes de prière et de tradition chrétiennes. Le dessin de ces hypogées est simple et évident. De loin en loin, les galeries où sont inscrites les tombes s'entrecroisent et forment une rotonde ou un octogone. Là convergent naturellement ces couloirs de la mort pour former le lieu de rassemblement, de communion où pourra s'élever la prière des fidèles vers l'azur entrevu à travers l'aération de la grotte sacrée. Cela donnera les admirables volumes des premières églises : celle de Santo Stefano rotondo ou de Sainte-Constance à Rome ou les *memoria* de Bonn et de Cologne dont hériteront les délicates structures des églises carolingiennes comme celles de la chapelle Palatine d'Aix-la-Chapelle ou de l'église de Ferrières-en-Gâtinais.

Il ne suffit pas de remonter le temps pour ressentir jusqu'où s'enracine la « tendresse partagée ». On peut avec joie élargir son regard à la planète tout entière. La confrontation suggère alors ce que le christianisme a en commun avec tous les autres appels religieux et ce qu'il a, peut-être, de différent.

A trente kilomètres de Nazareth, a été dégagé un autel cananéen : celui de Meggido. Il date probablement du troisième millénaire avant le Christ. Rien n'interdit de penser que Jésus l'aurait connu. Étrange surprise, il ressemble exactement à la *memoria* chrétienne de Bonn, mais plus étrange encore, il est semblable au *marae* polynésien de Tahiti. Or, à Meggido comme à Tahiti, ces autels étaient réservés aux sacrifices humains.

Il y a deux cents ans encore, en 1776, en Polynésie, on offrit au capitaine Cook lors de son troisième voyage la célébration d'un sacrifice humain. A Paaea, deux hommes creusèrent la fosse où devait être déposée la victime humaine. Des crânes, ceux des précédentes victimes, y furent déposés. Weber en a gardé le souvenir dans une gravure qu'il nous a laissée, avec le texte d'un chant :

« Les marae étaient la sainteté et la gloire du pays,
Ils étaient l'orgueil des populations de ces îles.
Les ornements du pays étaient les *marae*,
Ils étaient les palais présentés aux dieux. »

Déjà en 1774, le capitaine Cook avait été bien embarrassé lors de son départ de l'île de Raiatea, en Polynésie, lorsque le chef Oro lui avait demandé le nom de son *marae*, c'est-à-dire du lieu sacré auquel sa tribu pouvait se référer pour rendre un culte aux forces de l'univers et, par-delà la mort, renouer avec le passé. Un homme qui n'avait pas de *marae* ne pouvait pas être un grand chef, et Cook était regardé comme un très grand chef. Il s'en tira en donnant le nom de sa paroisse londonienne :

« On me le fit répéter, rapporte-t-il, puis Stepney, prononcé à la tahitienne *Tapinu*, le *marae na Tote*, se répéta dans une centaine de bouches à la fois. »

A Paaea le *marae* est encore là. On quitte la plage bordée de cocotiers, de manguiers, de papayes. La mer frappe et l'on s'enfonce dans la vallée, fermée par la masse sombre d'un volcan. Des deux côtés la forêt se resserre : les tapés, les pandanus, les faux caféiers, les bananiers sauvages. On est soulagé d'apercevoir une clairière pour échapper à l'enserrement de la végétation. C'est le *marae* d'Arahu Rahu. Là, sur ces pierres de basalte rondes et noires tirées du volcan, ordonnancées en un rectangle sobre, adossées aux trois gradins d'un mur dressé en autel, le sang de l'homme a coulé, non par méchanceté, mais pour obtenir l'apaisement des forces du ciel. Les liturgies polynésiennes nous rappellent que même dans le cadre du paradis de la Nouvelle Cythère, les hommes n'avaient pu se dispenser du sang pour retrouver l'innocence perdue et dire leur espoir d'une alliance avec le Ciel. Le Ahu de Tahiti, répétons-le, est exactement semblable à l'autel cananéen de Meggido. A Tahiti, il est veillé par ses tikis, comme par les anges du portail de Chartres. Chaque famille avait sa pierre, chaque ancêtre son lieu. Comment ne pas se rappeler ici les trois lieux bouddhiques majeurs : le stupa de Kushinagara, non loin de la frontière du Népal, emplacement où eurent lieu la crémation du corps de Bouddha et le partage de ses reliques, puis le stupa de Sarnath, là où dans le parc aux Gazelles, eut lieu le premier sermon de Bouddha et l'envoi en mission de ses premiers disciples, équivalent du sermon des Béatitudes pour le Christ. Enfin, six siècles plus

Site de Stonehenge.
Âge du Bronze.
Wiltshire.

Les Saintes Femmes au tombeau, mosaïque, VIe siècle. Ravenne, S. Apollinare-in-nuovo.

Temple de Boroboudour. Java, IXe siècle.

tard, au Ier siècle, ce qui est pour le bouddhisme le parallèle de Chartres, les admirables stupas de Sanchi. Ces lieux fondateurs sont simplement des *memoria* en forme de pyramide de terre ou de pierres rondes, où l'on vénérait les restes de Bouddha ou des saints et sages bouddhistes. L'essentiel de la dévotion consistait à tourner autour de ce tumulus de brique fondé en mémoire de Bouddha ou des Boddhisatvas qui, par amitié compatissante pour les hommes, avaient retardé leur accès à la délivrance du Nirvana.

Comment la Rome de Trajan au IIe siècle a-t-elle honoré ses héros ? De la même manière, par un panthéon, on le voit encore aujourd'hui, exactement circulaire comme les stupas de Sanchi ou de Boroboudour (du VIIe siècle).

Comment à Ravenne, les mosaïques du Ve siècle ont-elles imaginé le Saint-Sépulcre ? Exactement sous la forme d'un espace circulaire avec une coupole supportée par des colonnes. Comment le temple du Soleil datant de deux mille ans avant Jésus-Christ est-il encore marqué à Stonehenge dans le Wiltshire ? Par un tumulus et un alignement circulaire exactement préfiguratif du stupa bouddhique ou de la *memoria* latine. C'est très exactement ce problème critique du circuit de marche et de procession autour du réduit central où repose le corps saint et de l'autel à reliques qu'à l'aube de l'art roman, les maîtres d'œuvre de la cathédrale de Clermont ou de l'abbatiale et son sanctuaire du pélerinage d'Agaune ont résolu avec génie. Encore aujourd'hui tant de cryptes réservent cette surprise, que ce soit celle de Tournus, de Saint-Bénigne de Dijon ou du Charroux, elles rappellent que le pélerin du Xe siècle chrétien, sans le savoir, adoptait le même mouvement de vénération dévotionnel et circulaire qui inspirait le suppliant bouddhiste du Ier ou du IVe siècle lorsqu'il tournait autour du stupa.

Pourquoi l'homme du XXe siècle qui s'agenouille à Aix-la-Chapelle, à Rome ou à Ravenne ne tiendrait-il pas dans un seul regard ses frères les hommes qui ont espéré une victoire en face de la mort ? Et si en face de l'abside circulaire, de la plus petite des églises, ce regard permettait de récapituler en une seule vénération la prière de tous les hommes, au-delà de leur différence et de leur agressivité ? Certes l'abside chrétienne s'ouvre désormais sur une nef et elle est orientée vers le soleil levant. Le bateau ne tourne plus en rond. Le Christ est ressuscité. Il a franchi la mort. C'est la nouveauté du christianisme. Cela n'empêche pas Meggido en Palestine, Sanchi en Inde, Arahu Rahu en Polynésie de tendre la main à Santo Stefano rotondo de Rome. Si, sur terre, c'est la même intuition qui a suscité ces espaces sacrés, pourquoi ne pas penser que le Ciel accueillera finalement ceux qui sont ainsi allés jusqu'au bout d'eux-mêmes ? Il serait terrible de penser que celui qui acceptait (car on lui laissait la possibilité de se sauver), d'être sacrifié par sa tribu pour se concilier les forces de la terre et du ciel à Tahiti, n'était pas lui aussi accueilli par le Dieu unique. Ce n'est peut-être pas pour rien que les pierres chrétiennes de Cologne, de Rome ou les pierres bouddhiques de Sanchi dans le Madhya Pradesh ont, sans se connaître, la même disposition. « Si mes disciples se taisent, les pierres parleront pour moi » dit l'évangile de saint Luc. Le Christ dit bien : « les » pierres, toutes les pierres, pas seulement les pierres des églises.

Dieu est descendu de la pyramide

Une autre raison a provoqué la naissance des églises : le besoin de réunir une communauté, le besoin d'un lieu collectif (lieux si difficile à inventer dans les villes nouvelles). A Asnières, Vancouver ou Nouméa, où sont les « maisons du peuple » ? Est-ce que ce ne sont pas, avant la lettre, les églises ? Un lieu où peut être entendu par tous le *ek-kaleo* du Christ, (étymologie grecque du mot église : « la convocation du héraut venu partager la bonne nouvelle »). Après le souvenir du sang, après la vénération des martyrs, il s'agit, comme sur le *marae* tahitien, de *regrouper les familles*, les tribus, dans la communion d'une fête. L'étymologie de paroisse, *para-oikia*, le dit. En Polynésie, l'insertion sociale d'un homme dépendait du fait d'avoir une pierre sur laquelle il pouvait s'asseoir dans l'enceinte sacrée du *marae*. Et, à la manière des Litanies dans le baptême chrétien, la place de chacun, dans la société et sur le *marae*, comme dans l'accueil des tribus invitées lors du Pilou mélanésien, était déterminée en fonction de sa position dans les généalogies chantées sur le *marae*.

Le pèlerinage du temps ouvre sur un autre choc. A l'origine de l'espace religieux chrétien, il s'est trouvé certains modèles : une maison, une synagogue, un marché. Une maison : telle qu'on les trouve à Pompéï avec leur atrium ou à Doura-Europos ; une synagogue familiale comme celle de Tell Hûm en Galilée, et un marché comme la basilique de Trajan. Les reconstitutions isométriques des premières constructions de Saint-Pierre de Rome, de Saint-Sébastien ou de la cathédrale d'Orléansville disent qu'on a bien là les sources des églises.

L'inventaire des autres espaces sacrés réserve une surprise plus grande que la seule étude limitée aux sources immédiates du christianisme. Il suffit de mettre côte à côte les plans de plusieurs temples : celui d'Assour sur le Tigre ; celui du sanctuaire de Isé à Naiku, l'un des plus anciens et des plus vénérés du Japon ; celui de Maison carrée à Nîmes, l'un des mieux conservés du monde romain ; et enfin celui du temple de la pyramide de Tula au Mexique. Partout c'est le même plan. Partout on y vénère quelqu'un qui dépasse les forces de l'homme. Mais, différence fondamentale avec une église : on ne peut pas approcher du dieu qu'on vénère. Les offrandes sont présentées à l'extérieur du temple. A Tula, une triple esplanade accueille les guerriers, comme à l'atrium de Pompeï ou à la basilique de Trajan : mêmes piliers en quadrangles pour se protéger du soleil, mêmes banquettes et mêmes déambulatoires. On se retrouve bien en communauté. Mais la basilique et l'autel sont encore séparés du lieu de communion avec le divin. On n'entre pas près du dieu qu'on invoque. On sacrifie le guerrier ou l'esclave-prisonnier sur le Chac-mool mais il reste au pied de la pyramide. Comme dans le temple grec, on reste sur le *pro-naos*, à l'extérieur, éloigné du divin, séparé du transcendant. Le lieu sacré est en haut des gradins ou de la pyramide. (Claude Lorrain obéira encore à cette idée de la hauteur pyramidale réservée aux paroles sublimes. Dans son *Paysage avec le discours sur la Montagne* de 1656 à la Frick Collection de New York, l'intention est bien affirmée. Cinq dessins préparatoires le prouvent. Il s'est fondé sur une carte de Palestine. On reconnaît la Mer morte, le Thabor, le lac de Tibériade. Mais le centre est occupé par une singulière pyramide de rochers et de forêts pour bien isoler le Christ de la foule. Au sommet, seuls les apôtres entourent le Christ sur cette pyramide semblable à un Parnasse réservé. En ce cas, c'est le domaine d'Apollon et des Muses. Ce n'est plus celui du Christ et des Béatitudes.)

A Isé, au sud de Nagoya en plein cœur du Japon, après avoir traversé la rivière sacrée, on est invité à se purifier en descendant la rampe d'accès qui mène à la grève où la rivière accueille pèlerins, enfants et... carpes. Puis c'est la traversée des bois de cryptomères avec ses espaces réservés. On accède enfin au temple. Pas encore. Il faut franchir les marches hautes qui séparent le pèlerin de l'entrée. On devine les toits de chaume et les chigi, poutres ornées d'incrustations qui surmontent la poutre faîtière aux entrecroisements mystérieux. Qu'y a-t-il derrière le portique ? On est bien admis à franchir un premier porche. Mais c'est tout. Le fidèle peut jeter son offrande devant un voile flottant qui le sépare encore des deux espaces suivants, enclos de barrières. Quelques privilégiés vont pouvoir franchir la deuxième enceinte. Un prêtre les conduit. Ils auront le droit de se présenter, en silence, à la vue du temple de la déesse Amaterasu. Ils seront conviés à se purifier avec du sel, à s'incliner trois fois. Puis le prêtre reçoit leur offrande. Tout le monde reste un instant en silence, à distance. Et l'on s'en va. Les cadres supérieurs, chef en tête, de l'entreprise japonaise en pèlerinage s'en retournent, comme si la Régie Renault avait accompli sa démarche annuelle et devait revenir l'année suivante. Le devoir a été accompli. On ne verra pas le sanctuaire intérieur de Naiku. Le miroir sacré censé refléter la propre image d'Amaterasu qui libéra le monde terrestre des ténèbres et lui ouvrit le soleil est demeuré caché dans le temple. A Isé, depuis le Ve siècle, miroir sacré et médiation du ciel doivent rester protégés de tout contact humain. On peut seulement frapper deux fois dans ses mains pour manifester sa présence à la divinité dont l'esprit est dans le *Sho den* que l'on aperçoit de loin à travers balustrade et voile lorsque le vent souffle, avant de repartir, toujours en silence.

Il n'en n'allait pas autrement dans la conque que forme le site de Delphes. L'oracle n'entendait finalement que sa propre voix renvoyée comme un écho par le vallon. Il en allait de même à Pékin. Après s'être recueilli et purifié dans les temples du Jeûne et de la Prière, l'empereur suivait la longue allée de marbre qui, de portique en portique, conduit à l'esplanade du temple du ciel. A vrai dire, il n'y a pas de temple, seulement une vaste enceinte circulaire en plein air, où l'on accède par des marches en trois gradins entourées de phénix et de dragons, signe de

Pékin, Cité interdite
1980

renaissance et de force. Au centre, sur une dalle plus grande, l'empereur priait tout haut et entendait aussi une réponse : sa propre voix répercutée par la balustrade, simple mais admirable balcon ajouré entourant l'enceinte sacrée, laquelle était calculée exactement pour donner au fils du Ciel l'impression de n'être pas seul.

Tula, Teotihuacan ou Palenque, Isé, Delphes ou Pékin : on a toujours eu besoin de communier, même si ce n'était qu'à son propre reflet ou à son propre écho. Mais on ne pénétrait pas jusqu'à Dieu.

Il est normal que certains lieux se prêtent mieux que d'autres à la communion : clairière dans la forêt ou la montagne, zigurath, pyramide ou grotte. Ces lieux, enferment, séparent, distinguent et préservent le sacré, ou bien ils orientent, frappés par le soleil le jour du solstice ou de l'équinoxe. L'Église donnera raison à ces nostalgies. Elle consacrera même ces lieux comme s'ils étaient délégués à une protection divine, non plus seulement au nom d'un reflet ou d'un écho, mais désormais au nom d'une présence : celle de l'Arche d'alliance, et pas seulement de l'Arche mais du corps du Christ et de sa parole ; et non pas seulement du corps et de la parole, mais de la révélation d'un amour. Comme certains temples, l'église devra être tournée vers l'attente du Soleil levant, vers Jérusalem, signe qu'on n'est pas maître de la Présence, que si on la possède c'est pour mieux l'attendre encore, comme on attend chaque jour que le soleil se lève, et qu'en réalité loin que l'on puisse posséder la Parole et la Présence ce sont elles qui nous possèdent.

Cathédrale de Tokyo par Kenzo TANGE.

L'Arche d'alliance qui contenait les Tables de la Loi était vide sur le dessus, veillée seulement par deux chérubins. Dieu est bien présent mais c'est aussi pour creuser le désir d'une faim plus haute que celle de la manne et du pain qui rassasie. Avec le Christ, l'axe synagogal : Parole-Jérusalem, laissera peu à peu place à l'axe chrétien : Parole-Eucharistie-Orient. Le coffret de la Parole se rapprochera de l'autel de l'offertoire et de la communion. Le clergé sera périodiquement tenté de séparer et d'opposer sa présence et celle des fidèles (par exemple avec l'étrange justification de l'autel « face au peuple »), mais la tradition véritable reprend régulièrement le dessus qui rappelle qu'évêque et prêtres ne font que marcher à la tête de l'Église, l'entraînant tout entière, comme un peuple sacerdotal. Le problème n'est pas que le célébrant soit tourné « face au peuple » mais que la parole et la consécration soient bien au service de la communion. La coupole baroque qui ouvre le Ciel à tous le rappelle magnifiquement. En réponse à l'interrogation inquiète d'Abraham et d'Isaïe, l'Apocalypse proclame que seul l'Agneau a été trouvé digne d'ouvrir le Livre. On peut désormais assister et prendre part à la prière

de celui qui est « l'Avocat » auquel Dieu ne peut résister : son propre Fils, le Christ.

Isé, Delphes, Tula, Paaea ou Pékin ne sont pas étrangers au formidable renversement chrétien. Si l'orientation symbolique de l'Église vers le Soleil qu'on attend exprime l'inachèvement terrestre de toute eucharistie, tendue vers l'achèvement de la parousie, c'est que toute église annonce d'abord une invitation radicalement nouvelle, celle de l'Incarnation. Dieu est désormais descendu de la pyramide pour venir chez les siens. Dans l'église tout est fait pour que le fidèle puisse communier. La lumière est accueillie pour être partagée. L'espace est regroupé pour que l'affamé de Dieu n'ait plus à se hisser sur une esplanade ou une hauteur. « Dieu s'est fait homme pour que l'homme devienne Dieu. » La simple comparaison de quelques plans de temples dispersés sur toute la planète instruit autant qu'un traité de théologie sur le Christ. Une petite église romane l'exprime aussi bien qu'une cathédrale ou les réussites de Vence et de Ronchamp. Les jeunes mariés n'ont pas tort d'aimer la « petite église de campagne ». Elle est, à juste titre, le témoin des promesses d'une « tendresse partagée ».

Non seulement de leur tendresse mais d'abord de la tendresse de Dieu.

CHAPITRE 23

Monastères et phalanstères

Longtemps avant l'oraison funèbre de Le Corbusier, Paul Valéry avait déjà dit la musique de certaines architectures. Il y a des édifices qui chantent et d'autres non. L'Égypte a compris que le triangle isocèle et la sphère provoquaient des volumes inégalables. Les Grecs avaient découvert l'harmonie d'un nombre d'or, insoupçonnable a priori : la hauteur de l'homme rapportée à celle de son nombril. Alors que les Romains sont restés seulement des ingénieurs audacieux ou des maçons laborieux, les Grecs avaient repéré que le corps humain représente le modèle parfait de mesure car, bras ou jambes étendues, il s'inscrit dans les formes géométriques parfaites : le carré et le cercle. Avec l'échelle musicale de Pythagore, on assurait le lien entre la sensation et l'ordre, entre la base organique et la base géométrique de la beauté. Léonard de Vinci avec l'homme de Vitruve, Vilars de Honnecourt, Dürer, Piero della Francesca s'en sont emparés. Le Corbusier en a fait le *modulor*. La hauteur de l'homme au bras dressé est exactement le double de la hauteur de son nombril. Les huit tomes des projets, dessins et esquisses de Le Corbusier sont excitants. A Sao-Paulo, il fait passer les autoroutes sur les maisons ; il structure le bord de mer d'Alger ; il réalise Shandigar et réinvente Rio de Janeiro. Vision de « fada », comme sa maison de Marseille ? Peut-être faut-il des fadas pour faire songer à la cité des rêves ? Mais qu'est-ce qui a été à l'origine des rêves de Le Corbusier ? Où a-t-il trouvé l'intuition poétique initiale ? Dans un monastère : la Chartreuse de Montrieux. Alors, allons voir les moines.

Toute famille est bien obligée d'allier la rigueur et la fantaisie. Il faut bien des horaires fixes, mais il faut aussi admettre que les confitures puissent être pillées dans le placard. Elles sont faites pour cela. Il en va de même dans les monastères. Rien n'en apprend davantage que les abbayes sur l'espace idéal à construire pour une communauté, qu'elle soit d'échelle familiale, industrielle voire urbaine. Tout le problème de l'architecture la plus moderne est présente à la naissance d'un monastère : savoir allier le pratique et le respirable, le fonctionnel et l'esthétique, le réel et le rêve, l'utile et le décoratif. La naissance de la démocratie en Occident eut lieu dans les abbayes cisterciennes du XIIe siècle. Les monastères sont surprenants. On y trouve trois groupes d'espaces : ceux où la rigueur commande ; ceux que la fantaisie libère, et ceux qui savent allier les deux.

Du bienfait de la rigueur

Lorsqu'il a quitté Aurangabad en Inde et sa couronne de grottes et qu'il s'enfonce vers les vallons plus désertiques des forêts du Mahareshtra, deux lieux sacrés attendent le pèlerin : le vallon d'Ajanta, la colline d'Ellora. Tout le monde connaît les abbayes cisterciennes qui ont couvert l'Europe au XIIe siècle. Je ne croyais pas pouvoir trouver plus belles harmonies que le Thoronet en Provence, ou Fontenay en Bourgogne, ou Fontfroide en Roussillon. Et puis, lorsqu'on visite Ellora au soleil couchant, après les excavations exubérantes du temple de Kailasa où Krishna soulève la colline du monde pour protéger les bergers, on pénètre dans les *vihanas* (monastères) excavés dans le roc, d'une austérité tempérée seulement par la perfection des proportions et la douceur des chapiteaux où quelques couples de *mithouna*, amoureux planant au-dessus de la terre, symbolisent la félicité céleste.

C'est le même éblouissement à Ajanta. Un cirque couvert de forêts où l'érosion a creusé la colline. Demi-cercle parfait dont le tour taillé dans le roc abrite les monastères bouddhistes. Façades discrètes, les chapelles de prière alternent ici aussi avec les salles de réunion. Le soleil du soir caresse les colonnes. Sur plusieurs étages, c'est la rigueur absolue comme si l'ordre dorique grec était revu par la règle de saint Bernard. L'ombre y ménage la méditation. Le soleil y suscite l'espérance. Bouddha en position du *parinirvana* est accompagné de Ananda, son disciple fidèle. Les *parvatis* de la fécondité y exposent leurs charmes féminins sans provocation. Les *apsaras*, les *dakitis*, les couples amoureux y entourent le haut des piliers. Mais tout est repris dans l'ordre rigoureux des colonnades, aussi variées, aussi pacifiées que les cloîtres cisterciens de Silvacane ou de Sénanque.

Au terme de l'épopée bouddhiste, on a un autre exemple à Ikaruga près de Nara, première capitale du Japon. C'est la même sérénité, la même rigueur douce. Un espace de paix vous accueille, on parle à voix basse. C'est le Horyu-ji, la plus ancienne construction en bois au monde, l'allée de paix où habitent les moines, la Pagode, le Hondo, le trésor national où s'abrite la statue d'Amida, symbole de la compassion. Ainsi la Haute-Provence, le Madya-Pradesh ou la montagne nippone disent bien que la rigueur peut être douce, comme saint Bernard le voulut pour ses moines. A quinze siècles (Ellora ou le Horyu ji), à neuf siècles de distance (le Thoronet ou Sénanque), c'est le royaume d'une certaine tendresse : celle de l'esprit ouvert au secret, celle de la réconciliation entre l'utile et le beau.

Du bienfait de la fantaisie

D'autres lieux monastiques pourraient inspirer les constructions d'HLM. Plutôt que de la rigueur, ceux-ci sont nés d'une fantaisie contagieuse, comme dans la vie d'une famille heureuse.

A Patmos, le monastère de saint Jean est la sculpture abstraite la plus fabuleuse qui se puisse imaginer. L'un après l'autre des moines sont venus établir leurs cellules, leurs laures, et l'on passe de cloîtres en courettes, d'escaliers en corridors, de chapelles en terrasses de méditation. C'est la famille de l'accueil, c'est le même espace qu'on retrouve à Mar-Saba, en plein désert de Juda entre Jérusalem et la mer Morte. C'est le désert des oxydes rouges et noirs. Il faut se plier en deux pour passer la porte et, construit sur les gorges brutales du Cédron, c'est un dédale de cellules, de chapelles, de petites cours. Il y avait un palmier, seul arbre pour rappeler la vie en ce désert. Un distrait y versa de l'eau savonneuse, le palmier mourut. Au détour d'une excavation dans la roche, trois cents crânes derrière le grillage. Ce sont les restes des moines martyrisés par les Perses. Ils font aussi partie de la méditation. Depuis le IVe siècle, la « prière continue » ne s'est jamais arrêtée. Partout dans le monastère, la fantaisie a aussi son chant.

Je l'ai retrouvée encore au Mexique, à quatre cents kilomètres de Mexico, vers l'Ouest, en plein pays tarasque, à Patzcuaro. On est à plus de deux mille mètres d'altitude. Après la longue traversée de la sierra caillouteuse, on découvre le lac de Patzcuaro, si beau. Soumise par l'invasion chichimèque, contemporaine des invasions normandes ou hongroises en Europe, en plein Michoacan, toute la ville est séduisante. On se laisse prendre par les ruelles, par la vie du marché sur le Zocalo, par les façades chantantes. Et on arrive à la *Casa de los once Patios*. Une maison ou plutôt un groupe de onze maisons, dont chacune a son patio, à des niveaux différents. Loggias, balcons, galeries, c'est la fantaisie la plus époustouflante. On ne sait plus où l'on est. Palissades de bois, seuils, portes : les onze patios s'appellent, se chevauchent, s'égaient mutuellement.

Crypte de l'Église de Saint-Michel-de-Cuxa, XIe siècle.

Cloître de l'Abbaye du Thoronet, XIIe siècle.

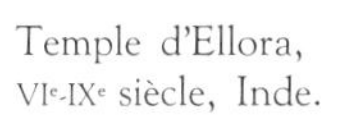

Temple d'Ellora,
VIe-IXe siècle, Inde.

Monastère St-Jean
à Patmos.

Poutraison géniale de légèreté, tout tient par le miracle, mais tout tient. Comme dans une famille. Chaque recoin y respire la liberté et l'invention. D'où vient donc cette architecture ? Qui a établi la musique de cet espace ? C'est tout simplement un ancien couvent de Catarinas. On rêve. Car on sent que la liberté y a construit l'un des plus beaux poèmes de l'espace, la liberté, avant qu'elle ne se dégrade en caprice. « Où vivre heureux ? » Je serais bien embarrassé de répondre. Il faudrait reprendre l'intuition du cinéaste Éric Rohmer : « Si l'on me demande de parler du film que je préfère, j'en cite vingt. Et si l'on me demande les vingt, j'en cite quarante... »

Au-delà de la rigueur fonctionnelle et de la fantaisie décorative

D'autres ensembles monastiques font aussi paraître combien demeurent encore timides ou barbares ou apeurés nos lieux actuels de vie. On pense à certains jardins des monastères de Kyoto : celui du Ryôan-ji, celui du Daisen in dans l'ensemble du Daitoku-ji au nord de Kyoto ou celui du Sambo in à l'est de la ville. Le marbre concassé (et non pas le sable) est peigné en forme de vagues, encerclant les bâtiments comme le courant de vie et de mort qui entraîne l'humanité. On n'ose même pas chuchoter. Les quinze rochers du jardin du cloître sont impossibles à saisir dans un seul regard, comme si la mélodie de la nature devait toujours garder son énigme. C'est l'alliance parfaite du silence et du chant. Un moine passe sur ses socques discrètes. L'espace est devenu prière. La rigueur s'y marie parfaitement avec la liberté.

Plus près de nous, c'est la même émotion qui saisit le groupe de touristes lorsque la mère abbesse des Clarisses leur confie le trousseau de clefs qui permet la visite du monastère des *Descalzas Reales*, des Reines déchaussées, en pleine ville de Madrid. L'office est terminé. Les stalles sentent la cire. La sacristie baigne dans l'odeur d'encens. On est tout de suite séduit par la majesté de l'escalier qui mène au cloître du premier étage. Peints sur le balcon, une série de portraits des membres de familles royales nous accueillent. Jeanne d'Autriche, fille de Charles Quint fit aménager ce couvent pour que s'y retirent du monde celles qui aspiraient à une autre noblesse que la seule noblesse terrestre. Or voici qu'à la place d'un espace triste et compassé, on découvre un lieu où tout chante de fantaisie, de bonheur mais où les proportions sont aussi mesurées par la rigueur des Clarisses. Chaque aile du cloître invite à quatre stations devant des autels les plus gracieux qui soient, comme si les familles du ciel étaient en conversation avec celles de la terre et qu'on puisse se laisser aller selon les jours à rendre visite à tel ou tel dont la sainteté a marqué la vie de ses ancêtres. Dans la salle du chapitre, Rubens accueille avec la somptuosité de ses tapisseries sur le triomphe du Saint-Sacrement. On rejoint la sacristie : Breughel nous prend dans la suite de la procession des Mages qui adorent l'enfant, tandis que Titien nous arrête : la main du Christ désigne à saint Pierre le tribut qu'il faut rendre à César, mais le regard pense à un autre tribut. Les plafonds évoquent la grâce légère des villas de Pompéï.

On croit que c'est fini. A la sortie de la salle des reliques, l'espace se fait plus sombre. On ne sait plus du tout où l'on est. Voici qu'une petite maison, inscrite dans un volume plus vaste en forme de ciel, invite de nouveau à l'arrêt. Comme chez les Jésuites de Tepotzotlan, au Mexique, c'est l'oratoire des novices : un véritable petit édifice avec son toit. Réminiscence de l'étable de Bethléem telle que les Flamands l'avaient imaginée, ou seulement pièce de recueillement ? Elle a tout juste les dimensions d'une chambre qui aurait la dignité d'une porte pour le Ciel. On peut alors arriver à l'église. La vie monastique, une fois de plus, montre que toute vie de famille n'est pas forcément vouée à la ruche ou l'HLM. Comme au Daisen in, la rigueur peut être au service de quelque chose qui la dépasse : une liberté. Intérieurement, je me reporte aux appartements des concubines des empereurs de Chine, en plein centre de la Cité interdite, à Pékin. De fait, mes compagnons chinois regardent avec avidité ces cellules ouvertes sur un petit quadrangle ressemblant étrangement à un cloître. Leur stupeur dit bien ce qu'elle veut dire. Les impératrices devaient abdiquer toute liberté au point de se laisser conduire nues à leur maître, enveloppées seulement dans un tapis, ce qui permettait de s'assurer qu'elles ne portaient aucun instrument de mort... Je préfère les cellules du monastère des Clarisses de Madrid. Les épouses du Christ ont su inscrire ici la grâce dans l'espace, la liberté dans la rigueur.

Ainsi les monastères bouddhistes d'Ajanta, orthodoxes de Patmos, cisterciens du Thoronet et de Sénanque, zen du Daitoku-ji ou le monastère des Reines déchaussées de Madrid rappellent encore aujourd'hui qu'il ne suffit pas d'un programme d'architecte pour la deuxième condition du bonheur d'habiter : il y faut aussi une variété où rigueur et liberté se conjuguent avec complicité. Il y faut ce que les moines de tous temps ont cherché : une certaine légèreté du cœur, celle à laquelle tous peuvent tendre, mais personne y prétendre, celle qui vient de l'humilité en face du réel, celle qui survient d'une douceur désarmée, d'une tendresse pour les êtres et les choses dont certains monastères demeurent l'image

MAX ERNST : *La ville entière* (58,5 × 79 cm), 1935-36. Zurich, Kunsthaus Museum.

TEOTIHUACAN Mexique, IVe siècle, Temple du soleil

à nous offerte. Et si se cachait là ce dont tous les architectes actuels de Kenzo Tange à Tokyo, de Helmut Jahn à Chicago, Norman Foster à Hong-Kong, Leo Ming Pei à Washington, Jean Nouvel à Paris ou Ricardo Bofill à Noisy-le-Grand cherchent la solution avec tant de nostalgie ?

Ces monastères ne relèvent pas d'une poésie réservée à des aristocrates. C'est la même poésie, parce que religieuse, qui a présidé aux plus belles villes du monde. On connaît les masques de Teotihuacan, au nord de Mexico, « la ville-où-les-hommes-deviennent-dieux ». On pourrait tenter de lui comparer Ostie, Djemila ou Timgad, villes admirables pour la précision de leur équilibre géométrique. Mais peut-être faut-il regarder plutôt Gerasa (ou Jerash) au bord du désert de Syrie en Transjordanie, pour découvrir par comparaison combien les génies grec, romain et sémite sont encore modestes en face de Teotihuacan. Ici tout est calculé et surveillé par le soleil, selon les elliptiques des solstices, avec une précision dont les calculs électroniques d'aujourd'hui n'approchent qu'avec peine. Jacques Soustelle l'a prouvé, non sans émotion. A Teotihuacan, la pyramide du Soleil, aussi importante que celle de Chéops, rappelle l'ordonnancement des temples de Louksor et de Karnak, où, au temple d'Amon-Ré, les derniers rayons de soleil ne quittent l'horizon des hommes que rigoureusement encadrés par les piliers et l'obélisque des géomètres égyptiens. Mais, comme l'empereur au temple du Ciel à Pékin, seul le pharaon, suprême hiérarque, pouvait à Karnak ou Louksor, pénétrer dans le saint des saints.

Au Thoronet, c'est toute la communauté qui reçoit le soleil de juin transmis par les trois ouvertures évoquant la Trinité. Saint Bernard aurait aimé l'élégance du Fort-Rouge d'Agra. Jean-Paul II a dû admirer la complémentarité cosmique des deux faces de Bénarès : au petit matin, le soleil se lève sur la ville à l'est du Gange, tandis que sur l'autre côté de la rive, les ghats (escaliers descendant des palais), ont recueilli les pèlerins, les mendiants et les lépreux dans la même prière purificatrice.

Bien sûr, il restera toujours à concilier Bénarès et Einstein, la musique et la technique, le fonctionnel et le décoratif. Les Moghols s'y étaient essayés devant la mort au Taj Mahal, où, grâce à la lumière et au marbre, le drame de l'au-delà est métamorphosé en tendresse par le chant de la poésie.

CHAPITRE 24

Ton Architecte t'épousera

L'ancien parachutiste Bigeard trouve inutile de faire appel à la culture pour raconter ce qui le dépasse. Sa mémoire lui suffit. « Où vivre heureux ? » Est-ce loin de chez soi ? Le proverbe norvégien rappelle « qu'au bout de trois jours, deux choses sentent mauvais : le poisson et les invités ». Accordons un délai plus long aux invités (sinon toujours à leurs hôtes). L'expérience prouve que trois semaines à l'extérieur de chez soi peuvent se passer très bien. Deux mois et demi paraissent parfois un peu longs lorsque le rythme du courrier empêche le va-et-vient normal des réponses aux lettres, car arrive le moment où elles tuilent l'une sur l'autre. Quatre mois commencent à effacer le souvenir des visages, on ne sait plus bien où l'on en est de l'échange. Au bout d'un an, on se surprend à penser : « Pourquoi ne resterais-je pas ici toute ma vie ? » Et les missionnaires qui rentrent au pays avouent qu'ils constatent très vite au moment des retrouvailles, tous les sept ans, une fois la première joie passée, qu'on ne les écoute plus.

Ils sont devenus comme étrangers à leur propre milieu d'origine. Et pourtant la question reste inévitable. Elle poursuit tout homme, toute sa vie. C'est bien celle que Nietzsche a formulée : « La question la plus douloureuse, la plus déchirante, celle du cœur qui se demande : « Où pourrais-je me sentir chez moi ? »

Bigeard honore la mémoire. Mais elle peut devenir pesante pour les autres. On a tôt fait d'être insupportable en évoquant des souvenirs de voyage. « Vous ne connaissez pas la Casamanche ? » « Lorsque nous sommes allés au Ladakh », ou bien « Quand nous sommes retournés en Chine... » Et le Nouveau Sepik ? Le Petit Larousse ne mentionne pas son nom. Pourtant il est à l'origine des plus beaux masques que l'homme ait créés. La nouvelle aile du Metropolitan de New York les a désormais superbement présentés aux foules de visiteurs en ces mats funèbres des « Asmats » géants. La Fontaine s'étonnait déjà : « N'avez-vous pas lu Baruch ? »

Or on peut très bien vivre sans avoir lu Baruch, sans être allé au Nouveau Sepik et sans être sorti de son village. « Ce ne sont pas les difficultés du chemin qui font mal au pied mais le caillou que tu as dans la chaussure. » On peut renverser le proverbe arabe. Ce n'est pas l'accumulation des voyages, des impressions ou de la « culture » qui est précieuse mais la douceur du regard qu'on porte sur les êtres et les choses. « Si ton œil est mauvais, à quoi bon gagner l'univers ?... » Néanmoins il reste vrai qu'on ne peut pas vivre sans avoir des souvenirs.

Bigeard a raison de penser qu'une descente en pirogue de la rivière Noire au petit matin ou un coucher de soleil sur Timimoun peuvent suppléer à toute culture. La vie et l'expérience de tout humain a plus de réalité que toutes les œuvres d'art. Le *Notre Père* a plus de sagesse que tous les livres.

Réincarnation ?
Jusqu'à cinq cents fois ?

L'idée de réincarnation fascine plus de 27 % de nos contemporains. Je les comprends, même si cette idée me paraît impensable et contradictoire si l'on tient à maintenir l'identité personnelle, car il faudra bien un jour que « ça » cesse. Derrière le besoin de réincarnation se glisse un refus d'être ce que l'on est : un être limité, fini. Pour échapper à la finitude, on s'évade. On s'évade dans le futur et le rêve, le passé et le souvenir ou bien dans les voyages. Mais serait-il interdit de rêver ? Bouddha a eu droit à cinq cents vies antérieures, ses « Jatakas ». Ses disciples se sont plu à les décrire abondamment comme la mémoire de la sagesse mais aussi comme l'affirmation que même Bouddha avait dû se soumettre à la patience de l'inachevé.

D'une tout autre manière, l'orientation des églises vers Jérusalem, vers le soleil qu'on attend, révèle au chrétien l'inachèvement de toute œuvre terrestre, de l'eucharistie elle-même. La mémoire, si elle ne rend pas prétentieux, pourrait aussi aider à rendre relatives nos suffisances. La confrontation avec la noblesse d'un ailleurs ramène à d'autres mesures que soi-même. Elles sont peut-être plus justes et, pourquoi pas, tonifiantes ? Qu'on me pardonne de laisser place ici aux rêves et aux souvenirs qui ont périodiquement fait renaître mon admiration et m'ont induit à solliciter la paix de ce qui n'est que relatif. Certes, saint Paul ne s'est pas arrêté à la beauté du coucher de soleil sur l'Acropole, ni mère Teresa, en visite au Vatican, à la finesse des stanzes de Raphaël. Rien ne dit non plus que l'un ou l'autre en aient eu du mépris. Bien sûr, on échangerait le monde entier pour leur combat. Mais les rêves du monde entier nous aident aussi à aimer ce combat. Et la beauté aura toujours sa place pour garder à la planète la nostalgie d'un meilleur.

Paris a été mon village. Les filles de la rue de Lappe, les cracheurs de feu de la place de la Bastille ou les charretiers des entrepôts du boulevard Richard-Lenoir ont appris à mon enfance que le désarroi pouvait accompagner la bonté, et le goût de l'argent dissimuler un cœur faux. L'un des plus beaux cloîtres du monde, la place des Vosges, m'a appris le patin à roulettes. L'île Saint-Louis m'a rendu heureux d'apprendre à lire. Les péniches de la Seine devenaient facilement les navires de haut-bord avec leur mille canons au sabord de *La fiancée du Pirate*. Qu'y avait-il besoin d'autre chose que les ours du Jardin des Plantes ou les clowns du Cirque d'Hiver ? Le triangle était magique, la famille heureuse. A l'âge de douze ans, je suis monté pour la première fois dans une voiture. Je n'aurai jamais autant rêvé que la veille de ce jour où je devais parcourir les cent-six kilomètres qui séparent Chablis de Gien. La vie allait amener beaucoup d'autres kilomètres et d'autres rêves mais aussi chaleur, moustiques et insomnies et surtout tant de soleil et d'amitiés.

« Où vivre heureux ? » Une réponse est impossible. Elle supprimerait la liberté. Comment saisir une ville, un lieu, une communauté ? Et son site, et sa structure et sa mélodie, et tant d'autres conditions qui entrent en jeu.

• S'il fallait donner la prééminence au *site*, comment choisir entre Vancouver ou San Francisco, Nouméa ou Nagasaki ; Alger, Oslo ou Helsinki ?

• S'il fallait reconnaître l'intelligence d'une *structure*, comment ne pas préférer ces villes dont le panorama est composé par leurs églises : Rouen ou Auxerre ; Caen, Sienne ou San Gimignano ?

• S'il fallait comme Asmodée survoler les *toits* et laisser le rêve planer sur leur secret (Henry Miller avoue avoir passionnément aimé les toits de Paris), comment ne pas se laisser séduire par les toits d'Assise ou de Chablis, et, avant tous les autres, par ceux des villes de Provence ? Comment imaginer plus beaux manteaux terrestres que les toits de Lourmarin ou d'Arles, de Malaucène ou de Carpentras ?

• Pour la *géométrie* ? Évidemment Teotihuacan, Ostie ou Gerasa. Seuls des autocrates intelligents ont pu décider a priori d'inscrire des villes en plein désert ou en pleine sierra et... les réussir magnifiquement.

• Pour *l'intimité* ? Bien sûr, Jérusalem. Mais aussi à leur manière modeste, les villages des Grisons et de l'Engaddine : Soglio, Guarda ou

Pontresina. Il faudrait y joindre Ghardaïa, Touggourt, ou cette sublime maison arabe de Wakil, marchand chrétien d'Alep en 1600, conservée aujourd'hui au Pergamon-Museum de Berlin-Est. (On croirait retrouver la grâce des appartements des Borgia du Vatican, hélàs transformés en musée d'art « moderne »).

• Pour la *nature*, restée naturelle : Jaspers, dans les Rocheuses du Nord, Turku en Finlande ou Chicoutimi dans les Laurentides.

• Pour la *musique* ? La douceur mozartienne d'Augsbourg ou de Fribourg ; la féminité d'Amsterdam ou de Bruges.

• Pour la *force* ? Le dynamisme créateur de Rotterdam ou de Detroit ; de Los Angeles ou de Montréal aussi bien que l'île de la Réunion avec ses cirques volcaniques de Cilaos, de Salazie, ou l'enclos du piton de la Fournaise là où s'allient la vitalité des tropiques et la résistance des terres les plus jeunes du monde. Derrière la douceur créole se révèle la force des fils d'anciens esclaves.

• Pour le *décor* ? Avant tout, Léningrad, mais aussi Mooréa, en Polynésie, Ouvéa ou l'île des Pins. Comment a-t-on pu établir là un bagne ? L'histoire n'a pas encore fini d'écrire ses retombées.

PETRU VINTILA : *Venise. 1979* Collection privée.

• Pour la *nouveauté* ? Näsby, Farsta, Tapiola, ces « villes nouvelles » des pays nordiques enfin « établies à la campagne » selon le vœu d'Alphonse Allais. La nature y révèle aux hommes qu'ils ont beaucoup plus besoin d'elle qu'elle n'a besoin de leur exploitation.

• Pour l'impression de *confortable* ? La riche Winnipeg des banquiers du blé, la douce Victoria sur le Pacifique aux merveilleux jardins amoureusement soignés par les vieilles dames anglaises retraitées et Washington ou Oakland.

• Pour la *douceur* ? Venise et Constance ; San Cristobal de las Casas et Oaxaca ; Tolède ou Minneapolis aux onze lacs grands comme le lac d'Annecy.

• Pour l'*aventure* ? Las Vegas et Moosenee ou Chisasibi sur la baie d'Hudson.

• Pour la *grandeur* ? Monte Alban dans le Chiapas mexicain.

• Pour la *mémoire* ? Hiroshima, ça suffit.

• Pour la réussite de la *cohabitation* ? Denver, Rome ou San Francisco.

• Pour la *noblesse* ? Kyoto ou Florence, mais aussi New Delhi et Bénarès.

• Pour un *provincialisme satisfait* ? Paris...

• Pour *l'élégance* ? La finesse des places du vieil Aix-en-Provence, la nostalgie du Taj Mahal ou du Fort Rouge d'Agra...

• Pour *la vie* ? Tokyo et Mexico. Mais aussi le rythme de New York, de Chicago ou Toronto.

Alors où vivre heureux ?

Et où se réincarner ?

La maison de Rubens

Mis bout à bout, les séjours hors de mon couvent ont représenté plus de six années. Paradoxe, j'aurai vécu l'autre partie de mon temps soit dans l'un des couvents dont l'architecture est la plus désespérément insignifiante qui se puisse imaginer : Le Saulchoir, près de Corbeil, (heureusement il y avait le parc et les arbres, la philosophie, la prière, la théologie), puis dans l'un des couvents qui ressemblent le moins à un couvent : celui de la maison Saint-Dominique qui abrite les Éditions du Cerf ; heureusement il y a la chapelle et la terrasse du couvent, la façade des Invalides, Paris, mes frères, les livres et le goût de vivre.

Alors, où vivre heureux ? Quel programme donner à un architecte ? Je l'ai dit, Le Corbusier ne s'est pas relevé de son contact avec une Chartreuse. Isaïe proclame ce qui devrait remplir de peur tout être soucieux de construire : « Ton Architecte t'épousera. » Il annonce, il prophétise et proclame le programme réservé à Dieu et à la nouveauté chrétienne. Toute l'histoire humaine est finalement celle des noces d'un « Architecte », qui, du fait même, n'est plus seulement un architecte. De la fabrication, de la puissance, de l'oppression ou du jugement dernier, le Dieu chrétien passe à la communion et à la compassion parce qu'Il est lui-même communion et tendresse. C'est bien pourquoi le programme de tout architecte pourrait toujours avec bénéfice partir de la vie des monastères. Je les ai nommés. J'ajouterais les béguinages. Ils tiennent le milieu entre l'intimité familiale et la paix, imitée de l'anticipation du Ciel auquel « aspire » une vie monastique. Comment ne pas ressortir un peu meilleur après un passage au béguinage de Bruges, aux béguinages de Breda ou d'Amsterdam, comme à la Fuggereï des frères Weber à Augsbourg, première institution en Europe à avoir su au XVIe siècle transcrire, dans la pierre et l'équilibre, la solidarité de la vieillesse ?

Ne restent plus à ajouter que certaines maisons. Elles sont construites comme les monastères que nous avons évoqués où la rigueur s'allie à la liberté, le rythme à la tendresse, la force à la discrétion, le fonctionnel à la décoration. Ce sont des maisons de peintres. Proust y aurait aimé « vivre au pays de l'idéal » ou bien « réaliser certaines choses comme par enchantement ». Je pense à la maison du Greco à Tolède, à la maison des trois architectes Saarinnen, Lindgren et Gesellius, pères de l'art de construire du XXe siècle, à Huistträsk près d'Helsinki, et enfin à la maison de Rubens à Gand. Tout y est véritable enchantement.

Espaces mesurés, cours et escaliers, ombres et soleil, corridors et ouvertures, lumière et nature, balcons et loggias, chambres, cabinets de labeur ou salles communes, sont si bien ajustés à la mesure de chacun que le fini s'y ouvre à la surprise de l'illimité. Les lieux de travail sont pratiques et souriants, utiles et respectés, mais tout converge pour que « l'otium », c'est-à-dire la disponibilité de l'esprit et la vie « contemplative », la communion et la solitude, la conversation et le recueillement aient l'heureux étonnement de toujours précéder l'attente du cœur humain. Le Corbusier ou Picasso connurent-ils ce bonheur d'un lieu humain ? Malgré la noblesse de certaines de ses résidences, Picasso eut besoin de dévorer huit ateliers différents, autant que d'épouses.

Il est impossible d'imaginer l'existence future, c'est-à-dire le « paradis ». On peut seulement refuser que l'après-mort soit réduite à des champs Élysées grecs ou égyptiens qui seraient la poursuite améliorée en bleu pâle ou en rose de l'existence d'ici-bas. Au cas où il devrait en être ainsi, il ne vaudrait vraiment pas la peine d'exister encore. S'il y a une « après-mort », ce ne peut être que l'explosion infinie, folle, impensable d'un bonheur qui nous accueille et nous submerge. Mais, alors ou bien il commence dès maintenant ou bien il n'y a rien non plus « après ». Et pourtant, on rêve tous des « champs Élysées ».

L'Islam se défend de figurer le paradis par des visages. On a bien souvent imaginé l'après-mort à l'instar du premier Eden : un jardin. On souhaite un univers aussi indubitablement réel que celui dans lequel on se déplace sur terre, mais qui soit en même temps toujours surprenant, toujours autre, vivant et harmonieux, infini et enveloppé de tendresse.

Trois expériences m'ont laissé un avant-goût de ce « paradis » : une aurore boréale au nord des Laurentides entre Montréal et Chicoutimi dans la nuit d'un mois de juin, cette lumière débordante de draperies insaisissables et transparentes, prenant tout l'horizon, terrifiante peut-être mais de douceur. Et puis, dans un tout autre élément, des plongées sous-marines dans la grande barrière de corail devant Nouméa : la vie, la vie partout autour de soi, indéfiniment renouvelée, aux formes et aux couleurs insoupçonnées, transparentes et adoucies. Enfin certains jardins japonais. Celui de l'UNESCO à Paris est triste, presque brutal, calculé, voulu, desséché. Mais le Shukkei in à Hiroshima, le vallon de Katsura, les étages de Shugaku à Kyoto ou bien seulement trois pierres, deux pins, un érable ou une fougère au détour d'une petite rue à Ikaruga ou à Kumamoto suffisent à entraîner dans un autre univers. Bien sûr, ce n'est pas le Ciel mais c'est déjà l'allègement, la discrétion, l'harmonie secrète. Un espace à la fois clos et ouvert, de proportions réduites mais qui donne par le seul jeu des couleurs et des lignes des dimensions infinies. « Des dimensions infinies » : c'est ainsi que Matisse parlait de sa chapelle de Vence, qui recouvre seulement 56 mètres carrés.

TADJ MAHAL, près d'Agra, Inde. 1631-1641.

Temple du ciel, Pékin.

Château de Louis II de Bavière : Neuschwanstein.

Villa Hearst : *La piscine intérieure*. San Simeon, Californie.

Il ne s'agit plus de décrire, d'exposer, de raconter, ni de prouver mais de suggérer, d'inciter, d'évoquer l'infini, et cela dans la communion. Quel programme pour un architecte !

Katsura

Pendant trente ans, j'ai attendu, rêvant de voir la maison japonaise. Je connaissais vingt livres sur Katsura, les photos de chaque pilotis, des galets, de la sagine, des rochers rigoureux, silencieux et chantant. Le jour arriva où je me suis trouvé à Katsura. Nous n'étions que huit visiteurs, admis à la contemplation par permission de l'empereur, encadrés de deux policiers en civil. C'était le silence et la lumière pâle de février. J'ai vraiment, pendant trois heures, été « ailleurs ». La nature était devenue église. Où étais-je ? Je ne sais pas encore. J'étais ailleurs. Comme je le fus au Hongen-ji ou au Ryogen in.

L'empereur qui a présidé à l'élaboration de Katsura près de Kyoto avait quand même un plan : les iris, les hémérocalles, les azalées laissent passer la cascade qui vient s'effacer au bord de la lanterne des morts, entourée elle-même de ses galets polis et luisants. La fougère sert de contrepoint au pinus mugho mughus et, comble de raffinement, une petite vanne permet de modifier la hauteur de l'étang pour laisser, à certains soirs de lune, l'illusion des marées. La musique de Shugaku ou de Katsura est au niveau du Cantique de saint François d'Assise.

A l'autre bout de Kyoto, le jardin du Daisen in appartient au grand ensemble monastique du Daitoku-ji. Il a été composé au début du XVIe siècle, comme un symbole de la vie active et de la vie contemplative. Ce jardin montre au visiteur le chemin à suivre pour passer de l'une à l'autre. La disposition allusive des arbres, des pierres et du sable y suffit. La première partie du jardin est assez encombrée. C'est le reflet de nos existences. Deux petits assemblages de pierres représentent une tortue et une grue en vol, car depuis l'origine, la tortue qui habite au fond des mers et la grue dans le ciel symbolisent les abîmes et la hauteur que peuvent atteindre l'esprit humain. Au fond de ce premier coin de jardin, des rochers adossés au mur dominent un arbre. C'est l'image du légendaire mont Horai, où tortue et grue se lièrent d'une éternelle amitié. Cela signifie l'union du ciel et de la terre, comme dans nos vies, l'union des joies et des amertumes de l'expérience humaine. Un torrent de sable, que l'on imagine très bien cascadant de la montagne, illustre l'impétuosité de l'homme descendant le courant de la vie. Et le sable (ou plutôt les petits grains de marbre concassé), avec ses fortes ondes,

Jardin du Ryogen in, Kyoto.

témoigne de l'impulsivité de la jeunesse. Après avoir franchi un obstacle, qui est le mur du doute et de la contradiction, les flots du sable, soigneusement peignés par les rateaux de bambou, continuent de s'écouler dans une deuxième partie du jardin plus aérée, car l'esprit s'élargit après avoir surmonté l'épreuve. Naviguent là-dessus une pierre en forme de barque, qui renferme le trésor de l'expérience et aussi un rocher en forme de petite tortue de pierre qui remonte le courant, image de la futilité des efforts humains pour retourner en arrière. Et voici qu'enfin, dans un espace plus large coule l'océan de sable, toujours aussi attentivement peigné : c'est l'infini du néant ou... de la vie. Ici, il n'y a plus de rochers, signe de ce qui nous retenait ; mais seulement du sable pur, qui parvient même à couvrir deux petits monticules, l'avarice et la cupidité dont il faut, en dernier lieu, se détacher. Ce jardin, uniquement fait de sable, est dit par les Japonais « sans pieds ni mains », comme celui qui, parvenant à l'Illumination se retrouve libre, détaché même de son appétit. Seul, un arbuste dans un coin représente l'arbre sous lequel mourut Bouddha.

On a le même choc silencieux et respectueux au Sambo in, au sud-est de Kyoto. Ici le jardin sec est seulement doublé du murmure d'une cascade et d'un étang qui n'ajoute que la musique de l'eau.

Tous les jardins secs ne sont pas aussi explicites que ceux-là. Reste l'un des plus énigmatiques : celui du Ryôan-ji. Il fut dessiné au XVe siècle.

Il est tellement célèbre qu'il est à peine besoin de l'évoquer. Aucune photographie ne peut rendre l'impression que suscite ce rectangle de vingt-quatre mètres sur neuf, véritable tableau abstrait, dans le cadre de ses murs chaudement patinés. Émergeant d'une mer de sable, quinze pierres, à peine bordées de mousse, sont disposées en groupe de cinq, puis deux, puis trois, deux et enfin trois, en une harmonie parfaite et avec cette particularité que, quel que soit l'angle de vue, toujours l'une des pierres demeure cachée. Seules quatorze d'entre elles sont visibles *en même temps*. La leçon est claire. On ne se rend pas propriétaire du mystère de sa vie. On ne peut prétendre dévoiler totalement l'énigme de l'être. D'où qu'on la regarde, il y aura toujours un rocher qui échappe, qui résiste à toute possession, peut-être pour aider secrètement à l'essentiel.

Qu'est-ce que tout cela ? Peut-être, après tout, n'est-ce rien ? Est-ce même un jardin ? C'est peut-être aussi davantage. Tout semble acquis. Les rochers sont là. Tout est donné mais tout reste à faire. Tout est promis mais tout reste à accomplir. Rien n'adviendra sans le silence du visiteur.

Jardin du Ryôan-ji Kyoto.

Je craignais la cérémonie du Thé. Entrer dans une maison par une ouverture de soixante-dix centimètres, à peu près, qui oblige à se plier en deux, se déchausser, se purifier, et puis rester trois heures assis sur ses talons, avec ces longs silences de décantation et ce cérémonial du feu, de l'eau, du geste, de l'éventail et des kimonos de soie... C'est très beau, mais à quoi bon ?

On n'entre pas au ciel sans se désencombrer, sans abandonner ses armes dehors. Chez l'empereur, aux jardins des villas de Shugaku, les étangs à trois étages sont artificiels ; les haies larges de sept ou huit mètres d'où émergent bouleaux, saules et pins sont inexplicables ; les sinuosités des sentiers paraissent conduire à l'inconnu. Tout est factice, tout est acquis et cependant tout demeure naturel. Un instant d'éternité : ce qu'il a fallu de labeur concentré à Rembrandt pour nous donner l'éternité du moment d'attention des chirurgiens dans *la Leçon d'anatomie* ou la gravité du *Syndic des drapiers*, ce qu'il a fallu de lutte dans la nuit au Caravage ou à La Tour pour nous introduire au secret, le jardin, la villa et les maisons japonaises le réalisent avec douceur par l'harmonie des proportions des nattes qui couvrent le sol, par le silence de l'alcôve, espace sacré de la fleur et du tableau, par la sobriété du bouquet de fleurs, par le jeu imprévu des parois coulissantes qui modifient l'espace et la lumière. Le secret est là, non dans l'effort tendu mais dans la grâce du passager. L'art des fleurs tourne à la philosophie. Dans l'alcôve, le

YVES TANGUY : *Le Rendez-vous des parallèles* (27,5 × 35,5 cm), 1935. Bâle, Kunstmuseum Emmanuel-Hoffman Stiftung.

tokonoma, renfoncement qui a presque la hauteur de la pièce elle-même, est suspendu le *kakémono*, longue bande de papier ou de soie qui contient seulement quelques lignes de peinture, un paysage à peine esquissé, quelques fleurs ou simplement la calligraphie de deux caractères... En dessous, l'*ikebana* inattendu, un objet, un seul, c'est tout. Ce n'en est que d'autant plus éternel. C'est l'accueil de l'état d'âme du moment reçu par la grâce de ce qui ne passe pas. C'est le *kimochi* impossible à définir, cet état d'âme de celui qui reçoit et ne possède pas. Dans ses villas de Katsura et Shugaku, l'empereur du Japon recevait les ambassadeurs. Elles ressemblent parfois à des petites cabanes de jardin mais avec une harmonie si gracieuse, une proportion si juste, une délicatesse si humble que celui qui arrive désarme de toute crainte. Ce sera la même musique dans les petits poèmes des *haï-ku* : un instant suggéré le plus discrètement possible et pour cela devenu éternel. Une vraie métaphysique parce que respectueuse de ce qui passe mais capable de lire la permanence de l'être dans l'enveloppe de l'éphémère. Le jardin et la maison ne sont plus ici seulement des moyens, mais la circonscription d'un espace pour que la vraie vie puisse s'y dérouler avec ses flux et reflux. Ce qui est utile dans un vase, ce n'est pas l'enveloppe mais le vide ; dans une fenêtre, ce n'est pas le cadre mais la vue. On en dirait autant de la maison des hommes. Que demande-t-on, après tout, à la « machine à habiter », sinon de créer un espace ?

Monastère du Daitoku-ji, *Jardin de pierre* du Daisen in, Kyoto.

« Une roue est faite de trente rais,
mais c'est grâce au vide central du moyeu qu'elle tourne.
Les vaisselles sont faites en argile, mais c'est leur creux qui sert.
Les trous qui sont la porte et les fenêtres
sont l'essentiel d'une maison.
C'est du non-sensible que vient l'efficace, le résultat. »

(Lao Tseu.)

« Salut, abîme bleu ! Je t'appelle Frontière,
le lieu et ce qui n'est point le lieu, région moyenne entre
le temps et ce qui n'est point le temps.
Comme le vase, comme le souffle existe par sa vacuité,
comme un luth,
Comme le moyeu de la roue,
où les joints se réunissent et par quoi la roue tourne, est vide.
C'est ainsi que toutes choses sont constituées de ton vide. »

(Paul Claudel.)

Bien sûr, ni l'aurore boréale de l'Abitibi canadien, ni les coraux du Pacifique, ni les jardins du Japon ne sont le Ciel.

Et pourtant...

L'invisible de l'éternel

A l'image du Japon tout entier, Kyoto, dont nous venons d'évoquer quelques-uns des plus beaux temples et jardins (la ville en compte plus de deux mille) n'ignore point la rumeur confuse qui encombre certaines de ses rues. Mais cet éclat tapageur est comme contenu par un centre invisible qui l'aspire ou qui le rejette à la frange la plus extérieure de son royal manteau.

Nulle part comme ici on n'a l'impression que tout mouvement s'origine à un essentiel repos et que la nature elle-même se recueille, selon le mot de Plotin, dans une muette contemplation.

Le calme prodigieux, où les choses semblent glisser comme pour s'excuser de troubler un silence primordial, renvoie à un espace d'avant le monde qui insère en chaque moment du temps l'invisible de l'éternel. Nous l'avons déjà dit, au Ryôan-ji de Kyoto, le rectangle enferme un infini. On croirait au silence d'une mer primitive, d'où émergent quelques rochers, et que sillonnent des droites, lumineuses comme des traits de lumière semés de perles précieuses. Un scintillement abstrait, une géométrie sensible au cœur qui serait la poussée d'une divine « Nature ». Un verbe qui n'est encore ni Parole proférée ni concept ; un ordre qui se fait oublier dans les mouvements virtuels qu'il esquisse et dans l'éclat d'une rectitude minérale. Qualité, mouvement, pluralité, harmonie se sont donné rendez-vous dans cette philosophie fondamentale d'un premier jardin ou d'un premier rêve qui aurait songé l'univers. Pour se maintenir en sa nature de droite, la ligne, en chacun de ses points, exige un avant et un après. Or une telle condition ne peut se vérifier que dans la fermeture du cercle dont chaque élément comporte effectivement un antécédent et un conséquent. Serait-ce donc, sous forme d'intuition, ce que nous pouvons lire dans la distribution linéaire de ce merveilleux jardin ? Où plutôt ne nous invite-t-il pas à remonter la pente de nos divisions, de nos dissociations entre l'intuition et le concept, entre l'art et la science, vers un irréel de béatitude et d'unité dont ces dualités ne seraient que les morceaux épars ou les astres errants, pour une conscience exilée qui les unit à nouveau dans les synthèses de la compassion. Ce jardin de géométrie nous détourne de la puissance et de sa liturgie, vers une liturgie plus profonde qui ignore les gloires de l'empire du désir et de sa frénésie. Peut-être, pour résumer ce qui parle dans ce jeu de droites et de courbes, faudrait-il recourir à l'expression grecque : *Kinesis akinetos*, « immobile mouvement ». Immobile, puisqu'on ne change pas de « lieu » ; mouvement puisque, sans changer et sans s'altérer, cette « nature » s'anime dans une éternelle circularité. Il est vrai que notre agitation pensante, notre co-gito, ne peut comprendre ce qui lui paraît contradictoire. Et pourtant la vie parfaite est bien là, dans cette expansion-récollection. Il est clair que ces natures japonaises, n'ont rien à voir avec le romantisme d'une nature pure, en son état de pureté originelle. Héraclite parle des « tournures du feu ». Il faudrait pousser jusqu'au bout la métaphore. Donner une tournure aux choses, c'est leur imprimer la forme de notre main. Mais ici, cette main n'est point celle de l'artisan : elle ne tient rien sous son emprise. Elle a la légèreté du souffle qui passe et disparaît, comme si la forme de l'être avait pour condition préalable l'oubli de ce passage. Sorte de fête pascale du monde qui commémore un transit, mais si ténu et si peu appuyé qu'il ne laisse sous le regard que la beauté du monde, reposée dans une pensée qui ne pèse rien et qui pèse si peu en elle-même ! S'il y a une pensée qui règne en ce milieu, c'est une pensée qui ne « cogite » pas, qui ne s'agite pas ; comme si, retournée depuis toujours en son essence, elle coïncidait avec le mystère de son origine. Une ambiance d'anonyme générosité imprègne ici toutes choses et leur donne l'allure d'une « grâce » qui ignore tout visage, mais qui n'en est pas moins « charismatique ».

Par sa modération même, cette nature « en pente douce » trace le chemin qui nous conduit vers « autre chose ». Mais alors que chez nous la cathédrale occupe le haut lieu vers lequel on monte comme pour une fête de l'exaltation, la maison ici, sans se dissimuler, ne s'impose pas en s'opposant. Elle occupe, semble-t-il, le creux ou le vide qui, au cœur de la nature, appelle, mais sans nostalgie, le surcroît qui la remplit. Le temple rappelle moins un fondement de l'existence qu'une certaine profondeur des choses. Il insère dans la dureté du réel, dans le terrible « il y a » qui nous blesse, l'assurance implicite que le destin se détend dans un sourire. Il nous offre, dans une image qui mortifie toutes les images, le Désert absolu d'une « divinité » qui efface d'elle-même le visage de ses dieux.[4]

En face de cette énigme, serait-il encore possible que la *Prâkriti*[5] de la vieille légende fasse surgir à nouveau, pour nous aussi, au soleil levant, son « premier-né » : le point d'interrogation, l'étonnement sacré qui saisira Moïse devant le Buisson ardent.

Mère Térésa à San Francisco

Au terme de cette rêverie, c'est encore aux églises et monastères que je reviens. Combien seraient à plaindre historiens ou spécialistes du Moyen Age qui n'auraient jamais connu la vie dont ils parlent que sur le papier sans avoir eu la chance de partager la vie monastique, ne serait-ce que seulement, mais vraiment, huit jours dans une abbaye. Bien sûr, cette vie a connu bien des formes diverses, heureuses ou décadentes, reste que ce fut toujours pour la nostalgie d'une « douceur partagée », pour l'*otium*, la disponibilité du cœur qui en demeurent l'ultime intention. « Il ne s'agit ni d'effort, ni de record, mais de Dieu qui s'attendrit. » La définition que saint Paul donne du christianisme aux Romains, est valable aussi bien pour la première maison chrétienne des années 200, que l'on trouve à Doura-Europos sur l'Euphrate, que pour les merveilleuses églises baroques des frères Zimmermann ou Azam en Souabe et Bavière. Il faudrait leur donner l'éminente place qu'elles méritent. Une fois oubliée la prétention d'Ottobeuron, on garde au cœur toute la grâce de Birnau, le charme de Wies, ou encore la fabuleuse intelligence théologique de Steinhausen. Où a-t-on su aussi bien dire en même temps la présence et l'absence-attente de Dieu, la Croix et la Gloire trinitaire, la convocation, pour le bonheur du Salut, de toute la terre prise entre les fleuves du paradis perdu et les sources rafraîchissantes du baptême — que dans ce petit village situé entre la Forêt-Noire et la Bavière ? Que ceux qui en douteraient relisent les deux chartes de la liturgie chrétienne, les chapitres 4 et 5 de l'Apocalypse et le chapitre 9 de l'Épître aux Hébreux. Peu de monuments auront aussi finement et pleinement proposé le mystère chrétien en rappelant l'invitation à la Gloire déjà anticipée. On soupçonne pour le moins qu'on aurait probablement du mal à si bien faire. Après tout, les plus beaux couvents de mon ordre religieux sont sans conteste ceux du temps de l'arrivée des dominicains au Mexique. Ils sont devenus musées nationaux. Comme à Colmar ou Florence. Cela vaut mieux que de terminer en hôtel de luxe comme, à Constance, l'Insel-Hôtel, ancien couvent dominicain du bienheureux Henri Suso où Hitler aimait recevoir ses généraux... Et pourtant... ce chapitre était rédigé lorsque des circonstances inattendues nous conduisirent avec un compagnon dominicain en un des plus hauts lieux de beauté, de douceur de vivre, de respect des choses et de silence de la Sicile. Les guides préviennent bien qu'il est désormais impossible de le visiter. Notre état de religieux « dominicain » nous permit de lever cet interdit. C'est en effet l'ancien couvent des dominicains de Taormine, sur les pentes abruptes d'un des plus beaux sites de la mer ionienne. Il est devenu l'hôtel San Domenico. Il nous fut donc permis, dans la douceur du couchant sicilien, de parcourir ce couvent devenu « hôtel ». Les travaux pratiques de ce que j'ai osé affirmer ici s'avérèrent dépasser en leçon de choses mes suggestions et rêves pour une architecture idéale. Cloîtres devenus oasis, couloirs silencieux, harmonie des salles et des lieux collectifs : tout y réunissait le pratique, le facile à vivre, le fonctionnel et le silence de l'âme, la justesse des proportions, la sobriété des rythmes. Tout a été gardé intact : fresques, petits oratoires, colonnades. Les moines des XVIe et XVIIe siècles ne savaient pas qu'ils avaient préparé la place à ce qui est un des hôtels les plus prestigieux et les plus pacifiés de la vieille Europe. Le contraste entre ces lieux d'origine monastique et la banalité de la chambre (« avec vue sur l'Etna ») de notre lieu de séjour, pourtant considéré comme modèle de modernité nous laissa longuement songeurs.

Après la splendeur baroque, comment revenir sur terre ? Il n'y a aucune raison de quitter les rêves, s'ils rendent meilleurs. Après les trois maisons de Greco, Rubens et Saarinnen, ce sont deux autres maisons qui m'accueillent en sortant du rêve. Elles n'ont jamais été dépassées en simplicité et pauvreté. Si, une fois : par le « cachot » — quatre mètres sur quatre pour les six membres de sa famille — où Bernadette de Lourdes vivait lors des apparitions. La municipalité avait déclaré ce lieu insalubre même pour une prison. Ce que l'on surnommait « le cachot » était tout juste bon à abriter, pour une brève durée, les émigrés qui passaient la frontière espagnole. Or c'est là que résidait celle qui fut invitée à voir la Gloire divine. La leçon dure depuis plus de cent ans.

Un autre pèlerin du Cantique des créatures et des stigmates du Glorifié peut faire avancer le rêve de tout architecte. Ce poète vagabond avait fui sa ville d'Assise. Ses concitoyens étaient mécontents de son exemple et de sa prédication, comme du Christ à Nazareth. Il s'en va et se réfugie en s'enfonçant de plus en plus loin dans la vallée du Rieti, de Greccio à Fonte Colombo. Là, il fonde le bijou absolu du couvent franciscain. Ce n'est plus l'élégance rigoureuse mais chantante du Thoronet ou d'Ajanta. C'est beaucoup plus. C'est la simplicité parfaite, dans une justesse totale. Saint Bernardin de Sienne a recréé le même miracle à Fiesole au-dessus de Florence. Là, le baptistère de Giotto, les fresques de Fra Angelico ou de Benozzo Gozzoli, les sculptures de Michel-Ange à l'Académie nous émerveillent. Mais le couvent de saint Bernardin décape, ébranle, déshabille, vous regarde avec des yeux affectueux qui revêtent le visiteur d'une parure venue d'ailleurs : celle où la Grâce a rejoint la détresse. Est-ce surpassable ici-bas ?

Peut-être. Dans le film reportage tourné en direct par deux Américaines sur mère Térésa au long de cinq années de vie commune avec elle, le moment le plus émouvant est, bien sûr, cet instant où mère Térésa, à l'hôpital de Beyrouth, tient dans ses bras un enfant handicapé : sous les bombardements, les infirmières avaient abandonné ces enfants... inutiles. Peut-être serait-ce, pour le XXe siècle, la seule photo à garder ? Avec celle de Walesa se confessant derrière les grilles de l'usine de Gdansk, pendant que les ouvriers polonais en grève font la preuve que la non-violence est plus forte que l'idéologie des colosses marxistes. Et aussi la photo de Sadate lisant un psaume à la Knesseth de Jérusalem.

A un autre moment, le film sur mère Térésa fait surgir une question, induit un choc pour tous les architectes présents et futurs. Invitée à fonder une maison des sœurs de la Charité à San Francisco, on voit mère Térésa découvrir les corridors, les escaliers, les pièces et les salles de cette maison destinée à accueillir les plus déshérités. L'archevêque a, bien entendu, souhaité tout faire au mieux. La maison est simple, fonctionnelle, discrète, mais à l'américaine. Mère Térésa arrive. Elle découvre les moquettes : « inutiles ». Elle voit les bancs dans la chapelle : « inutiles ». Le piano dans la salle commune : « inutile ». Et sans bruit, sans élever la voix, sous les yeux du délégué de l'archevéché, elle se met elle-même, avec ses compagnes, à déménager le piano, à enlever les moquettes, à faire partir les bancs de la chapelle. Alors le film montre le visage du vicaire épiscopal. Il n'est pas ahuri. Il a compris. Un sourire, sans commentaire ni raideur, ni protestation. Et le spectateur, à son tour, comprend lui aussi lorsque la caméra montre ce que sont devenus chapelle, réfectoire et corridors après avoir été simplifiés par mère Térésa : plus beaux et dignes qu'avant. Une âme a de nouveau précédé le rêve.

« Ton Architecte t'épousera. »

DEUXIÈME PARTIE

UNE QUATRIÈME DIMENSION

CHAPITRE 25

En temps de détresse

Un peintre entra un soir dans une auberge pour y passer la nuit ; après le souper, juste avant de s'endormir, il peignit un chat au bas d'un *fusuma* (paroi mobile qui cache le placard dans une chambre japonaise). Pendant la nuit un grand bruit de poursuite éclata. A l'aube le peintre partit et, quand l'aubergiste entra dans la chambre, le chat peint la veille au soir sur le *fusuma* avait disparu mais, tout près de là, deux souris gisaient mortes sur le *tatami*.

On ne peut mieux signifier que par cet apologue japonais comment la poésie entraîne plus loin que les jeux du langage ou la seule recherche de correspondances et d'analogies, même universelles, par exemple entre mains, masques et maisons. Bien sûr, c'est déjà beaucoup de donner à voir, à entendre, de trouver les clefs de l'univers, de découvrir par exemple que, sans se connaître, les Mayas de Palenque, les habitants de Thèbes, les Polynésiens de Mooréa et les chrétiens de Doura-Europos avaient la même appréhension de l'espace et de la lumière pour leurs assemblées de prière. Et après ? Une fois là, on reste encore emprisonné dans un super-musée. On aboutit aux élégances de la Collection de Ménil de Houston ou, au mieux, au Musée imaginaire de Malraux, exposé à la Fondation Maeght. Les collections de Ménil avaient choisi un très beau titre lorsqu'elles furent présentées à Paris : « La rime et la raison ». La figure d'un ancêtre nigérien du peuple Nta rejoignait *la Couronne* d'Yves Klein ; une effigie des îles Marquises servait de contrepoint à *la Fin des contemplations* de Magritte et, pour finir, une idole canonique des Cyclades, 2 700 ans avant Jésus-Christ, illustrait un aphorisme de Max Ernst et une gouache de Cézanne. La question demeure : *Et après ?* On a élargi le champ du voyeurisme. A-t-on vu pour cela quelque chose de plus ? Certes nous cherchons tous inlassablement les clefs de l'univers mais non pas pour aboutir seulement à être repus, satisfaits... ou désespérés de n'avoir qu'une « explication » de plus.

Idole des Cyclades, marbre, vers 3 000 av. J.-C., Berne, collection Abegg Stiftung.

La poésie ne s'arrête pas là. Elle fait entrer dans une quatrième dimension : celle qui prétend franchir le seuil de la mort. Cinquante ans

VINCENT VAN GOGH : *Souliers aux lacets* (95 × 115 cm), 1886. Amsterdam, Rijksmuseum Vincent Van Gogh.

avant Rimbaud, cent ans avant Rilke, Hölderlin puis Novalis, Brentano, Nerval, Baudelaire ou Lautréamont n'ont pas chanté la nuit et leur désespoir pour le plaisir des plumitifs ou des esthètes. Ils ont demandé à la mort elle-même de les conduire au-delà. Ils ont vu la nuit du monde et compris qu'elle restait à penser comme un destin qui advient en deçà du pessimisme et de l'optimisme. Si la mort seule demeure à l'horizon, n'y a-t-il alors de solution que de l'anticiper par le suicide ?

Les philosophes essayent d'y échapper en « interprétant » et analysant : c'est « l'herméneutique » : on déchiffre (mais réduit en même temps) le cri des poètes. Il n'empêche qu'au petit matin, le chat s'en est allé et que les souris restent bien mortes sur le plancher.

Baudelaire l'a dit une fois pour toutes. La quête du sens est insatiable. Elle pousse toujours plus loin. On est dans le noir et on cherche.

« Toute ma vie est comme la marche d'un pauvre homme perdu dans la forêt. Une forêt dangereuse. L'homme est là entouré de tous les périls. Il est perdu. Et puis voilà qu'un jour, loin, loin, à travers les troncs des arbres, une lumière s'allume. Dans quelque cabane de garde-forestier, le garde est rentré, il allume sa lampe. "Ah, dit l'homme perdu, me voilà sauvé." Il sait où aller. Tout est sauvé : il marche [...] Puis, voilà qu'après quelques instants, le garde sans doute s'est mis au lit et il a soufflé sa lampe [...] Le diable a tout éteint au carreau de l'auberge. Et de nouveau toute espérance est perdue. »

Il faut reprendre la recherche d'une auberge ou plutôt de celui qui, habitant l'auberge, pourrait aider à retrouver souffle. Heidegger et Malraux sont probablement ceux qui ont le mieux vu le piège de l'assoupissement esthétique et refusé avec le plus d'acharnement que la poésie reste un jeu de l'esprit.

Le défaut de Dieu

L'homme est perdu dans le bois. Il suit un sentier « qui ne mène nulle part » (*Holzwege* : des chemins de bois) sinon, de temps en temps, à une clairière. Comme à Tahiti, pour trouver le *marae* polynésien, il faut quitter la plage et s'enfoncer dans la direction du volcan. La végétation tropicale, la jungle cachent de plus en plus le soleil. Le chemin est de moins en moins tracé, et lorsqu'on débouche enfin sur une clairière, c'est l'espace sacré : le *marae*. Alors la lumière devrait revenir, mais cette fois c'est le ciel des tropiques qui s'est alourdi. On ne voit même plus le volcan. La brume recouvre tout. Restent les statues et masques des « Tikis » (dieux-protecteurs) qui désignent notre place sur l'aire sacrée. Quelqu'un viendra-t-il pour offrir la victime ?

JACKSON POLLOCK : *Silver over black, white, yellow and red*, émail sur papier marouflé sur toile (61 × 81 cm), 1948. Paris, Musée national d'art moderne, centre Georges-Pompidou.

Heidegger reprend la question posée, avant Baudelaire, au début du XIXe siècle par Hölderlin : *Et pourquoi des poètes en temps de détresse ?* Il répond :

« Avec la venue et la mort du Christ a commencé la fin du Jour des dieux. C'est la tombée du Soir. Depuis que les "trois dieux fraternels", Héraclès, Dionysos et le Christ, ont quitté le monde, le soir de cet âge décline vers sa nuit. La nuit du monde étend ses ténèbres. Désormais l'époque est déterminée par l'éloignement du dieu, par le défaut de Dieu. Le défaut de Dieu signifie qu'aucun dieu ne rassemble plus visiblement et clairement les hommes et les choses sur soi, ordonnant ainsi, à partir d'un tel rassemblement, l'histoire du monde et le séjour humain dans cette histoire. Non seulement les dieux et le Dieu se sont enfuis, mais la splendeur de la divinité s'est éteinte dans l'histoire du monde. "Long est le temps de détresse de la nuit du monde." Alors, l'époque indigente ne ressent même plus son indigence. Cette incapacité, par laquelle l'indigence même de la détresse tombe dans l'oubli, voilà bien la détresse elle-même de notre temps. Au poète, se décèlent les signes que l'abîme retient. Ces signes sont, pour le poète, les traces des dieux enfuis. Les poètes sont ceux des mortels qui, chantant gravement, ressentent la trace des dieux enfuis, restent sur cette trace, et tracent ainsi aux mortels, leurs frères, le chemin du revirement. L'époque est indigente non seulement parce que Dieu est mort, mais encore parce que les mortels connaissent à peine leur être mortel, et qu'ils en sont à peine capables »[6].

FRANCIS BACON : *Trois études pour la base d'une crucifixion* (chaque panneau 94 × 74 cm), vers 1944. Londres, Tate Gallery.

Hölderlin meurt interné ; Nicolas de Staël se suicide ; Arschile Gorky se suicide ; Mark Rothko se suicide ; Mark Tobey se suicide ; René Char se condamne à la réclusion ; Éluard interroge :

« Mais le drame, où est-il ? Sinon chez les poètes. La poésie est un combat. Les véritables poètes n'ont jamais cru que la poésie leur appartînt en propre. Sur les lèvres des hommes les mots, les chants, les cris se succèdent sans fin, se croisent, se heurtent, se confondent. Les mots disent le monde et les mots disent l'homme, ce que l'homme voit et ressent, ce qui existe, ce qui a existé, l'antiquité du temps et le passé et le futur de l'âge et du moment, la volonté, l'involontaire, la crainte et le désir de ce qui n'existe pas, de ce qui va exister. Les mots détruisent, les mots prédisent, enchaînés et sans suite, rien ne sert de les nier. Il nous faut peu de mots pour exprimer l'essentiel, il nous faut tous les mots pour le rendre réel. Rien de plus affreux que le langage poétisé, que des mots trop jolis gracieusement liés à d'autres perles. La poésie véritable s'accommode de nudités crues, de planches qui ne sont pas de salut, de larmes qui ne sont pas irisées. Elle sait qu'il y a des déserts de sable et des déserts de boue, des parquets cirés, des chevelures décoiffées, des mains rugueuses, des victimes puantes, des héros misérables, des fleurs dans l'herbe, des fleurs sur les tombes. Car la poésie est dans la vie. » (Paul Éluard, *Les Sentiers et les Routes de la poésie*.)

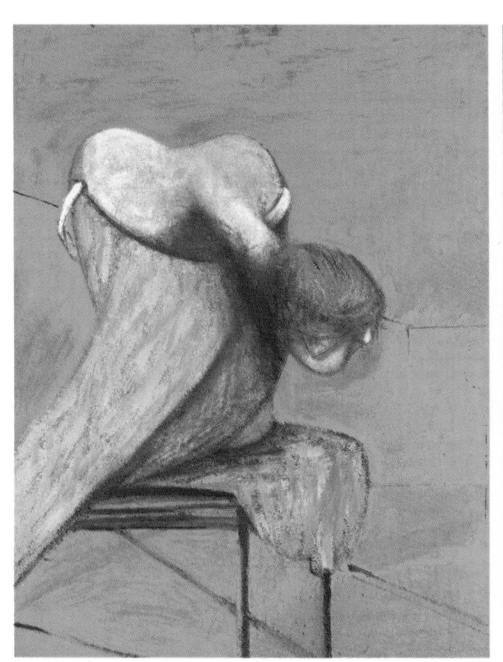

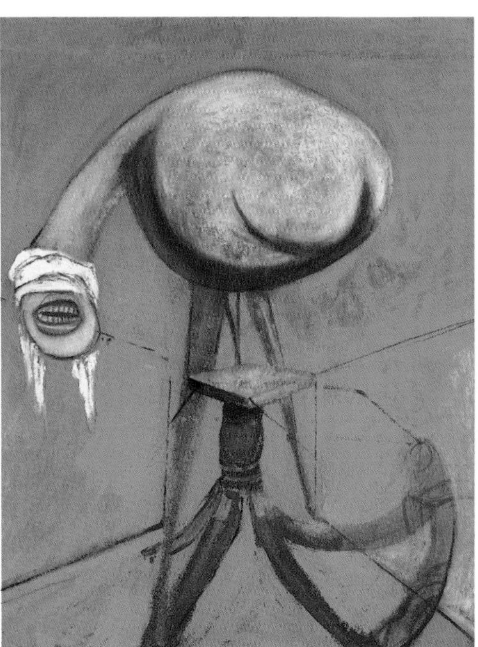

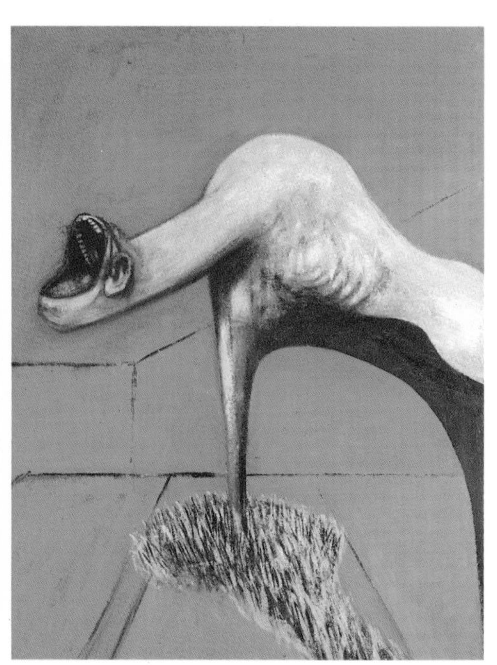

Ce n'est peut-être pas pour rien que toute la Bible, d'Abraham à l'Apocalypse, a utilisé un langage « poétique ». Qui saura dénouer nos liens ? Et si la poésie avait, plus qu'on ne le pense, affaire avec la foi en aidant à sonder la quatrième dimension de notre vie ?

ЗА
ТМЕНІЕ
СКАКОВОЕ
ОБЩЕСТВО
ЧАС
ТИЧ
НОЕ

Ne pas se tromper de taxi

CASIMIR MALEVITCH : *Un anglais à Moscou* (88 × 57 cm), 1913-1914. Amsterdam, Stedelijk Museum.

Il y avait ce marin qui, soucieux de ne pouvoir se faire entendre du chauffeur de taxi, ni en japonais ni en anglais, alors qu'il demandait à être conduit à Yokohama, le port de Tokyo, eut l'idée géniale de dessiner un bateau. « *Wakarimas !* » s'écrie le chauffeur avec un sourire : « Je comprends »... Le taxi se lance alors dans une course folle à travers les gigantesques dédales anonymes du grand Tokyo. À l'heure où le marin aurait dû embarquer, le port n'était toujours pas en vue. En revanche, le chauffeur de taxi, très souriant, l'avait mené à quarante-cinq minutes du centre de la ville, devant un cabaret *à l'enseigne d'un bateau.*

C'est ce qu'il risque d'arriver à qui veut « expliquer » ou s'expliquer sur la poésie. On conduit au cabaret au lieu d'aboutir au port et au navire pour prendre la mer. Comment expliquer ce qui est inexplicable : la poésie ? Sinon comme le fait l'Évangile, lorsqu'il veut mettre en présence du mystère : il s'efface derrière une parabole. Il y a, entre le poète et nous, la même différence qu'entre le marin et le chauffeur de taxi. Terminer au cabaret menace essayiste, philosophe, professeur ou journaliste. A quoi aboutissent nos livres, nos articles et dissertations sur « la fable mystique », l'herméneutique, la catéchèse ou l'exégèse ? Au bar ou au port ? Manquerait-on d'humour pour admettre la question ?

Supposons que la Bible n'existe pas

Dire de quelqu'un qu'il est poète ou artiste, c'est comme parler d'un mystique. Au mieux il s'agit d'un charisme, au pire d'une maladie, en espérant qu'elle ne sera pas contagieuse. Tant qu'il ne fait pas de mal, le poète n'est pas dangereux. S'il fait du bien, tant mieux pour lui. Mais la quatrième dimension est toujours périlleuse. L'émoi n'a pas fini de remuer les chercheurs. Le père Duployé en méditant sur « rhétorique et parole de Dieu » c'est-à-dire sur l'usage des mots pour révéler Dieu, aimait le rappeler.

« Un apologue que, seul, Chesterton eût été capable d'écrire, nous fait réaliser le caractère incroyablement insolite du texte biblique. Supposons que ce livre que nous appelons la Bible n'existe pas et que les grandes confessions chrétiennes se réunissent en Suisse (terre traditionnelle de la philanthropie et de ces sortes d'entreprises) pour constituer une société biblique d'avant la lettre. Leurs représentants sont unanimes (dans cette hypothèse) à déplorer l'absence d'un livre qui serait, pour le christianisme dans le monde, l'équivalent de ce qu'est le Coran pour le monde musulman, *le Capital* pour les marxistes, un livre où serait présentée à la fois la cosmogonie, l'histoire du peuple élu, l'incarnation, l'histoire de l'Église naissante... Nos hommes montent une société, trouvent des capitaux (très important, pour ne pas dire indispensable) et réunissent dans une abbaye, une sorte de Pontigny idéal (au bord du lac Léman de préférence), pendant plusieurs années, un groupe choisi d'autorités complémentaires : des historiens, des universitaires catholiques, des pasteurs, des théologiens de toute robe, des dames de la Ligue, un ou deux artistes, dûment patentés par une commission diocésaine d'Art sacré, quelques bonnes plumes comme celle de M. Daniel-Rops. L'équipe se met au travail, et plusieurs années après, produit la Bible dans sa teneur actuelle. Est-il interdit de penser que l'accueil qui serait fait à ce « Livre » serait plutôt froid dans les différentes églises ? »

Les poètes savent bien l'accueil qu'on risque de leur faire dans toutes les églises, qu'elles soient religieuses, universitaires, professionnelles ou culturelles. Pierre Emmanuel n'a jamais osé écrire un seul texte pour la prière de l'Église. Respect du Verbe, certainement, mais aussi crainte des autorités liturgiques. Pourtant, il admirait le sens poétique et les trouvailles de génie des catéchismes du Curé d'Ars et il souffrait de notre habileté à dénaturer la poésie, à énucléer le sens de la vie, du concret, du réel par nos abstractions, nos précautions, nos hésitations à appeler les choses par leur nom. Il nous a mis en garde : « Analyser intellectuellement un symbole c'est peler un oignon pour trouver un oignon. »

Recharger le langage

Comment renoncer à trouver l'oignon en pelant l'oignon ? En 1959, Paul Ricœur écrivait sous le titre : *Le symbole donne à penser*. Le souci était vaste : restaurer un langage intégral et pour cela retrouver la naïveté d'un saint François d'Assise qui serait cependant *passé* par la psychanalyse et toutes les sciences du décryptage.

« Si nous soulevons le problème du symbole maintenant, à cette période de l'histoire, c'est en liaison avec certains traits de notre "modernité", et comme une riposte à cette "modernité" même. Le moment historique est celui de l'oubli et aussi celui de la restauration. C'est l'obscure reconnaissance de cet oubli qui nous aiguillonne à restaurer le langage intégral. C'est à l'époque même où notre langage se fait plus précis, plus technique, c'est à cette même époque du discours que nous voulons recharger notre langage. Car nous sommes, nous modernes, les hommes de la philologie, de l'exégèse, de la phénoménologie de la religion, de la psychanalyse du langage. Ainsi c'est la même époque qui développe la possibilité de vider le langage et celle de le remplir à nouveau. Ce n'est donc pas le regret des Atlandides effondrées qui nous anime, mais l'espoir d'une recréation du langage ; nous voulons à nouveau être interrogés. "Le symbole donne à penser" : cette sentence qui m'enchante dit deux choses ; le symbole donne : je ne pose pas le sens, c'est lui qui me donne le sens des choses ; — mais ce qu'il donne, c'est à penser, de quoi penser. Le symbole est donnant ; il donne le sens en énigme et non par traduction. "Symbole" au sens radical de significations analogiques spontanément formées et données ; ainsi le sens de l'eau comme menace dans le déluge et comme purification dans le baptême. En ce sens le symbole est plus radical que le mythe. Prenons par exemple le symbole du ciel ; comprendre ce symbole, c'est éprouver son caractère inépuisable ; c'est le même ciel qui est transcendance de l'immense, indication de l'ordre et d'un ordre lui-même à la fois cosmologique, éthique et politique. Il y a une deuxième compréhension qui consiste à comprendre un symbole par un autre symbole. Une troisième : on comprendra un symbole par un rite et un mythe, c'est-à-dire par les autres manifestations du sacré ; ainsi l'eau s'éclaire par les symbolismes de l'immersion, qui est à la fois une menace et la promesse d'une renaissance. On montrera encore — et ce sera une quatrième façon de comprendre — comment le même symbole unifie plusieurs niveaux d'expérience et de représentations : l'extérieur et l'intérieur, le vital et le spéculatif, ainsi les grands symboles de la végétation ont fourni à la fois une schématisation de l'expérience du mourir et du renaître.

« A l'époque de l'oubli du sacré, nous voulons à nouveau être interpellés. Est-ce à dire que nous puissions revenir à la première naïveté ? Non point. De toute manière quelque chose est perdu, irrémédiablement perdu : l'immédiateté de la croyance. Mais si nous ne pouvons plus vivre selon la croyance originaire, les grands symbolismes du ciel, de la végétation, de l'eau, des pierres, de la lune, nous pouvons, nous modernes, dans et par l'analyse critique, tendre vers une seconde naïveté. Car nous sommes les enfants de la critique — de la philologie, de l'exégèse, de la psychanalyse — mais nous entrevoyons maintenant une critique qui serait restauratrice et non réductrice. On peut énoncer brutalement ce cercle : "Il faut comprendre pour croire mais il faut croire pour comprendre." Ce cercle n'est pas un cercle vicieux, encore moins mortel : c'est un cercle bien vivant et stimulant. Il faut croire pour comprendre.

« Nous voici donc en proie aux symboles et aux poètes. Que faire à partir de là ? Une chose essentielle dont on est responsable dans l'autonomie de sa pensée : se servir du symbole comme d'un détecteur de réalité. Tout symbole en effet est finalement une manifestation du lien de l'homme au Sacré. Répétons la sentence d'Héraclite l'Obscur : "Le roi dont l'oracle est à Delphes ne parle pas, ne dissimule pas, il fait signe" »[7].

Philosophe, théologien, professeur, journaliste, écrivain sont donc investis d'une redoutable responsabilité ! Selon leur interprétation, selon leur regard, selon leur expérience ils conduiront au bar ou au port... Il s'agit de ne pas se tromper de taxi.

CHAPITRE 27

Il est risqué de devenir amoureux

Lorsqu'on lui demandait pourquoi il écrivait sa musique, Mozart aimait répondre : « Je cherche deux notes qui s'aiment. » Deux notes ? But et enjeu de la poésie sont là : que les notes puissent s'aimer. Le sens de la vie est-il une chose de plus, un livre, une « parole », un projet, de plus, fussent-ils spirituels, ou une Personne à rencontrer ? Deux notes qui se cherchent pour s'aimer : le Christ et l'humanité.

Il y avait une fois neuf étoiles qui étaient venues sur la terre pour faire la connaissance des hommes. Elles se promenèrent, regardèrent, contemplèrent, comprirent un peu de tout ce qui se passait sur la Terre. Puis elles remontèrent vers le Ciel. Mais l'une d'elles perdit son chemin et s'égara parmi tout ce qui a vie sur la Terre. De temps en temps, elle appelle les huit autres étoiles. Cet appel, c'est la musique.

Le problème de Mozart demeure : comment entendre l'autre note ? Il y faut ce que le philosophe Ricœur reconnaît : la volonté de retrouver une certaine naïveté, une naïveté seconde, celle de la fiancée dont parle Kierkegaard. Celle d'un François d'Assise, qui serait « passé » par la psychanalyse, l'exégèse et les « sciences de l'homme »... pour revenir au regard du centurion de l'Évangile.

Lorsqu'il était docker à Marseille, prêtre ouvrier, le père Loew avait remarqué que dans toute vie d'homme il y a un moment privilégié pour entrer dans la recherche du « sens » de la vie, ne serait-ce qu'en balbutiant. C'est le moment où un homme devenu amoureux va se fiancer. Même celui qui se croit le plus éloigné de toute foi se découvre alors fait pour « quelque chose d'autre ». Invité à l'attention, il est, d'une certaine manière, invité de l'intérieur d'un amour, à quelque chose qu'il reçoit et ne fabrique pas seulement. Une réalité autre que le seul appétit est entrée dans la vie et en modifie les coordonnées. Un ébranlement est survenu. Pour Kierkegaard, c'est l'état en lequel se trouve tout lecteur de la Bible :

« Comme un fiancé qui aurait reçu une lettre de sa belle. Mais la lettre se trouve écrite en une langue étrangère et le fiancé ne la comprend pas immédiatement. Alors il s'arme d'un dictionnaire, de grammaires, de vocabulaires, il suit des cours bibliques pour essayer de déchiffrer la lettre qu'il a reçue. Au fort de ce travail, survient un ami qui a été informé de l'arrivée de la missive : "Tiens, tu lis la lettre que tu as reçue de ta belle ?" — "Non mon ami, répond le fiancé, je transpire à traduire ces lignes au dictionnaire et parfois je suis à bout de patience, et c'est ce que tu appelles lire une lettre de fiancée ?" Ainsi, devant la lettre de la bien-aimée, le fiancé distingue deux sortes de lectures : il y a la lecture du dictionnaire et puis, la lecture proprement dite : il achève sa traduction, et c'est alors, alors seulement qu'il lit vraiment les pages de sa fiancée. Ainsi, conclut Kierkegaard, de toi en face de la Bible. Quand tu t'y plonges en savant, ne rabaisse pas et ne diminue pas la science, loin de là, armé de dictionnaires et de commentaires. Sache cependant que tu ne lis pas encore vraiment la Parole de Dieu. Rappelle-toi le mot du fiancé : "Ce n'est pas là lire une lettre d'amour." Si tu es savant, prends garde de ne pas oublier. Si tu ne l'es pas, réjouis-toi de pouvoir d'emblée lire la Parole de Dieu. »

Depuis cent ans, l'univers catholique a redécouvert la Bible. On a la chance de cours bibliques, de recyclages, de dictionnaires. Cela suffit-il ? Au-delà des dictionnaires, il s'agit de retrouver la naïveté du fiancé, naïveté seconde, la naïveté première est désormais impossible. On ne peut pas mettre entre parenthèses tous les commentateurs qui ont écrit depuis Moïse, Isaïe, saint Luc et saint Paul.

On ne peut tout simplement plus être contemporain des apôtres, de Moïse ou du Christ, pas plus que de Giotto, Michel-Ange, Mozart ou Rimbaud pour les interroger.

« Il a écrit cela, Moïse, et il est parti. Maintenant il n'est plus devant moi. Car s'il y était, je le tiendrais, je lui demanderais, je le supplierais qu'il me développe cela, j'offrirais l'oreille de mon corps aux sons sortant de sa bouche. »

Ainsi s'écrie saint Augustin dans *les Confessions*. On est en face de la Bible et des poètes, irrémédiablement, comme le fiancé éloigné de sa belle. Et pourtant il tient bien dans ses mains la lettre de sa belle.

« L'amante qui attend pour demain le retour de l'aimé n'écrit pas ; mais s'il n'est revenu ni le lendemain, ni les jours suivants, la première lettre marque la première inquiétude, la première angoisse. C'est là sans doute ce que fut pour les hommes de cette époque le premier Évangile écrit : une lettre au cours de la séparation, le signe d'un rendez-vous remis. » (Dimitri Merejkovsky.) L'existence même du livre révèle l'absence de son auteur. Le livre ne répond pas ! Bien plus, avec l'Écriture Sainte, nous avons même affaire avec des disparus, pire, uniquement avec des messagers qui ne s'adressent pas directement à nous, mais à des communautés qui ne sont plus là non plus. Et non seulement les auteurs ont disparu, mais leur monde a lui aussi disparu. La compréhension du texte n'est ainsi plus portée ni par l'auteur ni par la situation de vie dans laquelle le texte a été produit. Ne serons-nous donc jamais les contemporains de Jésus, de Paul, de Pierre ? Ne serons-nous donc plus jamais des auditeurs naïfs ? Il faut assurément faire notre deuil de la naïveté première, celle d'un François d'Assise, d'un Ignace de Loyola ou même d'un père de Foucauld.

Si le sens de l'univers est une lettre d'amour, comment se dispenser de la naïveté du fiancé et donc du risque auquel cette naïveté ouvre toujours : la blessure de l'amour. Autrement, restent la révolte, ou l'anesthésie de l'érudition.

Les aubes peuvent être navrantes

Comment une lettre d'amour ne serait-elle pas redoutable ? « J'ai trop pleuré. O que ma quille éclate », dit Rimbaud sur son *Bateau ivre.*

« J'étais insoucieux de tous les équipages...
Je sais les cieux crevant en éclairs, et les trombes
et les ressacs et les courants : je sais le soir...
Or moi, bateau perdu sous les cheveux des anses,
Jeté par l'ouragan dans l'éther sans oiseau,
J'ai vu des archipels sidéraux ! et des îles
Dont les cieux délirants sont ouverts au vogueur :
— Est-ce en ces nuits sans fond que tu dors et t'exiles ?
Mais, vrai, j'ai trop pleuré ! Les aubes sont navrantes.
Toute lune est atroce et tout soleil amer :
O que ma quille éclate ! O que j'aille à la mer ! »

Peut-on vraiment lire la Bible sans pleurer ?

CHAPITRE 28

Sauve qui peut ?

Tout commence et recommence toujours par les poètes. Avant que les philosophes ne s'interrogent sur le sens de la destinée il fallait que des hommes aient donné chair et corps à cette destinée. Avant même que les premiers philosophes se demandent comment tout était un et comment cependant tout changeait, il fallait que les poètes aient exploré les points cardinaux de l'existence humaine : et les fêtes et les saisons, et le travail et la mort, et la naissance et le printemps, et l'amitié et le couple, et l'enfant et la vieillesse... Avant Parménide et Héraclite, il avait fallu Homère et Hésiode. Alors Socrate pouvait en un troisième temps mettre de l'ordre dans nos pensées, ne fût-ce qu'en interrogeant. Le cycle n'était pas arrêté. Après Socrate, Platon revient à la poésie, aux mythes et aux symboles. Aristote peut ensuite affiner l'analyse et reprendre la synthèse. Ainsi de chaque époque : on ne se dispensera jamais des poètes. Dans le tableau qui, durant les années 1960, passa pour le plus cher ou le plus vénérable du monde, *l'Aristote* de Rembrandt au Metropolitan de New York, le prince de toute l'histoire de la philosophie, s'appuie sur un buste. Normalement on s'attendrait à ce qu'il trouve assurance grâce au père de la philosophie : Socrate. Or ce n'est pas sur Socrate qu'Aristote prend soutien mais sur le père de la poésie : Homère. C'est bien à la poésie que le philosophe se réfère. Mais Aristote ne s'arrête pas à Homère, il regarde au loin, plus loin, beaucoup plus loin...

EDVARD MUNCH : *Puberté* (151,5 × 110 cm), 1895. Oslo, Nasjonalgalleriet.

Aujourd'hui où sont nos poètes ? La langue de bois a tout envahi. Il suffit de relire les textes les mieux intentionnés, par exemple ceux de l'Assemblée de Lourdes sur ce qui devrait être par excellence attrayant, frémissant, séduisant : le renouvellement du catéchisme ou le besoin de communiquer la foi. Être contagieux, ouvrir l'esprit au secret, cela devrait être le lieu même des poètes. Or, que lit-on : « Un projet émanant d'une région, qui est mûri collectivement, se propose de gérer le double volet de la situation : rupture et charnière [...]. Cette charnière nous laisse devant une chute à pic [mais] la région s'attelle aux documents [...].

L'équipe pourra alors être irriguée par toutes les autres. [C'est] qu'on aura voulu mieux saisir l'horizon, horizon qui permet de discerner les enjeux », etc. Je ne sais si nous nous entendons. Ce n'est plus le chrétien « adulte » ou « responsable » des années 1960, ce sont les « cheminements qui interpellent » et « débouchent dans une pastorale d'ensemble adaptée à tel "milieu" ». Alors on se « sensibilise pour recueillir ce qui remonte de la base » afin d'entendre « l'appel des signes du temps », on reste « branché en équipe » pour « coller au concret », grâce aux « grilles qui nous aident à repérer les ouvertures au niveau où se posent les vrais problèmes ». Bien sûr, « la session était épatante car animée par un type drôlement ouvert ». Restera à « coordonner et intégrer les pistes de réflexion dans le plan de Dieu qui prend en charge une pastorale à la fois missionnaire, adaptée et traditionnelle », sans oublier d'être « présent au monde avec un regard de foi », pour « rencontrer le Seigneur à travers ses frères et dans l'événement ».

Dans son *Journal*, Julien Green relevait, il y a quinze ans : « Une définition de l'Eucharistie par un théologien d'aujourd'hui, et qui m'est communiquée par un professeur : "C'est un face à face avec un déjà-là, se référant possiblement à un passé non passéiste". » Green conclut : « Comprenne qui pourra, et sauve qui peut ! »

Le langage de l'Évangile disait : le semeur sort jeter sa semence, la femme cherche sa pièce de monnaie, le berger s'épuise après la brebis perdue.

Il vola la famine et s'en fit une assiette

Comment n'aurait-on pas soif d'autre chose que de « volets qui se gèrent », de « charnières qui tombent à pic », d'« horizons qui discernent des enjeux »... Où sont les poètes ? A l'Institut ? A la télévision ? A l'Université ? René Char en est réduit à voler la famine pour s'en faire une assiette...

« Nous savons que le monde est en effet un texte et qu'il nous parle, humblement et joyeusement, de sa propre absence, mais aussi de la présence éternelle de quelqu'un d'autre, à savoir son Créateur. » (Paul Claudel.)

« Tout porte à croire qu'il existe un certain point de l'esprit où la vie et la mort, le réel et l'imaginaire, le passé et le futur, le commensurable et l'incommensurable, le haut et le bas, cessent d'être perçus contradictoirement. C'est en vain qu'on chercherait à l'activité surréaliste un autre mobile que l'espoir de détermination sur ce point. » *(Deuxième Manifeste surréaliste.)*

Quand la poésie ne sert qu'à plaire

Le « poétique » est revenu à la mode. Paradoxe : les discours qui en dissertent sont parfois étrangement vides de poésie. Les chrétiens l'estiment chez les autres : Tagore, Ramakrishna ou Maître Dogen. Malgré les trésors de leur patrimoine, ne reste-t-elle pas encore bien absente de leurs textes ? L'utilisation des paraboles serait-elle bonne seulement pour la « spiritualité », sous-entendu pour les esprits de seconde zone qui ne pourraient avoir accès à l'étude, à la philosophie ou à l'érudition ? Ricœur a vu juste lorsqu'il y reconnaît un « détecteur de réalité ». Qui dira mieux que la chrysalide ou l'embryon pour signifier l'énigme de la mort et de la survie ? Rilke, Desnos et Ganzo avaient prévu la mort du poète.

« Ils pensent que la poésie ne sert qu'à plaire, qu'elle a une fonction purement décorative, il m'est apparu que la métaphore [nous dirions volontiers ici : la parabole], était un phénomène beaucoup plus important : quelque chose comme une déviance créatrice de langage qui lui fait dire plus qu'il ne dit d'ordinaire. La fonction de la poésie est donc de faire venir au langage des aspects de notre manière de vivre, d'habiter le monde, d'avoir commerce avec des êtres qui resteraient muets sans elle. Faculté singulière qu'a le langage d'aller au-delà de lui-même. La poésie est un détecteur d'expériences rares. Cette capacité de faire travailler

CARL SPITZWEG : *Le pauvre poète* (36,2 × 44,6 cm), 1839. Munich, Neue Pinakothek.

ensemble deux significations usuellement étrangères l'une à l'autre, d'apercevoir leur similitude, d'en avoir l'intuition. On ne s'y engage pas sans risque. La métaphore contraint à penser plus. » (Paul Ricœur.)

Un langage universel

Un chrétien découvre inévitablement que poésie et parabole sont le langage privilégié de l'Évangile et de l'Incarnation.

La poésie dit le concret mais elle le dit en renvoyant à autre chose qu'elle-même, dans l'hommage à un dépassement.

Elle est fraternelle. Elle peut être comprise par tous. Si les cultures risquent de s'opposer en dialectique, politique ou philosophique, elles désarment par la poésie et la parabole, introductrices au silence et dévoilement d'un « ailleurs ».

Chacun peut y lire à sa mesure en se sentant respecté et, en même temps, surélevé dans sa compréhension, ex-haussé.

Riche de plusieurs dérivés, de multiples compréhensions, de plusieurs « pointes », la parabole évangélique demeure sobre, non racoleuse bien qu'inépuisable.

Elle conduit à la naïveté du cœur pour être entendue. Elle ne suppose pas qu'on a déjà le cœur pur. Elle le purifie avec douceur, séduction et suspense. On ne sait pas comment l'histoire des ouvriers de la onzième heure va se terminer.

Elle retourne l'évidence en question ou l'obscurité en certitude. Elle prend à un piège heureux. « Écoute mon silence avec ta bouche », murmure-t-elle en s'effaçant devant ce qui la dépasse. Elle empêche d'en rester à une conception instrumentale du langage. Elle est réinterprétation créatrice d'un au-delà car elle n'en reste pas aux limites d'une écriture. L'affirmation périodiquement répétée par certains de l'impossibilité d'un langage universel est insultante. Si le savoir se réduit à certains concepts, peut-être. Mais si la régulation de la pensée est aussi et d'abord l'événement de la venue et de l'Incarnation de Dieu et sa référence eucharistique et mystique, le langage évangélique de la poésie et la parabole rendent possible cette universalité — aujourd'hui comme hier — lorsque la communauté entend le texte dont le référent est une Personne : le Christ (et non seulement un livre, une parole, un écrit ou des concepts). L'exigence d'universalité maintient dans l'humilité. Ce n'est pas si négligeable. Alors des langages neufs peuvent naître. L'expérience prouve qu'on peut s'entendre bien au-delà des limites qu'on redoutait quand on limitait le champ de la réflexion aux seules abstractions ou au jargon de la tribu.

« La poésie
est le témoignage d'une nature exilée dans l'imparfait
et qui voudrait s'emparer immédiatement sur cette terre même
d'un paradis révélé. »

(Baudelaire.)

« Les mélodies que l'on entend sont douces
mais celles que l'on n'entend pas
Sont plus douces encore : aussi, tendres pipeaux, jouez toujours
Modulez pour l'esprit des chants silencieux... »

(John Keats.)

« Ton amour est comme le puits
On n'en tire l'eau qu'avec peine
Le mien est comme la fontaine
L'eau d'elle-même en jaillit. »

(Federico Garcia Lorca.)

CHAPITRE 29

Comme un rat dans un piano

Un rat ? Dans un piano ?

Les feutres et les marteaux frappent. Le clavier module ses touches. Les parois vibrent. Le rat s'interroge. Où se trouve-t-il donc ? Parfois, il aurait envie de danser et d'oublier cette prison. Lorsqu'il court sur les cordes, elles résonnent, graves ou aiguës, légères ou sourdes. Mais c'est tout autre chose lorsqu'une présence s'approche. Quelqu'un a touché le clavier. Une mélodie s'élève. Un instant, le piano s'est ouvert. Cependant le rat reste inquiet. Est-ce encore menace, sursis, ou bien signe qu'il existerait autre chose que sommeil ou dératisation ?

HENRI MATISSE : *The Codomas*, planche 11 de la série « Jazz », papiers découpés, 1944. Washington, National Gallery of Art, don Mr et Mrs Andrew S. Keck.

Et si la poésie était, comme la musique pour le rat, la chance d'une quatrième dimension ?

*

« Marchands d'histoires — marchands de vent, enjoliveurs ou débineurs, hâbleurs, craqueurs, gausseurs, archi-menteurs, langue ferrée à glace et visage impassible — causeurs et bavardins, faiseurs de châteaux en Espagne, amuseurs à la moutarde et décrasseurs de rêves — grands vernisseurs de faits, enjoliveurs de roses et écraseurs de crottes, tous les arrache-dents et les barons de Crac, les charlatans, les attrapeurs, fanfaronnards, goureurs, farceurs, colleurs, forgeurs, enjôleurs, les chevaucheurs de monts et merveilles — les conteurs à dormir debout, sous de faux-planchers, sous de fausses couleurs, poètes passant par le nième degré de fièvre pour en revenir à zéro, petits poètes généreux donnant à boire aux grands poètes dénués. Et ce qu'ils veulent nous faire prendre pour argent comptant provoque effrontément *la vérité* qui a si souvent tant de mal à sortir de son puits. »

Éluard (*Les Sentiers et la Route de la Poésie*).

« Près d'un château sans châtelaine
La barque aux barcarolles chantants
Sur un lac blanc et sous l'haleine
Des vents qui tremblent au printemps
Voguait cygne mourant sirène. »

Apollinaire *(La chanson du mal-aimé).*

« C'est un chant qui s'enfle et qui monte
Le claquement de glaçons écrasés
C'est le froid de la nuit sur les feuilles
Ce sont deux rossignols qui s'affrontent.

Ce sont les pois suaves d'une rame abandonnée,
Les larmes de l'univers dans les cosses,
Figaro qui s'abat sur le potager
En grelons des pupitres et des flûtes.

C'est cela qu'à tout prix la nuit veut retrouver
Dans les fonds ténébreux des baignades
Pour porter une étoile jusqu'au vivier
Dans ses paumes mouillées, frissonnantes.

On étouffe, plus plat que les planches sur l'eau,
Et le ciel est enfoui sous les aunes.
Il siérait aux étoiles de rire aux éclats,
Mais dites, quel trou perdu que ce monde ! »

Pasternak.

« Depuis que le poète est mort
Un beau matin, sans crier gare
Les trains sifflent moins dans la gare,
Et sa famille a du remords.

C'était donc un grand personnage
Ce dernier des poétaillons
Qui s'en allait presqu'en haillons
Pâle et maigre, dans un nuage ?

Nos oreilles étaient distraites
Et lui nous parlait cependant
Mais au fond, c'était emmerdant
D'entendre des choses abstraites.

Ses mots étaient ceux d'un apôtre :
— Si vous le voulez, citoyens,
Votre malheur sera le mien
Et mon bonheur sera le vôtre...

Pendant ce temps son pauvre père
S'épuisait à gagner des sous
En vendant de soyeux dessous
Et des bas à dix francs la paire.

Et tout en faisant ce commerce
Son cœur s'est mis à se rouiller.
— Mon fils n'a qu'à se débrouiller
Il est poète ? Eh bien, qu'il perce.

Mais le poète est mort de peine,
Est mort d'amour, est mort de faim
Et le voici célèbre enfin,
Tandis qu'au ciel, il se promène !

Et c'est pourquoi, puisqu'il est mort
Un beau matin sans crier gare
Les trains sifflent moins dans la gare,
Et sa famille a du remords. »

Robert Ganzo (*Le Poète assassiné*).

« La nuit tombe sur Teotihuacan.
Au sommet de la pyramide,
les jeunes gens fument de la marihuana,
des guitares enrouées chantent.
Quelle herbe, quelle eau-de-vie peut nous donner à vivre ?
Où déterrer la parole,
la proportion qui régit l'hymne et le discours,
le bal, la ville et la balance ?
Le chant mexicain éclate en jurons,
étoile de couleurs qui s'éteint,
pierre qui nous ferme la porte du toucher
la terre a saveur de terre vieillie. »

Octavio Paz *(Hymne parmi des mines).*

« Un Dieu le peut. Mais, dis-moi, comment
un homme le suivait-il sur la lyre étroite ?
Son esprit est désaccord. Au croisement de deux
chemins du cœur, il n'est pas de temple pour Apollon.

Le chant, tel que tu l'enseignes, n'est pas convoitise,
Ni quête d'un bien qu'enfin l'on peut atteindre ;
Le chant est existence. Pour le Dieu, chose facile
Mais nous, quand sommes-nous ? Et quand attire-t-il

jusqu'à notre être la terre et les étoiles ?
Tu n'es pas encore, jeune homme, quand tu aimes,
même si la parole alors force ta bouche, — apprends

à oublier le sursaut de ton chant. Cela s'écoule.
Chanter en vérité est un autre souffle.
Un souffle autour de rien. Un vol en Dieu. Un vent. »

Rilke *(Sonnet à Orphée*, I, III).

« Le poème est l'amour réalisé
du désir demeuré désir. »

René Char.

TROISIÈME PARTIE

VOIR L'INVISIBLE

30. L'invisible peut-il être photographié ?

31. Les pyramides ou la croix

32. Les stigmates et le regard

33. Le *Prendimiento*

34. Picasso et Bernadette

35. Le Jardin des Oliviers

36. Tous comprendront

37. L'art moderne

38. Et après ?

CHAPITRE 30

L'invisible peut-il être photographié ?

Avant de mourir, Malraux s'est acharné jusqu'à l'épuisement pour terminer sa méditation sur la Métamorphose. Les dernières semaines, il corrigeait les épreuves de *l'Homme précaire et la littérature* pour répondre à la question : Quel est l'antidestin ? Qui est capable de vaincre la mort ? Il répond par la « métamorphose », c'est-à-dire le pouvoir de l'acte créateur et poétique « d'apprivoiser l'univers » :

ARNO BREKER : sculpteur préféré d'Adolf Hitler : *L'Appel*, 1940.

Visage de Christ, XIXe siècle, Malte.

« Rien ne nous transmet la métamorphose avec autant de force que les œuvres d'art. Nous avons redécouvert les grands siècles chrétiens sous le christianisme moraliste du XIXe siècle, comme le tympan roman d'Autun sous les stucs jésuites ; mais nous entendons la voix de Chartres comme celle de Memphis : non comme le balbutiement de la nôtre : mais seulement comme la voix d'un autre monde, d'un autre imaginaire. Les missionnaires s'épuisent à faire comprendre que les paraboles ne sont pas des historiettes. »

« Depuis des siècles, la poésie était réponse, quelle que fût la question ; maintenant elle devient question, quelle que soit la réponse. Énigme fondamentale : comment sommes-nous atteints à la fois par Villon, Racine, Hugo, Rimbaud, Mallarmé ? Nous connaissons par Victor Hugo la liste de ses élus. Homère, Eschyle ; Job, Ézéchiel, Lucrèce, Tacite ; saint Jean, saint Paul ; Dante ; Rabelais, Cervantès, Shakespeare. Il s'arrête là. En face de cette énumération cohérente, presque symbolique, allons-nous lire la nôtre comme une liste de bibelots ?

« Lorsque Baudelaire chuchote que les artistes "N'ont qu'un espoir, étrange et sombre capitole,/C'est que la mort planant comme un soleil nouveau,/Fera s'épanouir les fleurs de leur cerveau !" Il ne veut pas dire que mourir suffirait pour devenir génial. Aux yeux de Baudelaire, la métamorphose par la mort jette les autres aux défroques, parce qu'elle est métamorphose et non postérité. Pour les jeunes poètes qui se reconnaissent dans ce "fou sadique" : Baudelaire, la poésie n'est pas une religion, mais elle est une foi. Elle devient ce que nous appelons poésie, lorsqu'elle devient foi, parce qu'elle devient foi inconnue, opposant ainsi le mystère au discours. Je doute que Victor Hugo ait beaucoup parlé à Jésus ; il le confondait avec le ciel constellé, quand "une immense bonté tombait du firmament." Baudelaire, Verlaine, Rimbaud : quel ascétisme entre dans la poésie avec ces trois extravagants ? Mallarmé ne s'incarne ni en racontant la bataille d'Actium, ni en la peignant sur émail, il la délivre : "Victorieusement fui le suicide beau ! Tison de gloire, sang pur écume, or, tempête !" »

C'est la question que nous poursuivons tout au long de ces pages. La poésie n'est plus là aujourd'hui seulement pour « plaire ». La lucidité ne conduit-elle alors qu'au désespoir ?

La culture est-elle nécessaire à la foi ? La poésie est-elle utile pour d'autres raisons que pour faire comprendre ou pour rendre séduisant le message ? N'est-elle qu'un moyen parmi d'autres pour éviter les langues de bois et les dégénérescences inévitables de tout message ? Baudelaire répond autre chose. Seule la poésie dit que la mort n'aura pas le dernier mot. « Suicide », dit Mallarmé : on approche du terme. Malraux et Heidegger y voient la seule porte de sortie lorsque « les dieux ont apparemment quitté notre époque de détresse ».

Reste une dernière interrogation. A quelles conditions la poésie répondra-t-elle à notre détresse ? Car si elle est autre chose qu'un petit jeu de société, si elle est pressentiment de l'au-delà, si elle est volonté de respecter les questions qui nous dépassent et si elle creuse notre soif du sens, elle peut cependant se laisser prendre à la nostalgie des charmes d'Eurydice. Comme Orphée, on voudrait bien tenir à la fois le sensible et le transcendant. Il voulait ramener des enfers celle qu'il aimait. Zeus le lui avait permis. Sa lyre eut beau avoir apaisé Cerbère et les Furies. La convoitise lui fit perdre Eurydice. Les séductions de la poésie ne sont jamais complètement innocentes. Comme la foi, la poésie est en même temps ouverture à la détresse, question, mais aussi séduction, repos, sommeil et sous prétexte de contemplation : anesthésie. Le charme poétique peut tout endormir. On a cru dérober l'infini, on se réveille avec son miroir. Alors on est tenté de briser le miroir. La réaction peut être violente. En face du danger d'imposture ou de prostitution, il est normal de chasser les images, de fuir la poésie, de briser les idoles, d'interdire toute représentation de Dieu. Ce fut la tentation de bien des réformes religieuses, y compris dans le christianisme entre le VIe et le IXe siècles : rejeter les images.

Le souci de purifier toute recherche de Dieu en chassant les images et interdisant toute représentation, l'iconoclasme, et le rejet de toute expression sensible et donc le silence seraient-ils alors la seule solution honnête ? Pour trouver le sens de la vie, faudrait-il toujours casser les statues ? Le dilemme est réel : ou bien la dégradation inévitable en idole ou bien le vide ? Comment dire le surnaturel et la sainteté ? Ou bien le saint se réserve, il prie pendant la nuit et se cache au désert, il refuse d'être roi, et c'est le silence. Ou bien le saint parle, alors il risque de rétrécir le message : on risque de devenir victime d'une image forcément matérialisée et diminuée du surnaturel. L'expression sensible livre peut-être quelque chose, mais sous le risque d'être fallacieuse, d'être veuve de la sainteté. On est au rouet : ou l'invisible ou l'imposture. Quel espace reste-t-il ? Nous avons déjà noté que Malraux, dans son dialogue avec Suarès, relève que deux fois seulement l'humanité a su répondre et dire le sacré : avec les icônes et avec le grégorien. J'ajouterai : peut-être aussi avec le nô et les haïkaï ? Mais qui a le droit de clore la liste ? Chacun peut chercher Dieu là où il espère.

Pourquoi icônes et grégorien ? Parce que dans ces deux cas, *la présence est signifiée en même temps que l'absence*. On ne peut, ni avec l'icône, ni avec le grégorien, ni avec le nô, en rester à ce qui est perçu. On est forcément renvoyé à plus grand que soi. A-t-on le droit de représenter Dieu ? Oui, si l'on dit en même temps son absence, ou plutôt sa non-mesure, et sa présence. Le Concile de Nicée II a ouvert la voie.

Cela n'aurait-il pas valeur pour toute poésie afin d'éviter l'impossible compromis entre l'idole et l'icône ? La poésie n'est pas une photocopie. Elle suggère le réel. Elle ne l'emprisonne pas. Elle frappe légèrement sur l'épaule pour indiquer dans quelle direction regarder. Elle ne se substitue pas à ce qu'elle suggère. Elle n'imite pas. C'est la question : est-il possible, et à quelles conditions, d'avoir en même temps le respect du silence et l'attrait heureux, réel, de l'image ? Doit-on laisser aux seuls « commentateurs » le monopole de « dire Dieu » ? Comment exprimer le respect de Dieu sans le diminuer, sans se contenter des gourmandises de l'analyse rationnelle ou des réductions des historiettes ou des contes... qui sont l'inverse d'une parabole ?

CHAPITRE 31

Les pyramides ou la croix

Comment « dire » Dieu sans le diminuer ? La Bible est claire. On ne peut pas faire une image « taillée » de Dieu. Peut-être suggérer sa présence ? Est-ce alors évocation réelle ou encore illusion ? S'il s'agit de Dieu, toute expression doit respecter l'infini, la transcendance, le dépassement et, s'il s'agit du Dieu *chrétien*, cette expression doit aussi signifier la proximité de l'Incarnation : il s'est fait « chair ». Il faut donc dire la non-mesure, l'im-mensité, l'éloignement et, dans le même temps, la présence, le réalisme et l'immanence.

JEAN DELVILLE : *L'Homme-Dieu (46,4 × 50,3 cm)*, vers 1901. Bruges, Groeningemuseum.

Le catéchisme ou la théologie chrétienne peuvent être sans danger. Est-ce possible pour un art chrétien ? On peut essayer d'atténuer le mystère par des interprétations pour ne pas gêner les « incroyants »... (comme si ceux-ci ne demandaient pas au chrétien d'être pleinement lui-même). L'art est peut-être un chemin qui oblige davantage que les concepts à respecter le mystère. Une fois représenté, il est normal que celui-ci apparaisse plus surprenant, voire plus scandaleux qu'on ne le pensait. En rendant sensible certains aspects de la Révélation chrétienne, art et poésie provoquent un effet de loupe. S'il ne s'agissait que de faire communier à des états d'âme, qu'ils soient exaltés ou désespérés, on pourrait se contenter de considérations esthétiques. Mais que veut dire un « beau » crucifix ? Il s'agit d'entrer dans une « passion ». Réduire les œuvres d'art chrétiennes seulement à de la beauté, c'est s'arrêter en chemin. Il faut aller jusqu'au bout de ce qu'elles disent. Or c'est scandaleux. Jamais un bouddhiste ou un musulman ne pourrait dire ce que saint Paul proclame : « Ce n'est plus moi qui vis, c'est le Christ qui vit en moi. » Voilà à l'état pur le scandale chrétien. Un bouddhiste pourrait dire cela du « divin » mais pas d'un autre homme, fut-il Bouddha. Un musulman pourra dire cela d'Allah, de Dieu, mais pas de cet homme : Mahomet. Or le chrétien proclame que cet homme Jésus qui est *devant* lui, vit aussi *en* lui. Ce fut le choc qui provoqua le départ de certains disciples après le discours sur le Pain de vie. « Celui qui mangera ma chair vivra. » « Cette parole est trop forte à entendre. Et beaucoup le quittèrent. » Comment admirer sans étonnement une Cène ou une Crucifixion ? Un autre homme prétend « vivre en nous » ? Un Dieu se laisse « crucifier » ?

A l'Horeb, au Sinaï ; à la Pentecôte, ce sont le feu et le vent qui sont les délégués de Dieu. Or ce sont deux réalités dont on ne peut pas douter : le feu brûle, consume, dévore ; le vent souffle, déplace, dévaste. Et, en même temps, on ne peut enfermer ni l'un ni l'autre dans les petites boîtes trop étroites des idées et des images. Alors, pour le chrétien où trouver le signe, la règle, la mesure de toute parole, de toute catéchèse, de tout art, de toute manifestation qui oserait dire : « Dieu » en le respectant ? Quel signe assurerait les deux conditions de toute audace humaine en face de Dieu : le respect du silence et la présence réelle, la séduction de l'image et la ressemblance ?

Un signe, peut-être le seul, fait comprendre cela : le signe de la Croix. La Croix est le symbole le plus direct du Christ. Or la Croix ne livre pas le signe du Christ comme une photographie. Ici le signe résulte d'une empreinte. Il suppose la marque d'un autre. Il ne se prétend pas l'original mais l'ambassadeur de quelque chose ou de quelqu'un qui le précède et le dépasse. Il exprime une présence mais aussi un écart. Le Christ est bien là, mais la croix l'a fait mourir, on ne peut pas se tromper. La Croix n'est pas Dieu, même si elle porte Dieu. On n'est plus dans une logique de la ressemblance et de la photographie, mais dans une logique de l'analogie, de l'ambassadeur, du signe qui renvoie à plus grand que lui. L'image est appelée à dire Dieu : celui auquel nous ressemblons le plus mais en rappelant que c'est aussi celui auquel nous ressemblons le moins. Rien de positif en l'homme qui ne soit du réel et qui ne soit en Dieu, mais en même temps rien de créé ne pourra jamais dire le « comment » de Dieu. On ressemble plus à Dieu qu'à son père, sa mère ou son frère, parce qu'il y a des différences entre eux et nous, tandis qu'il n'y a pas de différence formelle pleine entre l'homme et Dieu : tout ce qu'il y a de positif en l'homme se retrouve en Dieu. Mais nous ressemblons infiniment moins à Dieu que nous ne ressemblons à une pierre, parce qu'on est un être matériel comme la pierre, tandis que Dieu est un être simple qui n'a absolument rien de commun avec nous, en tant que matériel. On est plus un avec Dieu qu'avec n'importe quelle créature. Dieu est bien plus nous que n'importe quel être auquel on est lié, et cependant il est en même temps celui avec qui on n'a rien de commun, dont on est infiniment autre.

Crucifixion : mosaïque d'abside. Rome, San Clemente, XIIe siècle.

Ce que la logique des concepts, la philosophie, la théologie et le

L IGNOCRVCIS.IACOBI DENS.IGNATII Q: INSVPRA SCRIPTI.REQVIESCVNT.CORPORE

catéchisme élaborent minutieusement depuis les premiers conciles afin de ne pas « diminuer Dieu », afin d'approcher le mystère tout en le respectant, le signe de croix le fait pour toutes les images et pour la poésie. Qu'il soit explicite ou implicite, il est la seule porte ouverte entre ce monde et le sacré. Le Christ crucifié et la croix n'ajoutent rien. Seuls les stigmates du Christ sont le lieu de passage entre notre univers de misère et la Gloire du Dieu vivant. Les blessures du Christ sont devenues les fissures de la Gloire. Des blessures non des pyramides.

Alors qu'est-ce donc que la poésie... et l'art ? Sinon finalement, le sacrement de l'au-delà pour des êtres qui, dans la poussière, se découvrent faits pour davantage que la poussière. La Croix dévoile et en même temps elle cache le mystère ultime du sens de notre vie. Pour ses ennemis, la Croix n'est que déconfiture ; pour les compatissants, elle signale au mieux la mort d'un juste ; pour le croyant, elle livre l'invisible : Dieu est là. Le Centurion voit le même visible que ceux qui se rient en se détournant du Christ, mais il reconnaît désormais la marque de Dieu. Il a franchi le gouffre. Le cadavre de Jésus n'est plus simplement un cadavre : désormais il porte les stigmates de l'Invisible. Il y a sur terre une image qui n'invite plus à voir seulement une ressemblance mais la marque dans le réel visible lui-même de l'ultime métamorphose du réel, la trace de la Transfiguration qui a vaincu non seulement l'usure des pyramides et des statues, mais la mort elle-même : c'est la marque du Crucifié, par son regard et ses stigmates.

CHAPITRE 32

Les stigmates et le regard

Devant le portail royal de Chartres en état de restauration, Henri Laurens, qui fut sans doute l'un des plus grands sculpteurs de ce siècle avec Henry Moore, médite à côté de nous sur ses propres œuvres... parfois simples collages de cartons et de papiers peints, plus éphémères encore que la pierre de Chartres. Comme il le fallut à Reims, faudra-t-il enlever les statues de Chartres pour les protéger des atteintes du temps... faudra-t-il les remplacer par des moulages en plastique ? Laurens se laisse à penser tout haut : « Mon père, tout se termine par la mort. Il ne faut pas le regretter. » Au-delà de ses propres sculptures, Laurens regarde avec amour le portail. « Mais ce visage ne passera pas », ajoute-t-il en désignant le Christ en majesté.

Après la mort du Calvaire, saint Thomas, le onzième apôtre, ne veut plus entendre parler du Christ et traite les nouvelles de la Résurrection de « radotages féminins ». Comment va-t-il reconnaître la présence du Christ ? Non pas à la splendeur, à l'éclat de Jésus, comme s'il s'agissait d'une forme esthétique, ni à son pouvoir d'entrer dans les maisons alors que les portes sont fermées, mais à sa blessure, à la marque des clous, aux stigmates, parce que, seuls, ces stigmates disent que le Vivant qui est devant lui est bien en même temps celui qui est passé par la mort. En déifiant la « Métamorphose », Malraux s'est arrêté au désespoir de Baudelaire ou à l'aveu d'impuissance de Mallarmé. Platon, Hegel, Nietzsche se sont colletés avec l'énigme de la poésie et des images. Leurs disciples continuent. Comment dire, à coup sûr, une victoire sur la mort ?

Or, que voit-on ? En philosophie, comme partout dans les médias, lorsqu'on essaie de dire la victoire de la vie par un message « imagé », on risque d'aboutir à l'idole (et l'idéologie) et donc, un jour, à un inévitable choc en retour : on aboutit forcément à l'insatisfaction ou à l'épuisement. Lorsqu'on veut dire l'invisible, on risque le désespoir. Caché peut-être, mais inéluctable. On va de voyage en voyage, d'expositions en expositions, de « variétés critiques » en « variétés critiques », on remet perpétuellement le disque, et puis, un jour, comme Baudelaire, on en arrive à demander à la mort elle-même quelque chose de nouveau. Comment faire autrement si l'on s'arrête toujours à l'apparence sensible ? On est enfermé, à l'avance, dans une idole. Fût-ce celle de son propre visage, de son corps ou de l'acte créateur, ultime refuge. Alors l'auto-suffisance de l'idole conduit le collectionneur, le conservateur de musée, aussi bien que le responsable d'une chaîne de télévision, le cinéphile ou l'étudiant, le fiancé, l'amoureux, l'antiquaire, le chercheur ou l'esthète au désespoir réservé à « Éros ». On a beau être prévenu : toute idole ne donnera jamais que l'extase de l'idole. Comme le vin ne donnera toujours que l'extase du vin. Reste qu'au bout du désespoir se trouve peut-être la plus noble question de l'homme : comment aboutir à une image absolue, c'est-à-dire à une image sans original, arrivera-t-on enfin à franchir le cercle des apparences ? C'est la nostalgie de tout vivant : qu'il soit père ou mère en face de son enfant, amoureux en face de son partenaire, philosophe en face de ses idées, artiste en face de son œuvre, prophète en face de sa parole... Mallarmé crie encore son désespoir vers « l'Azur ». Cézanne et Picasso terminent en se peignant eux-mêmes, accablés dans le fauteuil d'un jardinier ou d'un peintre, la main coupée... L'original des images de l'homme peut-il toujours rester l'homme lui-même ? Il hante ses nuits. Rembrandt et Latour s'enferment : ils ont besoin de la nuit où il n'y a plus que leur regard. Géricault et Le Caravage attendent l'aube pour peindre l'espoir d'une lumière. Mais c'est aussi au petit matin qu'on se supprime.

PAUL DELVAUX : *Crucifixion* (178,5 × 266,5 cm), 1951-52. Bruxelles, Musées Royaux des Beaux-Arts.

Comment rejoindre l'invisible ?

Je n'ai pas d'autre réponse que celle-ci : Jésus-Christ. Depuis Jésus-Christ, l'homme peut revendiquer de voir l'invisible sans idolâtrie. L'image n'est plus alors seulement la représentation d'un absent, puisqu'il y a désormais un rapport au prototype, à une première marque du divin. Il est désormais devenu inutile de chercher à remonter plus haut. Le Dieu incarné en Jésus, crucifié et ressuscité, est la contre-marque absolue de la marque laissée sur terre par la Croix. Une icône, une image est désormais possible de cet au-delà poursuivi par tous les poètes à travers la recherche du sens de leur vie et de l'analogie universelle. Si Picasso mesurait la valeur de sa peinture aux deux petits tableaux du Douanier Rousseau qu'il emportait toujours avec lui : *l'Homme à la lampe* et *Sa Femme*, le chrétien mesure désormais toute image à un regard : celui du Christ crucifié et ressuscité.

« Après sa résurrection, Jésus-Christ n'a plus voulu être touché que par ses plaies » (Pascal). Braque ne se trompait pas lorsqu'il disait que « l'art est une blessure devenue lumière », ni Aragon pour qui « l'art des

vers est l'alchimie qui transforme en beauté les faiblesses ». « Alchimie », « métamorphose » ; « blessure », « faiblesse » : il n'y a pas d'autre issue que les fissures de la Gloire qui se répondent de la Transfiguration du Thabor aux ténèbres du Golgotha et au dévoilement du matin de Pâques. C'est la seule manière d'aller au-delà de l'image tout en restant dans le réel de l'image. Les deux éléments essentiels de l'Icône nous donnent désormais les deux critères de toute poésie qui puisse vraiment délivrer du désespoir : les stigmates et le regard. Si les stigmates disent l'au-delà, l'autre pôle de l'icône est le regard. « T'as de beaux yeux, tu sais. » La réplique de Jean Gabin a fait le tour du monde, et ce n'est pas sacrilège de l'évoquer ici. Gabin voit les yeux de Michèle Morgan, mais non pas le regard. On n'a jamais vu un regard. Le regard est invisible. Et l'invisible ici n'est pas l'au-delà du visible mais son origine. La première expression chrétienne, avec le regard d'hypnose des premières orantes, celui des fresques de Doura, des statues de Palmyre, des suaires du Fayoum, paraît bien accordée à l'amour nocturne qui emplit les catacombes comme il le sera aux mosaïques des basiliques triomphales, parce qu'il veut être le regard où se reflète l'insondable. Comment soutenir le regard du Christ en Gloire de Saint-Sernin à Toulouse (XIe siècle) ? Comment traduire le regard de Notre-Dame-du-Bon-Espoir à Dijon ?

Lorsqu'on a parcouru le British Museum, la National Gallery, le Courtauld Institute, la Wallace Gallery, les collections de la Reine, reste encore à Londres un grand musée : la Tate Gallery. L'expérience est saisissante. A la Tate, aucun tableau chrétien, sauf l'étonnante *Sainte Famille* de Millais, l'un des préraphaélites les plus réalistes qui soient. Plus encore que son *Ophélie*, il nous renvoie à l'impuissance de dire le surnaturel. On sort du musée. L'angoisse nous poursuit. Le choc des fantasmes de Blake représentant le Tout-Puissant comme un superman vengeur et tyran devient obsédante. (Mais peut-on dire que Blake est chrétien ?)

Que manque-t-il à la Tate Gallery qui partout ailleurs adoucit la soif, aide à respirer ? Il y manque peut-être ce qui ailleurs humanisait, apprivoisait la curiosité ou la détresse : un regard, celui du Christ, qu'il soit, comme à la National Gallery ou au Courtauld Institute dit par Titien, Bernardo Daddi ou par le triptyque de Wilton. Sans le savoir on était « accompagné ». A la Tate Gallery, on est seul. Or de Ravenne à Parsifal, les grands illuminés de la terre nous ont rappelé, au prix de leur sang, que l'humanité sera toujours accompagnée d'un regard. On peut le chasser. Nietzsche a rompu son amitié avec Wagner le jour où, après la création de *Parsifal*, il découvre que Wagner a désarmé devant la Croix : « Malheur ! Toi aussi tu t'es effondré devant la Croix. Toi aussi ! — toi, un vaincu ! »

Il faut bien revenir à l'origine. La Genèse insiste. Chaque journée de la création se termine sur un regard : « Dieu *vit* que cela était bon. » Après la chute, Adam et Ève se cachent pour fuir le regard. Le chrétien se complique les choses lorsqu'il affirme que ce monde, où la souffrance et le mal existent, a bien été voulu par Dieu et que l'homme est né de ce regard de Dieu. Dans la nuit qui précède Pâques, le cantique d'Adam ouvre la grande vigile de l'espérance pascale. Il est repris en écho par le cantique de Moïse, le cantique d'Isaïe, d'Ézéchiel, de Daniel, pour se terminer dans la messe de la Résurrection par le cantique du Christ. Les douze lectures de l'antique liturgie de la Vigile pascale célèbrent toutes un regard, celui qui amène la dernière prophétie : le canon de la messe. Alors les paroles peuvent céder la place à l'adoration. Il ne s'agit plus d'annoncer qu'un jour, « plus tard », on sera sauvé, qu'un jour « plus tard », on verra Dieu. Ici un regard accompagne l'homme. Des stigmates ont payé le prix de la vie. Le Christ le rappelle à son Père. Alors il n'y a plus à avoir peur des mots, des chants et des images humaines : le Christ les a transfigurés pour permettre à l'homme de se dire qui il est, de dire jusqu'à son désespoir même et d'en faire, depuis Gethsémani et le Tombeau vide, les fissures de la Gloire.

GERMAINE RICHIER : *Le Christ*. Église du plateau d'Assy (Haute-Savoie).

CHAPITRE 33

Le Prendimiento

FRITZ VAN HARTINGSVELDT : *Stallerhof*, 1985. C/o Art Unlimited.

Pendant très longtemps, j'ai cherché à comprendre quel était le signe décisif par lequel je pouvais être sûr qu'un tableau me parlait ou non de Dieu. Ce n'était pas forcément le fait qu'il aborde un sujet religieux. Bien des tableaux dits « religieux » sont alibis pour exhiber des corps sous des intentions plus ou moins ambiguës. Encore aujourd'hui *Suzanne au bain* tente les peintres... A l'inverse, nous l'avons rappelé, *les Mangeurs de pommes de terre* de Van Gogh dans le Borinage, en disent plus long sur l'Incarnation que bien des galeries de sujets pieux. Picasso avait trouvé dans le Douanier Rousseau celui qui décidait de la valeur de ses tableaux, à lui, Picasso. Qui pourrait — au moins provisoirement — indiquer si un tableau est « chrétien » ? Je ne dis pas « sacré » ou « religieux » ou pieux. (Je ne sais pas ce que cela veut dire.) Je dis « chrétien ». Et du même coup, non seulement les tableaux, mais aussi toute parole qui sort de notre bouche, tout signe qui sort de notre main, toute œuvre qui sort de notre cœur ? Cela tient peut-être en deux exigences lorsqu'elles sont l'une et l'autre présentes et respectées *en même temps* : à savoir la proximité, la tendresse, la présence de l'Incarnation du Christ, et la grandeur, l'altérité, l'éloignement de la Transcendance de Dieu. Que Dieu soit Dieu, que Jésus soit Jésus *de Nazareth*. Tenir ensemble les deux vérités bibliques : « Je suis ce que je suis, Dieu, Yahveh », mais « J'ai entendu la misère de mon peuple et je suis venu. » Les icônes ont su dire cela par un double intermédiaire : le regard et les stigmates.

Cela pourrait paraître abstrait. Malraux constate que les icônes ont su transcrire le sacré. Il ne dit pas comment. En reprenant son intuition, il est possible d'aller plus loin. L'essentiel de toute icône se découvre en deux signes : *le regard et les stigmates*. Tout est là. Il suffit, en face de n'importe quelle « œuvre », de demander seulement : comment livre-t-elle le regard ? Où sont les stigmates ?

Les stigmates disent la présence. Ils offrent la preuve que celui qui est mort est bien présent, là, de nouveau vivant. Le regard dit l'éloignement, l'altérité : c'est un autre qui est là puisqu'il regarde. Il est impossible de s'en rendre maître. Job demande à Dieu : « Quand cesseras-tu de me regarder ? » On pourrait inverser la proposition. Les stigmates disent aussi l'absence : le stigmatisé vient bien d'un « ailleurs ». Et le regard exprime la présence autant que l'absence : c'est forcément quelqu'un qui nous regarde. C'est l'intérêt de ces deux clefs de lecture. L'une et l'autre disent aussi bien *présence* et *absence* ; proximité et éloignement ; tendresse, affection et altérité. Si l'hypothèse n'est pas seulement un artifice intellectuel, on peut faire le test auprès de tous ceux qui ont essayé de dire le divin. On s'aperçoit vite, et ce n'est pas simple jeu, que certains ont été fascinés, soit par les stigmates, soit par le regard, soit par les deux. Ce dernier cas indique peut-être le génie. Toute schématisation serait factice. Tous les peintres ont dit les deux. Stigmates ou regard sont souvent signifiés de manière implicite. On découvre, selon certaines périodes, l'un ou l'autre, ou les deux.

Il est évident, par exemple, que Breughel dans *le Triomphe de la mort* au Prado, que Bosch dans *le Chariot de foin*, que Baldung Grien dans *les Trois Ages de la vie*, que Goya à la Quinta del Sordo ou dans *les Sorcières* au musée Galdiano ont été davantage les peintres des stigmates.

Dans l'autre registre, bien évidemment, Fra Angelico est d'abord peintre du regard comme Le Greco, Raphaël et Memling. Et cependant quel regard plus bouleversant que *le Couronnement d'épines* de Jérôme Bosch à la National Gallery de Londres : ce regard du Christ nous dit toute la tendresse divine, et ce sont les regards des bourgeois et des soldats qui sont devenus stigmates. Nous avons dit les stigmates de *la Déposition de Croix* de Van der Weyden. Les regards aussi sont tous là. Au Prado, dans la salle réservée aux *Ménines* de Vélasquez, on est en présence du tableau par excellence des regards, puisque pour la première fois dans l'histoire de la peinture, le spectateur lui-même est au centre de tous les regards. Le peintre s'est représenté en quatrième place des cinq successions de regards qui regardent, se regardent et nous regardent. Mais les stigmates sont là aussi dans la difformité du personnage du premier plan. Rembrandt et Rouault disent aussi que le génie ne peut séparer stigmates et regard, présence et absence. Goya dit partout les stigmates de l'humanité, mais aussi le regard, non seulement celui de *Saturne* dévorant son enfant, mais celui du *Fusillé de Montcloa*, les fusillés du 3 mai 1808... Le fusillé, levant les bras comme un crucifix, a la main marquée de stigmates. Et si c'était aussi un tableau religieux ? Nous l'avons suggéré avec *Guernica* de Picasso et peut-être même avec *les Demoiselles d'Avignon* que l'on pourrait intituler : « les stigmates de la chair ». De Matisse peignant les murs de la chapelle de Vence, Picasso dit : « Le païen, c'est lui. Pas moi ! » Pensait-il : « J'ai pleuré, pas lui ? » Mais qui sait dire les larmes ? On pourrait poursuivre la litanie. Elle serait poignante. Comme Bosch, Cranach dans *le Christ de pitié* du Vatican nous regarde alors que tout le corps est flagellé. Dans la salle voisine, *la Mise au tombeau* de Giovanni Bellini présente quatre personnages qui entourent le Christ. Ils ont des regards fermés, mais si intenses... Le *Saint Jérôme* de Léonard de Vinci laisse percevoir dans le camaïeu des bruns, qui entoure son regard, la stigmatisation douloureuse de l'homme qui cherche Dieu. Il n'y a pas de différence avec le regard de *l'Écolier* de Van Gogh du musée de Sao Paulo.

On est loin des regards extasiés (et parfois vides...) de Greco, Murillo ou Ribera. Quentin Metsys ne se trompe pas lorsque dans l'*Ecce Homo* du Prado il offre le regard d'abandon total du Christ aux grimaces de ceux qui l'entourent : les yeux aussi peuvent devenir assassins. Certains l'auront compris, Titien, presque centenaire, l'exprime dans la différence entre les deux *Dérisions* du Christ : celle du Louvre et celle de Munich, comme en ces regards bouleversants du *Christ en pitié* de San Rocco à Venise ou de *la Rencontre avec Simon de Cyrène* à l'Escorial. On pourrait encore évoquer le regard peut-être le plus impressionnant des peintures de la maison du Sourd de Goya. Ce n'est pas celui des *Parques*, ni celui de *Saturne dévorant son enfant*, ni celui des *Vieillards* ou de la *Procession des fous*, pourtant si effarants. C'est le regard du *Chien ensablé* qui lève les yeux vers le ciel. Seule la tête peut encore implorer, et c'est le regard d'un innocent : puisqu'animal...

Pages suivantes :
LE GRECO : *L'Espolio* (détail), 1579. Cathédrale de Tolède.

FRANCISCO GOYA : *Prendimiento* (détail). Cathédrale de Tolède.

Alors on peut entrer dans la sacristie de la cathédrale de Tolède. Deux tableaux parmi beaucoup d'autres se répondent à quelques mètres de distance : l'*Espolio* du Greco et le *Prendimiento* de Goya, le dépouillement du Christ et son arrestation. Chez Greco, Jésus est habillé de rouge, chez Goya de blanc. C'est la même foule, les mêmes ténèbres, les mêmes lances, les mêmes cris, les mêmes habits, mais tout fait que l'un bouleverse à jamais, tandis que l'autre s'arrête encore à l'anecdote. Greco « montre » bien le regard du Christ. C'est presque impudique. Goya a compris que ce n'était pas par l'extase que ce regard rejoignait l'homme, pendant la Passion, mais par l'abandon. Les bourreaux regardent le Christ avec dérision et hurlements. Lui se tait. Et c'est son regard qui nous le dit *par ses yeux clos*. La suprême marque de la divinité aura été là : seul le Tout-Puissant peut ne rien opposer à ceux qui l'envahissent parce qu'il n'est pas seulement présent, mais Tout-Puissant. Seule la béatitude des doux peut dire cette Toute-Puissance. « Douceur » ajoute quelque

chose à bonté, et c'est bien le privilège du seul *Tout*-puissant : la douceur ajoute le fait de ne plus se défendre, de ne plus opposer aucune barrière.

Il y eut, heureusement, d'époque en époque, des réalistes comme le Caravage, Rembrandt, Vélasquez ou Goya pour rappeler que le silence est parfois plus parlant que les efforts de l'expressionnisme. Il ne suffit pas seulement de dire « icône » pour dire « sacré ». Les icônes peuvent être aussi bavardes que certains tableaux de Greco ou de Murillo. Elles peuvent elles aussi matérialiser le spirituel là où l'on attendrait que la « matière » soit assez respectée pour dire sa crucifixion et la noblesse spirituelle. Cranach peut être aussi sensuel que Boucher... Greco peut être aussi charnel que Munch. En face de toute icône ou de tout essai religieux, il suffit de mettre une représentation du *Prendimiento* de Goya. Il a su vivre et les stigmates et le regard et suggérer dans quelle direction pouvait se « dire Dieu ».

CHAPITRE 34

Picasso et Bernadette

Les icônes sont redevenues à la mode depuis quelque temps. A Madrid, lorsqu'on remonte de la Plazza Major vers le couvent de l'Incarnation, pour aller au « Centre de pastorale liturgique » non loin de la cathédrale, une boutique d'Art sacré officielle, mandatée, patentée, nous attend. Hélas... Est-ce propre à Madrid ? Dans cette boutique du Centre national liturgique, en dehors des icônes en papier collé, rien n'apaise le regard. Alors ne regrettons pas trop quand même la mode des icônes... Nous leur avons demandé les deux signes décisifs qui pourraient signaler (ou signer) une œuvre « chrétienne » : *les stigmates et le regard*. Reste à mieux s'expliquer. Où sont ces stigmates et ce regard ? Ne doit-on pas en réserver la lecture à une élite ? Ou bien au seul domaine de la peinture ? Voici trois exemples. Tous trois disent les stigmates *et* le regard, en même temps. Bernadette Soubirous apprend à Picasso lui-même qu'il n'est pas réservé à la « culture » de savoir lire les stigmates et le regard.

La Passion aux Champs-Élysées

En 1985, Pier Luigi Pizzi pour célébrer le tricentenaire de Jean-Sébastien Bach eut l'audace un peu folle de mettre en scène, au théâtre des Champs-Élysées à Paris, la Passion selon saint Jean. Bien sûr, il connaissait les Passions des devanciers de Bach, celle qu'écrivit Barthold Heinrich Brockus pour Reinhard Keiser, remise en musique par Haendel et Telemann vingt ans avant Bach. Mais il y avait déjà eu Johann Theile et Heinrich Schütz, et surtout les Passions grégoriennes dans leurs versions bénédictine ou dominicaine. Pures icônes : pas d'accompagnement, la voix seule, les cadences stridentes lorsque Pilate ou la foule s'expriment ; lentes et graves lorsque Jésus va parler. Les stigmates et le regard portent la musique, c'est-à-dire la transcendance et l'incarnation, l'absence et la présence en même temps. Pier Luigi Pizzi sut entourer sa mise en scène de décors baroques, de vêtements copiés des apôtres de Dürer à la pinacothèque de Münich. Mais la splendeur du baroque et les couleurs de Dürer nous auraient encore laissés dans une éloquence terrestre. Il fallait les stigmates et le regard : Pizzi eut alors l'idée de génie de médiatiser sa mise en scène par la liturgie du Vendredi saint, l'une des plus discrètes de toute la prière de l'Église. On voyait un prêtre arriver en chasuble, les acolytes portant la croix, jusqu'à un autel. En plein théâtre. Et cela ne jurait en rien. Aucun sacrilège. Au contraire. De la première mise en scène à la *Fenice* de Venise où le récitant s'agitait encore pour « prêcher » la Passion, il suffisait de passer, dans la mise en scène de Paris, à un récitant qui s'efface et soit plus réservé. Le miracle était atteint : le théâtre avait quitté la magie pour devenir église. La Passion selon saint Jean avait livré les stigmates et le regard.

Le Ressuscité est terrifiant

Depuis Grünewald et Altdorfer, on n'a probablement jamais osé représenter le Ressuscité avec la force qu'ils ont atteint. Mais qu'ont-ils représenté ? A Munich ou à Colmar : seulement la lumière, les stigmates et les yeux. Rembrandt a essayé plusieurs fois de « dire » la Résurrection, entre autres avec *les Disciples d'Emmaüs*. Ce n'est pas la Résurrection de la Pinacothèque de Munich qui nous touche le plus, mais peut-être *les Disciples d'Emmaüs* du musée Jacquemart-André. Pourquoi ? Parce qu'ils sont terrifiés : ils découvrent qui est vraiment Jésus, alors ils lèvent le bras pour se protéger du regard ressuscité.

Qui ne lèverait le bras pour se protéger de l'invisible ? Que ce soit au Calvaire, où les apôtres ont fui la Passion ; que ce soit à la Résurrection, où les femmes et les disciples ont connu l'effroi... Seul le regard peut dire la tendresse d'une présence en face des stigmates.

La Sainte Vierge au placard

Un troisième exemple le redit. Il est tiré, lui aussi, de la rencontre redoutable avec la Gloire à laquelle l'homme est destiné et dont la nostalgie poétique met sur le chemin. Un dialogue l'exprime mieux qu'on pourrait l'imaginer. C'est la conversation entre Picasso et Malraux, telle que ce dernier la raconte dans *la Tête d'obsidienne*.

> « On vous a parlé de l'image de la Vierge apparue à Bernadette ?
> — Quelle Bernadette ? demande Picasso.

— Celle de Lourdes. Elle a vu la Vierge à la grotte. Elle entre au couvent. Des âmes pieuses lui envoient toutes sortes de statuettes de Saint-Sulpice. Elle les flanque dans un placard. Stupéfaction de la supérieure : “Ma fille, comment pouvez-vous mettre la Sainte Vierge dans un placard ? — Parce que ce n'est pas elle, ma Mère !” Re-stupéfaction. “Ah ?... et comment est-elle ? — Je ne peux pas vous expliquer...” La supérieure écrit alors à l'évêque, qui apporte les grands albums des principales images de la Vierge, ceux du Vatican. Il lui montre Raphaël, Murillo, etc. N'oubliez pas que ça se passe sous le Second Empire, qu'elle est une jeune paysanne, bergère je crois, qui n'a certainement vu, dans son bled, que des Vierges sulpiciennes, baroques à la rigueur. Elle fait non de la tête, toujours non. Au hasard des feuillets, passe *la Vierge* de Cambrai, une icône. Bernadette se lève, exorbitée, s'agenouille : “C'est elle, Monseigneur !”

Alors Malraux conclut :

— Je vous l'ai dit, *la Vierge* de Cambrai est une icône. Repeinte, ornée de vagues angelots ; mais ni mouvement ni profondeur, aucun illusionnisme. Le Sacré. Et Bernadette n'avait jamais vu d'icône...

Picasso demande :

— Vous êtes sûr ?

— Les lettres de l'évêque ont été publiées. Et à qui aurait servi le mensonge ?

— Une intrigue des cubistes !... Tout de même, je voudrais bien la voir, sa Vierge...

— Elle est toujours à Cambrai. Je vous enverrai sa photo.

— Quand ?

— Maintenant. Cette semaine, j'espère... Le temps de la retrouver ; je crois savoir où elle est.

— Que la fille l'ait reconnue, c'est drôle... murmure Picasso. Mais que les Byzantins l'aient inventée, c'est étonnant aussi, tout de même !... Il faudra réfléchir. C'est intéressant. Très intéressant. D'où vient-elle ? »

« *L'Enfant-Jésus qui fait des bulles* », imagerie de Saint-Sulpice, Second Empire. Paris, Bibliothèque du Saulchoir.

Chrétien, ton corps disparaîtra
comme une bulle, sauve ton âme qui est immortelle

CHAPITRE 35

Le Jardin des Oliviers

Où va le chariot de foin ?

« Le chariot passe... Pour lui former cortège d'honneur, à cheval un pape, un empereur, un roi, des moines et des seigneurs. Tous ceux-là défilent noblement, avec la sécurité que leur donne le cumul de leurs biens. La piétaille se rue sur le foin. Les plus malins se sont munis d'échelles et de fourches, d'autres tentent d'en arracher des poignées à leur niveau. Un groupe se bouscule entre les roues du char et va se faire écraser plutôt que de lâcher l'aubaine. Une femme qui s'approchait roue de coups un moine pour lui dérober sa brassée maudite. Plus loin, un assassinat : étendu sur le sol, les bras en croix, un malheureux se voit enfoncer un poignard dans le cou. La furia n'épargne personne. Une nonne en délire brandit un couteau pour en pourfendre un personnage ventripotent qui danse d'exultation en serrant une poignée de foin. A ses pieds gît un homme mort, veillé par une femme en prière et un moine compatissant. Des hommes vus au naturel se bousculent ou s'entretuent autour d'un chariot de foin qui symbolise les richesses de ce monde. Les proverbes du temps le proclamaient : « Al est hoy. » « Tout est foin. » « Le monde est un chariot de foin, chacun en attrape ce qu'il peut. »

JÉRÔME BOSCH, *Le Chariot de foin*, triptyque peinture sur bois, (détail). 1500-1502. Madrid, Museo del Prado.

Le triptyque du *Chariot de foin* illustre un des premiers grands sermons imagés de Jérôme Bosch : l'humanité a perdu avec Adam et Ève le paradis. Elle ne se soucie pas d'en retrouver l'accès en coopérant à la rédemption, mais se laisse distraire de l'essentiel par les plaisirs de vanité qui la conduisent directement en enfer.

Autour du grand amas doré, une guirlande de formes animées aux couleurs les plus heureuses : c'est une tuerie, mais aussi un ballet savamment composé dont on ne perd aucune « figure ». Les mains se tendent, les corps se ploient ou s'écroulent, respectant la diagonale majeure de l'espace vide qui laisse en exergue, isolés de tous sur la terre où ils ont chu, ces deux hommes entremêlés dont l'un tue l'autre sauvagement, pour du foin...

Au premier plan de la composition, délimité par un escarpement rocheux, des personnages se tiennent en retrait de l'agitation collective, mais ne pensent que foin et ne vivent que de foin d'une manière plus dissimulée. Un moine obèse, verre en main, préside au travail de deux nonnes qui apportent des bottes d'herbe et en emplissent un grand sac. C'est le côté hideux de la thésaurisation. La satire est appuyée : une religieuse vénère les mains jointes de ce père abbé rabelaisien et une autre fait des avances suspectes à un baladin cornemuseux en lui offrant une poignée de foin...

JÉRÔME BOSCH : *Le Chariot de foin* (détail).

Ce ménestrel en habit vert fait partie de la troupe de bohémiens, marchands de faux espoirs et de poudres miraculeuses, qui soutirent à leurs dupes le foin précieux pour lequel elles ont tout à l'heure risqué leur vie. Un charlatan dont les poches débordent d'herbe a installé là son petit éventaire, à l'enseigne du cœur ardent — triste allusion aux confréries du Saint-Sang ou du Sacré-Cœur — où se trouvent disposés ses bocaux et son mortier avec sa patente, dûment scellée de rouge. Il tient en sa merci pour lui arracher les dents une cliente crédule, écroulée dans les plis de sa robe de soie, la bouche ouverte comme un four. Une bourgeoise s'égare en ce lieu pour consulter une tzigane enchaperonnée de blanc qui lui donne quelque triste conseil ou va lire les lignes de son destin. Les deux femmes sont jointes et approchent leurs mains, mimant une Visitation profane, et sur le sol assise, une bohémienne retrouve le geste d'une sage-femme de la Nativité. Près d'une bassine de cuivre, elle s'apprête à laver son enfançon, mais elle le tient couché sur le ventre, la tête cachée dans ses langes, les fesses découvertes... Hasard de correspondances tournées en dérision ? Un escamoteur, reconnaissable à chapeau haut de forme et baguette magique, cache un bébé dans sa capuche. La diseuse de bonne aventure porte aussi dans un pli de son manteau un nourrisson dont la nudité est à peine voilée d'une mauvaise chemise. Ces nomades tiennent campement en plein air, près d'un feu de bois où bout la marmite et qui grille une tête de porc et un hareng, embrochés sur un bâton feuillu. Un chien dort tout auprès, un pourceau familier est couché près de la baigneuse d'enfant, une jarre de terre est posée là sur le sol inégal. En un si petit espace, tout un monde « vrai » se glisse dans le tableau.

Bosch va donner du char de mascarade une version triomphale : on ne voit que ses deux roues, sa charge d'herbe dorée est une véritable montagne. Tous ceux-là qui s'y ruent pourraient en être facilement ras-

sasiés, mais l'herbe pressée a la densité de l'or, elle ne se laisse extraire que par bribes... Des créatures sataniques, timon en mains, promènent de par le monde cet amas de merveilles dont ils ont peine à tirer la charge gigantesque ; ce sont des hommes aux masques de poisson, de souris, de félin fabuleux, à moins qu'ils ne soient en cours de transformation bestiale. Le conducteur au corps d'arbre creux se saisit des branches mortes qui poussent sur ses bras pour les fustiger.

La montagne magique des convoitises est immémoriale, sur son faîte a crû un bosquet qui abrite un groupe de jeunes musiciens et d'amoureux. Ils s'esbaudissent à loisir, sous le double signe de Satan (dont on disait qu'il sortait dans la nuit du Sabbat) : la cruche suspendue à une perche et la chouette de l'hérésie. Isolés dans leurs plaisirs frivoles, ces voluptueux sont entraînés sans le savoir au rythme d'un démon bouffi qui danse sur place en jouant de la trompette prolongeant son nez. Ses ailes de papillon, symbole d'inconstance, dessinent derrière lui une tête de hibou aux yeux menaçants, sa queue étale la plume de paon de la vanité, ses chairs restent gris de cendre sous le soleil.

Paradis et enfer

JÉRÔME BOSCH : *Le Jardin des délices*, triptyque, peinture sur bois (détail), Eve tenue par la main du Créateur, 1503-1504. Madrid, Museo del Prado

Bosch remonte aux causes de cette aberration collective et en prévoit le châtiment : du péché d'Ève vient tout le mal et le chariot se dirige droit sur l'enfer en y entraînant toute son escorte. C'est tout le sens des deux volets du retable.

Les paradis de Jérôme Bosch ont une qualité de fraîcheur incomparable. Le jardin d'Éden se développe ici sur trois registres délimités par des bouquets d'arbres. C'est un rivage marin qui le borne à l'horizon et le ciel est celui du premier matin du monde, d'un bleu de porcelaine où s'amassent des nuages d'or. Bosch remonte à l'origine de la Création en nous faisant assister à la chute des anges rebelles, moment primordial du *Fiat*.

Bosch raconte à sa manière, légère et poétique, cette scission première, déjà génératrice d'inquiétude. Le Christ assis au milieu d'un nuage doré peuplé d'ailes vient de faire entendre la première vibration de la Parole : c'est la création de la lumière et des anges. En même temps les créatures opaques se massent à la partie inférieure des nuées et, chassées par Michel, tombent dans le plus beau des ciels pour enfin s'engloutir dans la mer. Au cours de leur vol inverse, d'anges obscurs qu'ils étaient, ils se transforment en insectes fabuleux, en oiseaux inquiétants, en diablotins agiles. Les coups de pinceau rapides, chargés des couleurs les plus tendres, suggèrent plutôt que de décrire ces mutations avilissantes.

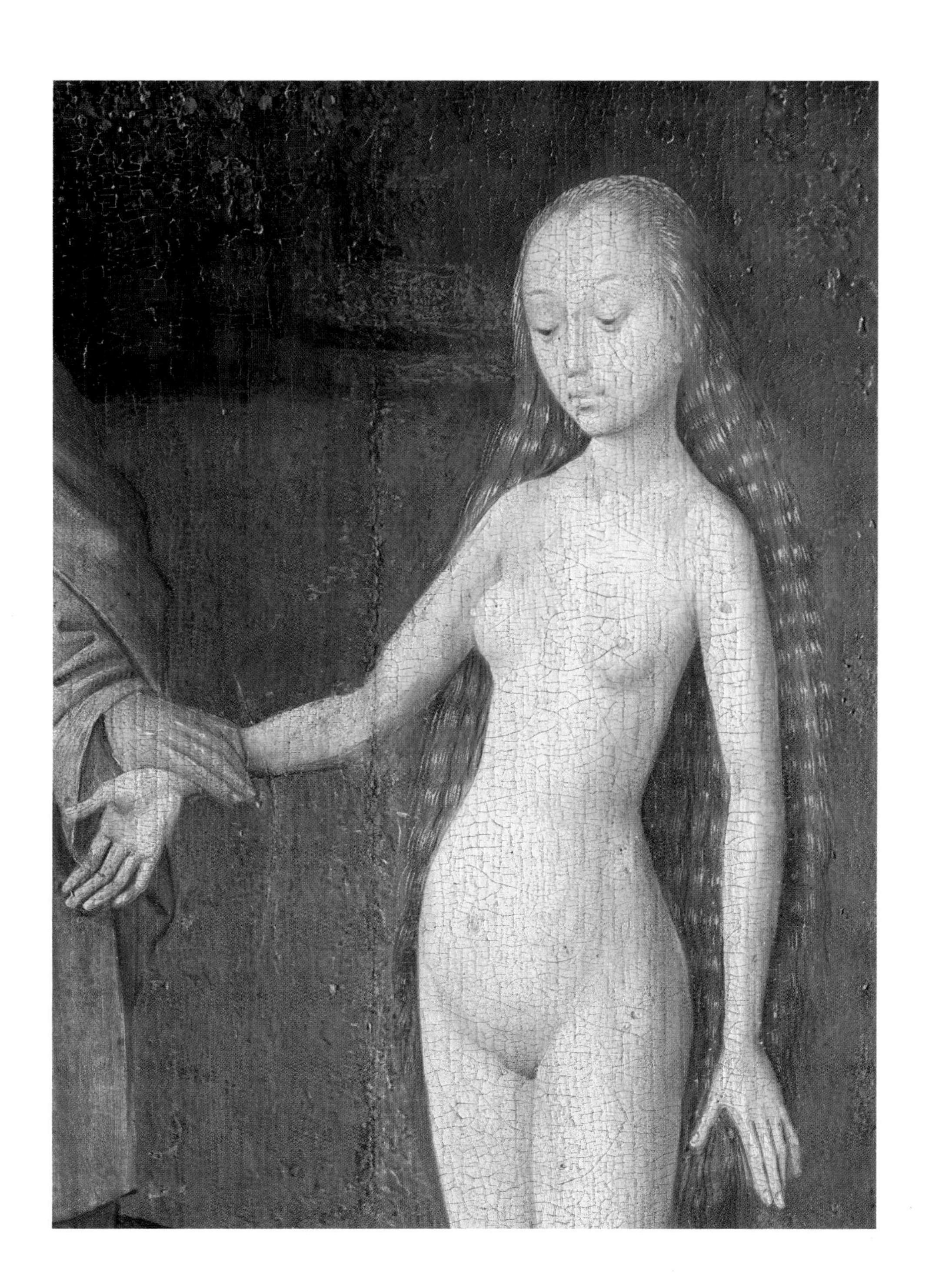

Les roches prolifèrent étrangement au jardin du paradis. Elles disent à leur manière les réactions inquiétantes de l'univers minéral à l'apparition d'Ève qu'un Dieu à barbe blanche, conventionnellement vêtu en pape, tire du flanc d'Adam — puis c'est la proposition du fruit fatal par un serpent à tête de femme, et la consommation du péché. Enfin, Adam et Ève sont chassés du séjour des délices par un ange juvénile qui simule mal le courroux. Ce volet du retable est comme un rêve : les plans successifs, sans véritable perspective, sont rompus de ces nudités blondes qui, de station en station, miment deux à deux avec tranquillité le drame originel du monde.

Bosch écrit des silhouettes sur un fond de jardin avec des courbes d'un seul jet. Adam est à peine plus viril et aussi élégant que l'Ève aux longues jambes, aux hanches étroites, à la poitrine haut placée, adolescente encore...

Avec Bosch, les enfers se particularisent, aucun ne ressemble à l'autre dans son œuvre qui en comporte tant. Celui vers lequel s'avance le Chariot de foin est spécialement peu peuplé, ce ne sont que les abords de cette terre d'épouvante. On s'y occupe moins à punir les réprouvés qu'à construire une tour pour en défendre l'empire ou y préparer leurs supplices.

Cependant sont échantillonnées dès l'entrée quelques persécutions raffinées : un luxurieux dont un serpent dévore le sexe se voit engloutir par un poisson à jambes humaines. Un manant, son épieu sur l'épaule, sonne de l'olifant pour lancer ses chiens sur les envieux. Sa marche s'empêtre dans un homme raidi qui se déplace sur les mains, position inverse de la déchéance. La queue du cerbère au poil rouge qui se précipite à la curée s'épanouit en branches sèches. Qu'un martin-pêcheur soit perché sur cette queue végétale, c'est bien pour l'amour de l'insolite, ce sont les premières gammes du jeu des interpolations entre tous les règnes qui sera développé en symphonie dans *la Tentation de saint Antoine*.

Sur une sorte de pont voûté s'achemine un réprouvé, conduit par un homme-cerf d'une très grande distinction de manières et par un vieillard vulgaire à tête de chat. Déjà sur le sol gît une forme féminine, délicate nudité abandonnée là à son sort. Un monstre félin aux ailes de papillon vient de déposer sur son sexe un crapaud, presse-papier de bronze vert... C'est la poésie de la géhenne, redite par un oiseau des îles, perché sur un muret, bijou vivant qui nous rappelle en ce lieu de lamentations les chants et la liberté.

Un cavalier transpercé d'une flèche chevauche un bœuf en tenant un calice d'or.

Pendant que s'acheminent ces quelques-uns sur le pont qui mène aux profondeurs de l'enfer, les ouvriers de Satan travaillent à la construction d'une tour de brique rose, à la sarrazine, qui n'a rien de rébarbatif. A grand renfort d'échelles et d'échafaudages, les démons s'activent, gâchent le ciment, posent les briques, manœuvrent les palans. C'est l'entrain réconfortant d'un chantier prospère ; les êtres maléfiques, noirs ou verts, qui s'y emploient sont dans leur ordre de bien braves démons... Le maître d'œuvre, hybride d'homme et de grenouille, est saisissant : il dispose avec conscience les briques sur leur lit de ciment tout en haut de la tour. Éclairé par la lumière des incendies, il se profile sur la silhouette noire d'une forteresse en flammes où se balance un pendu. Le ciel embrasé verse sur toute la composition une lumière cuivrée. Bosch le peint comme le ferait Odilon Redon, ce ne sont que rousseurs transparentes, roses et violines, traces de bleu doux, posées en nuages de touches sensibles. La mer reçoit sur son miroir assombri ce triomphe ardent du ciel. Les damnés blancs y sont poursuivis par des diables noirs, silhouettes infimes qui répondent en négatif à la chute des anges dans la mer bleue du Paradis.

Selon la prédication du *Chariot de foin*, les enfants d'Adam, entraînés en masse à s'étourdir des richesses de ce monde, sont gibier d'enfer. Leurs chefs spirituels leur donnent l'exemple de la pire perversion ; le pape et les ordres monastiques sont mieux pourvus que la canaille. Où sont les justes et les saints ?

Les volets du retable fermé nous montrent un personnage pérégrinant par les chemins de la vie qui reste à l'écart de la « ruée sur l'or ». Vagabond, colporteur, fou errant, on peut lui donner tous les noms, mais son allure et ses chausses en loques disent sa pauvreté, et son expression de tristesse désabusée qu'il s'en accommode sans révolte. Cet homme a dépassé l'âge de la maturité. Il semble contempler en lui-même plus qu'à l'extérieur la route qu'il a déjà parcourue, dont les vicissitudes ont blanchi prématurément son poil et éteint ses espoirs. Il s'est peut-être laissé prendre aux leurres qui s'offrent à l'humanité pour se divertir. Courbé, misérable et pensif, il va s'engager sur une passerelle, mais elle n'est pas figurée comme le pont de la délivrance, son bois fragile est fendu. Il suit son chemin cependant, sans se dévoyer, dans une large plaine qui conduit notre œil de colline en colline jusqu'aux lointains bleuissants. Mais ce paysage apaisant qui pourrait lui apporter les consolations de la nature est jalonné de dangers et d'illusions : c'est la tentation de la chair, un couple de paysans danse au son de la cornemuse d'un berger, la frénésie du bien mal acquis, ces larrons qui dépouillent un voyageur et s'emparent de ses bagages, sans penser au gibet dont la menace attriste l'horizon. C'est la haine, représentée par un mâtin au collier de piquants qui grogne sur son passage ; mais elle n'a plus de prise sur lui, il repousse le chien de son bâton noueux sans même le regarder. Des ossements de bœuf que des passereaux survolent en se jouant, jonchent le sol à cet endroit. Ils sont pour lui un rappel de la mort que l'insécurité de sa condition ne lui rend pas moins redoutable.

Ce pèlerin de la vie continue d'aller de l'avant. Bosch reprendra dans *l'Enfant prodigue* du musée Beuningen de Rotterdam ce personnage essentiel avec un plus superbe métier — même vêture de tous les gris les plus rares, même démarche fléchie, même panier sur le dos avec la cuiller de bois pour les repas hasardeux ; mais l'expression du Fils prodigue est différente, les yeux sont encore vifs, la bouche moins amère. Il quitte ses pourceaux et sa vie dissolue dans la plus extrême des misères, mais il a un Père vers lequel il retourne en espérant son pardon. Le solitaire du *Chariot de foin* n'est pas encore engagé sur la voie du retour. »[8]

Un chariot de foin accompagné, assailli et poursuivi par une humanité qui s'éloigne de Dieu pour aller vers l'enfer ; un homme qui pérégrine à travers les sollicitations de l'existence vers une destinée apparemment inconnue : telle est la vision du triptyque du *Chariot de foin* ouvert et fermé. C'est clair. Mais l'énigme demeure.

S'il y a plusieurs interprétations des *Demoiselles d'Avignon* de Picasso ou des *Régentes* de Frans Hals, les explications des intuitions de Jérôme Bosch sont encore plus nombreuses. On a pu en dénombrer plus de cent soixante depuis 1940 ! Le cas Bosch est exemplaire. Il mérite examen et justifie que nous ayons pris le soin de donner place au luxe de détails que Jérôme Bosch fait voir dans le *Chariot*.

Déjà Tolnay en 1937 et Combe en 1946, attirent l'attention sur la présence d'éléments dont la signification pourrait être dévoilée par le truchement de l'alchimie.

Fraenger réduit *le Chariot de foin* à l'influence d'une *secte* adamite, de la « confraternité de Notre-Dame et du Cygne » ou au culte de la secte hérétique secrète « des Frères et Sœurs du Libre Esprit ». Il cherche à déceler de détail en détail les traces d'une hérésie judéo-chrétienne.

Pour d'autres, Bosch se résout aux démonstrations d'un nudisme banal. Pour d'autres ce sont les mystères orphiques, voire l'influence de mythes hindous qui révèlent le sens du triptyque. Pour d'autres, tout se réduit au milieu proche brabançon dans lequel évolue Bosch.

Pour d'autres, l'explication décisive est celle que donne l'étude de la langue et des coutumes, des calembours, des locutions typiques ou des dictons empruntés au langage vert ou franchement obscène de l'époque. Pour d'autres, c'est le retour au folklore qui révèle l'essentiel... quitte à faire subir des aménagements laborieux aux correspondances entre le tableau et ce folklore.

Beaucoup d'analyses, subtiles, parfois étirées. Les errances narratives que relève Michel de Certeau n'y échappent pas. On pourrait encore ajouter bien d'autres digressions intéressantes, par exemple la rencontre psychanalytique à partir des surréalistes. Nous avons mentionné plus haut Salvador Dali. C'est une évidence : Max Ernst, Magritte et surtout Yves Tanguy dans *le Ruban des excès*, dans *Jour de lenteur* ou *Je vous attends* sont directement sous l'influence de Bosch. On peut alors évidemment y percevoir les racines d'un inconscient universel.

Et après ?

On n'a rien expliqué si l'on omet ou même si l'on tient pour simple détail deux personnages et leur dialogue silencieux. Ces personnages sont présents dans tous les tableaux importants de Bosch, pour ne pas dire dans la totalité de ses œuvres, à deux ou trois exceptions près. Comment comprendre la place et le dialogue de ces deux personnages ? S'opposent-ils aux délires des triptyques ? N'y a-t-il pas, au contraire, des raisons décisives de les intégrer, malgré la contradiction apparente, aux autres personnages, diables et monstres, horreurs, allégories, fantaisies, excentricités, épouvantes, hallucinations et obsessions de Bosch ?

Des « retables »

Certes beaucoup pressentent qu'on ne peut regarder Bosch sans y voir « l'opposition du bien et du mal », les « symboles de la passion et du péché », le « tragique de la destinée ». Cela saute aux yeux. Reste à expliquer que la présence des deux personnages n'est pas surajoutée. Ils font partie du drame lui-même, non seulement dans leur expression, mais parce qu'ils obligent à regarder plus loin que les détails afin de saisir la pointe de ce drame pour lequel Bosch a fait toute sa peinture. De spectateurs, ces personnages nous font passer à la condition d'acteurs de ce drame. Deux évidences bonnes à rappeler.

Sur les trente et une œuvres que l'on peut attribuer à Jérôme Bosch, vingt-cinq peuvent être identifiées avec certitude. De cet ensemble, quatorze sont des triptyques ou des fragments de triptyques. Cela veut donc dire que ces quatorze œuvres majeures sont toutes explicitement des retables. Ainsi la moitié de ses œuvres ont été destinées à présider une célébration liturgique. Elles ont donc été conçues et voulues pour être regardées par ceux qui assistaient à une messe ou un office ou pour les aider à prier.

Ajoutons que sur les seize autres œuvres, *toutes*, sauf trois, mettent en scène les mêmes personnages et le même dialogue que nous évoquons.

Il ne suffit pas pour entendre la gravité de cette présence et en saisir les harmoniques d'évoquer un spectacle. C'est d'un affrontement qu'il s'agit, avec des partenaires et un dénouement précis.

Le génie de Bosch n'est pas seulement de donner à voir des curiosités surréalistes. Il va à l'essentiel : pourquoi le mal ? et rappelle ce qu'aucune religion n'a dit en dehors du christianisme. C'est pourquoi il est exemplaire, comme le sont Rouault, Lorenzetti, Cavallini, Van Eyck, Van der Weyden, Enguerrand Quarton ou Rembrandt.

En face du mal, Bosch remonte à la Création. Dieu y préside. Bosch a compris que le christianisme complique les choses, en affirmant et maintenant que le monde a été voulu par Dieu. Il est clair que, pour Bosch, un monde parfait est une idée impossible, comme une vitesse infinie est impossible. On ne peut prouver la nécessité de la Création. Bosch sait qu'on ne peut démontrer ces évidences de manière positive. Comment dire l'absolu de Dieu ? On peut seulement montrer le relatif et laisser voir qu'il ne peut subsister par lui-même. On constate les choses. On peut seulement les donner à voir avec leurs limites de créatures. Dieu a voulu ce monde et voulu le risque fou de la liberté. On peut ou non accepter l'attirance vers le meilleur. On peut aussi préférer un moindre bien. C'est toute l'intuition du « foin ». Les créatures sont mises devant la possibilité d'un choix : ou bien leur liberté, qui n'est pas un arbitraire capable d'aller à droite ou à gauche ou vice-versa mais une séduction vers le meilleur, ou bien une rupture et une désertion. Bosch a un génie chrétien. Il ne dédramatise pas. Ce monde est pris dans le combat pour ou contre le surcroît de bien que la liberté peut, ou non, vouloir être. Car la limite affecte aussi l'homme en son libre pouvoir de créer. Avarice, orgueil, colère, jalousie, tous les penchants de la pesanteur humaine guettent le pèlerinage terrestre. Bosch ne condamne pas. Il constate. Il décrit. Il montre la solidarité, la contagion, l'entraînement dans le mal comme dans le bien. L'homme n'est pas le point zéro de son existence. Il arrive à la vie, comme sur *le Chariot de foin*, porté par un environnement, lié à un compagnonnage, habité par des pulsions dont la pesanteur est ce péché « originel », présence dès le départ de sollicitations et « tentations » aux multiples visages. Les réprouvés sont pris par la solidarité dans l'incendie de la passion ravageuse, tandis que les bienheureux sont portés par une solidarité dans l'appétence vers la lumière.

JÉRÔME BOSCH : *Jugement dernier*, triptyque, peinture sur bois (détail) 1500-1504. Vienne, Akademie der Bildenden Künste.

Cela ne suffirait cependant pas à faire d'un tableau un « retable ». On resterait encore dans un discours « sur » le tragique humain. Bosch

JÉRÔME BOSCH : *Le Chariot de foin* (détail). Madrid, Museo del Prado.

JÉRÔME BOSCH : *Visions de l'au-delà* (détail). Venise, Palazzo ducale.

franchit une autre étape : l'humanité est invitée à entrer par ses plaies et ses blessures, du fond de sa détresse elle-même, dans un univers qui la dépasse : celui de la Gloire, mais au nom de quelqu'un qui fait désormais partie d'elle-même, le Christ. Ainsi il n'y a pas de « réponse » abstraite au mal. Il y a davantage : une présence, et une présence qui, avant tout jugement, invite et regarde l'homme avec tendresse. Bosch a saisi que seul un échange de regards entre l'homme et Dieu pouvait montrer et rendre compte en même temps de la Toute-puissance du Créateur et de l'infirmité, elle aussi toute-puissante, de la créature. L'homme garde le pouvoir, et c'est un pouvoir infini bien que négatif, de refuser l'attirance du Bien infini : les regards qui entourent les Couronnements d'épines et les Portements de Croix le disent assez. On a pu cracher sur l'Innocent, le souffleter, le crucifier.

Un échange d'identité

On peut alors revenir aux deux personnages clefs de tous les tableaux de Bosch. *Le Chariot de foin* est exemplaire. En haut du tas de foin, un ange éploré intercède pour ceux qui sur terre ne savent plus vers quoi se dirige le chariot. Il intercède en faisant retour au Christ. Celui-ci émerge de la Gloire. Comment l'ange s'adresse-t-il au Christ ? Par un regard, souligné explicitement dans le tableau par le rayon qui traverse l'espace en partant de l'ange pour rejoindre les plaies du Christ. Comment le Christ répond-il ? Simplement en montrant ses stigmates, en dévoilant les blessures qui révèlent le prix de la dignité humaine. L'ange douloureux et le Dieu dévoilant ses plaies n'ont besoin que de cet échange d'un long regard pour « dire » en positif tout le sens de l'endroit et de l'envers du retable. L'humanité avec son char de foin s'est coupée de la vue de Dieu. Le vagabond n'a plus que son regard éperdu, interrogateur. Non pas révolté. Cela est essentiel. En face du mal, toutes les religions proposent trois solutions. Ce ne sont pas celles de Bosch. D'abord la revanche par débordement fabricateur. Le mal ne serait qu'un moment d'un plan plus vaste. Il ne serait qu'une pièce de scénario inévitable de l'univers et l'esprit de l'homme a assez de puissance technique, intellectuelle ou d'ivresse créatrice pour absorber le mal présent dans un projet plus vaste vers des lendemains qui chantent. Pour Bosch, les lendemains ne chantent pas.

Une deuxième voie est celle de la révolte. On entre dans la lutte armée avec les armes du mal, quitte à tout détruire. Si le mal n'est pas une pièce du scénario de l'univers, c'est qu'il affecte alors l'univers lui-même d'un absurde irrémédiable. Tout est devenu possible. Plus d'interlocuteur, donc plus de limite, donc tout est permis, à commencer par la révolte. Bosch maintient la présence du Tout-Puissant. Il n'élimine pas le Créateur.

Reste la fuite. Si tout est pourri, il n'y aurait plus qu'à fuir dans une retraite et une libération intérieure. Bosch reste sur terre. Mais il interroge. C'est aussi là sa vertu « chrétienne ». Il a compris que ces retables destinés à l'adoration eucharistique n'éliminent pas la question. Le regard du vagabond interroge. Le regard de l'Enfant prodigue interroge. Le regard de saint Jean interroge. Le regard de saint Antoine interroge. Le regard de la martyre crucifiée interroge. Le regard des anges interroge.

L'adoration n'est adoration qu'au nom d'une interrogation suppliante, d'une question crucifiée. Et plus on s'enfonce dans l'adoration, plus la question devient crucifiante. Elle conduit bien à une « folie » : celle dont parle saint Paul. Les saint Jérôme, saint Jean, saint Antoine de Bosch sont les compagnons du Christ de Gethsémani : « Pourquoi ? Seigneur, pour quoi ? » Ce n'est ni la révolte, ni l'indignation, mais l'interrogation. En face de l'état réel de l'humanité, encore otage de ses locataires, le germe de vie éternelle est semence dans l'obscur d'un terreau de nuit. Cette nuit met l'intelligence en détresse. Bosch ne fait pas l'économie de cette détresse. L'envahissement obscur de l'infini lorsqu'il est vécu dans la foi introduit à une connaissance supérieure : il pressent que la folie de la misère ouvre sur les fissures de la Gloire.

Pages suivantes :
JÉRÔME BOSCH : *Retable des Ermites*, peinture sur bois (détail) 1505. Venise, Palazzo ducale.

JÉRÔME BOSCH : *Saint Jérôme*, peinture sur bois (détail) 1505. Gand, Museum voor Schone Kunsten.

L'adoration des regards de Bosch, et elle seule, dépasse la contradiction essentielle. Pourquoi être né dans cet univers ? Pourquoi Dieu est-il tout mais l'homme n'est pas rien ? Pourquoi ? Cette adoration n'accepte aucune diminution de l'obscurité. Les horreurs et hallucinations de Bosch le disent assez. Il ne nous fait grâce d'aucune perversion. Mais il y a toujours dans son œuvre Quelqu'un pour tourner le déchirement de la souffrance en interrogation passionnée, douloureuse, proche de la révolte, mais d'une révolte d'amour et comme déjà pénétrée d'exultation à cause du pressentiment de la réponse éternelle. Interrogation jamais éteinte, vrai frémissement des adorateurs en esprit et vérité. Ils sont toujours à leur poste dans chaque œuvre de Jérôme Bosch, comme la sentinelle d'Isaïe :

« Sur tes murs Jérusalem, J'ai placé des sentinelles. Ô vous qui faites souvenir Yahveh, Ne prenez pas de repos et ne Lui laissez pas de repos jusqu'à ce qu'Il ait rétabli Sion et qu'Il en ait fait la louange de la Terre. »

Plus encore qu'à la sentinelle d'Isaïe, l'ange de Bosch renvoie aux chapitres 4 et 5 de l'Apocalypse, aux chapitres 6 et 9 de l'Épître aux Hébreux et au discours de saint Jean après la Cène. Point n'est besoin

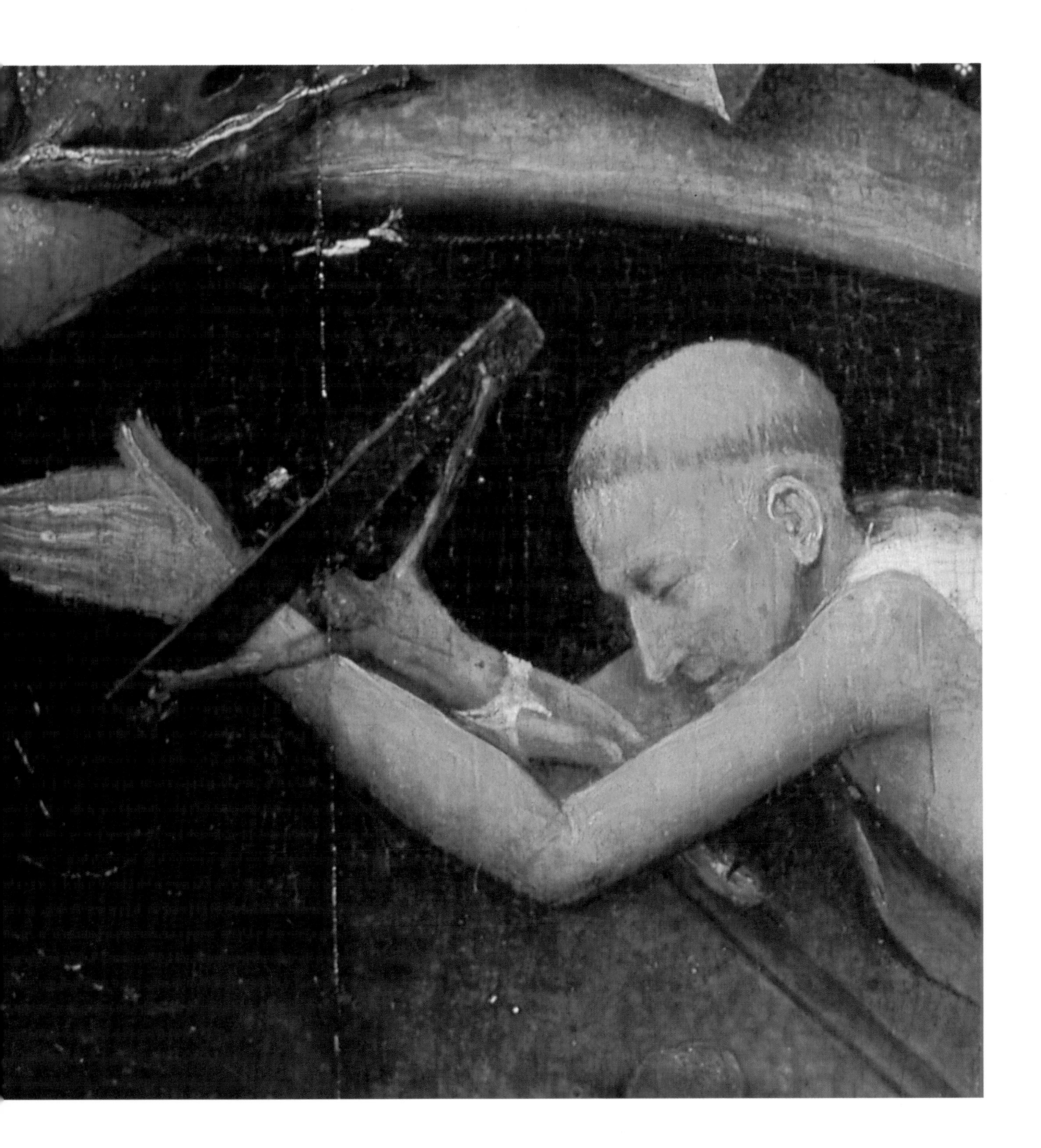

pour entendre l'essentiel d'aller chercher on ne sait quelle secte hérétique. C'est l'essence de la liturgie chrétienne que Bosch a saisie : ici-bas l'homme est invité à assister à la liturgie céleste. Comme le Jean-Baptiste de Bosch, nous sommes conviés à contempler l'Agneau. Le Drame a eu lieu, et la partie est gagnée. Le Christ a vaincu la Bête. Les stigmates en sont les signes indélébiles, à jamais inscrits au Ciel, contemporains de chaque génération chrétienne. Signe sauveur pour qui veut le voir, empreinte libératrice pour qui veut la recevoir, appel lumineux pour qui veut le suivre. L'ange envoyé de Dieu est là pour le rappeler aux hommes. Le Gloria, le Sanctus et l'Agnus Dei de la messe, ne sont pas d'abord chants terrestres, ils sont les hymnes de la Cité céleste que l'homme est invité à reprendre comme l'écho de l'Esprit devenu sien. A côté d'un dicton qui rappelle l'équivalence entre le foin et la précarité des richesses terrestres, on peut sans trahir Bosch, rappeler encore une fois saint Paul :

« Et nous tous qui, le visage découvert, réfléchissons comme en un miroir la Gloire du Seigneur, nous sommes transformés en cette même image, allant de Gloire en Gloire, comme de par le Seigneur qui est Esprit » (2 Co 3, 18).

JÉRÔME BOSCH : *Visions de l'au-delà* (détail). Venise, Palazzo ducale.

Il faut remonter jusqu'à ce sens premier de la liturgie « chrétienne » pour entendre ce que les « retables » de Bosch ont à dire. Alors tout le tableau s'éclaire de cette présence apparemment secondaire (mais qui n'est pas seconde lorsqu'on décèle que la quasi-totalité des tableaux de Bosch en sont comme signés et contre-signés). Il n'y va pas seulement du mystère liturgique. Le Créateur tient la main d'Ève ; l'ange et le Christ, en Gloire mais stigmatisé, se regardent pour dire ce qui est le cœur de tout le mystère chrétien : *un échange d'identité.* Dieu s'est fait homme pour que l'homme puisse devenir Dieu. Il y va d'une « transsubstantiation ». Le terme est simple. Redisons-le : c'est celui d'un échange d'identité. Comme l'humanité de Bosch, l'homme est inquiet et inquiétant tant qu'il n'a pas répondu à la question : « Pourquoi suis-je né ? Mais que suis-je donc ? »

Une scène de l'Évangile éclaire cette question, vécue comme un psychodrame, comme une parabole. Elle tourne autour d'une pièce de monnaie et de l'anecdote banale d'un impôt à payer. Masaccio l'a illustrée admirablement sur la paroi de la chapelle des Carmine à Florence. Le Christ demande à saint Pierre qui vient de trouver la pièce : « Qu'est-il marqué sur cette pièce ? » Pierre répond : « César ». D'où la conclusion : « Rendez à César ce qui est à César et à Dieu ce qui est à Dieu. » Qu'est-ce qui est à Dieu pour qu'on le lui rende ? Sinon seulement son Fils. L'homme est marqué à l'effigie du Fils de Dieu. C'est pourquoi Dieu ne peut plus résister quand il voit l'homme car c'est le visage de son Fils

qu'il retrouve en lui. Parmi toutes les religions, le christianisme est la seule à avoir dit cela. L'homme a le pouvoir de rendre Dieu à Lui-même en lui présentant son propre Fils. Lorsque Dieu regarde l'homme, c'est son enfant qu'Il voit. Dieu s'est fait homme et c'est irréversible, pour que l'homme, à son tour, puisse se reconnaître pleinement en Lui. Il est devenu son miroir. L'effigie du Christ est la seule qui renvoie inlassablement cette image cherchée et mendiée désespérément ailleurs. Le Christ a pris chair d'une femme pour que l'homme découvre sa ressemblance et se sache invité à passer par les fissures de la Gloire. Les aspirations les plus fantastiques du genre humain ne peuvent pas contenir Jésus-Christ. On voudrait bien parfois s'emparer de son message, de sa doctrine, mais sans avoir affaire avec la Personne du Christ. Mais sa présence fera toujours éclater idée et projet. Non pas au sens où ils ne seraient pas de bonne qualité, mais simplement parce qu'ils sont trop étroits pour contenir sa présence, son visage et sa « folie ».

Les retables de Bosch n'étaient évidemment pas destinés seulement à illustrer quelque dicton plus ou moins moral ou obscène, ou à rappeler quelque scène de folklore, ni non plus à prêcher une frayeur de prédicateur, ni même encore à illustrer une phrase d'Isaïe ou d'Amos.

Dans *le Chariot de foin* Bosch a génialement donné à voir les trois états de la création : celle qui s'est détournée : le chariot ; celle qui cherche désespérément : le vagabond ; celle qui aspire et participe à la Gloire à laquelle elle est destinée : l'ange. Le plus précis et le plus complet commentaire de Bosch, celui de Roger Marijuissen et Peter Ruyffelaere, a encore rappelé récemment la nécessité d'une lecture « liturgique » des œuvres de Bosch.

Il est justifié de maintenir que la poétique de Bosch ne se limite pas à des illustrations sociologiques ou des défoulements psychologiques. Le surréel, même surréaliste, est ici au service d'intuitions plus hautes : reconnaissance de la création, de la liberté, et drame du mal, option pour l'adoration ; célébration liturgique ; échange d'identités.

Si ce n'était pas le cas, comment expliquer la présence du Christ ressuscité, en Gloire, montrant ses plaies dans la quasi-totalité des œuvres de Bosch ?

Qu'est-ce qui ouvre *le Jardin des délices* du Prado ? Le Christ tenant la main d'Ève. Qu'est-ce qui est au centre de *la Tentation de saint Antoine* de Lisbonne ? devant qui se prosterne-t-il ? Le Christ en croix et le Christ bénissant l'autel de la messe. Qu'est-ce qui préside au *Jugement dernier* de Vienne ? Le Christ en Gloire montrant ses plaies dans la même position que celui du *Chariot de foin*. Qu'est-ce qui domine le triptyque fermé de *l'Adoration* du Prado ? Le Christ en Gloire montrant ses plaies. (Bien entendu le triptyque ouvert met aussi en présence du Christ de la Nativité.) Qu'est-ce qui est au centre du *Portement de Croix* de Vienne, du *Portement de Croix* de Madrid ? Le Christ en Passion. Qu'est-ce qui domine *la Vision de saint Jean à Patmos* de Berlin ? Le Christ sur les genoux de Marie en Gloire. Qu'est-ce qui termine *le Déluge* de Rotterdam ? Le Christ bénissant. Vers quoi les bienheureux du *Jugement dernier* de Venise regardent-ils ? Vers la Gloire du Christ. Vers qui l'ange de la mort de *l'Avare* de Washington lève-t-il les yeux, comme l'ange du *Chariot de foin*, pour essayer d'arracher le gisant à la mort ? Vers le Christ crucifié en Gloire. Sauf *la Nef des Fous* de Paris, tous les triptyques ou fragments de triptyques ont pour introduction ou conclusion le mystère du Christ. Les autres tableaux ? *Les Sept Péchés capitaux* et *les Quatre Fins dernières* du Prado ? Au centre, le Christ en Gloire montrant ses stigmates, et exactement, comme pour le Christ du *Chariot de foin*, pour bien insister, Bosch reprend deux fois en médaillon le Christ ressuscité, juge de l'Apocalypse et montrant à nouveau ses stigmates. *Le Calvaire* de Bruxelles, *le Couronnement d'épines* de Londres, *le Couronnement d'épines* de l'Escurial, *l'Ecce Homo* de Francfort et l'ultime et sublime *Portement de Croix* de Gand où l'espace est aboli pour que tout converge vers un visage ? Celui du Christ. *Le Saint Jérôme* de Gand ? Le Christ peut fermer les yeux. L'énigme de tous ces tableaux s'est livrée dans l'échange fascinant entre le visage du Christ et les regards meurtriers des hommes. Une dernière œuvre : le « prétendu » *Fils prodigue* de Rotterdam ? Le Christ n'y est apparemment pas. Certes, mais il est devenu l'enfant prodigue lui-même qui fait retour à son Père. Il n'y a plus à distinguer entre l'angoisse de l'Homme et la Passion du Christ, parce que le Christ a ici pris la place de l'homme.

Les grandes BD du christianisme

Nous n'avons pas choisi *le Chariot de foin* pour le plaisir d'interpréter un tableau riche en anecdotes. Mais parce qu'il propose une synthèse du Credo : « Je crois en Dieu, Créateur et en son Fils unique qui offre la Vie éternelle » ; et parce qu'il n'est compréhensible que si l'on remonte à l'échange des regards, clef du mystère chrétien. Dieu a accepté d'être regardé, et il a regardé et la tendresse de l'Esprit a vu la misère de son peuple. Cela donne une grille de lecture pour toute œuvre « chrétienne ».

Tout artiste chrétien peut procéder de deux manières : illustrer l'une après l'autre toutes les grandes réalités religieuses ou bien les récapituler à partir de l'une d'entre elles. En ce cas, cela ne veut pas dire qu'on négligerait les autres. Car la foi n'a pas à faire, comme on l'a proposé, seulement avec du « croyable disponible » dont chacun pourrait prendre ce qui lui conviendrait. Même si tout n'est pas au même titre mobilisateur dans le trésor chrétien, tout se tient. Comment ? Non pas par un procédé accumulatif, mais par l'apprentissage d'une lecture secrète de tout le « Royaume » en chaque mystère et cela, en adoptant une attitude qui seule assure tout : échanger notre regard pour le regard du Christ.

Les grandes synthèses peuvent alors partir d'un mystère ou d'un autre. Si elles ouvrent au regard du Christ — qui est l'Esprit — alors tout est sauvé, et ce que saint Paul a dit est vrai : « de gloire en gloire nous sommes transformés en cette même image ».

De Vézelay à Manessier

• Chacun peut donc faire appel dans le trésor et le patrimoine chrétien aux œuvres qui l'aident le mieux à goûter la joie des richesses du Credo. Comme le font les tympans ou les retables des églises, on peut par exemple partir de la Mission du Christ avec le tympan de *Vézelay*. Le Seigneur de Gloire envoie ses apôtres aux quatre coins du monde. La main a ouvert la mandorle céleste. Saint Pierre s'appuie sur le pied du Christ qui seul dépasse du losange sacré, Paul regarde, le Christ aussi regarde. La terre entière est prise dans les rayons de la Gloire de celui qui fut « exalté ». Le frémissement du Ressuscité au matin de Pâques peut désormais se transmettre à toute la planète.
• On peut partir du mystère trinitaire. Dans l'icône de *Roublev*, les trois personnages partagent la même lumière dans l'échange silencieux d'un même regard qui, au terme, investit le pain livré pour le salut du monde et la coupe versée en rémission des péchés. La lance du centurion en perçant le cœur du Christ en croix est bien passée par la Sainte Trinité. Désormais, la table divine est ouverte à tout homme.
• On peut partir de la Résurrection. *Les Disciples d'Emmaüs* de Rembrandt sont effrayés de se savoir reconnus par le regard qui a vaincu la nuit de l'Agonie. L'homme se protège mais pour mieux se laisser attirer. Le Christ éblouit mais pour révéler la dignité de la Gloire à laquelle nous sommes destinés.
• On peut partir du mystère de Marie. *Enguerrand de Charroton* a choisi l'ultime moment de l'histoire de Jésus. En réponse à la rupture de l'Éden, Dieu couronne Marie. Au sol, Jérusalem ; au centre, la Croix. Tout

converge vers un visage : celui de la beauté de Marie qui a réconcilié le Ciel et la Terre. La tendresse peut être pudique. L'Amour a triomphé. Au même moment, Memling l'exprime avec une sublime délicatesse dans *les Sept Joies de la Vierge Marie*, à l'Alte Pinakothek de Munich, avec un rare génie théologique. C'est la même intuition. Dieu n'a pas résisté à l'humilité de Marie.

• On peut partir de la Croix et de la Rédemption. « Où trouver douleur semblable à celle-ci ? » Sinon chez Lorenzetti dans la crypte d'Assise ou dans la sublime crucifixion en rouge de l'église de San Francesco à Arezzo, ou bien chez le Tintoret à San Rocco de Venise, ou encore dans *le Miserere* de Rouault ou dans les *Passions* de Manessier. Où trouver force plus sereine que dans *l'Agneau mystique* de Van Eyck, dans les mosaïques de Saint-Clément à Rome et dans celles de Saint-Apollinaire de Ravenne ? Il faudrait ici s'arrêter devant *la Crucifixion* de Corneliisz Engelbrechtsz au musée Lakenhal de Leiden. La synthèse est poignante. Audessous du triptyque, sur la prédelle, le cadavre d'Adam gît, entouré à droite et à gauche des religieux et religieuses et donateurs en prière. Du corps d'Adam le tronc de la croix s'élève. On ne le voit plus mais on est conduit au mont du Calvaire. Là Marie est en compassion avec Jean et les saintes femmes, au milieu du tumulte des soldats. Le Christ en Croix est encerclé par les larrons et entouré par les anges. Les deux volets du retable rappellent avec génie les deux préparatifs : à gauche, le sacrifice d'Isaac ; à droite, Moïse qui élève le serpent. Au revers du retable, le Christ flagellé et le Christ dépouillé, d'une chair rouge dont on ne sait plus si elle est encore celle du sacrifice ou déjà celle de la Gloire. Le retable a rejoint l'iconostase : il dit le mystère autant qu'il le cache. Mais avec splendeur. On comprend que désormais toute la peinture hollandaise peut naître. Les fondations en sont jetées.

• On peut partir des sacrements. A Anvers, *Van der Weyden* les a regroupés autour de l'Eucharistie, mais en arrière-plan de la Croix, vers qui se lèvent les regards de l'humanité blessée dans les yeux de Marie-Madeleine ? Vers le Seigneur de Gloire, crucifié et royal.

Mozart ne craint rien

Tant de trésors dans l'héritage chrétien... Ils sauvent la mémoire avec tendresse. Au moment où certains doutent de l'avenir du christianisme ou s'inquiètent sur le retour du religieux, faudrait-il oublier la « force tranquille » de ces chefs-d'œuvre ? On fait la queue à Amsterdam, Vienne ou Florence pour avoir accès à ces « bandes dessinées ». Impossible de faire taire les grands témoins. L'évangile n'a ni besoin, ni envie de triompher, il est, et dans ces chefs-d'œuvre avec discrétion. Les retards de la culture peuvent ignorer les lectures « religieuses » de l'art. Haendel, Bach et Vivaldi ne souffrent pas des inattentions. Mozart ne craint rien. L'Académie avait dit de Molière : « Rien ne manque à sa gloire, il manque à la nôtre. »

Ces « bandes dessinées », que ce soit à Ravenne, aux Scrovegni de Padoue, sur les murs de la Sixtine, dans les grottes de Subiaco ou au plafond de Zillis, ont en commun une qualité : cette douceur dont la présence est si précieuse, une oasis pour le cœur. Les explications esthétiques, formelles ou culturelles sont utiles. L'essentiel risque d'échapper si le détail qui transforme tout n'a pas été vu : « Ils lèveront les yeux vers Celui qu'ils ont transpercé. » C'est parce qu'il est capable de tout, et capable d'être un monstre, que l'homme a besoin de se savoir sauvé et, d'abord, regardé avec tendresse.

C'est le propre du christianisme de ne pouvoir séparer le message de la Personne qui livre ce message. On voudrait parfois s'approprier éventuellement l'Évangile, son langage ou sa « fable », voire les Béatitudes, mais sans avoir à s'encombrer de Jésus-Christ. Garaudy, le philosophe demande aux chrétiens : « Rendez-le nous ! » Comment rendre un message né d'une blessure ? Saint Paul et mère Térésa ne peuvent que répondre : « Il nous est impossible de le rendre, de partager son message sans partager en même temps l'amour pour Celui qui nous l'a donné. »

FRANCISCO GOYA : *Chien enterré dans le sable*, 1820-1823. Madrid, Museo del Prado.

Les peintres ne disent pas autre chose.

Le chien ensablé et Judas

Un regard purifié ? La grand-mère devant le premier sourire de sa petite fille est émue, « bouleversée en ses entrailles » comme Dieu dans la Genèse. Dostoïevski dans son roman *l'Idiot* voit dans ce sourire et cet émoi une des plus hautes révélations de Dieu. Mais la grand-mère ou la mère apprend vite qu'il n'est pas facile de regarder, de manière désintéressée, un enfant devenu adolescent. Comment décrire un regard ? Et pourtant impossible de se passer du regard humain pour dire le mystère de Dieu.

Avidité des changeurs d'argent, fièvre de l'amoureux, émerveillement de l'enfant, accablement du vagabond, effroi du pestiféré, jalousie froide du vainqueur, attention soutenue de *la Leçon d'anatomie*, l'histoire de la peinture livre tous les regards possibles. N'en gardons que trois : le regard de l'innocence qui interroge et implore, le regard qui refuse et tue, le regard qui adore.

Dans le premier, il y a celui de la petite Colombienne accrochée à sa barre de bois, prise dans la boue jusqu'au cou, silencieuse et déjà ailleurs. Le torrent de lave du volcan a tout englouti. Pourquoi elle ? Pourquoi les hommes ont-ils laissé construire sa maison là où ils savaient que la terre pourrait exploser et refermer ses cendres brûlantes et boueuses sur l'espérance ? À côté, je mettrai un seul regard. Lui aussi est levé vers la montagne, lui aussi implore et ne comprend pas, lui aussi est pris jusqu'à la gorge par la terre devenue tombe, lui aussi est silencieux et innocent : c'est celui du *Chien ensablé* de Goya à la maison du Sourd. Il fallait, comme dans l'Évangile, utiliser un animal pour dire l'être sans défense devant la cruauté du destin.

Dans un deuxième groupe, je ne retiendrai que trois échanges de regards. Et même plus, trois échanges nés d'un baiser. Ce sont les regards de Judas. « C'est ainsi que tu livres le Fils de l'Homme ! » « Salut, Maître. » « Ami, fais ta besogne », répond le Christ. Ce n'est plus le regard de l'étonnement, de l'interrogation ou de la stupeur, c'est le regard de l'indignation qui tue. Job, dans ses blasphèmes, avait préfiguré la tentation de Judas : « Jusques à quand me regarderas-tu ainsi ? » « Je vous sens jusque dans mes os. Vous pouvez vous clouer la bouche. Arrêterez-vous votre pensée ? Je l'entends. Vous êtes partout. Vous m'avez volé jusqu'à mon visage. Vous le connaissez mais moi je ne le connais pas. » Job terminera dans l'adoration. Judas dans le désespoir. Ce sont les deux seules issues. Judas reproche au Christ d'être venu le déranger. Il aurait été tellement plus reposant de ne pas savoir à quoi il était invité. « Pourquoi es-tu venu nous déranger ? Car tu nous déranges. Demain je te livrerai. » C'est ce que disent trois des scènes les plus fortes où Judas rencontre le Christ.

• *Le Christ des Scrovegni* de Giotto à Padoue est calme. Judas s'approche. Les lèvres ne se touchent pas encore. Mais les yeux de Judas, sa face, ses sourcils sont déjà pris dans la haine irrémissible ou dans l'angoisse de la pendaison.

• A Nohant-Vic, comme à Padoue, les bras du traître se sont saisis du Christ, mais dans la fresque romane le Christ se présente non plus dans l'arrêt du face à face mais de dos. On se précipite sur lui dans la hâte de s'emparer du Tout-Puissant. Judas enlace son maître alors qu'un soldat agrippe le torse qui sera flagellé et qu'un autre enserre les mains qui seront crucifiées. Le Christ se retourne. Il est, non pas étonné, seulement présent, le visage ouvert, déjà prêt, comme l'hostie offerte en partage.

• A Saint-Apollinaire in Nuovo de Ravenne, le Christ et Judas sont seuls, entourés à gauche des soldats en rouge, à droite des apôtres en blanc.

Le centurion a dégainé son épée. Pierre va tirer le glaive. Le Christ a pour l'instant baissé les bras et caché ses mains sous sa tunique. Ce n'est plus le moment de la lutte. Ce n'est pas encore celui de l'offertoire. C'est l'instant du regard. Il ne se fait pas de face. Ils sont côte à côte. Mais la joue de Judas épouse celle du Christ et sa main le désigne.

« Ami, fais ta besogne. »

Goya au parloir

Madrid, août 1819, Goya se présente au parloir de la communauté des Escuelas Pias, des écoles pieuses de San Anton, dans la rue d'Hortalezza. La communauté lui a commandé en mai une toile destinée à l'un des autels des bas-côtés de l'église : *La dernière communion de saint Joseph Calasanz*. Elle doit être terminée avant le 27 août, jour de la fête du saint fondateur pour la somme de seize mille réaux.

Un vieux prêtre, saint Joseph Calasanz, reçoit l'hostie des mains de l'officiant. On peut voir sur son visage la lividité de la mort prochaine, avec la même ferveur que celle de saint Jérôme communiant, dans l'admirable petit tableau de Botticelli au Metropolitan de New York ou celle de saint François d'Assise dans *la Dernière communion de saint François* peinte par Rubens à Anvers, mais au lieu de l'extase de saint François, ici saint Joseph Calasanz est totalement recueilli, les yeux fermés, les mains jointes. La soutane noire du saint contraste avec le coussin rouge et avec la chasuble dorée du célébrant. L'hostie du Christ et le visage de l'homme recueilli. C'est l'opposé de la rencontre de Judas.

Goya avait gardé reconnaissance aux Pères qui l'avaient éduqué alors qu'il était enfant à Saragosse. Le lendemain, comme pris de scrupule, il revient au parloir. Il rapporte une grosse partie de la somme que lui avait versée le prieur. Il a alors soixante-treize ans. Avec l'argent, Goya remet au prieur, le père Pio Pena, un petit colis 0,47 m sur 0,35 m, enveloppé dans du papier, qu'il laisse sur la table du parloir.

C'est peut-être l'une des peintures, ou « la » peinture religieuse la plus bouleversante de l'histoire chrétienne. « Je vous remets ce souvenir pour la communauté. Ce sera mon dernier travail à Madrid », dit seulement Goya. Le Christ, à genoux sur fond noir, est pris dans un rayon de lumière qui, comme à la Transfiguration, traverse l'espace venant du Ciel. Mais ici, c'est le Christ aux Oliviers. On est dans la nuit de l'Agonie. En haut, à droite, un ange est effleuré par le rayon lumineux. Il n'a rien d'autre à offrir que le calice. Le Christ ouvre les bras exactement dans la même attitude que celle du fusillé du 3 mai 1808. La figure

de l'ange est traitée sommairement. La nuit s'est refermée sur les apôtres dont on perçoit dans l'arrière-fond les formes confuses. On voudrait pouvoir détailler le tableau. C'est impossible. Un regard nous retient. Celui de Jésus. C'est la réponse. Il n'y en aura pas d'autre. En face de la question : « Je n'ai pas demandé à naître. Pourquoi cet univers où le mal et le désespoir enserrent même ceux qui voudraient espérer ? », le Christ ne se protège pas.

« Il n'a pas ouvert la bouche. » Il a écarté les bras, « il a offert son dos à ceux qui le frappaient. » De tous les Christ peints par Goya, celui-là émeut le plus. Il fait, avant l'heure, le geste du crucifié, de l'humanité martyrisée dans le corps du Fils de Dieu, comme elle l'est dans celui des fils de l'homme. Ici, l'homme est à genoux, dans l'accablement. Mais il est debout dans le geste, bras en croix, de l'homme du peuple qui va périr sous les balles du peloton d'exécution dans la *Scène du 3 mai 1808*. Et c'est aussi le geste, non plus de mort, mais de résurrection non plus de défaite, mais de victoire qui, dans un dessin de 1820, fait se lever dans le ciel les mains de cet homme agenouillé de joie devant les rayons naissants de la liberté. *Divina Libertad* a écrit Goya de sa main sous l'écartèlement radieux de l'homme qui rend grâces. Comme Jérôme Bosch, Goya a tout inscrit dans le regard.

FRANCISCO GOYA : *Le Christ au jardin des oliviers* (47 × 35 cm), 1819. Madrid, Communauté des Escolapios.

Au monastère des Reales Descalzas de Madrid, le Titien a donné au *Christ au denier* un regard encore plus bouleversant que celui du *Portement de Croix* de San Rocco à Venise. A Madrid, le Christ regarde avec insistance les mains de saint Pierre. Et comme pour souligner son angoisse, la main du Christ désigne elle aussi les mains de Pierre, mains de la fragilité, mains de la trahison. Pierre, lui, regarde le Christ. Il rejoint déjà, de manière implorante, le regard de Jésus, celui qu'il retrouvera dans la nuit de l'Agonie. Dans sa *Pieta* d'Anvers, Van Dyck copiera Alonso Cano en inversant seulement la droite et la gauche du tableau : la Vierge agenouillée regarde le ciel ; le Christ, étendu sur la robe de Marie, regarde la terre. Saint Jean regarde les anges qui pleurent, mais une main de Jean tient celle du Christ, alors que l'autre désigne ses plaies. Véronèse aura exactement le même geste. Il y reviendra cinq fois jusqu'à la bouleversante *Pieta* de l'Ermitage à Léningrad. La vierge et l'ange regardent le Christ. Mais, à l'univers, l'ange ne désigne et n'offre que la main percée des stigmates.

Que faire d'autre ?

On ne rappellera jamais assez l'intuition de Pascal : « Après la Résurrection, Jésus n'a plus voulu être touché que par ses plaies. » Bosch et Rembrandt, Goya et Rouault n'ont pas prétendu à autre chose qu'à désigner ces plaies.

Les fissures de la gloire

Non seulement le Christ, après la Résurrection, n'a plus voulu être touché que par ses plaies, mais lui-même n'a plus voulu se regarder qu'à travers ses propres plaies. Dire cela ne serait-ce pas en rester à un Christ douloureux, voire doloriste ? Devrait-on toujours s'en tenir au Christ du Jardin des Oliviers de Goya ? Où est donc son interlocuteur ? Où est donc celui qui répondra à la question ? Comment dire que les blessures du Christ, depuis le matin de Pâques, sont devenues les portes de la Gloire ? Comment dire que la procession des initiés dans la nuit de la Vigile pascale prend son point de départ d'une pierre tombale ? Et que ce soit crédible ?

Envoûtés par la grâce des Memling de l'hôpital Saint-Jean à Bruges, on ne s'attend pas à la surprise d'un *Jugement dernier* du Groningue Museum. Qui a donc bien pu souffler cette inspiration lumineuse à ce Franc-Maître anversois ? Jan Provoost était un bourgeois de Bruges où il épousa la veuve de Simon Marmion avant de se remarier encore trois fois, devenu trois fois veuf à son tour. Qui donc lui a suggéré l'intuition qui sous-tend le *Jugement dernier* qu'il peignit en 1525 pour la salle des Échevins ?

ENGUERRAND QUARTON : *Pietà de Villeneuve-lès-Avignon*, peinture sur bois (détail), vers 1454. Paris, Musée du Louvre.

Le retable n'est pas génial. Il est au-delà. Certes, l'œuvre a une tonalité heureuse : des bruns sombres du sol aux bleus moirés du ciel, au large enveloppé rouge du vêtement flottant du Christ, la symphonie est achevée. Il est vrai que Jan Provoost imite encore les maîtres italiens, qu'il emprunte à ses prédécesseurs flamands et que sa composition n'évite pas quelque lourdeur aux redondances déjà soulignées d'un accent maniériste. Mais qui donc lui aura soufflé la trouvaille de génie qui dit en même temps la misère et la Gloire ? En même temps, le regard et les stigmates ? En même temps, la transcendance et l'incarnation ? En même temps, la toute-puissance et la tendresse ? En même temps, la poussière fatale et l'espoir plus fort que la lassitude ?

Malgré ses tonalités sombres, la terre du retable est tout allégée. Le centre du tableau avec des nuages bleutés est retourné vers le haut comme si l'arc-en-ciel du déluge avait été inversé. Sur le fond d'un horizon qui pourrait être triste, les ressuscités se réveillent comme un corps de ballet où chacun retrouve et enfile avec grâce le vêtement blanc de ceux qui accompagnent l'Agneau. Au milieu, le Livre de l'Apocalypse, le Livre de vie que seul l'Agneau immolé a le pouvoir d'ouvrir. Le livre repose sur la croix dorée. Deux anges annoncent à la terre par leurs longues trompettes que c'en est fini du temps des pleurs et des larmes. A

gauche, la cité bienheureuse, d'or et de lumière, a ouvert ses portes. Les apôtres et les docteurs entourent le Christ. Ils font davantage penser aux moments de recréation d'un ensemble d'artistes qu'à la piété austère d'un noviciat. Apôtres, papes ou prophètes (Moïse porte allègrement sa mitre) ont aussi la robe nuptiale. Seul Jean-Baptiste a gardé la pelisse du désert. Il contemple son agneau qui regarde le Christ qui, lui, regarde sa mère. Et elle, que regarde-t-elle ? Bien sûr, son Fils. Il est assis dans la mandorle dorée, ou plutôt sur le bord de la mandorle, les jambes pendantes de telle sorte que ses pieds entourent la croix. Il est bien redevenu le Tout-Puissant : sa main gauche tient l'épée du Seigneur de Justice, mais elle reste comme contenue et enserrée par la mandorle, bloquée par la Gloire. Dans le coin bas, à droite, un chariot à quatre roues, digne des conestogas de la marche des Américains vers l'Ouest, sort du lieu de purification, rougeoyant et encore inquiétant.

JAN PROVOOST, *Jugement dernier* peinture sur bois, 1525 (détail). Bruges, Groeningenmuseum.

Marie est sereine. Son visage est celui du temps de Bethléem, du moment de sa maternité. Elle tend assez fermement sa main gauche, paume ouverte, comme un avocat qui présenterait son dernier argument, celui qui doit emporter la décision, tandis que sa main droite énonce cet argument : celui qu'aucun Jugement dernier, celui qu'aucune autre religion ne nous aura jamais présenté. La main de la Vierge Marie a ouvert le vêtement qui couvrait son sein ; on dirait que la robe du jugement est la même qui avait été prévue pour le temps de l'allaitement. Et Marie tient ce sein dénudé qu'elle montre à son Fils, comme pour lui rappeler sa Nativité. Ici, l'avocate du genre humain, la cadette de la race humaine, la jeune Vierge de Nazareth n'a plus que le geste qui lui fut autrefois demandé : présenter au Fils de Dieu cela que Dieu ne pouvait se procurer sans elle. Avoir connu la soif et avoir trouvé un sein maternel pour être nourri. Elle regarde le Christ et le Christ la regarde. De son côté, il a détourné le regard de la main qui tenait le glaive. Dans un geste exactement corollaire à celui de sa mère, le Christ montre alors son propre sein. En réponse à Marie, il dévoile à son tour la cicatrice de son côté où la lance est venue ouvrir le cœur de Dieu. Admirable échange. Un trait de Gloire rejoint les deux visages comme s'il n'y avait plus qu'un seul regard. Chacun rappelle à l'autre le motif qui rend désormais impossible toute domination, toute crainte, toute revendication. « Celui qui croit, échappe au jugement », dit l'Évangile de saint Jean. L'humanité est sauvée. Ce n'est pas un simple souvenir, ce n'est plus seulement une espérance bonne pour le temps incertain d'une aurore escomptée où l'on éviterait le châtiment en vertu d'un quelconque « mérite » dû à d'éventuelles bonnes actions. La réponse est devenue autre parce que la question elle-même a été irréversiblement modifiée.

Le Fils de Dieu permet à sa mère de regarder la cicatrice éternelle par laquelle le sang du salut divin a coulé. La Mère offre au regard divin le sein d'où est venu le lait qui a nourri le Fils du Père. Désormais pour celui qui lève les yeux vers « celui que nous avons transpercé » aucune condamnation n'est possible. « Celui qui croit au Fils, échappe au Jugement. » Ici Marie le rappelle à son Fils, Lui le rappelle aux hommes.

Comment dire la Résurrection ? Comment n'en pas rester au dolorisme ? au rappel insupportable des souffrances ? Les idées défaillent. Elles se pervertissent régulièrement. Chaque génération a beau lutter. On en revient toujours aux idées simplistes d'un marchandage. En face de Dieu, l'imagination humaine suggère spontanément une présence jalouse, concurrente, qui aurait fait payer une dette à l'homme. Zeus tolère difficilement le bonheur des humains.

A quoi bon le Christ ?

De Cavallini à Giotto, de Van Eyck à Dürer, d'Elsheimer à Rembrandt, de Greco à Velasquez, la question ne s'est pas arrêtée. Peut-on demander à Dieu les « raisons » de notre existence ou bien est-ce seulement pour un sommeil qui durera très, très, très longtemps que nous aurons vécu ?

Le Christ serait venu pour rendre l'espérance et remettre les hommes en marche ? On peut s'en tenir là. Alors à quoi bon le Christ ? Tout fondateur de religion, tout promoteur de secte a cette même prétention, voire tout homme politique.

Les grands illuminés de la peinture répondent autre chose. Si, depuis vingt siècles, l'Église revit de façon si intensément tragique la mort et la résurrection du Christ, ce n'est pas par simple piété, c'est qu'il y a en cette mort un scandale absolu. Pourquoi Dieu a-t-il voulu que son Fils, son envoyé, soit plongé dans la misère, la peine et l'agonie des hommes ?

On ne peut pas se contenter d'une première réponse : le Christ aurait été plongé dans les douleurs de la mort et de l'abandon pour « racheter » l'humanité. Sans autres précisions, on laisse ici à Dieu un rôle insupportable.

Une deuxième explication approche de la réponse la plus profonde. On peut l'appeler la voie de l'épiphanie ou de l'expressionnisme de Dieu. Cela commence par la question posée à Israël : « Que t'ai-je fait, mon enfant, pourquoi m'abandonnes-tu ? J'ai planté une vigne pour toi, j'ai inscrit ton nom dans la paume de mes mains, dit Dieu. Je t'ai envoyé des prophètes, et tu les as assassinés. Oh mon peuple, réponds-moi. » Et l'on assiste à cette longue histoire des prévenances secrètes de Dieu, à ce va-et-vient entre une tendresse divine vive ou discrète, et une autonomie humaine compréhensive ou rétive. Au terme, l'histoire elle-même demeure impuissante à exprimer ce que Dieu veut dire. Alors tout se passe comme si Dieu avait créé un homme et lui avait dit : « Veux-tu être ma Parole et, au-delà des discours humains, veux-tu entrer dans ce baptême de la boue, du mal, de l'agonie et des eaux de la mort, et par ta liberté, exprimer quelque chose qui est plus qu'une souffrance, qui est beaucoup plus profond qu'elle, qui est l'infini de mon amour et qui ne peut être exprimé que par la croix ? » Alors, en sa personne, Jésus de Nazareth devient pour tous les siècles l'espace, enfin libre, où l'amour de Dieu peut se répandre sans réserve.

Pendant très longtemps j'ai vécu sur cette réponse. Elle est immense. Le seuil est franchi. La fatalité est rompue. La mort ouvre sur un amour manifesté. Il y eut un temps pour révéler la miséricorde douloureuse de Dieu : ce fut la Passion, puis, lorsque les souffrances ont été accomplies, est venu le temps de manifester la gloire infinie : la Résurrection.

La tendresse des grands peintres, des catacombes à Cavallini, de Giotto et Lorenzetti à Manessier et Rouault, tirée de l'Évangile, propose de faire un pas de plus. Lorsque la souffrance naît d'un amour qui cherche à se donner, on ne peut pas la séparer des accomplissements de l'amour comme on diviserait en deux actes l'action d'une pièce de théâtre : un premier acte où les protagonistes subissent quelque opération libératrice, un deuxième acte qui amène la naissance d'un bonheur attendu. On ne peut pas, dans la destinée du Christ, considérer à part la Passion et la mort, puis dans une autre phase, une fois le voile du Temple déchiré, la Résurrection qui viendrait enfin manifester la Gloire. Pour s'arrêter à penser ainsi il faudrait n'avoir jamais aimé. Quel est le secret de toute vie lorsqu'il a été donné d'enfanter quelque chose ou quelqu'un ? Dès le début, c'est l'amour lui-même qui est la source la plus grande des souffrances.

Il en va de même pour le Christ : dès le début c'est le déchirement de la miséricorde qui, dans sa vie, a été l'origine de la consomption lente. Bien avant la passion, la brûlure de la miséricorde avait commencé son holocauste. Toute la manifestation du Christ n'est compréhensible que si l'on reconnaît l'imprégnation progressive de tout son être par ce « bouleversement des entrailles » de Dieu même, selon l'expression de la Bible, par le poids mystérieux de la lumière de Dieu qui brûlait en lui face aux ténèbres du refus et du mal. Jan Provoost ne se trompe pas lorsqu'il dévoile le sein de la Vierge, le sein qui a nourri le Fils de Dieu, et la réponse la plus forte est bien ce seul geste du Christ : exposer de son côté la blessure du cœur, le stigmate de l'offertoire. La « Parole de la croix » n'est pas seulement un cri de l'homme expirant, mais le cri même de Dieu dans le bouleversement éternel de son amour (cf. Gn 6, 6). C'est la présence de la Gloire de Dieu dans le Christ qui a transfiguré sa condition humaine en une incarnation brûlante de la miséricorde en tant qu'elle est, à la fois, béatitude infinie et blessure infinie. Ne faisant qu'un avec l'humanité selon la solidarité de la chair et de l'amour, le Christ pouvait s'offrir en holocauste. Ce n'était pas seulement aux atteintes des persécutions humaines qu'il s'offrait, mais d'abord au poids écrasant de la lumière et de la Gloire infinie.

Les peintres ont souvent mieux perçu que les théologiens ce qui

PIETRO LORENZETTI : *La Déposition de croix*, fresque (détail), 1320-1330, Assise, Basilique inférieure.

GIOTTO : *Rencontre de Joachim et de sainte Anne à la porte dorée*, fresque (détail), 1308-1309, Padoue. Chapelle des Scrovegni.

différencie le Christ : ce poids de lumière et de gloire qui ne pouvait pas ne pas être source progressive d'initiation à la douceur infiniment désarmée de Dieu en face du mal et du péché. Avant même le paroxysme du calvaire, le Christ était consumé de telle sorte que tous les miracles et les signes qu'il a pu accomplir n'étaient que les fissures de la Gloire dont Il était porteur. Ainsi au *Jugement dernier* de Jan Provoost, et de tant d'autres Transfigurations, Jugements ou Résurrections, de Ravenne à Chagall, de Tahull à Bazaine, de Torcello à Vence. En disant que le Christ est mort sous les coups de la persécution, on n'aurait rien dit de particulier, on aurait peut-être évoqué un fait divers un peu plus chargé de drame que certains autres, eu égard à l'intensité des souffrances, mais c'est tout. Si c'est l'amour qui rend le torturé capable de se taire et de résister jusqu'au bout , si c'est aussi l'amour qui accroche une mère ou une épouse à des êtres qui la torturent, si c'est l'amour qui, dans une vie humaine, fait toute l'étoffe de la souffrance paternelle ou conjugale, de la même manière c'est la présence d'un amour infini qui seule explique ce qui a consumé le Christ. « C'est l'amour qui a fixé le Christ sur la croix et non pas les clous », dit sainte Catherine de Sienne. Ce n'est ni d'abord ni principalement la persécution qui l'a fait mourir mais cette lente combustion, cette glorification progressive due à la présence en lui de toute la plénitude d'un amour infini qui atteignait son sommet à l'heure de Gethsémani comme au matin de Pâques et à l'heure du Jugement. Il est mort de Gloire, et non pas directement sous l'aiguillon du Mal ; mais sous le feu de la Miséricorde infinie. Saint Augustin ajoute : « Qu'on me donne un cœur qui aime et il comprendra. »

Voilà la formidable nouvelle, c'est elle que rappelle l'échange entre Marie et le Christ du *Jugement dernier* de Provoost. Pas plus qu'à Moissac, Conques, Vézelay ou Beaulieu il ne s'agit d'abord et seulement d'un « Jugement » dernier, mais de l'échange ineffable du poids de gloire caché dans l'humilité d'un Dieu qui est venu mendier notre liberté. A Beaulieu comme à Moissac, comme dans le retable de Jan Provoost, ou à la Sixtine, c'est près de la croix et près de Marie que le Christ « juge ». La place de Marie, la place de l'humanité près du Christ n'est pas celle de l'éternel féminin, ou celle d'une déesse, ou l'exaltation idéalisée des forces d'une nature réconciliée. Marie est mère au Jugement comme elle le fut à Noël, non pas déesse mais mère. Le Père et elle ont le même Fils, et le fils de Marie est une personne divine. Le Christ n'est pas constitué de deux personnes surajoutées. L'humanité a donné par Marie tout ce qu'une mère donne à son enfant. Elle donne à Dieu ce qu'Il ne pouvait se donner sans elle : la fragilité, la dépendance, la pauvreté d'un corps et d'une nature humaine, une infirmité, une faiblesse, mais une faiblesse « pure » de toute suffisance, enfin la mortalité, c'est-à-dire la possibilité d'offrir jusqu'au bout. Marie est là pour le lui rappeler. Le Fils de Dieu et le fils de Marie ne sont pas deux fils. La maternité se termine à la personne et détermine toujours une relation unique. Le regard du Christ et de Marie est porté par le rayon de la Gloire. Chaque enfant est unique, différent. « Voici ton Fils. » « Voici ta mère. » Paroles de la Croix, paroles lumineuses de la fin des temps : « Voici le sein qui t'a nourri », « Voici le Cœur qui t'a tant aimé. »

Provoost introduit à l'ultime secret. L'ange du *Chariot de foin* l'avait compris.

CHAPITRE 36

Tous comprendront

PIETRO LORENZETTI, 1280-1348 : *Crucifixion*, fresque (détail). Sienne, Église San Francesco.

« Il n'y a pas lieu de me plaindre, il faut me crucifier, me mettre en croix, et non pas me plaindre. Crucifie-moi donc, juge, fais-le et, en me crucifiant, aie pitié du supplicié ; j'irai alors moi-même au-devant du supplice, car ce n'est pas de joie que j'ai soif mais de douleurs et de larmes !... Crois-tu donc, marchand, que ta demi-bouteille m'a procuré du plaisir ? C'est la douleur, la douleur que je cherchais au fond de ce flacon, la douleur et les larmes ; je les y ai trouvées et savourées. Mais nous ne serons pris en pitié que par Celui qui a eu pitié de tous les hommes, Celui qui a tout compris, l'unique et notre seul juge, il viendra au jour du Jugement et demandera :

« Où est la fille qui s'est sacrifiée pour une marâtre cruelle et phtisique, pour des petits-enfants qui ne sont point ses frères ? Où est la fille qui a eu pitié de son père terrestre et n'a pas voulu se détourner avec horreur de ce crapuleux ivrogne ?

« Il lui dira : "Viens ! Je t'ai pardonné une fois. Pardonné une fois... et maintenant que tous tes péchés te soient remis car tu as beaucoup aimé."

« Et il pardonnera à ma Sonia, il lui pardonnera, je sais qu'il lui pardonnera. Je l'ai senti dans mon cœur tantôt, quand j'étais chez elle ! Tous seront jugés par Lui, les bons et les méchants, et nous entendrons son Verbe : "Approchez, dira-t-il, approchez, vous aussi les ivrognes, approchez les faibles créatures éhontées !" Nous avancerons tous sans crainte et nous nous arrêterons devant Lui et Il dira : "Vous êtes des porcs, vous avez l'aspect de la bête et vous portez son signe, mais venez aussi." Et alors vers Lui se tourneront les sages et se tourneront les intelligents et ils diront : "Seigneur ! Pourquoi reçois-tu ceux-là ?" et Lui dira : "Je les reçois, ô sages, je les reçois, ô vous intelligents, parce qu'aucun d'eux ne s'est jamais cru digne de cette faveur." Et il nous tendra ses bras divins et nous nous y précipiterons... et nous fondrons en larmes... et nous comprendrons tout ! Et tous comprendront... » (Dostoïevski.)

Comment ne pas entendre encore les pages brûlantes de Dostoïevski sur l'enfant prodigue lorsqu'on traverse aujourd'hui Léningrad ? On passe le pont Kokouchkine, celui-là même qu'emprunte Raskolnikov pour se rendre chez l'usurière, puis le boulevard où il rencontre la première prostituée, et bientôt la place Siennaïa, la Place-au-foin, où Raskolnikov s'agenouille pour baiser le sol après avoir fait son aveu.

On n'aura probablement jamais été plus loin que Rembrandt et Dostoïevski pour dévoiler l'ultime métamorphose. Il ne s'agit plus de chercher à « voir » ou à « décrire » le visage de Dieu. Il ne s'agit plus de faire tomber le masque de l'homme. Il ne s'agit même plus de voir ce que devient le visage de l'homme en face du visage de Dieu. Rembrandt et Dostoïevski ont pressenti qu'il y avait un au-delà : celui de la tendresse recréatrice. Alors il ne s'agit plus de dé-voiler, mais de cacher. Car c'est l'indicible.

Est-ce seulement hasard si *Crime et Châtiment* fut écrit dans la ville où aujourd'hui *l'Enfant prodigue* de Rembrandt rappelle aux foules la plus haute image de Dieu qui fût peinte sur terre. Parmi vingt-deux tableaux de Rembrandt, le Palais d'Hiver de Léningrad devenu le Musée de l'Ermitage garde deux toiles qui s'appellent et se répondent, *la Réconciliation de David et d'Absalom* et *le Retour de l'enfant prodigue*.

REMBRANDT : *La Réconcilation de David et Absalom*, peinture sur bois, (73 × 61,5 cm), 1642. Léningrad, Musée de l'Ermitage.

REMBRANDT : *Rembrandt et Saskia* (161 × 131 cm), 1636. Dresde, Gemäldegalerie.

Inévitablement la miséricorde est souvent ravalée, dans la littérature, au rang d'un état d'âme, d'un sentiment, d'une affection secondaire, attribut des faibles. Bien qu'elle soit le cœur de la Bible et de la théologie, celle tout spécialement d'un Thomas d'Aquin, elle n'a pas pleinement droit de cité comme l'essentiel du mystère chrétien, sauf peut-être chez les peintres et chez Dostoïevski. Dans ses romans, qu'on peut tenir pour les plus grands jamais écrits, Dostoïevski a passé sa vie entière à crier sa conviction : le visage de Dieu est bien celui d'un Dieu jaloux, mais d'une jalousie pour ce qui lui est propre, l'amour recréateur. Dieu ne veut pas qu'on se méprenne sur ce qu'est la miséricorde, son plus grand « attribut » : c'est la volonté que l'amour ait le dernier mot, c'est le refus tenace que la justice puisse jamais l'emporter seule (comme s'il suffisait que l'autre soit traité comme « autre », comme si on pouvait s'en débarrasser du moment que chacun aurait reçu son dû). Le drame d'Osée délaissé par sa femme, le drame d'Isaïe prenant son enfant sur ses genoux est le même qui obsède le père du prodigue : comment désarmer l'homme de toute crainte ? A l'Ermitage, Rembrandt montre comment Absalom s'effondre dans les bras de David. On ne voit plus le visage d'Absalom. Il s'est enfin écroulé.

En 1635, en pleine euphorie de l'amour de sa jeune épouse Saskia, à vingt-neuf ans, Rembrandt a osé son autoportrait en « enfant prodigue ».

Assis, une fille sur les genoux, un jeune homme porte un toast. Bouche ouverte, il rit. Sur le tapis oriental qui couvre la table devant eux, une serviette froissée ; derrière, contre le mur, un pâté ou une ter-

rine couverte d'un paon, symbole de superbe et de volupté ; sa queue déployée s'élève derrière le haut verre brandi de vin blanc et les plumes blanches de la barrette portée par le jeune homme ; un couteau au manche rond d'ivoire poli. Au mur, accrochée au-dessus de la table, une ardoise. On y écrit au fur et à mesure le prix des plats et des vins que l'on apporte. Ce couple est dans une taverne.

Le jeune homme qui lève son verre, hilare, la main sur les reins d'une fille, est le fils prodigue. Cette jeune femme à la chevelure ornée de bijoux qui sourit doucement, retournée vers le spectateur, est assurée, à la fois provocante et indifférente. Elle a les traits de Saskia. Elle est Saskia, la bien-aimée... comme le fils prodigue est Rembrandt. Rembrandt et Saskia Uylenburch sont mariés depuis un an à peine. Il suffit de revoir, au cabinet des estampes de Berlin, la tendresse pudique et si douce du dessin fait par Rembrandt de Saskia trois jours après ses noces ou encore la gravité des regards du premier état de la gravure de 1636 qui se trouve au Rijksmuseum d'Amsterdam pour saisir l'intention de ce tableau : si Rembrandt se peint en fils prodigue et Saskia en fille, c'est pour conjurer les menaces de soumission à la seule ivresse des sens. Le fils prodigue n'est encore ici que prétexte, réduit à une anecdote bonne pour une leçon auto-appliquée de morale. Si grave soit-il, l'événement est ramené aux préceptes moraux tirés des épîtres aux Colossiens et aux Éphésiens : « Faites donc mourir ce qu'il y a de terrestre dans vos membres... ni avidité, ni plaisanteries, ni impureté... » La famille de Saskia se méfiait du tempérament de Rembrandt. Le père de Saskia avait été bourgmestre de Leeuwarden et membre de la Haute Cour de Justice de la Frise. Le message a été compris. Rembrandt l'exprime, paradoxalement, dans son sourire provocant. Mais l'Enfant prodigue avait encore beaucoup à lui dire.

Dans ce premier *Fils prodigue à l'auberge* du musée de Dresde, le ton est vainqueur. Le verre de vin blanc doré, immense, est levé comme pour provoquer le ciel. La fille se retourne arrogante. Le chapeau à plume de Rembrandt éclaire le visage. Il rit, comme il rira de défi dans l'autoportrait de Cologne. Les deux seuls rires de ses portraits. On se demande même ici si ce n'est pas le rire de l'ivresse.

Quelle différence lorsque le Fils est de retour dans la gravure du Rijksmuseum de 1636. Là, l'enfant a le visage d'un vieillard. Il lève les bras vers son père. Les deux visages se sont rejoints : celui du père s'appuie sur celui du fils. Le regard du fils est éperdu. L'entourage n'a pas encore très bien compris ce qui se passe. La mère ouvre le volet, interrogative. Les hôtes ont senti qu'ils étaient de trop. Peut-être se sont-ils esquivés discrètement : on ne peut prévoir le dénouement de cette affaire de famille. C'est risqué. Tendresse et violence s'entremêlent encore.

En 1642, tout ce qui serait anecdotique a disparu. Au musée Teyler de Haarlem, restent seuls le père et l'enfant. C'est le corps à corps de l'aveu. Le fils enfouit son visage dans les mains de son père. Mais on voit encore leurs visages. Un jeune enfant est placé là, regardant la scène, comme pour dire la surprise humaine ; il se penche derrière le père et cherche encore à voir.

La même année, celle de la mort de Saskia, la bien-aimée, l'année de *la Ronde de nuit*, Rembrandt va trouver l'attitude qui sera désormais celle du Prodigue. A deux travées de distance, au musée de l'Ermitage, l'effet est très fort. C'est *la réconciliation de David et d'Absalom* (plutôt que *les adieux de David et Jonathan*). Rembrandt n'est plus sous les traits du fils prodigue, mais du père. Absalom a l'habit royal, éclatant, mais il s'est effondré, il pleure sur la poitrine de son père. On ne voit que les cheveux bouclés, somptueux, et l'esquisse du diadème qui les retient. L'or a tout recouvert. Il faudra encore seize ans avant que Rembrandt aboutisse au dernier *Enfant prodigue*.

Dostoïevski s'y reprendra lui aussi à plusieurs fois pour dire le débat et le combat, le silence et l'attente, la révélation ultime : le père est plus désarmé que son fils. On ne peut rien comprendre aux moments décisifs de ses œuvres sans y lire en filigrane la parabole du prodigue. Que ce soit à la fin de *Crime et Châtiment*, lorsque Raskolnikov le meurtrier s'écroule en écoutant Sonia, la prostituée qu'il aime, lui lire dans l'évangile de saint Jean la résurrection de Lazare ; que ce soit dans *les Frères Karamazov*, le long combat du mystérieux visiteur, inclus dans la biographie du staretz Zosime : « Si tous comprenaient cela, demain la terre

REMBRANDT : *Le Retour de l'enfant prodigue* (détail), vers 1665. Léningrad, Musée de l'Ermitage.

entière serait un paradis » ; que ce soit dans *le Journal d'un écrivain*, les récits des réactions du peuple en face des condamnés traversant les villages pour se rendre au bagne de Sibérie ; que ce soit dans *les Souvenirs de la maison des morts* les descriptions de l'espoir des captifs en face de l'aigle blessé : c'est, dans le regard de Grouchenka, du Prince Muichkine, ou d'Aliocha, le reflet de la compassion divine qui éclaire tout.

Y a-t-il quelque chose de plus cruel sur terre que d'enlever à quelqu'un la raison même de sa souffrance si cela doit le priver de la raison d'être aimé pour ce qu'il est : faible et capable de tout.

« Viendras-tu me voir quand je serai en prison ?

— Oh, je viendrai, je viendrai !

Tous deux étaient assis côte à côte, tristes et accablés, comme rejetés tout seuls par la tempête sur une rive déserte. Il regardait Sonia, sentant de quel amour elle l'enveloppait et, chose étrange, il lui fut soudain pénible et douloureux de se savoir tant aimé. Sonia ne répondit pas, elle pleurait. »

Et c'est l'échange, non plus seulement des regards, mais des croix :

« As-tu une croix sur toi ? demanda-t-elle soudain.

Il ne comprit tout d'abord pas la question [...].

— Tiens, prends celle-ci, en bois de cyprès. Il m'en reste une autre, en cuivre. Elle était à Élisabeth. Nous avions échangé nos croix, Élisabeth et moi : elle m'a donné la sienne, et moi je lui ai donné ma petite médaille. Je vais maintement porter celle d'Élisabeth et celle-ci est pour toi. Prends-là... elle est à moi ! A moi ! insistait-elle.

— Donne ! dit Raskolnikov. Il ne voulait pas lui faire de mal. Mais il retira aussitôt sa main tendue pour prendre la croix.

— Pas maintenant, Sonia. Il vaut mieux plus tard.

— Oui, oui, c'est mieux, reprit-elle avec élan, — quand tu iras vers la souffrance, c'est alors que tu la mettras. Tu viendras chez moi, je te la mettrai, nous prierons et nous partirons. »

Voici ce qui restera sans doute le visage le plus proche et le plus respectueux de Dieu que, depuis les esquisses de Lascaux, le tremblement de la main de l'homme ait inscrit sur la paroi de ses ténèbres. Si Goya a réussi à exprimer la question crucifiée du Christ à l'agonie au jardin des Oliviers en une toile qui ne dépasse même pas cinquante centimètres de côté, Rembrandt à l'Ermitage a besoin de plus de deux mètres. « Dieu y pose grandeur nature », dira le père Baudiquey.

C'est l'année de la mort de Titus. Le fils de Rembrandt s'éteint de maladie l'année même de son propre mariage. Il aura aidé son père jusqu'au bout en vendant par colportage, avec sa mère, des gravures de Rembrandt pour rembourser les dettes de la maison. L'année suivante, Rembrandt mourra à son tour. Il s'est fait à sa solitude, à toutes les solitudes. C'est l'époque où les voisins l'appellent par dérision « le Hibou ». Depuis cinq ans déjà, Hendrickje, la servante et compagne au grand cœur, est morte.

Après *l'Enfant prodigue* de l'Ermitage, Rembrandt ne peindra plus que quatre tableaux : deux fois son visage, une scène de famille et l'Enfant Jésus, le Fils béni, dans les bras du vieillard Siméon. Celui-ci sera sa dernière œuvre, sa dernière offrande, sa dernière prière.

L'Enfant prodigue se trouve ainsi situé entre *la Fiancée juive*, avec son dialogue de tendresse transcrit par les mains du couple, et le dialogue des regards de *Siméon et Jésus* dans l'offertoire du Temple.

« Mon fils était mort, le voici revenu. » Comment ne pas penser à Titus ?

Le père nous fait face, voûté, penché vers son fils, le couvrant de ses deux mains. Sur ses habits brodés d'or, à la manière d'une cape royale ou d'une aube de précieux prix, une tunique rouge, sans couture, est jetée. Comme si le Père avait revêtu la tunique du Christ en croix avant qu'il en soit dépouillé. Dans le fond, à gauche, un visage féminin, à peine perceptible, celui de la mère qui n'ose interroger. A droite, curieux, un regard noir, perçant, celui du frère aîné. A droite, deux personnages assistent comme étrangers à la scène : on ne sait s'ils sont bien de la main de Rembrandt. Si, en 1636 et en 1642, tout se jouait dans l'expression des visages, ce n'est plus le cas ici. Le fils est agenouillé. On voit d'abord ses pieds, comme ceux des pèlerins de *la Madone* du Caravage. Il n'a pas enlevé les deux sandales comme Moïse dut le faire pour approcher le Buisson ardent. Seule, l'une d'elles est tombée. Ce sont encore les sandales du désir usé, du travail et de la pénitence. Les habits sont en loques, mais loques glorieuses, qui laissent encore paraître les broderies de la robe baptismale. Le visage du fils se devine plus qu'il ne se voit. Bien que de dos, on le perçoit, car en se cachant sur la poitrine de son père, il s'est légèrement tourné sur le côté, comme pour écouter le cœur qui l'accueille. Les deux mains, si proches de facture, de celles du couple de *la Fiancée juive*, disent une tendresse infinie. Le fils a caché les siennes. Elles ont besoin d'être purifiées. Seules, celles du père s'expriment. Les bras du Christ de Goya s'ouvraient dans le rayon de l'agonie à toute la misère du monde. Les bras du Dieu de Rembrandt se referment sur toute la tendresse du monde. Le cercle s'est refermé. Or c'est le cercle de la vie trinitaire. Il est évident que le fils ici est le Christ lui-même. Son père a repris sur ses propres épaules la tunique du signe de la Croix. Les mains disent l'Esprit qui unit le Père et le Fils. On ne peut représenter le visage de Dieu. Ici le Père n'a plus de visage. On ne voit que son regard. Suprême révélation, Dieu semble devenu aveugle.

Le tableau n'a plus aucune prétention à la beauté, à la majesté, à la puissance mais il rayonne la beauté, la majesté, la puissance de Quelqu'un qui était plus malheureux que le pécheur et qui vient enfin d'être rendu à lui-même. Rembrandt a su dire là toute la nouveauté décisive du christianisme telle que Jésus l'avait proclamée dans la parabole.

Il faut le redire ici : à certains soirs, c'est trop dur, on ne sait plus, il ne suffit pas alors de livres, d'écrits ou de paroles pour répondre. C'est d'un visage dont on a besoin. C'est un regard qu'il faudrait. Mais ici, Dieu ferme les yeux. Rembrandt sait qu'il n'y a même plus besoin d'un regard. Car devant le péché, ce que le Père ne regarde plus n'existe plus. Ce n'est pas oublié, ce n'est pas seulement excusé, absous, pardonné, c'est davantage : cela n'existe plus, cela qui accablait le fils.

REMBRANDT : *Le Retour de l'enfant prodigue* (détail). Léningrad, Musée de l'Ermitage.

RAPHAËL : *La pêche miraculeuse* (détail), 1515-1516. Londres, Victoria and Albert Museum.

La main droite du père tient le fils appuyé, serré, retrouvé, elle attire définitivement celui qui est revenu, tandis que la gauche, toute paume et doigts ouverts, caresse encore l'épaule meurtrie. L'une assure, l'autre adoucit.

La parabole de saint Luc a enfin trouvé son interprète. Là où les mots défaillent, le visage et les mains révèlent l'au-delà. Le Christ a préféré mourir plutôt que de laisser arracher cette page de l'Évangile. Elle fut prononcée avant la Passion devant Pierre et Judas. Rembrandt ne parle pas de pardon. La parabole non plus. Dans le pardon, celui qui donne n'est pas forcément touché par son geste. Une fois les choses remises en ordre, on peut oublier et passer à autre chose. La parabole dit infiniment plus que le pardon. « Comme le fils était loin, son père l'aperçut et fut subjugué de compassion ; il court se jeter à son cou et l'embrasse longuement. » C'est le père qui attendait. C'est lui, le père, qui court se jeter dans les bras de son fils. Le père n'écoute pas les excuses du fils, il l'interrompt et dit à ses serviteurs : « Vite, apportez la plus belle robe, mettez-lui un anneau au doigt », l'anneau signe de l'égalité ; « mettez-lui des chaussures aux pieds » — signe de ceux qui ne travaillaient pas. Rembrandt a saisi le retournement extraordinaire, comme si le dénouement de la parabole n'était pas homogène à la première partie. Dans l'ancienne Alliance, Dieu tourne le dos au pécheur, qui doit lui demander de se retourner. Avant l'enfant prodigue, on pouvait croire que le pardon libérait le pécheur. Ici, le Christ proclame qu'en face du péché, l'attitude de Dieu est celle de quelqu'un qui est plus malheureux

que le pécheur. Auparavant Dieu donnait ; dans la parabole, c'est le fils qui donne à son père. Il lui enlève un malheur. Il le soulage. Le père est libéré. Voici la révélation chrétienne : la première victime du péché n'est pas le pécheur, mais Dieu. Le fils espérait, au maximum, son pardon. Par cet espoir, il croyait avoir tout dit de son père. Or, au retour, c'est la joie du père qui apparaît infiniment plus grande. Dieu peut enfin de nouveau être Dieu. Le père peut enfin être Père. Il va pouvoir aimer.

Toutes les religions essaient bien de rendre Dieu favorable à l'homme ; ici, le Christ enseigne qu'il s'agit non pas de rendre Dieu favorable, mais de rendre Dieu libre d'aimer comme il aime en lui-même, et pour cela il s'agit d'accepter réellement d'être objet de son amour. « Scandale pour les juifs, ineptie pour les païens », dira saint Paul.

Au petit matin de sa trahison, en découvrant le visage du Christ, Pierre comme David, comprend en même temps qui est Dieu et qui il est et, comme David et comme le Prodigue, il comprend que désormais le destin de Dieu est lié à celui de son Fils. Dans le tableau de Rembrandt, les larmes de Pierre et celles de Madeleine sont devenues celles du Père. Pierre connaissait Jésus ou plutôt croyait le connaître. L'expérience de son reniement lui ouvre la porte d'un nouveau visage lorsque Jésus le regarde après le chant du coq. Comme le fils prodigue, Marie-Madeleine connaissait son péché, ou plutôt croyait le connaître. Elle savait son mal, habitée déjà non par un simple malaise, mais par la détresse, inconsciente ou consciente, de se sentir loin de Dieu ; en découvrant le Christ, elle reçoit la révélation de celui à qui elle fait mal comme le fils prodigue en face de son père. Quand le fils revient, ce n'est plus de péché qu'il est question, c'est de l'amour de son père.

REMBRANDT : *Le Retour de l'enfant prodigue* (détail). Léningrad, Musée de l'Ermitage.

Alors, l'humanité peut entendre le murmure qui s'élève du Fils, de l'intime même de sa détresse devenue son trésor : « Abba, Père ! » Le cri lancé sur la croix : « Mon Dieu, mon Dieu, pourquoi ? » a été entendu. Ce n'est pas d'abord le fils qui tient à son Père, mais le Père qui n'a de cesse de redire à son propre fils : « Ne savais-tu pas que ton nom était inscrit dans la paume de mes mains ? »

Rembrandt nous a montré ces mains-là.

CHAPITRE 37

L'art moderne

GIULIANO VANGI : Homme assis dans un fauteuil, marbre (135 × 95 × 115 cm). Munich, Staatsgalerie moderner Kunst.

« Toi, un sculpteur ? Mais quand j'étais enceinte et que tu caressais mon ventre, tu ne t'es aperçu de rien ! » C'est fini. Camille Claudel et Auguste Rodin se sont aimés, mais c'est fini. Maintenant ils vont se déchirer, et l'histoire finira dans le drame. Les mains de celui qui, avec Henry Moore et Jean-Paul Laurens, fut l'un des plus grands sculpteurs de ce temps ne sont pas capables de percevoir que le corps de celle qu'il aime s'est modifié parce qu'elle a commencé à enfanter.

La civilisation actuelle a des mains encore plus habiles que celles de Rodin. Nous sommes passés maîtres dans l'art de dominer la matière. Jamais technologie, sciences et prospective n'ont été aussi loin dans la régence de notre destin. Et pourtant, comme Rodin, nous nous découvrons incapables de savoir de quoi notre civilisation est lourde pour les naissances de demain.

Durant sa vie, Gauguin n'a vendu qu'un seul tableau. A sa mort un certain nombre de ses toiles sont liquidées à Huva Oa. Son ami Van Gogh abandonne un grand nombre de ses toiles vendues par paquets de dix sur le trottoir du bar du Tambourin, boulevard de Clichy, de cinquante centimes à un franc le lot. Cent ans plus tard, aucune banque au monde ne ferait tenir le prix, en coupures, d'une seule de leurs toiles dans la place nécessaire pour la ranger. On connaît le hit-parade des dix tableaux les plus chers du monde : il est surprenant, voire choquant. Et pourtant, même si ce n'est pas là une « preuve » on ne peut penser que Japonais ou Américains si habiles en affaires, et le monde entier avec eux, se trompent sur ces valeurs.

Alors ?

En mai 1989, cet étrange championnat s'établissait ainsi :

- Van Gogh, *Les Iris*, New York, 1987 : 323 400 000 F. (On entend bien, cela veut dire : trente-deux milliards d'anciens francs.)
- Picasso, *Yo Picasso*, New York, 1989 : 309 206 700 F.
- Van Gogh, *Les Tournesols*, Londres, 1987 : 267 399 000 F.
- Picasso, *Acrobate et jeune Arlequin*, Londres, 1988 : 225 720 000 F.

- Gaugin, *Mata Mua*, New York, 1989 : 156 380 000 F.
- Monet, *Dans la prairie*, Londres, 1988 : 154 444 000 F.
- Picasso, *Maternité*, New York, 1988 : 148 500 000 F.
- Van Gogh, *Le Pont de Trinquetaille*, Londres, 1987 : 136 620 000 F.
- Auguste Renoir, *La Promenade*, Londres, 1989 : 111 051 000 F.
- Johns, *False start*, New York, 1988 : 102 300 000 F.

Rien n'atteint un tel prix en si peu d'espace. (Pour mémoire, en 1787, Mozart a reçu cent ducats — 35 000 F — de Pasquale Bondini, directeur du National Theater de Prague, pour qu'il donne une suite au triomphe récent des *Noces de Figaro* et écrive *Don Juan*.) Cela n'empêche pas qu'on puisse rester démuni, déconcerté voire révolté en face de certaines expressions de l'art moderne.

Au County Museum de Los Angeles, les salles du deuxième étage s'ouvrent superbement par les plus beaux Rouault, Chagall et Matisse mais elles se terminent sur des tubes en néon et une Dodge éventrée où des mannequins vides simulent l'acte charnel entre des bouteilles de bière vides, signe du désespoir de n'avoir toujours affaire qu'à l'éphémère. N'y aurait-il là que dérision, mercantilisme, gadget ou constat ? Le *piano éclaté*, toutes cordes distordues, du musée d'Art moderne de Vienne, au palais Liechtenstein n'est pas moins saisissant.

Dans son livre *Le choix de Dieu*, le cardinal Lustiger avoue qu'il lui fallut du temps pour apprendre à lire l'art contemporain. Il ajoute : « Les prophètes culturels ont été des peintres. Peindre, pour ces gens, c'est une recherche de l'absolu, un acte spirituel. » Oscar Wilde avait dit plus bref : « Le futur est ce que les artistes sont. » Reste à les comprendre.

Certains faits ne permettent pas d'esquiver la question. On peut rire de Picasso. Il était joueur. Mais n'était-ce pas aussi sa manière de dissimuler une angoisse ? Il gardera secret pendant des années le tableau le plus révolutionnaire de sa vie : *les Demoiselles d'Avignon*, tellement il demeurait inquiet sur son travail. Il avait perçu les répulsions que son tableau provoquait même chez ses amis. Et cependant il attendait qu'on devine l'anxiété avec laquelle il accouchait. Lorsque Rudolf Staechlin décida de vendre en 1967 les deux tableaux de Picasso qu'il possédait, dont le superbe *Arlequin assis* de 1923, le musée de Bâle souhaita acheter celui-ci. Le Conservateur ne disposait pas de la somme nécessaire : 8,4 millions de francs de l'époque. Le Grand Conseil du Canton de Bâle fit le premier pas en accordant 6 millions de francs. Il fallait trouver le reste. Pour ce faire, les Bâlois organisèrent une kermesse, la « Fête des mendiants ». Jeunes et vieux descendirent dans la rue et firent des collectes. A Mougins, Picasso eut vent de l'affaire. Touché, il offrit alors à la ville de Bâle, gratuitement, quatre tableaux de diverses périodes de son œuvre. Mieux que Rodin en face de Camille Claudel, des enfants et des vieillards avaient su pressentir de quoi est lourde notre civilisation, et qu'il en coûte parfois la vie à ceux qui portent en eux une œuvre.

En constatant que l'art risque d'être réduit à un marché, une foire ou un placement, le cardinal Lustiger intitule son article : « Artistes recherchent peuple désespérément. » Le mot n'est pas trop fort. Les faits parlent. En 1928, Filiger (du mouvement des Nabis) se suicide. En 1938, c'est Kirchner (du mouvement « die Brücke ») ; en 1948, c'est Arschile Gorky (expressionniste), à l'âge de quarante-quatre ans ; en 1955, c'est Nicolas de Staël, à l'âge de quarante et un ans (ses petites toiles se vendent aujourd'hui 4 millions de francs lourds) ; en 1956, c'est Pollock, lui aussi à l'âge de quarante-quatre ans ; en 1970, c'est Rothko. Tous au sommet de leur talent. Le prix est lourd pour des prophètes « spirituels ». Cela suffit-il à justifier la Dodge éventrée ? N'allons pas trop vite. Faut-il « justifier » ? Celui qui peint la *Vénus* de Botticelli habillée en blue

EDWARD KIENHOLZ : *Back seat Dodge'38*, 1964. Los Angeles, County Museum of Art.

jean sur les murs des rues qui bordent les plages de Santa Monica ou de Venice à Los Angeles, sur fond de *murales* géantes ne prétend à rien. Sinon à domestiquer l'angoisse urbaine en l'exorcisant : par le moyen de ce mur, il localise, dit et exprime la peur pour nous en débarrasser. Il n'est plus temps de demander à la Dodge d'être seulement « belle », si elle a pour sens de repousser le désespoir en montrant que, peut-être, il existe autre chose que l'éphémère et le vide.

Peinture murale. Los Angeles, Venice, 1989.

On pourra toujours tenir les marchands de tableaux ou les collectionneurs pour des doux dingues ou des manipulateurs habiles. Et s'ils étaient aussi, parfois, des serviteurs de la « troisième chose » qui nous dépasse tous, quel que soit le nom dont on la désigne ? Je pense ici à Pélagie Vlassova, la mère de la pièce de Brecht, à la manière dont elle domine sa souffrance en face de son fils révolutionnaire qui est mort : elle demande à ses compagnes chrétiennes de ne pas pleurer puisque ce fils a donné sa vie « pour la troisième chose ».

En pleine révolution russe, qui parvient encore à dialoguer avec le gouvernement de Lénine ? Un industriel américain, passionné d'art, Armand Hammer. Des années plus tard, les relations entre les administrations des deux grands sont à la limite de la crispation. Comment dégeler les rapports ? C'est de nouveau à Armand Hammer qu'on fait appel. Il invite Yekaterina Furtseva, ministre des Affaires culturelles de l'Union Soviétique à voir sa collection à Los Angeles. Entre deux verres de vin californien, madame le ministre toute rougissante avoue son admiration. On était pourtant devant des peintres qui furent maudits : Cézanne, Van Gogh, Toulouse-Lautrec. « Le camarade Hammer aurait-il l'extrême gentillesse de prêter ses toiles pour qu'elles soient exposées dans certaines grandes villes soviétiques ? » Hammer accepta. Il fit davantage. Comme madame Furtseva se désolait que son pays ne possédât aucun Goya, Hammer eut cette réponse superbe : « Puisque moi j'en ai deux, dites à l'honorable Leonid Illitch Brejnev, que je lui en offre un. » C'était un portrait de Dona Antonia Zarate, une actrice amie de Goya. Aujourd'hui le tableau est accroché aux cimaises du musée de l'Ermitage à Léningrad.

Ainsi quelques décimètres carrés, représentant une actrice espagnole d'il y a cent soixante-dix ans, permettait aux responsables de centaines de millions d'hommes de recommencer à se parler. Armand Hammer aime rappeler devant le portrait dédicacé de Lénine, « Au camarade Armand Hammer », « qu'en 1921 il avait servi de bulldozer pour frayer la voie entre les États-Unis et l'Union Soviétique ». La passion de l'Américain pour ce qu'enfante notre civilisation dans ses « tableaux » avait permis que les États-Unis se préoccupent de servir des céréales aux Russes affamés.

Ainsi les gosses des rues de Bâle ou les responsables du Kremlin perçoivent un langage universel derrière ces morceaux de matière pourtant si déroutants de l'art « moderne ». Il est normal de ne pas « comprendre » si facilement une tache noire de Larionov, un carré bleu d'Yves Klein, un masque tragique de Karel Appel ou une boîte de Coca-Cola d'un mètre de haut de Andy Warhol. S'ils ont repris leur œuvre pendant cinq, dix, quinze ans, il n'est pas illogique qu'on ne les entende pas en deux minutes (et encore) d'un regard baladeur.

L'historien Arnold Toynbee assigne cent cinquante ans de durée à une civilisation. Il dénombre ainsi vingt et une fois depuis l'invention de l'écriture ce moment qui a permis à une société d'enfanter une manière de vivre, d'apprendre à la lire et de la livrer à ses successeurs.

Nous sommes peut-être arrivés au moment où l'interprétation de la tranche de civilisation de l'art moderne est devenue plus clairement lisible. Un petit effort permet d'en saisir l'extraordinaire et fabuleuse cohérence alors que, au premier abord, tout peut paraître éclaté. Cent cinquante ans : c'est exactement ce qu'aura duré la courbe de la peinture hollandaise, la courbe de la peinture anglaise, celle des États-Unis. On pourrait multiplier les exemples. Quelle fut la durée réelle de la vitalité esthétique de Florence, de Venise, de Bruges ou de Paris ?

Deux cas majeurs vont nous retenir : celui de la France et celui des États-Unis. Pour respecter la souplesse et la richesse de leur histoire, on nous permettra de repérer en *vingt-deux* « nominations » les étapes avec leur rupture et leur continuité qui mènent de la révolution de 1848 (avec la démocratisation des musées, l'apparition de la photographie, la sclérose des académies, l'ouverture des jurys au « peuple », etc.) au bicentenaire de la Révolution française» (voir Annexe I). Cette énumération ne prétend pas exprimer toutes les filiations de la peinture mais elle aide à baliser avec plus de commodité l'histoire. Après quoi il reste à proposer ou à trouver les « clefs » de lecture de cette histoire. Toutes les explications sont utiles, aucune n'est suffisante. L'histoire ne suffit pas. Jamais l'histoire ne fut et ne sera capable à elle seule de donner le sens de l'histoire. L'économie, la sociologie, l'urbanisme, les sciences peuvent peut-être se laisser saisir de manière satisfaisante par « Clio ». Les chefs-d'œuvre autant que les personnes échappent à la réduction historique.

Pour dire les limites de l'histoire, Péguy fait appel à la trace (quasi à la « peinture ») laissée sur une toile par le visage du Christ. Dans l'entretien du 28 septembre 1912, il confie à Joseph Lotte : « Le premier volume s'appellera *Clio*. Le second s'appellera *Véronique*. C'est admirable, mon vieux, Clio (l'histoire) passe son temps à chercher des empreintes, de vaines empreintes, et une juive de rien du tout, une gosse, tire son mouchoir et sur la face de Jésus prend une empreinte éternelle. Voilà ce qui enfonce tout. Elle s'est trouvée au bon moment. Clio est toujours en retard. »

Qu'elles l'acceptent ou non, les sciences de l'homme ont un jour besoin de plus profond, de plus humble ou de plus gratuit qu'elles : la philosophie. Au moment d'arriver à l'ineffable, elles essaient interprétations, théories ou systèmes ne serait-ce que pour se situer l'une par rapport à l'autre et essayer de dire ce qui leur échappe du mystère de l'homme. L'art, s'il approche l'énigme essentielle, n'évite pas non plus la « philosophie » ou la « théologie ». Laquelle ?

Rupture et continuité

Charlie Chaplin tournait cinq kilomètres de films pour n'en garder qu'un seul. Clouzot, le cinéaste du *Salaire de la peur*, devant la difficulté rencontrée par tout créateur pour alléger son œuvre aimait rappeler le mot d'Ibsen obligé lui-même de réduire ses pièces de théâtre de cinq heures à une heure et demie : « Ce que j'ai enlevé, je l'ai sûrement dit ailleurs. » Il en va ainsi dans l'histoire de l'art. On peut toujours trouver déjà dit en peinture ce qui apparaît pourtant nouveau. Il est évident qu'un visage de Modigliani est déjà présent dans l'idole des Cyclades, 2500 ans avant Jésus-Christ. Le personnage surréaliste de Dali est déjà dans les formes angéliques planant dans le retable de Grünewald ou dans *le Couronnement de la Vierge* d'Enguerrand Quarton. Élie Faure a su peut-être, mieux que tout autre, être sensible à ces continuités. C'est le B A-BA de toute initiation à la peinture. On se découvre heureux de voir que Delacroix = Véronèse + Rubens ; que Pissarro = Constable + Turner ; Dali = Bosch + Füssli... Musées et initiations à l'art sont devenus coutumiers de ces rapprochements. Ils sont précieux.

Et après ?

Serait-ce suffisant ? Certes, il y a continuité et discontinuité. Mais elles peuvent être toutes deux trompeuses. Car jamais Claudel ne se réduira à Eschyle + Shakespeare, ni Thérèse de Lisieux à Thérèse d'Avila + Bérulle ou Jean de Bernière. Un progrès de plus en plus rapide permet d'année en année, par expositions, catalogues raisonnés et travaux des chercheurs d'avoir accès à tous les trésors de la planète et de pouvoir tirer bénéfice de toutes les comparaisons devenues possibles. Malraux, après beaucoup d'autres, en a été le champion dans *Les Voix du silence* et *la Métamorphose des dieux*. Il a insisté sur cette chance de la médiatisation. Juste avant sa mort, il corrigeait les épreuves du dernier volume de la fameuse trilogie : *Le Surnaturel, l'Irréel, l'Intemporel*. Le monde entier est à notre disposition par tous les médias, tous les « metaxu », tous les intermédiaires de la reproduction, sous quelques formes que ce soit. Le philosophe allemand de l'École de Francfort, Walter Benjamin, en a analysé le phénomène dans son étude *L'œuvre d'art à l'ère de sa reproductibilité technique* (malheureusement parfois avec des catégories d'inspiration marxiste qui rendent ses intuitions si vite périmées). Il n'en reste pas moins que désormais personne n'aura plus la naïveté première de ceux qui ne disposaient pas de reproductions. Avant de voir une œuvre, nous « savons » que ce sera un Rubens, un Delacroix ou un Gauguin.

C'est une chance. C'est aussi un handicap.

Lors de la fête du Pilou, le chef canaque accueillait les hôtes des autres tribus en montant au mât de la case festive pour rappeler la continuité des membres de sa tribu avec les ancêtres. La muséographie actuelle nous accueille comme le fait le chef canaque. On téléguide notre regard du seul fait que l'œuvre est devenue objet de musée, enserrée, réduite, obligée à la comparaison. Devant les bords de Seine à Argenteuil on ne peut plus avoir un regard naïf. Pour regarder les reflets angoissés de Van Gogh, on est presque contraint à voir les lumières riantes de Renoir ou graves de Monet. Le spectateur moderne n'a le droit qu'à une naïveté seconde. Il n'est plus un spectateur innocent. De même il est devenu impossible au croyant moderne d'être l'auditeur naïf des paroles de l'Évangile. François d'Assise ou Charles de Foucauld ont eu encore la possibilité d'entendre naïvement Moïse, saint Paul ou saint Pierre. Désormais entre la Bible et nous, il y a les bibliothèques et les commentaires. En face de l'art, nous sommes désormais dans l'attitude que Kierkegaard réservait au croyant en face de la Bible au XIXe siècle. Nous l'avons rappelé (chap. 27), il l'avait décrite comme celle d'un fiancé recevant une lettre de sa belle mais écrite dans une langue étrangère. Il lui faut, au-delà des dictionnaires, une naïveté seconde. Il n'y a pas à regretter les commentaires et dictionnaires, mais à les situer.

« L'œil existe-t-il à l'état sauvage ? »

Alors l'illumination bienheureuse peut être retrouvée. Elle est enrichie de toute l'intelligence du regard des autres. L'aphorisme d'André Breton est séduisant : « L'œil existe à l'état sauvage. » C'était encore vrai peut-être avant la naissance des « Académies »... Or elles ont commencé avec Platon ! Ce n'est pas vrai aujourd'hui. Notre œil n'existe plus à l'état sauvage. Un masque des îles Fidji a une force qui subjugue. Mais sa photocopie n'est plus sauvage... Le rayonnement et la séduction vers un « plus » sont « médiatisés ». Le mauvais goût est dangereusement capable de nous contaminer. Le père Régamey, promoteur du renouveau de l'art sacré en France et membre du Conseil national des musées, avouait qu'il se méfiait de son regard et qu'il devait ce qu'il avait d'acuité à Focillon et au père Couturier. Qui n'a pas besoin d'apprendre à lire ? Mais il peut être risqué d'affiner son œil sous peine d'en souffrir désormais... dangereusement. Comment se dispenser de la longue patience qui accepte chaque jour de savoir qu'on ne sait pas ? C'est pourquoi jamais aucun interprète, aucun herméneute, aucun décrypteur n'est inutile. Nous avons vu qu'entre 1936 et 1986, Jérôme Bosch a eu droit à plus de cent soixante « lecteurs » différents. Comment mettre de l'ordre ? Comment se retrouver dans tous ceux qui proposent l'exégèse enfin ultime ? Il fallait avoir été Conservateur en chef des départements des peintures du Musée du Louvre comme le fut Germain Bazin pendant des décennies pour pouvoir avec une science aussi précise, établir l'histoire des interprétations de l'art. On peut en suivre les étapes et y déceler une cohérence. Les énoncer libère. En fin de compte, après les interprétations, beaucoup reste à découvrir du secret de la musique propre à chaque œuvre.

Pour mieux suivre cette *Histoire de l'histoire de l'art* décrite par Germain Bazin nous avons essayé non pas de résumer l'évolution, les périodes de la « critique » mais de discerner où se situaient les seuils décisifs franchis par l'intelligence humaine en face de son destin créateur (voir Annexe II, *De la critique* pp. 439-443). On ne peut plus se passer de la richesse d'information de l'étude de Germain Bazin, mais elle laisserait vite dans un certain désarroi si l'on n'essayait pas d'aller plus loin : quelle cohérence est-il possible de découvrir ? L'information devenue planétaire ne nous laisse-t-elle que devant le miroir brisé d'une ivresse de créer ou d'une nostalgie d'une beauté perdue ? Que reste-t-il après qu'on ait fait la radiographie d'un chef-d'œuvre ? Car aucune radiographie ne ressemble à un corps. Elle nous livre un squelette ou les méandres cachés de telle ou telle partie d'un organisme, elle ne nous fera jamais pâmer devant le velouté des chairs, la roseur d'une gorge, la tiédeur d'un bras au lisse de la saignée... Et pourtant toute radiographie est (aussi) la vérité de ce corps.

Comment dire avec assez de respect la proximité, la pureté qui s'accomplit en Vermeer, dans *la Peseuse de perles* par exemple ; le grondement de la vie en Michel-Ange ; la mélancolie de l'inaccompli ou la métaphysique de l'éphémère en Watteau ; l'avidité du dépassement dans le *Jacob et l'Ange* de Delacroix ; la plongée dans les profondeurs de Rembrandt dans son *Matthieu et l'ange* en particulier ? Multiplicité indéfinie de nos possibles et de la création humaine qui lui répond. Lorsqu'on aborde aux rives de l'intense, avec le *Champ de blé aux corbeaux* que Van Gogh jeta sur sa dernière toile, sans doute à Auvers en l'été 1890, on n'a plus qu'à constater l'aveu pathétique d'une âme consumée. Mais on ne dira jamais la consomption par des explications seulement.

Bouddha, Socrate, Job et Rembrandt

Je dois faire un aveu. Il n'est pas plus facile de situer le sens religieux de Socrate ou de Bouddha pour un chrétien que de situer le rôle de l'art. Je propose cependant une hypothèse : les intégrer aux grands prophètes — préparateurs de l'Ancien Testament. Après tout, la meilleure préface à la Bible n'est peut-être pas d'abord l'étude de la Genèse, mais de quelque chose qui est, en un sens, encore antérieur au récit de la création : la question angoissée de la créature, celle que pose le païen Job lorsqu'il s'obstine jusqu'à sept blasphèmes, à demander pourquoi il est né alors qu'il n'a pas demandé à naître.

On attend des chefs-d'œuvre ce qu'ils ne prétendent pas donner : une réponse. Ils préparent à entrer dans autre chose, un silence interrogateur : pour quoi ? Mais de telle sorte que l'effraction de nos préjugés alourdis s'effectue avec tendresse et compassion. Rembrandt face à lui-même demande à ce visage quel homme il est. Il est plus curieux de se connaître qu'inquiet de vieillir. C'est toute sa différence avec Narcisse. Narcisse aime d'un amour érotique sa propre image dans les eaux. L'embrassant, il la brise. Rembrandt au contraire garde la distance et choisit, apparemment sans haine ni complaisance, de s'examiner. Peu à peu, devant son vieillissement et sa solitude, lorsque Titus son fils lui est enlevé, lorsque Saskia puis Hendrickje lui sont enlevées, il en vient à se représenter dans la descente de croix, devant la lumière du Christ : seul avec le Seul. Il entre dans le secret crucifié mais confiant jusqu'à la tendresse du *Père du prodigue* et du *Vieillard Siméon tenant Jésus dans ses bras*, ses derniers tableaux.

Que dire devant les richesses presque trop disparates des commentateurs actuels ? Beaucoup de grands critiques de la peinture ont été les princes de l'intelligence artistique. Que ce soit *Émile Mâle* avec son génie de la science de l'iconographie ; *Henri Focillon* avec son instinct de la permanence des formes, reprise par *Grodecki* ; *René Huyghe* si précieux pour saisir les influences directrices, souterraines ou explicites ; *Georges Duby*, grimpé sur les épaules de Georges Dumézil pour systématiser le rôle des mentalités et le poids de la matérialité sociologique du milieu ; enfin *André Chastel* avec son sens affiné du rôle des écoles, ou *Wladimir Weidlé*, analysant avec acuité les lois du vivant, ontogenèse et phylogenèse, et leur structure régulatrice, pour y déceler des analogies éclairantes sur la création artistique. Autant de richesses, encore à peine explorées, autant de chances.

Cela ne nous dira quand même pas pourquoi, si Picasso était mort à soixante-et-onze ans, vingt ans plus tôt, on aurait cru le comprendre mais on aurait sans doute été privé de l'essentiel ? C'est bien l'étonnante cohérence des vingt dernières années qui donne sens à tout le reste : des reprises inlassables des *Ménines* à *l'Atelier avec le peintre et son modèle*, qui naturellement le conduit au combat de l'homme avec sa partenaire amoureuse ; pour, au-delà des « étreintes », se retrouver ensuite « mousquetaire » d'un dessein qui le dépasse, et qui se termine par les maternités assagies et les autoportraits, exorcismes de la peur en face de l'ultime question. Le démiurge a surmonté l'angoisse, apparemment. Il termine en rendant hommage à la création, s'avouant secrètement seul mais nostalgique.

Aucune dialectique, aucun théorisme, aucun commentaire ne suffirait non plus à rendre compte par exemple du débat de Klimt avec la musique de Beethoven en 1905. On peut relever chez Klimt l'influence des mosaïques de Ravenne, l'explosion des arts décoratifs dans la Vienne des années 1900, la plastique froide mais hantée par l'image de Salomé, le rôle des icônes, l'influence et l'amour passionné et le rôle, près de lui, d'Emilie Flöge (il lui écrira jusqu'à sept cartes-lettres par jour). L'ébranlement pathétique, cosmique, avec lequel il traduit la IXe Symphonie comme une lutte des forces du mal et du destin ne se réduit ni à Ravenne ni aux parures d'Emilie Flöge. Pas plus que le désespoir d'Egon Schiele ou de Kokoschka, pas plus que la générosité angoissée de Munch ne peuvent être « expliqués ». Il faut d'autres yeux, d'autres oreilles pour entendre les nouvelles harmoniques que le destin révèle à l'ère moderne, là où se creuse le secret.

La modernité a commencé avec la troisième des grandes crises morales de notre civilisation, dont nous avons déjà esquissé le schéma. Les Grecs avaient découvert la *faiblesse* congénitale à l'homme et s'étaient tournés naturellement vers les forces transcendantes pour se les concilier par l'amitié des dieux. Luther avait apporté un autre ébranlement, non plus seulement celui de la faiblesse mais celui de la *culpabilité*. Tout est perdu. Seule la confiance en Dieu sauve. Seul Il est justifiant.

Avec les philosophies de l'existence et les drames d'Auschwitz, l'être humain a vu que tous les prestiges de la science ne peuvent lui donner une existence authentique, maîtrisée, heureuse. Il peut encore en soupçonner le sens mais il sait que les idéologies sont trompeuses et leurs coûts dramatiques. Après la faiblesse et la culpabilité, c'est l'épreuve de la *solitude*. Elle est particulièrement évidente dans certains cas : famille, pouvoir ou recherche. Homme de science devant le réel, responsable d'État devant le collectif ou époux vieillissant devant sa partenaire. Ce n'est plus seulement l'usure inévitable de tout pouvoir. Aujourd'hui les phénomènes urbains (concentration et medias) ou biologiques (prolongation de la vie) ajoutent le poids d'une solitude et d'une peur nouvelles. L'individu isolé, ne sachant plus ce qui le valorise, se récupère dans l'exercice d'un pouvoir, alors même que ce pouvoir lui échappe. Le choix est dramatique : ou bien la pesanteur et les crispations qui se justifient par toutes les bonnes intentions, ou bien le dépouillement mystique. Reste peut-être un troisième chemin. Les espoirs mis dans l'action, qu'elle soit révolutionnaire, qu'elle soit liée au Progrès, à l'État ou à la Raison, (jusqu'à leur dégradation en idéologies terroristes), ont prouvé leur faillite au XXe siècle ; comme les révoltes fondées uniquement sur un effort moral (qu'il soit d'inspiration stoïcienne, janséniste ou puritaine) avaient fait faillite au XIXe devant l'appel à l'ivresse créatrice du « Surhomme ».

Ne serait-il pas venu, le temps d'une troisième voie, non pas seulement celui du plaisir de l'art ou des satisfactions de l'esthétisme, mais de la passion du réel ? Qu'elle empoigne l'homme de science ou l'artiste, elle propose à l'esprit d'accepter ou non un certain « pâtir » des choses, cette écoute, parfois de nuit, où par l'art et la poésie, l'étonnement prépare au respect du mystère.

WILLEM de KOONING : *Suburb in Havana* (203 × 178 cm), 1958, New York, collection privée.

Familles et politiques subissent la même tentation : échapper à la solitude par un rapport de forces. Et on découvre que la terreur est inscrite à l'intérieur même des bonnes intentions. Berdiaeff appellait cela « le cauchemar du mauvais bien ». En face de l'existence vécue comme « inauthentique » et de la solitude, l'angoisse métaphysique (ou religieuse) s'est démocratisée. Elle est devenue le lot de tous. Les insurrections larvées de 1968 ont signifié le refus de « l'homme unidimensionnel », de l'homme enfermé. Une nuit quasi mystique a tout envahi, celle de l'angoisse de l'homme seul devant l'avenir. Ce qui était réservé à l'expérience de certains est devenu le destin généralisé de l'espèce humaine.

Semblables à des parachutistes envoyés les mains nues au-devant du temps, des artistes avaient entrevu le phénomène. Certes leurs protestations, qu'elles viennent de « Dada » en 1917 ou de « l'art pauvre » des années 1980 peuvent paraître dérisoires. Reste que quatre-vingts ans plus tard, l'urinoir ou le porte-bouteilles de Marcel Duchamp sont dans les mémoires. La passion des artistes n'est pas celle des saints. Cependant c'est quand même une « passion ». De génération en génération, elle est plus forte qu'eux, et ils rappellent que la quête du beau commence par un effroi, par le vertige de cette solitude que connaît tout homme livré à sa liberté. Un jour celui qui voit que « la vie ne vaut rien », découvre aussi que « rien ne vaut la vie ». Le sens de l'existence

n'est pas seulement donné au terme d'un « management ». Malheur s'il faut attendre la mort pour admettre et apprendre à aimer l'expérience de ses limites. Ici la beauté peut jouer un rôle décisif. Il y a des choses belles mais aucune n'épuise la beauté. Pourquoi ce dépassement ? Pourquoi cette soif d'un ailleurs ? D'une source d'eau vive ? D'un regard, d'un visage qui apaiserait le cœur devenu inquiet et inquiétant tant qu'il n'aura pas trouvé l'affectueux compagnon de jeu de cette vie terrestre. Mais ce Compagnon ne se laisse pas emprisonner, maîtriser, dominer, il veut apprendre à l'homme à danser et jouer avec Lui.

« Un jour un saint s'arrêta chez nous. Ma mère l'aperçut dans la cour, faisant des culbutes pour amuser les enfants.

— Oh ! me dit-elle, c'est vraiment un saint : tu peux, mon fils, aller vers lui.

Il mit la main sur mon épaule et me dit :

— Mon petit, qu'est-ce que tu comptes faire ?

— Je ne sais pas. Que voulez-vous que je fasse ?

— Non, dis ce que tu veux faire.

— Oh, j'aime jouer.

— Alors veux-tu jouer avec le Seigneur ?

Je ne sus que répondre. Il ajouta :

— Vois-tu, si tu pouvais jouer avec le Seigneur, ce serait la chose la plus énorme qu'on eût jamais faite. Tout le monde le prend tellement au sérieux qu'on le rend mortellement ennuyeux... Joue avec Dieu, mon fils. Il est le suprême compagnon de jeu. » (Gopal Mukerji.)

Pour une tasse de thé

Dans *Tactique du Diable*, de Clive Staples Lewis, on assiste à la lente éducation d'un apprenti démon par son oncle, diable confirmé. L'échange de leurs lettres, qui vaut tout un traité de morale, connaît un tournant décisif à cause d'une tasse de thé. Le jeune démon écrit à son oncle qu'il a laissé quelque répit à son « dirigé » en tolérant qu'il prenne une tasse de thé et en acceptant qu'il la trouvât bonne. On est en Angleterre. L'oncle a cette étonnante (ou terrible) réponse : « Malheureux, tout est perdu. Tu as laissé celui que je t'avais confié trouver bon ce qui est bon et appeler les choses par leur nom. »

Cela résumerait volontiers pour moi l'apport peut-être le plus important du concile Vatican I — et du christianisme — à notre temps. A l'aurore de l'époque dite « moderne », à la veille de la guerre de 1870, (aux beaux débuts de l'impressionnisme, de Wagner, Dostoïevski et Nietzsche) le Concile a simplement rappelé qu'en dépit de toutes ses tentations, l'homme demeure capable d'appeler les choses par leur nom, tant qu'il accepte de s'étonner, de questionner, de s'émerveiller, il échappe à la perdition comme le client du petit diable avec sa tasse de thé.

On peut ne pas répondre à une question ou plutôt on peut s'arranger pour ne pas l'entendre. Qu'en est-il des fins dernières et de la liberté ? Qu'en est-il de l'avenir en face d'une réalité qui nous échappe ? On ne peut tout de même pas toujours respirer à l'altitude d'un Pascal. Et voici l'Église du XIXe siècle, l'Église des craintes du Syllabus, d'apparence si peu ouverte à la modernité, qui apporte peut-être l'ultime et formidable source d'optimisme à tous ceux qui respirent mal en altitude : au Concile Vatican I, elle rappelle que quelque chose en l'homme n'est pas tombé avec la chute originelle. Nous sommes toujours capables d'entendre à nouveau la musique du réel. Même après que nous ayons perdu le Paradis reste en tout être humain cette capacité adamique de l'être. Cela que le premier homme a fait : donner un nom à tout ce qui est, il peut toujours le faire, ne serait-ce que donner un nom à son propre désarroi. C'est cette faculté d'étonnement qui résume pour moi tout l'intérêt de l'art et, spécialement, de l'art contemporain. L'homme, finalement, ne peut pas se contenter de n'être qu'humain. Inlassablement, les artistes provoquent à l'ouverture, au secret qui, au-delà de la pensée calculante, conduit d'un ébranlement premier à l'émerveillement. Il est vrai à un étonnement souvent crucifié, celui que nous avons dénommé : du regard et des stigmates. En demeurant capable de toujours recommencer à ouvrir son esprit, l'homme se découvre, à partir des choses limitées, l'interrogateur sur ce qui ne connaît pas de limites et qui le dépasse. Au-delà de toutes les perversions de l'affectivité, en deçà de toutes les pulsions les plus intimes, une boussole demeure intacte dans l'intelligence, ce pouvoir de lire l'être des choses et de remonter à leur source. Art, poésie et beauté sont désormais distingués de la perfection. L'art ne prétend plus séduire. Et l'on pourrait justement se demander si c'est lorsqu'il ne cherche plus à séduire que l'art devient un chemin privilégié vers le dépassement. Selon la formule de Cocteau : « La Beauté boite. » Ainsi de Jacob depuis sa lutte avec l'ange lorsqu'il se réveille au petit matin après avoir pressenti l'échelle du ciel. C'est notre propos ici de nous demander pourquoi.

Vingt-deux étapes, vingt-deux moments de l'évolution de l'art en cent cinquante ans ; douze points focaux d'interprétation différents, à l'image de douze îlots qui permettent de reprendre pied, comme en un archipel grec, afin de regarder ce qui advient à l'aventure humaine à travers calme ou tempête : on pourrait poursuivre les essais d'interprétations, de descriptions, d'analyses. Il faut bien conclure.

Au terme de ces énumérations, on arrive à la question qui agitait saint François-Xavier : « Tu es bachelier ès art, tu es licencié en philosophie, tu es maître en théologie, tu es professeur, tu es compagnon d'Ignace de Loyola, tu es profès chez les jésuites... et après ? » Devant une *Meule* de Monet, une *Fenêtre* de Delaunay, *la Cathédrale* de Kupka et encore davantage devant *la Mariée mise à nue par ses célibataires, même,* de Marcel Duchamp, devant *le Carré noir sur fond blanc* de Malevitch, devant *le Rayonnisme* de Larionov, devant *le Chemin de croix* de Rothko ou les clins d'œil du *Marilyn Monroe* d'Andy Warhol, l'énigme reste entière. L'art moderne ne prétend plus être séduisant. Il ne propose plus seulement l'attirance de la beauté. Il questionne. Au terme, c'est notre seule conclusion, ne reste que le silence d'une certaine communion. Mais pour entrer dans ce silence de l'âme, dans le secret ouvert à l'esprit, il faut peut-être modifier a-prioris et questions elles-mêmes.

Si la beauté de Dieu ne sauve pas le monde, comment oser dire que la beauté des hommes pourrait lui apporter le salut ? Justement, il ne s'agit plus seulement de beauté ou plutôt il ne s'agit plus de la première des trois fonctions de la beauté : *la délectation.* Ce qui ne veut pas dire que soient perdues les deux autres : *la fascination d'une consonance* et *l'attirance d'un plus-être.* Au contraire. Et lorsqu'a lieu la délectation, elle n'en est alors que plus vive. Mais, force est de constater qu'une rupture est apparemment consommée. Une certaine douceur de beauté et de séduction sont peut-être parties, restent l'homme et son besoin de se dire — avec art — ce qu'il poursuit en ne pouvant s'arrêter de créer. Il y a eu des sociétés sans romanciers. Il y a eu des sociétés sans historiens. Il y a eu des sociétés sans philosophes. Il n'y a jamais eu de sociétés sans poètes ou sans artistes. Comment les entendre ? Des statues de l'île de Pâques au Body Art ou à l'art minimal des années 1980 ?

Bien sûr, en les regardant. Mais pas n'importe comment. « Rien ne se fait de bon à l'homme si on ne l'aime pas. » Il y a cent cinquante ans, le père Lacordaire retrouve la grande compassion de saint Dominique devant ceux qui vivaient sans savoir pourquoi. Quand on demandait à Mozart enfant de se mettre au piano, il demandait : « Dites-moi d'abord que vous m'aimez. » La meilleure manière de comprendre une œuvre, c'est de la regarder avec une confiance a priori. Si la confiance n'est pas pré-compréhensive, antérieure même à la rencontre des œuvres, elle n'est pas la vraie confiance. Demander ses raisons à l'amour, c'est déjà aimer moins.

On peut multiplier les recommandations. Il paraît chaque année en France entre 1150 et 1200 « beaux » livres... Auquel se fier ? J'en isole trois pour introduire au monde de l'art moderne. Il faudrait en citer cent. De Gilles Plazy, *les Aventures de la peinture moderne* (Liana Levi éditeur), de Christian Delacampagne, *l'Aventure de la peinture moderne* (Mengès éditeur) et de David Piper, l'essai : *l'Amour de la peinture* (Mondo éditeur). L'accès aux œuvres modernes pouvait autrefois être difficile. Désormais, elles sont partout présentes, à commencer par ces lieux magiques où nous sont offerts les trésors du musée d'Orsay, de Beaubourg, du Stedelijk Museum d'Amsterdam, de la Haus der Kunst de Munich, de la Sécession de Vienne, du County Museum de Los Angeles, du Moma de New York, du Musée d'Art moderne de San Francisco ou Melinda Wortz à Pasadena. Mais point n'est besoin de franchir les océans. Les indicatifs d'Antenne 2 ou de TF 1 sont tirés des tableaux de Mondrian ou de Warhol. Les murs du métro sont tapissés de Magritte ou de Dali. La publicité de tous les magazines utilise les génies les plus modernes... Et personne ne s'en étonne.

CHAPITRE 38

Et après ?

« Pourquoi tant de baby-sitters ? » C'était la réflexion d'une fillette devant une salle de musée où madones et vierges à l'enfant se proposaient à son regard.

La même surprise, accentuée de désarroi, pourrait traduire l'étonnement du visiteur de n'importe quelle galerie d'art contemporain. Comment s'y retrouver devant ces taches éclatées, ces visages inquiets, ces mélanges hyperréalistes ou ces anatomies disloquées ? « Hélas, nous voudrions aimer... » murmurait Bernanos. Ni canonisation hâtive, ni rejet prématuré, il est possible de réfléchir. Je retiens et maintiens trois acquis décisifs, dans l'art moderne, qui préservent ce qu'il y a de plus précieux à la naissance de tout esprit : la capacité de s'émerveiller.

1. La restitution de la noblesse de la matière, grâce à la lumière et à l'espace. Le tableau est devenu objet à part entière. En redécouvrant toutes les composantes de la substance du réel, les peintres se sont libérés de l'interprétation d'un « sujet ». Le mot « ab-straction » indique bien ce que veut dire cette nouvelle liberté. L'interférence de la science, entre autres (avec les impressionnistes, les néo-impressionnistes ou le Bauhaus par exemple), a périodiquement redonné goût à la recherche de toutes les structures du réel. Le problème n'est plus abstraction, figuration ou non-figuration. Et ce ne sera jamais fini.

2. Le dévoilement progressif, au cours du XIXe siècle, du rôle du troisième partenaire entre la nature extérieure et le tableau : les pulsions intérieures de l'esprit créateur et, pourquoi ne pas le dire, tout court : de « l'âme ». Bien sûr, ce partenaire était présent tout au long de l'histoire de l'art dès le début de la pensée humaine. Mais il devient, à certains moments chez les modernes, prépondérant sur les deux autres. « L'œil écoute », et pas seulement l'œil, mais l'ivresse de créer, jusqu'à l'impossibilité de vivre si l'on prive l'artiste de ses tableaux.

3. La recherche désespérée et le pressentiment d'une issue possible pour échapper à la terreur du destin au moment où l'environnement, noosphère y comprise, devient de plus en plus inquiétant.

La matière, l'âme et la peur : par approfondissement successifs, l'art moderne a libéré ce qui risquait d'enfermer l'aventure esthétique (et humaine) dans la prison trop étroite des mécanismes de l'histoire. L'art peut être parfois effrayant. Il doit l'être, comme la liberté.

Le dessin ou la couleur ?

Comment n'être pas jaloux devant un bon dessinateur ? Il suffit de revoir le film de Clouzot où Picasso derrière sa vitre passe du dessin d'un coq à un taureau en terminant par un clown pour être jaloux. Et encore, le film ne dit pas tout. Un jour Picasso dit à Clouzot : « Prends ton chronomètre. » Et Picasso réalise un dessin admirable. Il demande : « Combien de temps ? » « Trente secondes », répond Clouzot. Picasso conclut : « Tu vois, la Banque de France n'est pas capable d'en faire autant. Ce dessin vaut cinq cent mille francs. En trente secondes, ils ne peuvent pas imprimer autant de billets. »

Orgueil ? Peut-être aussi redécouverte qu'au-delà de la peine, l'esprit est plus fort que la Banque. Le débat reste ouvert. Il ne s'est pas clos avec Ingres et Delacroix.

Qu'est-ce qui est le plus important : la ligne ou la couleur ? Qui est le plus grand ? Raphaël parfait dessinateur ou Rubens coloriste prodigieux ? On peut établir des filières. Elles sont justes. Et voici qu'arrive un petit bourgeois. Il n'élève pas la voix. Provincial venu à Paris. Pendant trois ou quatre ans, il se met à l'écoute de ses amis impressionnistes. Mais sa pensée reste toujours un peu ailleurs. Il a hâte de retrouver l'élégance de sa ville d'Aix et la force du terroir méridional. Et voici monsieur Cézanne qui conseille : « Traitez la nature par le cylindre, la sphère et le cône et mettez-les tous en perspective. » La parole sera reprise par Apollinaire, Picasso et Max Jacob. Sans prétention, mais assuré d'être le plus grand, il apprend sur les bords de la Seine, de Pissarro, la beauté de la lumière. Retourné dans les terres âpres de la montagne Sainte-Victoire, il introduit la révolution : l'espace. Un espace tout neuf. Pictural. Bien sûr Piero Della Francesca l'avait déjà fait qui avait écrit des traités de mathématiques et de géométrie. Et Léonard de Vinci. Mais Cézanne le redit *pour nous*. Les peintres modernes ont « mobilisé » l'espace. Ils ont temporalisé l'espace. Désormais les espaces marchent, dansent.

A l'aube des emprisonnements urbains, avant l'avènement de métro-boulot-dodo, un père de famille taciturne, devenu fervent catholique, sait qu'il a fracturé la cage dorée des « Bozarts » (comme il écrivait, « ces messieurs des Bozarts ») grâce à l'espace. Alors le cubisme peut naître, et l'abstraction, et le Bauhaus. (Kandinsky et Paul Klee ont été professeurs dans des écoles d'architecture. Et ils ont été empoignés par la musique). L'espace a été redonné aux hommes, à chaque homme. Une seule tache bleue sur un mur fait chanter notre cœur grâce aux nuances qu'Yves Klein sait y mettre. Et la chapelle de Houston peut accueillir les quatorze stations du *Chemin de Croix* de Rothko (et l'on peut parler d'un Chemin de croix pour celui qui se suicidera) : elles ne sont que des grandes taches de couleur, et cela suffit : un espace plénier est recréé. Cette reconquête, avec les différents « abstraits » suit apparemment un chemin inverse de la découverte des lois de la perspective par la Renaissance italienne (quand on voit par exemple qu'un point focal d'un petit tableau de Domenico Veneziano rend compte de toutes les composantes du tableau). Elle ouvre la porte à toutes les virtualités, à toutes les richesses de la matière qui est remise à la disposition de l'homme et par là ré-ennoblie. La matière n'est plus seulement du disponible, de l'ustensile, de l'utilisable, du fabricable, du consommable ; *elle est*. Et l'esprit peut y inscrire les pulsions de son âme. Déjà le paysage lui avait ouvert une brèche (Constable, Turner) après l'affranchissement de la peinture hollandaise, abaissée aux complaisances des scènes profanes, joyeuses, mais lourdes, voire vulgaires des réunions de famille, tabagies et galanteries de cabarets de Steen, Mieris, Metsu ou Claesz. La décadence s'amorçait si Hals et Rembrandt n'avaient rendu la dignité au visage de l'homme, et le ciel hollandais un infini avec l'espace marin de Van Goyen, des deux Ruysdael et de Koninck. L'homme était de nouveau jeté dans l'immensité.

Pages suivantes :
MARC ROTHKO : *Light Red over black* (232,7 × 152,7 cm), 1957. Londres, Tate Gallery.

SAM FRANCIS : *Big red* (302,2 × 194 cm), 1953. New York, Museum of Modern Art, don Mr et Mrs David Rockfeller.

On assiste à la même évolution dans la peinture américaine. La même courbe : des portraits de famille pour garder la mémoire, aux paysages, aux scènes d'histoire, puis le réalisme du quotidien avant d'arriver à l'espace du tableau recréé.

Au nom d'une révolte de l'âme, on ne peut plus sourire lorsque Arnulf Rainer avec le Body Art se couvre de sang pour s'appliquer à sa toile, lorsque Pollock avec l'Action Painting se penche un bâton à la main en couvrant toute la toile étalée sur le plancher pour remplir l'espace, « all over », et inscrire par la ligne une intuition qui tienne l'infini enserré dans les limites de cet espace. On ne peut sourire lorsque l'Israélien Agam libère des bulles devant un projecteur pour occuper l'espace

par les fantaisies imprévues du mouvement cinétique, pas plus qu'on ne pouvait sourire lorsque, avant eux, Dubuffet emplissait sa toile de sable, pour bien montrer le réalisme de ce qui est : la terre et ses composants. C'est partout la même nostalgie : redonner vie à l'espace et, devant l'effroi du beau et de l'infini, se rendre maître de cet effroi en le domestiquant pour qu'il tienne sous la mesure apaisée d'un regard. Au moment où l'angoisse monte des mégapoles et où l'on voit avec une admiration craintive disparaître pour un espace incertain les fusées Ariane ou exploser la navette spatiale Discovery, il n'est plus insignifiant que les artistes, cinquante ans auparavant, aient donné un espace dominé où l'infini ne terrorise plus.

Les lignes gauloises de la pierre gravée de Gavr'inis dans le Morbihan, les plis de la Hera de Samos, de l'Aurige de Delphes, n'avaient pas d'autre but, comme les lignes imprévues des voussures ou des linteaux des porches romans. Que l'art soit abstrait, expressionniste, non figuratif ou hyper-réaliste est secondaire. Trois séquences de Mondrian le disent mieux que tout (voir page 426). Et les débordements du Pop'Art n'ont peut-être pas tort dans les grands collages admis par le musée Hirschorn de Washington où sont agencés en un puzzle géant et génial l'espace de la Russie et de la Chine, imprévus, incohérents en apparence, mais génialement prophétiques, vingt ans avant les soubresauts inattendus de la place Tien an Men de Pékin.

*

« Ah ! voilà, dit le petit vieillard. Tu as flotté indécis entre les deux systèmes, entre le dessin et la couleur, entre le flegme minutieux, la raideur précise des vieux maîtres allemands et l'ardeur éblouissante, l'heureuse abondance des peintres italiens. Tu as voulu à la fois imiter Hans Holbein et Titien, Albrecht Dürer et Paul Véronèse. Certes c'était là une magnifique ambition ! mais qu'est-il arrivé ! Tu n'as eu ni le charme sévère de la sécheresse, ni les décevantes magies du clair-obscur. Dans cet endroit, comme un bronze en fusion qui crève son trop faible moule, la riche et blonde couleur du Titien a fait éclater le maigre contour d'Albrecht Dürer où tu l'avais coulée. Ailleurs, le linéament a résisté et contenu les magnifiques débordements de la palette vénitienne. Ta figure n'est ni parfaitement dessinée, ni parfaitement peinte, et porte partout les traces de cette malheureuse indécision. Si tu ne te sentais pas assez fort pour fondre ensemble au feu de ton génie *les deux manières rivales*, il fallait opter franchement entre l'une ou l'autre, afin d'obtenir l'unité qui simule une des conditions de la vie. Tu n'es vrai que dans les milieux, tes contours sont faux, ne s'enveloppent pas et ne promettent rien par derrière [...]. Essaie de mouler la main de ta maîtresse et de la poser devant toi, tu trouveras un horrible cadavre sans aucune ressemblance, et tu seras forcé d'aller trouver le ciseau de l'homme qui, sans te la copier exactement, t'en figurera le mouvement et la vie. Nous avons à saisir l'esprit, l'âme, la physionomie des choses et des êtres ?

« La beauté est une chose difficile qui ne se laisse point atteindre ainsi, il faut attendre ses heures, l'épier, la presser et l'enlacer étroitement pour la forcer à se rendre. La Forme est un Protée bien plus insaisissable et plus fertile en replis que le Protée de la fable, ce n'est qu'après de longs combats qu'on peut la contraindre à se montrer sous son véritable aspect ; vous autres, vous vous contentez de la première apparence qu'elle vous livre, ou tout au plus de la seconde, ou de la troisième ; ce n'est pas ainsi qu'agissent les victorieux. » (Balzac, *Le Chef d'œuvre inconnu.*)

JOSEF ALBERS : *Affectionate* (81 × 81 cm), vers 1954. Musée national d'art moderne, centre Georges-Pompidou.

« Il y a le noir antique et le noir frais, le noir brillant et le noir mat, le noir à la lumière et le noir dans l'ombre. Pour le noir antique, il faut y mêler du rouge ; pour le noir frais, c'est du bleu ; pour le noir mat, c'est du blanc ; pour le noir brillant, il faut ajouter de la colle ; pour le noir dans la lumière, il faut le refléter de gris. » (Hokusaï.)

Utrillo aimait tant l'aspect des vieux murs qu'il incorporait à ses couleurs du plâtre, de la colle, de la craie. Il disait même qu'il aurait bien voulu peindre seulement avec du plâtre.

*

« Le blanc sonne comme un silence qui subitement pourrait être compris. » (Kandinsky.)

*

« Pour moi, ce tableau est intéressant parce qu'il est le portrait de ma mère ; mais le public peut-il ou doit-il se soucier de l'identité du modèle ? Le tableau doit valoir par le seul mérite de son arrangement. » (Whistler.)

*

« Une œuvre doit porter en elle-même sa signification entière et l'imposer au spectateur avant même qu'il en connaisse le sujet. » (Matisse.)

*

Sérusier peint le fameux tableau *le Talisman* sous la dictée de Gauguin : « Comment voyez-vous cet arbre ? avait dit Gauguin devant un coin du bois d'Amour. Il est vert ? Mettez donc du vert, le plus beau vert de votre palette ; — et cette ombre, plutôt bleue ? Ne craignez pas de la peindre aussi bleue que possible. » (Gauguin.)

*

« Depuis l'âge de six ans, j'avais la manie de dessiner la forme des objets. Vers l'âge de cinquante ans, j'avais publié une infinité de dessins, mais tout ce que j'ai produit avant l'âge de soixante-dix ans ne vaut pas la peine d'être compté. *C'est à l'âge de soixante-treize ans que j'ai compris à peu près la structure de la nature* vraie, des animaux, des herbes, des arbres, des oiseaux, des poissons et des insectes.

« Par conséquent, à l'âge de quatre-vingts ans, j'aurai fait encore plus de progrès ; à quatre-vingt-dix ans je pénétrerai le mystère des choses ; à cent ans, je serai décidément parvenu à un degré de merveille, et quand j'aurai cent-dix ans, chez moi, soit un point, soit une ligne, tout sera vivant.

« Je demande à ceux qui vivront autant que moi de voir si je tiens ma parole.

« Écrit à l'âge de soixante-quinze ans par moi, autrefois Hokusaï, aujourd'hui Gwakiô Rôjin, le vieillard fou de dessin. » (Hokusaï.)

Quand la mer se retire...

« Je puis bien, dans la vie et dans la peinture me passer du Bon Dieu, mais je ne puis pas, moi, souffrant, me passer de quelque chose qui est ma vie : la puissance de créer. »

La confidence de Van Gogh à son frère Théo sera signée de son sang. Pas plus qu'on ne peut inscrire l'art moderne dans le seul débat entre dessin et couleur, il n'est pas possible de le limiter à la controverse entre la représentation et l'imitation de la nature, la photographie d'un sujet d'un côté et l'abstraction du réel et l'abandon de tout sujet d'autre part. Le dialogue n'est pas entre la présence d'un objet ou la non-présence d'un objet, entre la priorité du réel ou la transcription d'états d'âme ou au mieux d'une musique intérieure. Depuis cent cinquante ans, un troisième terme est entré effectivement dans l'histoire : c'est la conscience explicite de la puissance de créer. L'enjeu est plus vaste que les débats sur l'art « abstrait ». Ici aussi une liberté nouvelle et prophétique est signifiée au monde entier, des décennies avant que les philosophes, les universités ou les critiques ne s'en aperçoivent.

Il n'y a pas que deux termes : d'un côté un extérieur, des choses, une nature, et de l'autre un résultat plus ou moins satisfaisant : tableau, sculpture ou gravure. Aussi important que l'objet et le tableau il y a désormais entre ces deux termes toute l'alchimie de la création. Ce n'est pas pour rien que Nietzsche, le philosophe de l'ivresse créatrice, est contemporain de Van Gogh. Mais la différence est immense entre eux. Le philosophe déclare : « Dieu est mort. A nous la liberté : puisqu'il n'y a plus d'interlocuteur, il n'y a plus de limites. Alors tout est permis. »

L'artiste suggère autre chose. Il ne se bat pas seulement contre des idées, « contre » des choses, mais *avec* elles. Ce n'est ni Rodin, ni la glaise ou le marbre avec qui Camille Claudel se découvre concurrente. C'est avec elle-même. Terrible, terrifiante et sublime découverte. L'enjeu de la liberté est notre propre pouvoir de créer. Et non pas les choses, ni Dieu. Dès 1803 le poète Hölderlin l'avait perçu : « Dieu a fait l'homme comme la mer a fait les continents, en se retirant. » Nietzsche a rompu son amitié pour Wagner parce qu'il a cru que dans *Parsifal* Wagner s'inclinait devant un Sauveur. Mais ce n'est pas un sauveur que Wagner risquait d'idolâtrer, c'était son propre « moi ». Et son seul vrai concurrent était lui-même. S'il y a lutte, c'est avec lui-même que l'artiste apprend à lutter. Et il découvre qu'il n'est pas Dieu, même s'il croit pouvoir se passer de Dieu. Le troisième intervenant n'est pas un pouvoir de dire non, mais une attirance inextinguible, qui finalement est son âme elle-même, sa propre force, cette « nécessité spirituelle », cet « ordre intérieur » dont parleront Kandinsky, Rouault, Braque ou Gauguin. Au lieu d'un « progrès » infini, ils rendent présente une autre idée. Elle était là depuis Abraham, depuis toujours : la valeur de l'instant. C'est comme si la mission éternelle de l'homme devenait plus visible : rendre à l'instant toute sa valeur, celle d'une présence de la mort *dans* la vie et de la vie *dans* la mort.

NICOLE GRIMPREL : *Ecce homo* (64 × 54 cm). 1958 collection privée.

Le Dieu qui laisse libre est bien plus dangereux que celui qui se présente avec des lois contraignantes. Le Dieu qui fait confiance à la force créatrice de l'homme est bien plus inquiétant que celui qu'on peut inscrire dans le tissu des prescriptions. C'est ce dont l'art moderne témoigne plus que tout autre.

Van Gogh peut croire qu'il est capable de se passer de Dieu. Mais si Dieu est Dieu, il est *Tout*-Puissant, et alors il est le seul à n'être concurrent de personne. Le puissant a besoin d'affirmer sa force. Non pas le Tout-Puissant. Seul il peut se passer d'un besoin de créer, tandis que l'homme ne peut se passer de cette ivresse. Reste à savoir pour quoi ? Pour quoi Manet fait enfin un objet *pour lui-même* avec *le Fifre* ou *l'Olympia ?* Pour quoi Warhol reprend-il indéfiniment un tableau de Chirico, si dépouillé : n'a-t-il pas pressenti que les rues vides de Chirico hurlent l'absence métaphysique de Dieu et, sans le dire, rejoignent les blasphèmes de Job, criant au ciel qu'il n'a pas demandé à naître ?

« Pour peindre un arbre, faites-le d'abord pousser à l'intérieur de vous. » (Su-Tung-Po.)

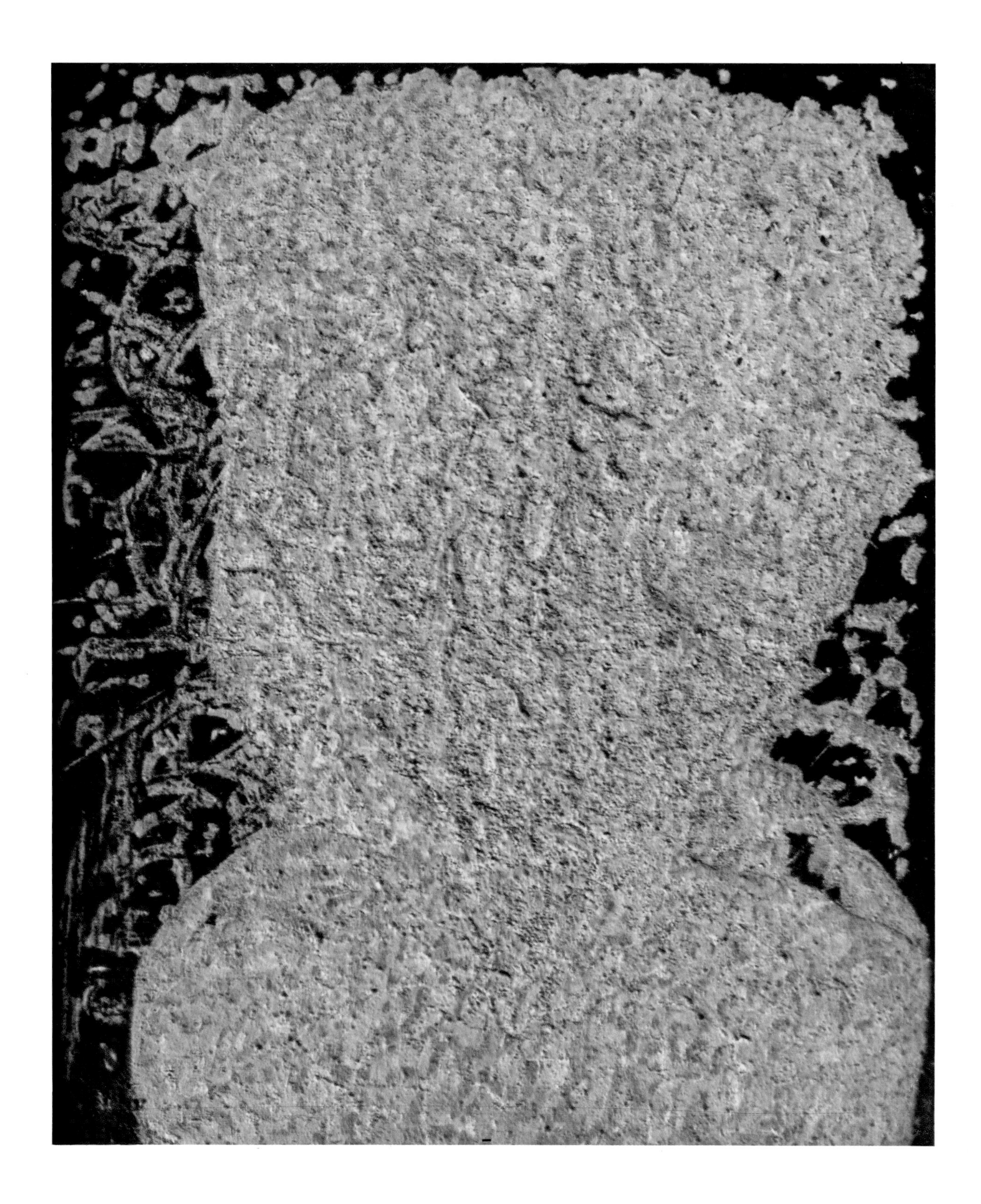

« Je peins ce que je vois », disait en pleurant une jeune élève de Whistler dont il venait de critiquer le travail. « Vous avez parfaitement raison, répliqua Whistler, la tragédie sera quand vous verrez ce que vous peignez. » (Oscar Wilde.)

« C'était à l'approche du crépuscule, je revenais chez moi avec ma boîte à couleurs, après une étude, encore tout plongé dans mon rêve et dans le souvenir du travail accompli, lorsque j'aperçus soudain au mur un tableau d'une extraordinaire beauté, brillant d'un rayon intérieur. Je restai interdit, puis m'approchai de ce tableau-rébus où je ne voyais que des formes et des couleurs dont la teneur me restait incompréhensible. Je trouvai vite la clé : c'était un tableau de moi accroché de côté. J'essayai le lendemain à la lumière du jour de retrouver l'impression de la veille, je n'y réussis qu'à moitié. Même à l'envers, je retrouvais toujours l'objet ; et puis il manquait aussi la lumière crépusculaire. Je sus alors expressément que les objets nuisaient à ma peinture. » (Kandinsky.)

« Un jour que je peignais un sujet fantastique, j'ai dû ouvrir la fenêtre, car la peur me prenait. » (Henri Rousseau, dit le Douanier.)

A propos d'un tableau intitulé *Ceci n'est pas une pipe*, Magritte écrit : « Ma fameuse pipe... Me l'a-t-on assez reprochée ! Et pourtant... pouvez-vous la bourrer, ma pipe ? Non, n'est-ce pas, elle est représentation. Donc si j'avais écrit sous mon tableau : Ceci est une pipe, j'aurais menti... »

« La peinture est une évocation, une opération magique (si nous pouvions consulter là-dessus l'âme des enfants !), et quand le personnage évoqué, quand l'idée ressuscitée, se sont dressés et nous ont regardés face à face, nous n'avons pas le droit — du moins ce serait le comble de la puérilité — de discuter les formules évocatoires du sorcier. » (Baudelaire.)

« L'artiste se dit : sous son aspect actuel, le monde n'est pas le seul monde qui soit. » (Klee.)

« Comme les dieux grecs, les artistes n'apparaissent que les uns aux autres. » (Oscar Wilde.)

« J'aimais peindre la nuit, cela m'exaltait. Je revenais par la pensée dans ma patrie, je vivais comme retourné à l'envers. » (Chagall.)

*

On a pu définir ce qui caractérisait tout philosophe (finalement tout homme lorsqu'il atteint l'essentiel de sa réflexion) par le sens de la « globalité ». Si quelqu'un a un esprit qui a pris le goût, le virus, le besoin de situer et de chercher l'harmonie d'une (ou de chaque) réalité avec le tout et l'ensemble du cosmos, du destin, de l'histoire, il est philosophe. J'ose dire la même chose d'un peintre ou d'un tableau. Le carré noir sur fond blanc de Malevitch, ce simple carré noir intitulé « *Quadrilatère* », a fait scandale en décembre 1915 à l'exposition de Petrograd « 0,10 » parmi les trente-neuf toiles exposées. La composition n'était plus fondée sur le goût esthétique. L'un des journalistes d'alors écrivait : « Tout ce que nous avions de saint et de sacré, tout ce que nous aimions et qui était notre raison de vivre a disparu. » Il faudra attendre soixante-quatorze ans pour revoir au Stedelijk d'Amsterdam ce carré noir et en découvrir la portée métaphysique. Malevitch renvoie le regard au tout, mais comme un philosophe, avec une économie de moyens totale. Et on n'oublie plus jamais le choc du noir et du blanc, celui qui déjà provoquait Claudel, devant le noir et le blanc de l'habit domini-

cain, à méditer sur l'un des deux premiers principes de la pensée, principe de non-contradiction. On peut appliquer cela à la plupart des vraies toiles abstraites. Quelle est l'intuition secrète de Pollock dans l'Action Painting sinon de réaliser par couleur et ligne une « globalité », un « all over » ?

Art et prière

A celui qui proteste, se détourne ou seulement se sent agressé parce que l'art contemporain ne cherche plus le beau tel qu'on l'envisageait naguère, on ne peut que répondre : « Vous avez raison. » Mais cela n'autorise pas à dire que ce n'est pas de l'art. Un exemple suffit pour comprendre. Les pièces d'Aristophane, comme *les « Grenouilles »*, les films de Charlie Chaplin avec leurs situations désespérées, les sketches de Raymond Devos avec leurs jeux de mots inattendus sont-ils de l'art ? La réponse est évidemment : Oui. Ont-ils la beauté pour but ? Non. L'art comique est donc de l'art même lorsqu'il ne vise pas à plaire et notamment lorsqu'il dénonce la stupidité ou la cruauté. Ainsi la délectation qui désignait habituellement la beauté — était tenu pour « beau » « ce qui plaît à la vue » — ne suffit plus pour décrire et comprendre l'art actuel.

Il faut remonter plus haut que le seul « plaisir » de voir, que la seule complaisance. Ce n'est pas le moindre intérêt de l'art contemporain. Il oblige. Il casse les catégories de la philosophie lorsqu'elle se replie sur elle-même. Il renvoie à une réalité qui ne se laisse pas enfermer dans

JACKSON POLLOCK : *Water Bull* (76,5 × 213 cm), 1945. Amsterdam, Stedelijk Museum.

le jeu des systèmes. Il étonne. Il surprend, et tant mieux. L'art actuel dans sa violence même, telle que des Bacon, Kienholz ou Goetz la mettent sous nos yeux, rappelle peut-être la consistance d'un réel et ses différences d'intensité, de résistance et d'attirance, ou, pour prendre le langage classique, il oblige à admettre des « degrés d'être ». A l'instant même où, dans ses moments de désespoir, l'art abandonne les apparences plaisantes, il amène à voir que le réel est autre que ce à quoi on voudrait parfois le réduire.

Le vin ne donne que l'extase du vin, quoi qu'on fasse. Ainsi on ne peut pas éternellement refuser qu'il y ait une *hiérarchie* dans l'attirance des biens. Il en va de chaque homme comme du personnage d'Hemingway à qui on demandait s'il croyait en Dieu et qui avait l'honnêteté de répondre : « Non. Parfois, la nuit, quand j'ai peur. » Il n'est pas vrai qu'on puisse facilement se résoudre à la nuit, à une égalité de tout dans l'absurde ou au dégoût d'une nullité générale. Il n'est pas vrai non plus qu'il soit facile d'admettre, réellement et non pas seulement en vœu pieux, qu'un « plus » est déposé par le créateur en chaque chose selon des « degrés » ; il n'est pas facile d'admettre son attirance à quelque profondeur qu'il faille en être ébranlé. Cette attirance rayonne au-delà ou en deçà des réductions ou destructions de la critique par une nostalgie du beau qui somnole dans le linceul doré où l'homme croit pouvoir dissimuler ses déceptions ou enfermer ses nostalgies.

Alors dans la situation parfois désespérante de notre esprit, l'art peut aider à ouvrir ce chemin où la prière et l'adoration apparaissent comme une délivrance, seule sagesse qui permette de réunir *positivement* les deux bouts de la chaîne : le point de vue de Dieu, le point de vue de l'homme. La prière reconnaît plus ou moins confusément toutes les vérités. Comme l'art, mieux que l'art dont elle prend le relais, elle ne délivre pas pour autant l'intelligence de son écartèlement des possibles dégradations ou de l'absence apparente de sens. Mais elle soutient cette vision déchirée par un mouvement affectif parfaitement simple : un amour, une attirance vers le « plus » de Dieu, accepté par-dessus toutes choses, qui réconcilie vitalement les deux bouts de la chaîne en les éprouvant l'un et l'autre dans l'unité de son élan. Seule cette attitude du cœur peut rendre tolérable la situation de l'intelligence en face du réel et de Dieu. La connaissance qui ne « se tourne pas à aimer », dans ce domaine plus que tout autre, fait nécessairement naufrage... ou si elle ne le fait pas, c'est au prix d'une sécheresse irrespirable qui ferme pratiquement la route à l'épanouissement de toute vie de l'esprit. Autrement dit, la voie qui conduit à admettre un « plus » dans les êtres est le fruit d'une purification. On ne peut y atteindre au seul prix d'un effort logique de l'intelligence raisonnante. Non que ce soit théoriquement impossible, mais c'est simplement beaucoup trop austère, l'air qu'on y inspire est trop délié, l'intelligence y est soumise à un tel « travail », qu'en dehors de la prière son effort lui fait perdre souffle.

Pour se maintenir à ce niveau, il ne suffit pas de chercher ou d'aimer Dieu *par ailleurs*, il faut exercer l'amour de Dieu au moment même où l'on réfléchit, autrement dit envelopper toutes les méditations de l'esprit dans un mouvement d'adoration brûlante et passionnée. Ceux qui prétendent préserver la pureté de leur méditation intellectuelle en la développant pour elle-même dans un premier temps (quitte à prier dans un second temps dont ils croient plus « objectif » de ne pas parler), ceux-là, en fait, risquent de ne pas maintenir leur méditation au niveau de la « voie d'éminence », de ce chemin vers le « plus » de Dieu, qui est un niveau contemplatif. Ils se contenteront de manier des idées en s'abandonnant aux joies de la dialectique. Ils parleront bien de ce dépassement vers Dieu. Ils en exploiteront peut-être les richesses mais en les ramenant au pays qui est le leur.

On ne peut affronter la réalité (opposée ici non pas aux idées, aux concepts mais aux systèmes, aux dialectiques) que de deux manières : en évitant de réfléchir, restant au niveau de la vie quotidienne (ce que font certains savants eux-mêmes) ou en se plongeant dans la prière et l'adoration. L'angoisse de ceux qui essaient de réfléchir *vraiment* sans pouvoir recourir à cette attitude priante témoigne assez clairement de cette vérité. Le caractère desséchant de certains développements, même religieux, qui n'affrontent pas entièrement les réalités dont ils parlent en témoigne aussi à sa manière. On n'a pas le droit de parler de certaines choses en dehors d'un certain ton, lequel est, au-delà de ce qu'on dit et beaucoup plus que ce qu'on dit, la pierre de touche de l'accès plénier au réel pour lequel l'esprit de l'homme est fait. C'est ce « ton », cette « musique » que l'art nous aide à discerner.

Le sommet de la sagesse semble bien alors se traduire, à cause de l'obscurité où nous sommes dans la négation d'une négation : le point de vue de Dieu n'est pas celui de la créature, et cependant cette négation ne signifie pas une opposition réelle entre les deux points de vue. Il est impossible à l'intelligence pure d'aller plus loin et de pressentir en plénitude l'harmonie positive entre ces deux points de vue ; elle éprouve seulement qu'ils peuvent être divergents, tout en sachant qu'ils ne le sont pas.

Entendons-nous bien : la recherche de Dieu par-dessus toutes choses dans l'amour, ne change rien à la situation de l'intelligence. Elle ne lève pas le coin du voile sur la manière dont Dieu nous voit, nous crée, nous aime. Mais elle unit l'homme affectivement au Créateur, et dans cet amour expérimentalement savouré, le sujet se sent délivré de toute opposition entre son point de vue et celui de Dieu : l'oblation lui fait sentir obscurément mais positivement quelque chose de l'ineffable harmonie établie par le Créateur entre la créature et Lui. Il ignore l'essence de cette harmonie, qui est le secret du Créateur. Mais il en éprouve l'existence, il en goûte la saveur obscure. C'est là l'un des rôles, et sans doute la place principale de l'art et du beau dans notre vie : nous aider à pressentir que cette harmonie existe vraiment même si elle n'est parfois exprimée que sous des apparences négatives. Notre situation en face d'un réel, qui échappe toujours à une prise totale, devient, au fur et à mesure qu'augmente la lucidité, intolérable, non seulement pour le cœur mais pour l'intelligence qui, ou bien voudra la fuir en se précipitant dans quelque erreur où la contradiction se trouve dissoute, ou bien sombrera dans l'angoisse, ou bien encore — et c'est plus fréquent — cessera d'affronter le réel pour se contenter de jongler avec des idées, c'est-à-dire en fait avec des mots (car toute idée véritable regarde le réel).

Ce dernier danger peut guetter les esprits religieux eux-mêmes, et leur effort devient alors stérile, voire inquiétant. On n'a en effet pas le droit de présenter à l'esprit des vérités aussi crucifiantes que la vue du réel dans sa cruauté d'être passager et mortel — sans présenter en même temps le seul remède authentique au déchirement que ces vérités provoquent et sans lequel elles seraient insoutenables. Ce remède est d'aspirer à la confiance que seules peuvent donner la prière et l'adoration inspirées par l'amour. L'éducation divine du peuple juif telle que la Bible la révèle montre par excellence ce que peut mettre en œuvre la longue formation de l'homme adorateur en esprit et en vérité. L'art, la poésie et la nostalgie d'une beauté possible, même dans le détail du quotidien, n'y sont pas inutiles.

On est ici à une croisée des chemins. La perception des limites intellectuelles de l'esprit pouvant basculer, à quelques nuances près, dans l'agnosticisme et le refus de Dieu ou dans l'adoration. Autrement dit, la voie du doute, du scepticisme est un tournant peut-être nécessaire mais dangereux car une crise de croissance peut toujours aboutir à la sclérose. Lorsque au contraire son évolution est heureuse, cette crise ressemble à une véritable purification : c'est le moment où l'étoile des Mages disparaît avant de reparaître dans un ciel intelligible désormais plus pur : l'agonie des idées avant leur résurrection... La joie d'une beauté perçue même en des apparences parfois éclatées.

Plus profondément, on peut y voir le premier contact d'une lumière excessive avec des yeux habitués à la pénombre, premier contact qui aveugle en supprimant la vision médiocre à laquelle ils étaient adaptés. Une fois passé le premier choc, les yeux s'habitueront à cette lumière nouvelle et verront infiniment mieux qu'auparavant. Mais en attendant c'est la nuit... Toute irruption d'une vie nouvelle et intense, entre autres celle que l'art peut ouvrir, a pour premier effet de paralyser et de faire apparaître comme médiocre l'ancienne manière de voir et de vivre qu'elle remplace.

De cela témoignent abondamment les adeptes de la vie spirituelle, naturelle ou surnaturelle. Marcel Proust insiste à plusieurs reprises sur le caractère déconcertant du contact avec une forme de beauté artistique ou naturelle dont nous n'avons pas l'habitude, de ce que nous restreignons le « beau » à l'ensemble des manifestations de la beauté qui nous étaient devenues familières. Platon déjà disait que nous connaissons du Beau certaines participations très limitées, à l'intérieur desquelles notre paresse et notre accoutumance ont cru pouvoir trouver l'essence du Beau. Il n'est même pas besoin alors d'une mise en présence de la Beauté absolue pour que nous soyons en déroute. La seule manifestation d'une forme nouvelle de beauté qui n'entre pas dans le cadre de ce que nous avons cru être « la » Beauté (et qui a perdu pour nous toute sa fraîcheur, toute cette puissance insolite qui est le privilège du Réel lorsqu'il se dévoile vraiment à nous) suffit alors à donner un certain vertige.

C'est notre conclusion sur l'art moderne. Il apporte un vertige : un étonnement renouvelé en face du réel qui peut ouvrir à l'émerveillement de rencontrer Dieu.

Reste la question : Beauté ou Vérité ?

Justement nous refusons de la poser comme une alternative dont un des membres devraient exclure l'autre. Tout notre propos est de maintenir que l'art non seulement peut mais très souvent oblige à l'attention au réel donc au Créateur. Alors on peut demander : peut-il par lui-même ouvrir à l'amour gratuit, à la nouvelle alliance, au Dieu de Jésus-Christ ? Oui, peut-être, lorsqu'il assume en ses propres œuvres son propre échec à atteindre la Beauté (c'est ce que nous avons appelé les « stigmates » et reconnu dans bien des expressions négatives de l'art moderne...)

De son côté, la raison peut par son propre dynamisme, pointer négativement vers le Dieu vivant lorsqu'elle confesse, en sa propre démarche, son propre échec à atteindre la Vérité.

Dans les deux cas, seul l'Esprit de Dieu peut « relever » la difficulté, l'aporie, en dévoilant « le Visage » du Christ. Un « plus » dans les degrés d'être n'y suffit pas. Il y faut ce supplément d'amour absolument nouveau, sur-naturel, la grâce qui engendre la prière. Il y faut mort et résurrection, une Pâque, l'irruption d'une Parole, l'émerveillement de cet « esprit qui, réfléchit en nous tous, comme en un miroir la Gloire du Seigneur ».

Du Buisson ardent au silence de Tancrède

Peinture murale, Los Angeles, Santa Barbara, 1989.

Les conservateurs de musées n'ont pas de difficultés à composer leurs premières salles. Le choix des tableaux est inévitablement conditionné par le début de la peinture occidentale : les « primitifs » italiens ou flamands. A l'entrée du Musée des Offices de Florence, le choc est fort : les trois maestas, les trois Vierges en majesté des trois génies, Cimabue, Duccio, Giotto et deux crucifix, l'un douloureux, l'autre remis et pacifié. On est introduit au silence malgré soi et insensiblement préparé pour les Siennois, Uccello ou Masaccio. Au musée d'Art et d'Histoire de Vienne, on est accueilli par la *Vierge à l'Enfant* de Van der Weyden, *la Déploration du Christ* de Van der Goes et le fascinant *Portement de croix* de Jérôme Bosch. On peut ensuite tout admettre des sensualités superbes et inquiètes du maniérisme de Spranger ou Hans Van Aachen au beau temps de l'empereur Rodolphe.

Mais comment se terminent les Offices de Florence ? Par la platitude d'une salle où ne sont laissés en finale que des tableaux comme *la Puce* : une femme en déshabillé vulgaire cherche à se défaire d'un parasite ! C'est elle qui dit au revoir. Comment se termine la dernière salle de Vienne ? Par une Cléopâtre affaissée dans un fauteuil bourgeois... Il est vrai qu'une *Déposition du Christ* est située juste à ses côtés. C'est tout dire. Le Christ au niveau de Cléopâtre. Alors il n'y a pas à être surpris si les artistes d'aujourd'hui ne se contentent ni de la Puce ni de Cléopâtre.

Quelle différence avec le parcours que permet le musée de Norton Simon à Pasadena, où *le Couronnement de la Vierge* de Guariento di Arpo accueille le visiteur ébloui par l'humilité forte du Quattrocento de Padoue. On retient *le Christ bénissant* de Memling, la *Vierge au livre* de Raphaël, comme *la Pêche au cormoran* de Carpaccio ou *les Citrons* de Zurbarán, qui éclipsent même les Rembrandt. Et ce sont Goya, Picasso, Degas ou *le Clochard* de Manet, *la Prostituée* de Toulouse-Lautrec : on ne quitte pas un autre essentiel pour la seule séduction, on est conduit comme naturellement à *la Maternité* de Moore et à *la Solitude* de Giacometti qui terminent le musée.

Pour qu'on puisse percevoir la réalité, il faut que les choses et les êtres nous apparaissent. C'est moins évident qu'il ne semble. Il faut rompre tant d'images factices qui s'interposent et mentent. Et, pour que la réalité prenne corps, il faut en outre la reconnaître avec autrui. Le désir, source et proie de tant de fantasmes, ne devient amour qu'à ce prix. On hésite, plus ou moins, sur ce seuil. L'art et la poésie ont pour tâche non pas de multiplier les écrans bariolés mais de signaler et baliser la route qui conduit là où un peu de réalité commence, là où l'illusion cesse de séparer.

Shakespeare a pour toujours proclamé qu'il était impossible de faire l'économie d'une certaine déstabilisation pour garder l'esprit ouvert à l'étonnement du réel.

« Tout l'univers est un théâtre, et tous les hommes et toutes les femmes ne sont que des acteurs ; ils sortent, ils rentrent et chaque homme en son temps joue plusieurs rôles, la pièce comprenant sept actes ou périodes. D'abord le poupon vagissant et bavant dans les bras de sa nourrice. Puis l'écolier pleurnichard avec son cartable et sa figure bien propre le matin ; c'est à regret qu'il va plan-plan à l'école au train de l'escargot. Puis l'amoureux soupirant comme fournaise ; il vient de composer une plaintive ballade sur les beaux yeux de sa maîtresse. Ensuite le soldat plein de jurons étrangers, moustachu comme le léopard, jaloux sur le point d'honneur, brusque et vif à la querelle, cherchant la gloire, cette fumée, jusqu'en la gueule du canon. Puis c'est le juge, beau ventre rond fourré de bon chapon, œil sévère et barbe taillée à la mode, plein de sages dictons et d'anecdotes rebattues : tel est son rôle. Le sixième âge nous offre un barbon maigre et pantouflard, lunettes sur le nez, bissac au flanc ; les chausses de son jeune temps, bien ménagées, sont infiniment trop larges pour ses jarrets fondus ; et sa grosse voix d'homme, retournant au fausset de l'enfance, a un son de flûte et de sifflet. La dernière scène de toutes, qui conclut cette étrange histoire pleine d'événements, c'est la seconde enfance et l'oubli total, sans dents, sans yeux, sans goût, sans rien. » (*Comme il vous plaira*, acte II, scène VII.)

Einstein ne dit rien d'autre lorsqu'il fait appel à l'imaginaire : « Lorsqu'un problème nous résiste malgré d'énormes efforts de recherche, nous devons mettre en doute ses données premières. L'imagination est alors plus importante que la connaissance. » C'est ce à quoi aboutissent Malevitch et Yves Klein en utilisant une seule couleur dans leur tableau, un carré bleu, un carré noir : cela suffit pour atteindre l'essentiel. Cela qui émane du porte-bouteilles ou des *Ready-made* de Marcel Duchamp ou des toiles de Pollock lorsque, dans un sursaut désespéré, l'artiste s'efface pour empêcher même son intervention d'être obstacle entre le réel, le

MICHEL DUBRÉ : *Ultime approche* (35 × 38 cm), 1977.

méta-physique, l'objet et nous ; cela que cherche, à l'opposé, l'hyperréalisme en provoquant à lire au-delà lorsque, par exemple, un Michel Dubré, avec son *Ultime approche*, fait nager ses sportifs dans un champ de blé. Le titre dit bien ce qu'il veut dire.

Exorciser la peur

Pour démontrer la pérennité des formes de l'esprit, le permanent des manières de sentir qui, dans l'art, circulent d'âge en âge sous des noms différents mais avec le même goût pour le mouvement, l'ondulation, la prolifération, l'exubérance et le même dégoût pour l'ordre, la symétrie, la stabilité, la mesure par exemple dans le Baroque (ou des courants inverses dans le classicisme), il est normal d'utiliser deux sortes de coupes transversales : une à travers les siècles, qui permet, par exemple, d'inclure Picasso et Andy Warhol, Baudelaire et Gadda dans la même famille que Tiepolo et Mozart ; l'autre à travers les divers champs de la pensée créatrice, de façon à ne pas seulement tenir compte des arts plastiques mais aussi de la littérature, de la musique, du cinéma. Cela ne suffit pas plus que les schémas en trois temps où l'on reprend, en troisième moment conclusif, le premier élément modifié par l'interférence du deuxième : A – B – A' (c'est la clef d'un texte aussi dense que l'épître aux Romains de saint Paul). Au terme de toutes les interprétations, il faut aller plus loin qu'une lecture dialectique, et se laisser prendre à la séduction ou à l'interrogation lorsqu'elle conduit aux bords de l'effroi métaphysique. « Car le beau n'est que le commencement du terrible. » L'épreuve inaugurable dont parle Rilke dans ce vers fameux de la première *Élégie de Duino* est celle que l'homme affronte lorsqu'il rencontre la beauté et s'en trouve blessé au plus intime de lui-même. Parce qu'elle s'adresse à notre être, parce qu'elle requiert de lui une réponse — consentement ou refus —, l'épreuve humaine du beau ne peut se réduire à une appréciation, une norme ou une catégorie esthétiques.

Le titre de l'essai de Louis Chrétien (Éd. du Cerf, 1987) est très juste : *L'Effroi du beau.* « Ce que donne d'abord la beauté, c'est l'épouvante, l'étonnement et l'effroi. Ce premier don, le don de l'effroi, ouvre l'âme à tous ses autres dons. Celui que le beau n'aura pas effrayé ne l'aura reçu que pour sa perte. »

Lorsqu'il s'approche « dans la perpétuelle imminence de son dérobement », le beau vient saisir, bouleverser, convertir ; comme en un autre sens, peut le faire autrui. « Nous avons à donner à la beauté ce qui manque d'elle ou qui la nie, ce qui souffre de son absence et qui peut-être en meurt. »

Si, premièrement, la pulsion de nos compagnons artistes est portée par le besoin de redonner un espace respirable ; si deuxièmement, elle est étreinte par l'impossibilité d'arrêter une activité créatrice, elle ne devient, en troisième lieu, compréhensible que si l'on consent à entrer dans un débat qui est métaphysique. Il ne s'agit plus de plaire ou de séduire. Il ne s'agit plus d'être pour ou contre le mouvement pictural précédent ou du souci de faire « populaire » (sous-entendu vulgaire, sale ou grossier). Il ne s'agit pas d'être d'avant-garde. Les « mouvements » se succèdent, vite. Même en disant toujours la même chose, le génie reste, toute sa vie, novateur. Finalement, il s'agit pour tous d'autre chose, de ce que personne ne peut réussir par procuration : exorciser sa peur en face du destin.

On a pu un temps, (le penchant revient régulièrement), essayer de réduire la compréhension de l'art à des explications historiques, sociologiques voire politiques. C'est risquer de ne trouver ni la porte d'entrée, ni la porte de sortie.

La lutte de l'ange avec tous les composants de la matière et du réel est déjà métaphysique et quasi religieuse. Peintre, musicien ou poète découvrent pour ultime interlocuteur l'angoisse de créer et l'ivresse de se perpétuer, même s'il ne reste plus à dire que la nuit du doute. Ce besoin ouvre une troisième question : celle du destin lui-même.

Secrets et richesses de la matière, ivresse de la création et peur du destin, ces trois obsessions ont toujours accompagné l'artiste. La seule différence c'est qu'aujourd'hui l'artiste le sait. Et il sait qu'il le sait.

On a cru rendre raison, Balzac le rappelle, de l'histoire de la peinture par un choix entre la forme, le dessin et la couleur. Les modernes ont redécouvert la structure de la lumière avec l'impressionnisme et, avec les Fauves, la force des coloris. Ils ont redonné son réalisme à l'imaginaire avec les symboles, de Füssli à Dali. Plus encore, ils ont réacclimaté la nostalgie d'un espace viable. Cent ans avant Gagarine et les premiers pas sur la lune, devant l'effroi caché ou le rêve anxieux d'espaces infinis, les peintres ont perçu la possibilité de trouver cet infini dans un cadre à la fois contenu, ouvert et mystérieux.

On a pu croire un moment que la bataille essentielle se jouait entre ceux qui avaient besoin d'un sujet (que ce soit un *Retour de Russie de Napoléon* ou *Thétis éplorée aux genoux de Jupiter*) et ceux qui pouvaient « s'abstraire » de la nature. Et en fin de compte, on s'aperçoit qu'il y a un troisième terme irréductible : le besoin de créer.

Reste l'ultime question : pour quoi créer ? Ici aussi tout conduirait à rester enfermé dans l'alternative de deux solutions : la voie de la sérénité et la voie du pathétique.

L'histoire ne les contredit pas. D'une part la sérénité de Corot, Bonnard, Seurat, Matisse, Fernand Léger, Paul Klee ou Barnett Newman ; d'autre part les stigmates du pathétique de Van Gogh, Soutine, Gauguin, Munch, Arschile Gorky, Kandinsky, Kirchner, Karel Appel ou Tinguely. Ce n'est pas nouveau. Nous l'avons déjà relevé. On aura toujours ces deux dominantes : la *sérénité* de Raphaël, Vermeer et Ingres ou Bonnard et *le pathétique* de Bosch, Goya et Delacroix. Et celui de Munch, de l'école de die Brücke, Kirchner ou Nolde, et Klimt, Egon Schiele, Soutine ou Kokoschka... Toute l'histoire est traversée par la sérénité du regard et le pathétique des stigmates. Nous avons désigné les peintres de la sérénité : Cavallini, Torriti et les précurseurs de Giotto à l'aurore de la peinture au XIIIe siècle, qui ont assuré le passage du hiératisme des icônes à la réalité plus proche et plus douce des mystères de l'Incarnation. L'art européen est né du regard porté sur la maternité de la Vierge, sur le Crucifié offrant ses bras sans défense et sur l'histoire de François d'Assise. Ce n'est pas pour rien. Fra Angelico, Schongauer ou Zurbaran, par exemple, illustrent cette lignée de la sérénité.

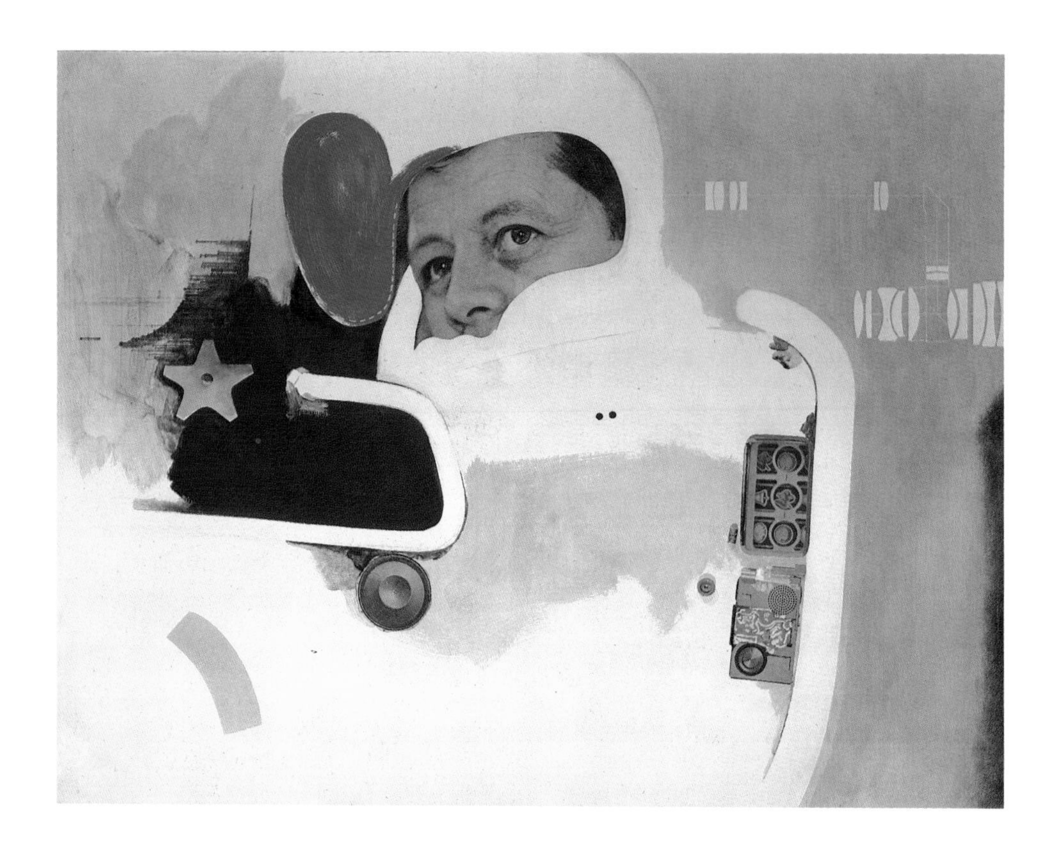

RICHARD HAMILTON : *Towards a definitive statement... (61 × 81,3 cm), 1962.* Londres, Tate Gallery.

Mais au même moment, c'est bien le pathétique des stigmates qui retient d'autres génies : Van der Goes, Masaccio ou Grünewald, etc. Le maniérisme sensuel de la cour de Rodolphe II est bien une esthétique de l'inquiétude, sous la nostalgie des plus beaux corps féminins jamais représentés dans les années 1600. Mais vingt ans plus tard Rembrandt cassera l'injustice du beau corporel en rendant dignité au pathétique des enfants ou des Vieux. Déjà Pontormo et Rosso, dès 1515, avaient à l'origine du maniérisme réagi contre Fra Bartolomeo et Andrea del Sarto, brisant les règles du Quattrocento qui avaient ankylosé l'art florentin. Délivrant la Renaissance des pesanteurs du matérialisme, ils assuraient dans leur réaction anticlassique l'ouverture du maniérisme puis préparaient le renouveau du Baroque.

Il faudrait faire la contre-épreuve. Où situer Giotto, Lorenzetti, Piero della Francesca, Vélasquez, Watteau, Le Caravage, Rembrandt, Turner, Monet ou Nicolas de Staël ? Ils ne se réduisent ni à la sérénité, ni au pathétique. Ni seulement au regard, ni seulement aux stigmates. C'est peut-être le signe du génie d'unir les deux. Et l'apparente sérénité de Fra Angelico, de Masolino ou de Lorenzo Monaco implique bien souvent la trace des stigmates et indique qu'il doit y avoir un troisième terme, de même que le tableau ne se résumait pas à l'agencement ou à la dominante du dessin *ou* de la couleur. *La leçon d'anatomie* de Rembrandt ramène bien au binôme du pathétique du devenir d'une part — l'objet est un cadavre, fait pour se décomposer — et de la force de la sérénité d'autre part, ce moment éternel de l'attention du regard des chirurgiens. Mais le sens du tableau se livre peut-être aussi ailleurs, dans une autre constante : l'étonnement devant la mort.

En face du destin, la peinture moderne induit à penser que bien des questions sont insolubles si on les bloque par une dialectique à deux termes. La nostalgie est indéracinable qui habite tout homme et pas seulement Einstein : trouver enfin une équation pour dire son destin, qui ne sacrifierait ni l'un (sérénité-regard) ni l'autre (pathétique-stigmates). Nous avons noté que c'était le secret de l'icône : dire l'absence dans la présence et la présence dans l'absence. Mais on est toujours tenté de choisir.

On reste perplexe devant un tableau de 1980 de Rauschenberg, une koré grecque surimprimée entre deux voitures, aussi perplexe que devant un moulage en plastique judicieusement mais mystérieusement éclairé du Musée de Pasadena. Est-ce de l'art ? Les conservateurs de musée seraient-ils si fous pour acheter, à la valeur de onze milliards de centimes, la toile *False start* de Jasper Johns, qui passera sa vie à refaire indéfiniment un drapeau américain sur fond orange, bleu ou rouge... Tobey ne prétend à rien en intitulant simplement *Recherche*, en 1954, une merveilleuse symphonie de lignes vertes, rouges, noires, sinon à occuper tout un espace blanc et à le faire chanter. Lignes torturées ? Espace heureux ? Abstraction ou réalité ? Et s'il fallait prendre au sérieux le titre : *Recherche* ? Aristote avait dit, il y a vingt-quatre siècles, que le début de toute sagesse et de toute philosophie était l'étonnement. Que veulent signifier d'autre ceux même qui, avec le dadaïsme ou l'art conceptuel, refusent à la peinture de se prétendre messagère ou œuvre décisive, sinon cet étonnement premier, chaque jour à reprendre, clef d'une jeunesse éternelle qui est peut-être le plus grand cadeau qu'un esprit puisse recevoir ?

« Dans le bois on écoute bouillir le ver
La chrysalide tournant au clair visage
Sa délivrance naturelle. »

(René Char, *Le marteau sans maître.)*

Toutes nos expériences se liguent pour emprisonner la vie en des équations à deux termes.

Il n'y a pas de meilleure définition du *bonheur* que celle qu'on peut tirer de saint Augustin : la possession à la fois intense et paisible de tout ce qu'on peut désirer. Mais on est au rouet : ou bien ce sera *intense* et c'est l'aventure, la soif du toujours nouveau et donc la déchirure qui pousse Baudelaire à demander à la drogue ou finalement à la mort ce quelque chose de nouveau, ou bien ce sera la possession *paisible* — celle des « joies du foyer » — mais alors soumises au risque des limites du repli rétréci sur l'assurance de posséder.

Il en va de même des deux termes de *l'espérance* : une promesse (et cela ouvre à l'optimisme) mais en attente (et cela conduit au pessimisme).

Il en va de même des réalités *familiales*. Quel cadeau-piège que celui de la paternité mais aussi de la responsabilité...

Il en va de même de *l'amour* : la joie de l'attirance mais la détresse d'être blessé par cette séduction.

N'y aurait-il donc pas en chacune des réalités de la vie un troisième terme, une voie d'éminence qui révèle à Sisyphe qu'il n'a pas seulement comme partenaire son rocher et la pente de la montagne ? Le seuil de la maturité ou de la libération ne serait-il pas franchi lorsqu'un homme trouve en chacune de ses expériences, bonheur, paternité, espérance ou amour un troisième terme. Tout notre propos (ou notre hypothèse) est fondé sur ce pressentiment : au-delà de leurs apparences provocantes ou déconcertantes, l'art et la poésie actuelles mettent sur le chemin de ce troisième terme.

Nous n'avons pas pris un détour en évoquant les manières trop réduites d'enserrer les expériences de l'homme dans une dialectique à deux dimensions. On en revient au rat enfermé dans le piano (voir chapitre 29). N'y a-t-il pas une troisième dimension (ou une quatrième) et n'est-ce pas le critère de toute véritable œuvre d'art d'en révéler l'immédiateté et par là de libérer, même si ce n'est que par manière de question ? « Ne désespérez jamais. Faites infuser davantage » (Henri Michaux.)

*

Nous ferons appel ici à deux analogies qui ont entre elles-mêmes une étrange similitude, et nous conclurons en évoquant un tableau prestigieux, qui, mieux que tout, peut apaiser face à ce qui, dans l'art « moderne » apparaît provocant ou difficile à comprendre.

La réflexion chrétienne a eu beaucoup de peine, déjà depuis ses origines judaïques à obliger le croyant à ne pas diminuer Dieu. Ni idée, ni idole. Impossible d'enserrer le mystère dans des paroles ou des images taillées. L'Église affirme que la foi reste toujours libre (même si à certains moments de son histoire, elle ne fut pas cohérente avec sa doctrine de liberté). Aucune parole ne peut *exprimer* positivement le mystère de Dieu. Mais en même temps, la foi chrétienne maintient qu'on peut atteindre Dieu réellement et partager son mystère intime. Les dogmes ne sont pas des prisons mais les grands vecteurs qui indiquent au croyant en quelles directions il y a du réel et du réel transcendant, infailliblement divin. Reste qu'on ne peut dire, exprimer, formuler que *de manière négative* ce réel pourtant si positif en lui-même, « comme dans une nuit plus aimable que l'aube » dit Jean de la Croix en écho à saint Augustin : « Que peut-il dire, celui qui parle de Vous ? Et pourtant malheur à ceux qui se taisent de Vous. Car en parlant, ils sont muets. »

Le croyant vit de la certitude d'un amour infaillible, celle d'être saisi par Dieu, bien qu'il ne puisse pas remonter plus haut que sa source et faire de cette certitude une possession évidente. La différence est immense, comme elle l'est pour tout amoureux dont le cri le plus véridique est de dire à celle qu'il aime : « Je vous aime mais aidez-moi à vous croire. » On appelle cela en christianisme : la théologie négative ou apophatique. On exprime une certitude et en même temps on dénie à la formule de pouvoir emprisonner le réel. On reste étonné, dépassé et donc démuni à l'intérieur même de l'assurance de ne pas se tromper. Alors le silence peut dire la communion. C'est le troisième terme au-delà de l'affirmation, de la séduction et de la négation ou de la répulsion.

La voie du bouddhisme zen, bien que vécue dans un climat très différent, n'est peut-être pas si éloignée. Au novice qui veut trouver l'éveil, qui veut s'assurer de son identité, le maître impose la patience en le faisant passer d'énigme en énigme par le jeu des questions, des *koan*. Par exemple, « A quoi ressemblait votre visage avant que vous soyez conçu ? » Certains novices peuvent attendre un, deux ou dix ans avant d'être admis au koan suivant. Est-ce sadisme, plaisir de déconcerter, besoin de dominer ? Je ne le crois pas, pas plus que dans l'art contemporain. C'est protection du plus précieux : la vérité se reçoit dans la patience et non dans la fabrication ou le calcul seulement. Elle suppose la complicité de l'étonnement qui suppose ouverture de soi à un autre et donc blessure.

Le cardinal de Lubac a proposé de rapprocher le rôle de Bouddha de celui du sage de la sérénité : Job. Nous avons dit plus haut l'intérêt de ce rapprochement. Certains peintres aident à en percevoir la justesse et les limites.

Deux fois Carpaccio a cherché le personnage qui pourrait en face de l'ultime révélation, celle de la mort, signifier la sérénité de l'homme passé par l'épreuve du feu. Il a choisi Job. Au Metropolitan de New York et surtout à Berlin, Job est près du Christ, qui repose allongé sur la dalle du Saint Sépulcre. Dans les deux cas, Carpaccio est en dépendance de Mantegna, mais le génie de l'intuition lui est propre. La mort est vaincue. On peut désormais la regarder avec sérénité. Le Christ mort est donc encore allongé, en « déploration ». En arrière plan, à droite, la Vierge est secourue par Madeleine et saint Jean qu'on ne voit que de dos. De l'autre côté des soldats turcs s'affairent. Le sol est couvert de crânes et de divers ossements. Des grottes sépulcrales violées occupent le fond du tableau. Un corps squelettique debout est là comme un fantôme pendant que deux personnages bucoliques jouent d'un instrument de musique. Ici et là, des plaques, des colonnes et des fragments brisés signifient la fragilité de la vie. Vers la droite, la vision se perd dans un ample paysage avec un lac, un port et des montagnes. Et voici notre personnage : il est présent aux pieds du Christ, mais à quelque distance, assis par terre, adossé à un arbre, le coude appuyé sur ses genoux, il médite. Il ne regarde pas le Christ. Demi-nu, il regarde dans le vague. C'est Job. C'est la sérénité, telle qu'un « expressionniste » peut la tirer de l'Évangile de Matthieu au chap. 27, verset 52 : « Une fois le rideau du Temple déchiré en deux, les tombeaux s'ouvrirent et de nombreux corps de saints trépassés ressuscitèrent ». C'est la contemplation devant la mort vaincue. Job est serein certes mais il reste encore en deçà de l'étonnement et de l'émerveillement. On reste dans l'ordre d'une cicatrice refermée, non pas dans un nouvel ordre d'existence, d'une vie nouvelle. Celle-là ne peut naître que d'une blessure et non pas d'une simple victoire, mais d'un Amour, et d'un Amour total, d'un amour de consomption. Job exprime seulement l'innocence retrouvée. La Résurrection et la sainteté, issues des stigmates du Christ, sont tout autre chose. Nous le verrons plus loin : ce fut le génie de Nicolas Froment de saisir avec Moïse la rencontre de l'homme et de l'icône de Dieu. Moïse ne s'approprie pas la vision du Buisson ardent. Et l'archange ne le conduit pas à la seule résolution stoïcienne ou épicurienne du philosophe ou du sage mais à l'impossibilité d'exister hors de la blessure, celle dont l'archange vient lui dire l'inéluctable présence, celle qui vient et conduit au feu divin et à la maternité de Marie. Alors la chute d'Adam, n'est plus seulement la blessure d'un paradis perdu elle est devenue, dans la communion à notre misère même, la porte de la Gloire, promise au Fils prodigue.

*

« J'ai cherché à exprimer avec le rouge et le vert les terribles passions humaines. » (Van Gogh.)

« Les œuvres de Picasso... leur spectateur doit être pieux, car elles célèbrent des rites muets avec une agilité difficile. C'est cela qui distingue ce peintre des potiers grecs dont le dessein approche parfois. » (Guillaume Apollinaire, 1905).

*

« Une fois de plus, le peintre Tanguy était dans la plus grande dèche. Ses amis cherchent le moyen de l'aider. Ils découvrent un riche collectionneur de tableaux à qui ils montrent des peintures de Tanguy. L'amateur regarde et dit, loyal : "Que voulez-vous, je ne comprends rien à cette peinture, je ne me vois pas vivre avec elle. Mais si c'est pour aider quelqu'un de qualité, je veux bien lui donner ma grille à repeindre, je le paierai un bon prix." Tanguy peignit la grille. »

Revenons au point de départ qui a commandé toute la pensée philosophique. Au temps de Zoroastre, d'Isaïe, de Bouddha, deux maîtres récapitulent toute la sagesse issue des premiers penseurs, eux-mêmes tributaires des grands poètes qui les ont précédés (Homère et Hésiode). Ces deux maîtres ne font peut-être que redire les deux perceptions de tout enfant d'homme dès son plus jeune âge. Cela que nous avons désigné par la sérénité et le pathétique, par le regard et les stigmates.

L'un, Parménide, découvre que les choses sont et elles demeurent dans l'existence. Elles per-manent. Elles participent à la loi du monde, à un ordre, un ordonnancement. Elles s'intègrent dans un Tout. Quelle merveille : il y a des choses ! La voie de la sérénité est ouverte. On peut proclamer la « vérité » sur l'être, qui est éternel, en opposition à l'apparence et à toutes les fallacieuses opinions des mortels. Ainsi du petit d'homme qui un jour découvre qu'il n'est pas tout le reste mais qu'il est et qu'il sait qu'il est, que ce qu'il connaît est, et que le monde n'est que parce qu'il le connaît. Pour se rassurer en face des vertiges du cosmos et de la science, les modernes en feront le « principe anthropique ».

En ce tournant du VIe siècle avant Jésus-Christ, un autre penseur grec, Héraclite, en Ionie, est saisi par l'autre perception fondamentale qui commandera toute l'histoire de la pensée jusqu'aux idéologies les plus modernes. Le monde est dominé par la loi des conflits. Nous sommes dans le fugace, le fractionné, le fragmentaire. Au fond de l'homme, habite une plaie qui l'empêche d'être un. Tout être vit en pointillé. La formule

est brève : *Tout coule*, « *παντα ρει* ». Ça passe. Et, à côté de la sérénité de l'être, Héraclite proclame le pathétique du devenir. Seul l'esprit humain peut mesurer le décalage entre la fragilité des choses et l'infini de l'être et se découvrir « néant ».

Il sera réservé à Pythagore, Platon ou Aristote de proposer un troisième terme : on peut penser le fragile dans le stable, la potentialité dans ce qui est en exercice. On peut penser le mouvement. Et il n'y a rien de honteux à être en devenir, suspendu à l'attente d'un « plus » venu de l'extérieur qui accomplit et répond à des complicités jusqu'alors insoupçonnées.

On peut s'étonner que la révélation chrétienne, que la première représentation du divin dans la Bible, celle qui a été donnée à Moïse cinq siècles avant Parménide et Héraclite, n'ait pas empêché l'aventure humaine d'être condamnée au dualisme et ne l'ait pas protégée de choisir entre l'ordre et le conflit.

Mais de fait, on retrouve au Buisson ardent, pendant l'Exode, sur la montagne de Dieu, le même dualisme, pathétique et sérénité. Le texte biblique indique en premier la peur, la crainte de Moïse. Il est devant du feu : rien d'aussi réel, mais rien d'aussi insaisissable. Et Dieu se révèle par deux expressions, deux révélations, deux noms. Il est d'abord le Dieu du pathétique : « J'ai entendu la misère de mon peuple. C'est pourquoi je suis descendu. » Et lorsque Moïse demande quel nom donner à cette intervention, il est renvoyé à la sérénité : « Tu diras que "Je suis". »

PAUL KLEE : *Villa R.* huile sur carton (26,6 × 22 cm), 1919. Bâle, Kunstmuseum.

Le Buisson ardent

Comment sortir du dilemme ? Un tableau peut nous y aider. Il est fondateur de la peinture française. Contemporain des plus douces et hautes œuvres du Maître de Moulins ou d'Enguerrand Quarton, c'est le retable du *Buisson ardent* de Nicolas Froment exposé à la cathédrale d'Aix-en-Provence. Il est apparemment loin des modernes et de notre propos. Et pourtant ? Il s'agit de la rencontre effrayante de l'homme avec l'inconnu de son destin, du rappel de sa détresse originelle et de la révélation majeure (et imagée) qui guident encore aujourd'hui les trois grandes religions monothéistes : à savoir la rencontre de Dieu et de l'homme au Sinaï et l'effroi de Moïse convoqué en plein désert devant un buisson qui brûle et ne se consume pas. Ce n'est pas alibi d'y faire référence ici. Car c'est bien d'une image, d'une peinture, d'une révélation dont il s'agit. Ce retable atteint au génie des plus grands, il peut aider à entendre l'énigme ultime de tout art. Après l'avoir vu on ne peut sans doute plus recevoir avec le même regard qu'auparavant les provocations de l'art contemporain.

Tout tient dans le triangle de trois personnages ou groupe de personnages. Le décor est très bien campé. Dans le fond deux villes, à droite Tarascon (ou Aix), à gauche Beaucaire (ou Salon). En réalité, Rome et Jérusalem ? Un rocher occupe le centre, brun, dénudé, sec. Sur le rocher un buisson vert entouré de flammes rouges tendant vers le blanc. Le Buisson est en feu. Il est « ardent » mais il ne se consume pas, conformément au texte de la Bible. Tout autour du cadre se succèdent les douze rois d'Israël, ancêtres de la Vierge Marie qui forment l'Arbre de Jessé. Sur le sommet, hors du tableau, Dieu le Père, bénissant d'une main, la boule du monde dans l'autre main. Il est sur le dais qui protège le tableau entouré d'anges. Dans les deux écoinçons du panneau central : l'ange et la Vierge de l'Annonciation. Elle accueille sur ses genoux une licorne que chasse l'ange.

Au volet gauche, le roi René présenté par sainte Madeleine, saint Antoine et saint Maurice. Au volet droit, la reine Jeanne introduite par saint Jean, sainte Catherine et saint Nicolas. Près de nous un troupeau de moutons, ceux que garde Moïse. Ils paissent tranquillement sous l'œil du chien protecteur, au collier bardé de clous pour se faire craindre des loups. Du bas du rocher central coule une source qui entretient la fraîcheur de la prairie. Ainsi est clairement désigné que la vie et la subsistance des créatures vient de la révélation de Dieu. Le buisson repose sur une douzaine de troncs d'arbre comme l'Église repose sur le groupe des Apôtres. Et, comme le Buisson, l'Église traverse le feu des épreuves sans être pour cela détruite et réduite en cendres.

Et les personnages ?

Une première intuition a amené Nicolas Froment à comparer les deux révélations majeures pour un chrétien, les deux annonciations principales : celle de Moïse et celle de la Vierge Marie. A Moïse : « Celui qui Est, est avec vous. Il a entendu votre misère. » A la Vierge Marie : « Le Seigneur est avec toi, tu enfanteras le Fils du Très-Haut. » La comparaison est classique entre le Buisson qui brûle mais ne se consume pas et la Vierge Marie qui enfante sans perdre sa virginité. Ainsi Marie trône sur le Buisson dans l'ample drapé du superbe velours bleu moiré. C'est l'image de la sérénité parfaite.

En bas à droite, Moïse. Il lève la tête vers le Buisson. Mais il ne peut pas voir Dieu. Il se protège de sa main droite. Et c'est le visage du pathétique, de la peur, dit le texte biblique. Il a déjà, par crainte et respect de ce lieu sacré, enlevé une chaussure. Sa main gauche défait la seconde. Ainsi, tout est dit du destin. Des premières expériences enfantines (mais métaphysiques) aux premières et décisives formulations philosophiques, la Bible reprend le dialogue entre la sérénité et le pathétique. C'est le résumé de la feuille de route. On est capable de vouloir plus qu'on ne peut se donner. Plus est en nous. L'homme passe

NICOLAS FROMENT : *Triptyque du buisson ardent,* peinture sur bois (panneau central), (410 × 305 cm) vers 1475. Cathédrale d'Aix-en-Provence.

l'homme. On a la nostalgie d'une possession sereine mais au risque d'être limité. On est tenté par l'angoisse respectueuse mais au péril d'être désespéré.

Nicolas Froment n'en reste pas là. La Vierge tient l'enfant sur les genoux. Son fils, ultime Parole de Dieu, ne parle pas. Il fait beaucoup plus. Il tient un miroir dans lequel se reflète *en une seule image* l'humanité de sa mère et la divinité du Fils du Dieu Père. Moïse ne peut pas voir Dieu, posséder Dieu, exprimer Dieu, il peut désormais regarder le miroir.

Une image a été donnée. Et pas seulement la sérénité inaccessible d'un transcendant.

On pourrait s'arrêter ici. Nicolas Froment poursuit. Il a mis un troisième personnage dans son retable. Aussi important, aussi grand que les deux autres. C'est un ange. Celui-là même dont fait état le texte biblique. L'ange tient dans la main droite le sceptre du pouvoir. Celui qui a chassé Adam et Ève du Paradis. Le sceptre n'est plus menaçant. Il est penché vers l'arrière. Tandis que la main gauche doucement levée vers Moïse (qui ne le voit pas encore) signifie qu'il n'a plus rien à craindre. C'est bien le même ange qui a fermé l'accès du Paradis. Son rôle désormais n'est plus d'interdire mais d'éveiller la confiance.

On pourrait s'en tenir là. On resterait encore dans une dialectique de la peur et de l'apaisement, du pathétique et de la sérénité. On est en 1476, à l'un des moments les plus tendus de la désintégration des nationalismes européens. Siècle d'or pour la peinture, mais siècle noir (sans doute l'un des plus désespérés avec le Xe et le XIe siècles). On sort des épidémies de la grande peste. On sort de la guerre de Cent-Ans. Les mercenaires se louent à l'un ou l'autre des puissants. Tout est prêt pour que s'ouvre bientôt le drame luthérien, engendrant la dialectique qui conduira à Kant et à Marx et déchirera l'univers occidental et, par extension, la planète. Le poids des pseudo-conciles de Bâle et de Constance, la nostalgie anglaise qui veut réduire la papauté à l'office de chapelain du pouvoir temporel, les faiblesses de cette même papauté amèneront bientôt Savonarole au bûcher pour avoir protesté devant la décadence des responsables. Le royaume d'Arles échappe miraculeusement à ces secousses. Bouée de secours au milieu de l'Europe. Le roi René et les deux épouses qui se succèdent près de lui sauront préparer les voies du meilleur de la Renaissance et transmettre le flambeau des plus grands.

NICOLAS FROMENT : *Le Buisson ardent*, (détail), Moïse.

Et voici l'ultime et géniale trouvaille de Nicolas Froment.

A peu près de la grandeur d'une main humaine, un camée retient les deux pans de la chape de l'ange, aux couleurs teintées de vert et de rouge plus discrètes que le bleu de la Vierge ou le vermillon de Moïse. Le visage de l'ange n'exprime pas la sérénité de Marie ni l'angoisse de Moïse, mais l'émerveillement. C'est le troisième terme désormais proposé à l'homme en face de son destin : non pas seulement la capacité d'entendre et de voir avec ouverture de cœur, non pas seulement l'étonnement qui apaise par le goût du nouveau, mais l'émerveillement.

On pourrait se croire au terme : l'invitation de Dieu vient aider l'homme à savoir qu'il a un partenaire tout-puissant en qui il peut se confier. La protestation, de l'art contemporain, si tragique, en certaines

de ses expressions, aurait alors raison dans son désespoir même en révélant quelque chose d'inavoué, d'incompréhensible. On resterait pris dans la crainte puisque l'homme ne serait assisté que de l'extérieur.

Le génie du Buisson ardent va dire alors l'essentiel, l'ultime révélation en deux détails immédiatement perceptibles. Ce qui tient la chape de l'ange, ce qui est inscrit sur le camée, c'est Adam et Ève. Ainsi c'est de l'intérieur même de la blessure remémorée que l'émerveillement est pressenti, annoncé, promis. La crainte de l'homme n'est pas guérie de l'extérieur par la fabrication d'une sérénité extrinsèque ou d'une ivresse désespérément attendue, source de puissance régénératrice et vivifiante. Ce n'est plus de l'acte de créer seulement que peut survenir l'apaisement. C'est de l'intérieur de la blessure et de la question crucifiée que la révélation est apportée à l'homme angoissé avec le sceau d'Adam et Ève. C'est marqué par les stigmates de leur couple et de leur nostalgie, de leur peine et de leur prière, que l'étonnement s'est transfiguré en émerveillement. Les trois grandes annonciations tiennent en un seul échange de trois regards. Moïse, le miroir de Dieu, l'ange d'Adam et Ève.

Autre détail : il ne s'agit pas d'un buisson quelconque, mais d'un buisson d'églantiers dont les épines sont visibles aux extrémités. C'est donc d'un buisson ardent dont la forme rappelle la couronne de la Passion que l'annonce du salut est présentée, dès l'Incarnation.

L'art contemporain est-il si loin de l'énigme, du paradoxe ou de la provocation du Buisson ardent ? Il brûle mais ne se consume pas. Il attire mais il effraie. Il éclaire mais il maintient à distance. Il éveille mais ne se laisse pas posséder. Il rend visible, il révèle mais c'est pour introduire plus profondément dans l'interrogation. Bref, il étonne. Alors à celui qui veut bien ouvrir les yeux est offert le plus beau cadeau, peut-être, que peuvent apporter ceux qui osent dire par leur art jusqu'où les ont atteints les stigmates de l'aventure humaine. A qui perçoit leur confidence, les efforts de l'art et de la poésie cessent d'apparaître simplement miroir, exorcisme ou bon placement ; ils deviennent, hors de tout intérêt factice, ce qu'ils sont : les révélateurs privilégiés des aventures du passé et de l'existence spirituelle de l'humanité. Dans l'éclatement de l'œuvre d'art peut figurer le sens secret mendié par l'homme « qui n'a pas demandé à naître ». Dans ce secret se rejoindront, chacun à leur manière, tous ceux qui sur terre auront transfiguré le désespoir humain en une détresse crucifiée. La beauté n'aura pas sauvé le monde, mais l'art aura sauvé l'étonnement puis l'émerveillement. Il n'aura pas révélé Dieu. Il aura permis aux hommes de pressentir l'interrogation suppliante, et cependant émerveillée, du Christ en face de son Père et des hommes en face du Christ.

Personne n'a demandé à naître A quoi bon la réponse de l'art ?

L'art séduction pour beaucoup
désarroi pour certains
énigme pour tous.

L'art étranger pour beaucoup
proche pour certains
provocant pour tous.

L'art inutile pour beaucoup
vital pour certains
présent pour tous

L'art luxe pour beaucoup
danger pour certains
surprenant pour tous.

*

Deux voies s'ouvrent finalement en face de l'inévitable constat : « Personne n'a demandé à naître. » Il y a la voie qui conduit à la révolte et celle qui conduit à l'acceptation de son destin. Mais accepter son destin obligerait-il à l'héroïsme ? Qui pourrait alors y prétendre ? Car celui qui n'a pas demandé à naître se trouve inéluctablement seul au dernier moment. Qui lui tiendra la main ? Qui lui dira, dès maintenant (sans supposer la question déjà résolue par une religion) qu'il n'est pas seul ? Peut-être est-ce le rôle (ou la grâce) de ceux qui, entre la révolte et l'adoration, auront porté, comme ils ont pu, cette question du « pourquoi » et l'auront exprimé, avec silence ? Alors le sang et l'or, les stigmates et le regard, le désarroi et l'étonnement présents en toute œuvre d'art auraient trouvé leur sens : aider l'homme à aimer ce silence qui seul le réconcilie avec son secret.

Tancrède et Clorinde

ENGUERRAND QUARTON : *Couronnement de la Vierge* (détail), 1453-54.

Au huitième livre des madrigaux, *le Combat de Tancrède et Clorinde* est, sans doute, avec le Magnificat des *Vêpres de la Vierge*, l'une des plus belles créations de Monteverdi. Trois chanteurs, quelques instruments suffisent à tout le drame. La narration est confiée à une voix. Les deux autres chanteurs représentent les protagonistes. Tancrède, chrétien, se bat contre un chevalier en armes qu'il n'a pas reconnu. Le chant se développe dans une étonnante diversité de styles, du récitatif à l'arioso. Et voici le dénouement : l'instant où Tancrède croyant avoir combattu un guerrier païen se rend compte que « le blessé » n'est autre que Clorinde, sa bien-aimée qui, avant de mourir implore de lui, chrétien, le baptême. Les instruments, violes et clavecins, participent au drame ; les violes tantôt par les tremolos des accords rapidement répétés, tantôt par la ponctuation des pizzicati secs, précis comme les gestes des combattants. Tout est ici nécessaire : la monodie et la polyphonie, le parlato et le chant, la voix et l'instrument, la paisible consonance et la dissonance mordante. Mais tout cela ne sert à rien si ce n'est pour entendre le silence auquel la musique et la poésie nous conduisent et qui seul peut dire l'essentiel : l'attente fiévreuse de Clorinde qui demande le baptême en dévoilant qui elle est ; le bouleversement de Tancrède lorsqu'il retrouve celle qu'il aime. Elle meurt sous les blessures qu'il lui a infligées, mais c'est pour accéder à son vrai visage.

N'en serait-il pas de même de tout art humain ? Un jour, la poésie, les paroles même pieuses, les pensées et les œuvres même géniales se taisent pour laisser place à la présence nocturne et eucharistique d'une Personne qui seule peut nous préparer à l'ivresse de la vision béatifiante.

Haydn l'a compris dans *la Symphonie des adieux*. L'effet est toujours saisissant et il est toujours assuré. La salle et la scène sont dans le noir. Avant la première mesure, on a allumé sur chaque pupitre deux chandelles, deux cierges. Et la symphonie se déroule normalement jusqu'au quatrième mouvement. Alors discrètement un hautbois et un cor soufflent les lumières de leur pupitre et ils s'en vont sur la pointe des pieds. Puis un violoncelle et la contrebasse, puis l'autre hautbois et l'autre cor s'en vont de même. Puis les violons et les altos, deux par deux, et les deux derniers violoncelles disparaissent dans le noir. La musique devient de plus en plus ténue et, paradoxe, de plus en plus présente. C'est *la Symphonie des adieux* de Haydn. Son histoire est plaisante. Haydn l'a écrite pour contester. Les musiciens qui étaient avec lui au service du prince Esterhazy ne pouvaient que rarement voir leur famille. Il fallait éviter la démission de l'orchestre. Le prince comprit la leçon.

Lorsqu'on entend cette symphonie pour la première fois sans être averti, on se demande jusqu'où ira le départ des musiciens. Il ne reste plus que six violons, puis quatre, enfin deux seuls et le chef d'orchestre. Ils poursuivent. Ces trois-là, dans la seule clarté des deux derniers cierges. Et la musique est d'autant plus intense. Le silence de la salle est infiniment plus recueilli. Deux violons, un chef d'orchestre. Et l'on sent que le second violon met toute son attention à suivre le premier : la moindre note égarée romprait la musique.

Il s'agit d'introduire au silence. Il ne reste plus au terme que deux violons. Quel est donc le but ultime de toute poésie, de tout « art » et... de la vie ? Et si le premier violon était Dieu lui-même dans la Personne du Christ ? Et si l'Esprit Saint menait l'orchestre, et si chaque homme était ce deuxième violon qui, au cœur de la nuit peut jouer sa partition, prendre place dans la musique de l'univers entier, dans le chœur qui invite le ciel et la terre à se réjouir, bénir, rendre grâce, et ainsi donner sens à la vie ?

ANNEXES

1. De la peinture moderne

2. De la critique

3. De la continuité de l'art chrétien

1. Force du réalisme
2. Aux sources du symbolisme
3. L'impressionnisme
4. Post-impressionnisme
5. Précurseurs de l'expressionnisme
6. Fauvisme
7. Naissance de l'expressionnisme
8. Cubisme
9. Avant 1914 : Naissance de l'abstraction
10. La peinture abstraite
11. École de Paris
12. Après 1914
13. Dada et le surréalisme
14. Le Bauhaus
15. L'expressionnisme
16. L'émergence américaine
17. Diffusion de l'abstraction
18. Après l'abstraction : la revanche des réalismes
19. Le Pop'Art
20. L'hyperréalisme américain
21. Des formes aux forces
22. Et demain ?

ANNEXE I

De la peinture moderne

« Votre plume sera usée avant que nous n'ayons pleinement décrit
ce que le peintre peut nous montrer immédiatement au moyen de sa science,
et votre langue sera paralysée de soif et votre corps accablé par le sommeil
avant que vous ne puissiez représenter en mots
ce que le peintre vous montre en un instant. »

Léonard de Vinci

« L'art est une blessure devenue lumière. »

Georges Braque

PEINTRES ET MOUVEMENTS

les numéros renvoient à la rubrique correspondante de cette annexe.
Voir aussi l'index général page 464 pour l'ensemble de l'ouvrage.

Au départ des « modernes », quelques grands ancêtres : Constable et Turner avec la décomposition de la lumière dans la campagne anglaise ; Goya et ses délires de la maison du Sourd ; Füssli ou Blake et leurs rêves d'un surréel. De commencement en commencement, deux maîtres demeurent : le rêve et le réel, le réel et le rêve, le temps et la mort, la mort et le temps, le temps et la mort ; l'espace et la lumière. La Révolution française avait fait espérer en une nouvelle religion. La religion n'est pas venue. Les Prix de Rome ont continué à entrecroiser mythes antiques et chrétiens. Ingres avec ses odalisques, Géricault avec ses fous ou ses chevaux, Delacroix avec ses femmes d'Alger ou ses lions remplissaient les Salons. Une troisième révolution se prépare : 1848. S'il est vrai que cent cinquante années épuisent le génie d'une civilisation, c'est l'occasion de le vérifier avec la peinture moderne entre la République de 1848 et le Bicentenaire des Droits de l'Homme.

Nadar va bientôt donner à la photographie sa place de sœur jumelle de la peinture. Le public va recevoir par grâce impériale de Napoléon III un droit d'arbitrage lorsque les jurys des Salons auront refusé certaines toiles. Les musées vont démocratiser l'accès à la beauté académique... Comment saisir les mouvements de cette peinture « moderne » d'apparence si éclatée ? C'est Protée en liberté. C'est Sisyphe et son rocher. C'est Prométhée et le feu du ciel. Nous ne proposons ici que des points de repère dans un champ très déroutant qui peut être cependant si riche de révélations, si l'on veut bien admettre qu'il y a une cohérence cachée dans l'une des plus vivantes épopées qu'ait connues la création humaine.

1. FORCE DU RÉALISME

« Regardez l'ombre dans la neige,
comme elle est bleue...
Voilà ce que les faiseurs de neige
en chambre ne savent pas. »

Courbet

Des bords de la Seine aux bords du Tibre, on revient au réel, au quotidien. « J'ai plus appris dans les choses que dans les livres. » **Corot** (1796-1875) ; l'École de *Barbizon*, 1855, avec *Daubigny, Jongkind, Théodore Rousseau, Barye*. Même s'il sacrifie avec la merveille de ses teintes bleutées au mythe de Don Quichotte, **Daumier** (1808-1871), n'en regarde qu'avec d'autant plus d'acuité le wagon de troisième classe, la lavandière ou la vie familiale. **Courbet** (1819-1877), annonce en 1856, avec ses « Demoiselles des bords de la Seine », les impressionnistes, tandis que les paysans de *Millet* (1814-1875), annoncent, dans leur thématique, ceux de Van Gogh.

2. AUX SOURCES DU SYMBOLISME

Depuis la fin du XVIIIe siècle, les anciens symboles ne semblent plus satisfaire certains peintres. On se tourne de préférence vers Michel-Ange plutôt que vers la Grèce classique mise à l'honneur par les peintres de la Renaissance. Le symbole se complique. Les codes permettant de le déchiffrer sont de plus en plus hermétiques (Füssli, Burne-Jones, Moreau). Les métaphores, les allégories ne sont plus qu'un prétexte. Une brèche est ouverte dans l'esprit rationaliste à travers laquelle fait irruption un langage riche en significations inconscientes. Le mouvement pré-romantique allemand et le néo-classicisme international laissent déjà apparaître des signes d'insoumission aux anciens thèmes de la mythologie, souvent transgressés et modifiés. La mythologie devient un simple cadre culturel, presque un alibi gênant contre lequel certains luttent pour dégager des archétypes plus universels. L'Antiquité cesse d'être une limite contraignante pour devenir un pont tendu vers les expériences les plus universelles. A côté du *Serment des Horaces* de David, on voit apparaître *le Cauchemar* de Füssli et, à côté de *Jupiter et Thétis* d'Ingres, on voit *Jupiter et Sémélé*, bien plus étrange, de Moreau qui semble clore, vers la fin du XIXe siècle, la courbe de la mythologie symboliste.

Parallèlement à ces modifications de l'héritage mythologique, se produit un élargissement du registre littéraire. Des références nouvelles sont tirées de la Bible, Ossian, Dante, Homère, Shakespeare ou Milton.

Chez certains peintres s'esquisse, mais aussi chez des écrivains, une sorte de dégoût de la connaissance objective qui les oriente vers des zones inconscientes ou obscures du psychisme et de l'art. Pour ceux-là, il n'y a plus de science ni d'objet de science mais seulement un regard intérieur. Macrocosmes et microcosmes fantastiques ne s'adressent plus à la connaissance et à la raison. Ainsi émergent des structures symbolistes « de rupture ». L'art bascule dans une rhétorique de l'inconscient.

L'image symboliste ne signifie pas ce qu'elle donne à voir, elle atteint par allusion métaphorique un sens caché qui requiert une lecture seconde. Il y a un certain paysage symboliste qui par une sorte d'exaspération du langage figuratif devient un véritable emblême, un double émotionnel de la scène.

Le mouvement symboliste ouvre une faille dans l'esprit positif et dans la démarche « réaliste » du XIXe siècle. Il apparaît alors comme une transgression et une révolution du langage dont se souviendront plus tard Ernst, Dali et Magritte dans leur mise en question des apparences du réel. Mais il existe également, au sein de cette démarche, un renouvellement formel qui se manifeste surtout dans une transformation et dans un débordement des schémas corporels et de l'unité spatiale héritée de la Renaissance. De la démarche symboliste se dégage un climat d'ouverture, de crise recherchée, d'exploration multiple et souple, une volonté d'élargir et de remettre en cause la culture figurative européenne. Intention aussi forte et nette que celle du réalisme et de l'impressionnisme. Cela se poursuit au cours de trois générations : celle des grands précurseurs : *Füssli*, 1741-1825 et *Blake*, 1757-1827. Puis celle des *Préraphaélites*, en 1848 ; enfin avec *Gustave Moreau*, à partir de 1865.

POMPIERS ET PRÉRAPHAËLITES. Une visite à la maison natale de la jeune française la plus représentée et la plus traduite dans le monde entier, Thérèse de Lisieux, ne laisse pas d'étonner. A Alençon, en face de la Sous-préfecture, cette maison bourgeoise garde dans l'antichambre deux petits tableaux de Céline, la sœur de Thérèse. Ils sont vifs, saisis en plein mouvement comme si l'influence de Delacroix était encore tout proche. On sait ce que devint cinquante ans plus tard l'iconographie de la sainte. Hélas ! L'énigme est là. Pourquoi la sainteté amène-t-elle à des représentations si fades ? Pourquoi Lisieux et Lourdes ? Pourquoi des êtres qui ont su mener des « combats de géants » ont-ils attiré une complaisance sensible voire sensuelle ou vulgaire ? Qui oserait déterminer ici la frontière ? Le Greco ou les Espagnols du siècle d'or ne la franchissent-ils pas parfois ? Elle fut rarement aussi visible que dans la comparaison entre l'art dit « pompier » et celui des « préraphaëlites », exactement contemporains de Thérèse de Lisieux... et des impressionnistes. Que souhaitaient les commanditaires des années 1850-1880 ? L'énigme n'est pas réservée aux saints. L'exposition de février 1984 au Petit Palais sur William Bouguereau l'a utilement rappelé. *La Vierge aux anges* et les études pour les vitraux de *la chapelle Saint-Louis* de l'église Sainte-Clotilde induisent directement à poser la question des dégradations de tout art qui se veut « sacré ». Des hommes aussi vénérables que Desvallières ou le père Couturier en étirant les corps des saints ont aussi parfois étiré les sentiments... J'ai entendu durant l'année 1952 le père Couturier regretter certaines de ses peintures ; il vivait alors des amitiés qui ont honoré l'Église de ce temps, avec les artistes les plus rudes, qu'il avait su apprivoiser, sans fausse concession, aux mystères chrétiens : Fernand Léger, Braque, Picasso, Bonnard, Matisse. Les préraphaëlites demeurent. Les pompiers de toute époque ne surprennent pas, ils passent. Qui se souvient d'un seul « Prix de Rome » des années 1863-1877 et des sujets proposés au moment où les impressionnistes étaient violemment rejetés ? La liste est éloquente.

1863 : Institution par décret impérial du Salon des Refusés. Mort de Delacroix. Cette année-là, Fortuné-Séraphin Layraud obtient le premier prix de Rome pour *Joseph se fait reconnaître par ses frères.* En 1864 : Diogène-Ulysse Maillart pour *Homère dans l'île de Scyros* ; 1865 : Jules Machard pour *Orphée aux enfers.* 1866 : Regnault et Glaize pour *Thétis apporte à Achille les armes forgées par Vulcain.* 1867 : Paul Blanc pour *le Meurtre de Laïus par Oedipe.* 1868 : Edouard Blanchard pour *la Mort d'Astyanax.* 1869 : Luc Merson pour *le Soldat de Marathon.* 1870 : Jacques Lematte pour *la mort de Messaline.* 1871 : Edouard Toudouze pour *les Adieux d'Oedipe aux cadavres de Jocaste, Etéocle et Polynice.* 1872 : Joseph Ferrier pour *Une scène du Déluge.* 1873 : Aimé Morot pour *la Captivité des Juifs à Babylone.* 1874 : Paul Besnard pour *la Mort de Timophane.* C'est l'année de la première exposition de groupe des impressionnistes, qui est accueillie avec dérision par le public et la critique. Mais les prix de Rome continueront avec *l'Annonciation aux bergers* (1875), *Priam demandant à Achille le corps d'Hector* (1876) ou *Papirius insulté par un Gaulois après la prise de Rome* (1877). On dépasse ici l'anecdote. Pourquoi, en dehors des génies des années 1910, Larionov, Malevitch et Gontcharova, ainsi que l'explosion du Constructivisme, la Russie si riche en conteurs et en musiciens n'eut-elle jamais de peintres, pourquoi ceux-ci furent-ils si nombreux en Espagne alors que le Portugal voisin en fut totalement privé, pourquoi la couleur tellement savoureuse chez les Vénitiens est-elle, à cent cinquante kilomètres de là, chez les Bolonais, si dramatique voire macabre, pourquoi les problèmes de clair-obscur restent-ils étrangers à l'Extrême-oriental, pourquoi... pourquoi ?

Il faut avoir une seule fois regardé *les Trois grâces* de Bonnencontre ou Bouguereau (à côté desquelles celles de Raphaël paraissent tellement pudiques) ou *la Sorcière en retard pour le sabbat* de Falero, *le Flagrant délit* de Garnier, *les Oréades* de Bouguereau, les portraits des Présidents de la République française de Jules Grévy à Albert Lebrun, *les Conquérants* de Fritel, aussi bien que le Christ dans *la Fauvette du Calvaire* de Delanoy ou *Jésus sortant du Tabernacle* de Flachot, ou *le Lever de la Mariée* de Lematte, ou *Madame Nénuphar* de Wagrez pour avoir compris que ce qui « plaisait » à nos arrière-grands-pères pouvait désespérer Cézanne.

La fraternité des sept préraphaëlites anglais née en 1848, conduite par Rossetti et Hunt va marquer toute la peinture anglaise de la fin du siècle et, nous le redirons, les Nabis, les surréalistes et symbolistes de toute sorte jusqu'à l'hyperréalisme américain. *Hunt,* 1827-1910 ; *Millais,* 1829-1896 ; *Rossetti,* 1828-1882 ; *Burne-Jones,* 1833-1898. Au premier abord, ils paraissent proches des « pompiers ». La plupart de leurs sujets sont religieux. Primitifs italiens et Allemands nazaréens les ont marqués. Comme à chaque génération, ce petit groupe de préraphaëlites veut son indépendance par rapport aux conventions de la génération précédente. Ils sont mal accueillis par la bourgeoisie victorienne. Le critique le plus influent de l'époque, John Ruskin, aura l'intelligence de leur sauver la mise. Il a compris leur révolte contre l'académisme qui dominait depuis Raphaël et leur volonté « d'indépendance absolue ». Ruskin a raison.

L'Échoppe du charpentier (Le Christ dans la maison de ses parents) de Millais, qui se trouve à la Tate Galery, ne s'oublie pas facilement. (On pense inévitablement au tableau de Zurbaran des musées de Cleveland et de Boston : *L'Enfant Jésus se blesse à la couronne d'épines*, où de fait l'Enfant Jésus tresse sous les yeux de sa mère la couronne d'épines...) Quel que soit leur abus des bons sentiments, c'est un fait, les préraphaëlites demeurent en deçà de la ligne de partage des eaux. Rossetti peut bien *« délivrer Sylvia de Protée »*, Hunt *« protéger un prêtre chrétien de la persécution des druides »*, Burne-Jones élever son *Escalier doré*. Ils existent. Et l'*Ophélie* de Millais continue à flotter heureusement dans la mémoire... Alors que les pompiers peuvent laisser l'impression secrètement déplaisante de piéger le regard que ce soit avec les *Naissances de Vénus*, les *Jeunesses de Bacchus* ou même l'*Admiration maternelle*.

La question demeure : Quelle génération n'a pas ses pompiers ? même s'ils se cachent derrière des icônes en papier, des pseudo-ikebana ou des tabernacles en cuivre, ou bien encore derrière les pseudo-élégances, si perverses, de certains photographes « célèbres », comme Helmut Newton ?

Quelques vérités simples ne sont pas inutiles à rappeler. Un art officiel n'est pas forcément « pompier ». Il y a aussi un impressionnisme, un cubisme, un cinétisme qui sont ou peuvent devenir « pompiers » lorsqu'ils reprennent des formules en cours avec plus d'habileté que d'inspiration. L'impressionnisme fut aussi un art « bourgeois ».

Il y a un bon et un mauvais art « pompier ». C'est ce qui nous pousse à souligner l'intérêt des préraphaëlites. Certes, les « pompiers » peuvent provoquer un effet secondaire éventuellement libérateur. Ils aident à retrouver le sens de la complexité, de la différence dans la peinture du XIXe et... dans toutes les aventures artistiques. Académique, pompier et officiel ne sont pas termes interchangeables, bien que les trois soient tentés par le camouflage des sentiments et l'ambiguïté des valeurs. Baudelaire a vu juste. Il dénonce une perversion secrète dans la règle des pompiers : ne pas dépasser les limites permises. Il faudrait qu'en peinture les nus, par exemple, ne soient pas trop nus, et que les corps restent lisses et sans ombres. Baudelaire se permet alors d'ironiser sur ces êtres *« faits de beurre esthétique »*. Finalement l'acte de naissance des impressionnistes doit beaucoup par contre-coup à ce « beurre esthétique ». A la différence des pompiers, les préraphaëlites continuent d'être contagieux, simplement, sans maléfice.

Le symbolisme sera représenté par *Puvis de Chavannes*, 1824-1898 ; *Chassériau*, 1819-1856 ; *Gustave Moreau*, romantique attardé ou symboliste (?), 1826-1898 ; *Feuerbach*, 1829-1880 ; *Böcklin* (Suisse), « L'île des morts », Bâle, 1827-1901 ; *Von Marées*, 1837-1887 ; *Eugène Carrière*, 1849-1906 ; *Odilon Redon*, 1840-1916 ; *Fernand Khnopff*, 1858-1921 ; *Hodler* (Suisse), 1853-1918, « La Nuit ». En Autriche : *Gustav Klimt*, 1862-1918. En Espagne : *Gaudi*, 1852-1926.

Non seulement le symbolisme inspirera les « Nabis » et le surréalisme mais son influence sera déterminante sur le « Jugendstil », l'« art nouveau », l'École de Nancy et le « Modern Style ».

3. L'IMPRESSIONNISME

C'est par une simplicité, qui s'exprime dans le désir de voir et d'aimer le monde tel qu'il est, que l'impressionnisme rompt avec un académisme qui n'est que la sclérose de la tradition de la Renaissance. En exaltant la nature et la couleur, en faisant confiance au regard et à la sensation, en se laissant toucher par les scènes de la vie quotidienne, les impressionnistes sont en rupture avec un art officiel alors tenu fermement par l'École des Beaux-Arts et le Salon annuel en dehors duquel il n'est pas de lieu où exposer.

On leur reproche de barbouiller, de peindre trop vite, de ne pas assez préciser leur dessin, de ne pas lécher leur peinture. Une œuvre, un tableau, ce ne doit pas être une esquisse brossée à la hâte par un artiste plus soumis à ses « impressions » que maître de sa technique. Le mot même d'« impressionniste » est une injure adressée aux peintres de l'exposition — qui a lieu dans l'atelier du photographe Nadar — par un journaliste qui ironise devant le tableau de Monet : *Impression, soleil levant*. Peindre des impressions... vous n'y pensez pas !

Ce n'est pas un hasard si les impressionnistes font, en 1874, leur première exposition chez un photographe. La photographie vient de naître, fille de la nouvelle connaissance des lois optiques, dans un désir de représenter objectivement le réel. Un même intérêt pour la réalité anime les impressionnistes : ils préfèrent peindre sur le motif plutôt que dans l'atelier et ils bénéficient pour cela d'une autre découverte, celle de la peinture à l'huile en tube (donc aisément transportable). Ce que peignent les impressionnistes, c'est d'abord, c'est surtout la lumière, telle que dans l'air elle se donne au regard. Monet cherche à fixer sur la toile la même meule, la même cathédrale, les mêmes nymphéas à des heures différentes, à des jours différents.

Prémices avec le Salon des Refusés en 1863. L'empereur a décidé de faire présenter les peintures refusées par le jury du Salon, il demande au public d'arbitrer. En 1874 : exposition dans l'atelier de Nadar. Le mouvement durera jusqu'en 1884, avec une certaine cohérence. Monet meurt en 1926.

• **Manet,** 1832-1883, « Déjeuner sur l'herbe » en 1863 ; en 1865, voyage en Espagne. • *Whistler*, 1834-1903 (admiration pour les estampes japonaises). • *Degas*, 1834-1917 (cadet de deux ans de Manet).

*

« Monet a exposé cette année des intérieurs de gare superbes. On y entend le grondement des trains qui s'engouffrent, on y voit des débordements de fumée qui roulent sous les vastes hangars. Là est aujourd'hui la peinture. Nos artistes doivent trouver la poésie des gares comme leurs pères ont trouvé celle des forêts et des fleuves. »

Émile Zola

*

Vrai début chez Nadar : *Pissarro,* 1830-1903 ; *Cézanne,* 1839-1906 ; *Guillaumin,* 1841-1927 ; **Monet,** 1840-1926 ; *Sisley,* 1839-1899 ; *Bazille,* 1841-1870 ; **Renoir,** 1841-1919.

*

Villa des Arts, près l'avenue de Clichy,
Peint Monsieur Renoir
Qui devant une épaule nue
Broie autre chose que du noir.

Mallarmé

*

L'épanouissement du mouvement durera pendant huit expositions jusqu'en 1886. Puis ce sera la dispersion, après la dernière exposition de 1886. Mais l'intuition propre à l'impressionnisme se poursuit avec Monet qui meurt en 1926. Rôle du smog londonien ; unification des plans.

CÉZANNE 1839-1906

1858 : année où il passe son baccalauréat, second prix de dessin à l'École d'Aix. Il joue dans un orchestre où Zola est flûtiste. Enthousiasme pour Wagner. 1862 : fréquente Pissaro, Renoir, Sisley, Monet. 1863 : Salon des Refusés, admire Manet mais se sent plus attiré par Courbet et Delacroix. 1864 : déçu par Paris. 1866-1874, ses œuvres sont refusées au Salon.
15 avril-15 mai 1874 : On rit beaucoup devant les trois toiles de Cézanne à la première exposition des impressionnistes. 1879 : il ne participe pas à la quatrième exposition impressionniste ni aux suivantes. 1883 : travaille avec Renoir. 1888 : rencontre avec Van Gogh. 1891 : devient catholique pratiquant. 1902 : La Légion d'honneur lui est refusée. 1904 : le Salon d'automne réserve une salle entière pour les œuvres de Cézanne. 1906 : Il expose dix tableaux au Salon, meurt le 22 octobre. 1907 : le Gouvernement français refuse le don des tableaux de Cézanne du Jas de Bouffant.

« Il ne naît de Cézanne que tous les deux siècles » (Cézanne).

« Si l'on y admet M. Cézanne, il ne reste plus qu'à mettre le feu au Louvre » (Henri Rochefort, 1903). « Le nom de Cézanne restera attaché à la plus mémorable plaisanterie d'art de ces quinze dernières années » (C. Mauclair, octobre 1904).

« Un maçon qui peint avec sa truelle » (Manet sur Cézanne). « Un grand peintre raté » (Zola).

« C'est de son œuvre que j'ai tiré ma foi » ; « Le Bon Dieu de la peinture » ; « Notre maître à tous » (Matisse). « Il a déterminé toute mon évolution ultérieure » (Picasso).

« Il me disait surtout beaucoup de mal de Gauguin, dont l'influence lui paraissait désastreuse. "Gauguin aimait beaucoup votre peinture, lui dis-je, et il vous a beaucoup imité. — Eh bien ! il ne m'a pas compris, répondit-il furieusement ; jamais je n'ai voulu et je n'accepterai jamais le manque de modelé ou de graduation ; c'est un non-sens. Gauguin n'était pas peintre, il n'a fait que des images chinoises." Alors il m'expliquait toutes ses idées sur la forme, sur la couleur, sur l'art, sur l'éducation d'un artiste : tout dans la nature se modèle selon la sphère, le cône et le cylindre, il faut s'apprendre à peindre sur ces figures simples, on pourra ensuite faire tout ce qu'on voudra. » (A Émile Bernard, Aix-en-Provence, février 1904.)

« Il se savait le plus grand peintre de l'Europe. Quand on a cette force en soi, on peut s'en aller tout seul » (Elie Faure, 1910). « Je commence à me trouver plus fort que tous ceux qui m'entourent [...] J'ai à travailler toujours » (à sa mère, septembre 1874).

« C'est effrayant, la vie » (Cézanne).

4. POST-IMPRESSIONNISTES

LE NÉO-IMPRESSIONNISME à l'opposé de l'intuition émotive de Monet est une voie plus intellectuelle qui est ouverte par Seurat, puis par Signac, à partir de l'impressionnisme. Seurat, remarquablement doué, appartient à la deuxième vague des impressionnistes. C'est lui qui, reprenant les travaux de Chevreul, va tenter d'élaborer une théorie de l'impressionnisme en liant l'art à la science. Très tôt maître de ses moyens, il n'aura guère eu le temps de développer une œuvre consacrée à la recherche de l'harmonie et fondée sur une systématisation de l'utilisation de petites touches juxtaposées de couleur pure (ce qui fera nommer cette manière « POINTILLISME ») et sur une composition qui applique la règle ancienne du nombre d'or censé régir, de l'infiniment petit à l'infiniment grand, l'harmonie du monde. Cette tentative originale pour élaborer une méthode de la peinture est, en fin de compte une condamnation du flou et de la spontanéité impressionnistes. Opposition qu'on retrouvera tout au long du XXe siècle.

Seurat, 1859-1891, garde de Ingres un dessin ferme, mais a le génie du mariage avec l'analyse de la lumière. Il meurt à trente ans.

DIVISIONNISME : *Cross*, 1856-1910 ; *Signac*, 1863-1935.

Gauguin, 1848-1904, l'École de *Pont-Aven*, 1886-1888, avec *Émile Bernard* élabore un style original, opposé à l'Impressionnisme : le *« CLOISONNISME »*, la ligne serpentine, la stylisation ; influence des estampes japonaises. Recherche de la planéité de la toile. La couleur devient l'élément essentiel ; dans un esprit symboliste hérité de Puvis de Chavannes.

« Puisque mes tableaux sont invendables, qu'ils restent désormais invendables. Et il arrivera un moment où on croira que je suis un mythe ou plutôt une invention de la presse ; on dira : "Où sont ces tableaux ?" Le fait est qu'il n'y en a pas cinquante en collection en France. » « Je n'ai plus un centime et plus de crédit même chez le Chinois pour le pain. »

« Je viens de perdre ma fille, je n'aime plus Dieu. Mes larmes sont des fleurs vivantes. »

« J'ai le souvenir dans ma tête de tout ce que vous avez fait à peu près, et une étoile : en la voyant dans ma case à Tahiti, je ne songerai pas, je vous le promets, à la mort, mais au contraire à la vie éternelle, non à la mort dans la vie, mais la vie dans la mort. » « Ne vous y trompez pas, Bonnard, Vuillard, Sérusier sont des musiciens, la peinture colorée entre dans une phase musicale. »

LES NABIS. Influence des Japonais par Mary Cassatt. *Bonnard,* 1867-1947 ; *Vuillard,* 1868-1940 ; *Maurice Denis,* 1870-1943. *Valotton, Sérusier* cherchent à retrouver la saveur de la « sensation primitive » qui se traduit par l'arabesque en aplat, la couleur pure, les harmonies rythmiques.

Toulouse-Lautrec, 1864-1910. « Il adorait le corps des femmes. Tout des femmes. Leurs chapeaux qui l'enchantaient autant qu'ils faisaient le bonheur de Renoir ; les manchons et les robes qu'il ne pouvait s'empêcher de flatter comme des êtres vivants. Il s'enivrait de leurs mains. » (Natanson, « Peints à leur tour », Paris, 1948.) « Quand on voulait parler de peinture avec lui, il répondait : "T'occupe pas de ça !" ». (P. Leclercq, « Autour de Toulouse-Lautrec ».)

5. PRÉCURSEURS DE L'EXPRESSIONNISME

Van Gogh, 1853-1890, à Paris en 1886, synthèse de l'impressionnisme et du pointillisme. « Que suis-je aux yeux de la plupart — une nullité ou un homme excentrique ou désagréable — quelqu'un qui n'a pas de situation dans la société ou qui n'en aura pas, enfin un peu moins que rien. Encore que je sois souvent dans la misère, il y a pourtant en moi une harmonie et une musique calme et pure. Dans la plus pauvre maisonnette, dans le plus sordide petit coin, je vois des tableaux ou des dessins. Et mon esprit va dans cette direction par une poussée irrésistible. »

« Je suis toujours à la recherche du bleu. Les figures de paysans, ici, en règle générale, sont bleues. Dans le blé mûr, ou se détachant sur les feuilles sèches d'une haie de hêtres, de sorte que les nuances dégradées de bleu sombre et de bleu clair reprennent la vie et se mettent à parler en s'opposant aux tons dorés ou aux bruns rouges ; cela, c'est très beau, et dès le début j'en ai été très impressionné. » « L'avenir de l'art nouveau est dans le Midi. Je voudrais que tu passes quelque temps ici, tu sentirais la chose : au bout de quelques jours, la vue change, on voit avec un œil plus japonais, on sent autrement la couleur. L'art japonais, c'est quelque chose comme les primitifs, comme les Grecs, comme nos vieux Hollandais, Rembrandt, Potter, Hals, v.d. Meer, Ostade, Ruysdaël. Cela ne finit pas... » (Lettres de Vincent Van Gogh à son frère Théo.)

« Encore une fois raté... La misère ne finira jamais. » (Dernières paroles de Van Gogh à son frère, avant de mourir.)

Munch, 1863-1944, à Paris, Salon de 1887, « Le Baiser », 1902.

Ensor, 1860-1949, « Entrée du Christ à Bruxelles » ; *Strindberg* ; *Louis Corinth.*

*

« Les idées ne suffisent pas,
il faut le miracle. »

Derain

*

6. FAUVISME

« La peinture comme elle est maintenant, écrit avec vingt ans d'avance Van Gogh à son frère Théo en 1888, promet de devenir plus subtile — plus musique et moins sculpture — enfin elle promet la couleur. »

C'est bien la couleur qui triomphe dans l'œuvre des « fauves ». Elle ne commence pas par être subtile, elle a au contraire une vivacité, une violence telles qu'elle fait penser à un rugissement. C'est au Salon d'automne de 1905 que le critique d'art Louis Vauxcelles parle de « fauves », donnant ainsi au groupe le nom sous lequel il entrera dans l'histoire. Il voulait caractériser ainsi « l'orgie des tons purs » de Matisse ou Derain qui exposaient dans la « cage aux fauves ». Dès la fin de 1907, Braque rompt avec le fauvisme, l'aventure aura été de courte durée.

Matisse, 1869-1954, élève de Gustave Moreau, amitié avec **Rouault,** 1871-1958 ; *Marquet,* 1875-1947 ; *Derain,* 1880-1954 ; *Vlaminck,* 1876-1958 ; *Dufy,* 1877-1953 ; *Othon Friesz,* 1879-1949. *Fautrier,* 1898-1964.

Le Douanier Rousseau, 1844-1910. « Un jour que je peignais un sujet fantastique, j'ai dû ouvrir la fenêtre, car la peur me prenait. »

7. NAISSANCE DE L'EXPRESSIONNISME

• A Dresde puis à Berlin, en 1911 le mouvement *Die Brücke* : *Kirchner,* 1880-1938 ; *Schmidt-Rottluff,* 1884-1976 ; *Heckel,* 1883-1970 ; *Pechstein.*

• En Autriche, *Egon Schiele,* 1890-1918 ; *Soutine* français d'origine lithuanienne ; *Kokoschka,* 1886-1980 et son influence sur la naissance de « Cobra » (Asger Jorn ; Karel Appel ; Corneille) ; Alechinsky (→ Baselitz).

« Expressionnisme » : le terme est inventé en Allemagne en réaction à celui d'impressionnisme. Il ne s'agit plus d'imiter la nature de s'en inspirer mais de privilégier le rôle créateur de l'artiste. Nous avons longuement signalé au chapitre 38 (pages 371 et suivantes), l'explosion de cette « tierce » réalité, l'instinct créateur, devenu pour lui-même objet et sujet de l'angoisse esthétique. Bien qu'il ait été évidemment présent dès le premier instant de la conscience humaine, il advient périodiquement qu'il prenne le premier rôle. Alors prime « l'expression », l'extériorisation du sujet qui peint, même et surtout s'il n'a plus à dire que sa nuit, sa vacance ou sa déchirure. Ce n'est pas pour rien que c'est à Vienne dans la ville même et dans les années où Freud invente la psychanalyse que Kokoschka réalise la saisissante série de portraits qui plongent dans les profondeurs de l'inconscient. L'expressionnisme explore notre monde intérieur, inquiet et inquiétant, qui se manifeste davantage dans les périodes de crise et de désarroi. Difficulté d'être, fascination de la mort vont se traduire par une « expression » qui utilise la dissonance et le déchirement. Au-delà des exacerbations de la couleur, c'est à la destruction des formes qu'on est conduit et re-conduit par exemple à travers le passage de l'abstraction, par les artistes de la période américaine de l'après-bombe atomique : De Kooning, Kline ou Pollock.

8. CUBISME

Picasso, 1881-1973. A Paris en 1900 et 1904. Crise de 1906-1907. « Les Demoiselles d'Avignon », 1907. (Voir pages 63-69). « Nous sommes les deux plus grands peintres de l'époque, toi dans le genre égyptien, moi dans le genre moderne. » (Le Douanier Rousseau à Picasso.)

« Bien souvent j'ai entendu Picasso dire à Gertrude Stein, après qu'elle lui avait fait quelque remarque sur une de ses toiles et l'avait illustrée en lui parlant d'une chose qu'elle même cherchait à faire : "Racontez-moi ça." Eux deux, même aujourd'hui, ont de longues conversations solitaires. Ils s'asseyent sur deux petites chaises basses dans son atelier, genou contre genou, et Picasso dit : "Expliquez-moi ça." Et ils s'expliquent l'un à l'autre. Ils parlent de tout, de tableaux, de chiens, de la mort, du malheur. Parce que Picasso est un Espagnol et que, pour lui, la vie est tragique, amère, douloureuse. Gertrude Stein, souvent, en descendant de l'atelier, me dit : "Pablo vient de me persuader que je suis aussi malheureuse que lui. Il le soutient et prétend que j'ai autant de raisons que lui d'être malheureuse. — Mais êtes-vous malheureuse ? lui dis-je. — Ah ! dit-elle, en ai-je l'air ? Je ne le crois pas." Et elle se met à rire. "Il dit, raconte-t-elle, que je n'ai pas l'air malheureuse parce que j'ai plus de courage que lui, mais je ne le crois pas, non, je ne crois pas que je sois malheureuse". » (*Gertrude Stein, « Autobiographie »*, d'Alice Toklas, Gallimard, 1934.).

« Visite à Picasso, simple et gai, si sûr de lui [...] Je vois chez lui la grande lithographie qu'il vient de faire : une fois de plus, je suis frappé de l'évidence de son génie : ce que du premier coup il tire d'une matière que d'autres ont maniée pendant plus d'un siècle. Cette intuition infaillible de ce qui est l'essentiel d'un métier, et en même temps un prodigieux (et méticuleux) sens de toutes les ressources de ce métier. Comme si sa première intuition lui en livrait, lui en conférait aussitôt toute l'expérience. Mais j'admire aussi cette merveilleuse intelligence, dans les conversations, dans les manières, son sens de la vie ; cette absence totale de l'attitude "artiste" devant les êtres et devant les choses. » (Révérend Père Alain-Marie Couturier, « Carnet de notes », *L'Art Sacré*, mars-avril 1955.)

Braque, 1881-1963 ; *Metzinger,* 1883-1957 ; *Gleizes,* 1881-1953 ; *Delaunay,* 1885-1941 ; *La Fresnaye,* 1885-1925 ; *Léger,* 1881-1955 ; *Juan Gris,* 1887-1927.

9. AVANT 1914 : NAISSANCE DE L'ABSTRACTION

Der blaue Reiter : « LE CAVALIER BLEU » en 1911, à Munich, rencontres de Matisse proche de die Brücke avec *Alexei von Jawlensky,* 1864-1941. Expressionnisme dans son aspect violent : *August Macke,* 1887-1914 ; *Franz Marc,* 1880-1916 (le mouvement sera décimé par la Première Guerre mondiale) ; *Wassili Kandinsky,* 1866-1944, *Gabriele Munter,* 1877-1961 ; *Paul Klee,* 1879-1940. Le mouvement créé par Kandinsky et Marc rend compte d'une évasion lyrique dans la couleur à laquelle les fondateurs accordent tous les pouvoirs. Cette période correspond à une expérience décisive de l'abstraction.

FUTURISME : avril 1910. « Il est indiscutable que plusieurs affirmations esthétiques de nos camarades de France révèlent une sorte d'académisme masqué. Chaque objet révèle par ses lignes comment il se décomposerait en suivant les tendances de ses forces. Il y a chez nous non seulement variété, mais chaos et entrechoc de rythmes absolument opposés que nous ramenons néanmoins à une harmonie nouvelle. Le public doit aussi se convaincre que, pour comprendre des sensations esthétiques auxquelles il n'est pas habitué, il lui faut complètement oublier sa culture intellectuelle, non pour s'emparer de l'œuvre d'art, mais pour se livrer à elle éperdument. » (Manifeste de l'Exposition futuriste à Paris, février 1912.) *Balla,* 1871-1958 ; *Boccioni,* 1882-1916 ; *Carra,* 1881-1966 ; *Russolo,* 1885-1941 ; *Severini,* 1883-1966.

SECTION D'OR et les trois frères Duchamp : *Jacques Villon,* 1875-1963 ; *Raymond Duchamp-Villon,* 1876-1919 ; *Marcel Duchamp,* 1887-1968, « l'Urinoir », « le Porte-bouteilles », les « Ready-made » : expansion de l'esthétique cubiste.

RAYONNISME de *Larionov,* 1881-1964, la « Quatrième dimension », et SUPRÉMATISME de *Malevitch* à Moscou.

Vers 1913, la fièvre créatrice est à son comble à Moscou. Chaque peintre inaugure une nouvelle manière et crée un « isme » pour la désigner. On passe du « vibrisme » au « planisme », du « sérénisme » à l'« omnisme » et à l'« exacerbisme ».

Avec le *Carré blanc sur fond blanc, Malevitch* atteint son idéal ultime : il donne à voir l'infini qui, selon ses propres paroles, ne fait qu'un avec le zéro ; il ouvre une fenêtre sur l'Être, qui se confond avec le Rien. Il atteint, si l'on veut, la fin idéale de l'art de peindre. Mais le Carré noir ou le Carré blanc ne sont nullement le point final de la peinture, c'est l'accession au « monde débarrassé de l'objet ». « Je n'ai rien inventé, dira Malevitch plus tard, j'ai seulement senti en moi la nuit et, en elle, j'ai entrevu la chose nouvelle que j'ai appelée le "SUPRÉMATISME". Cela s'est exprimé par une surface noire qui représentait un carré. » Le scandale provoqué par ce tableau fut énorme. On accusait Malevitch de mener la peinture dans un désert. « Mais ce désert, répondait-il, est plein de la sensibilité objective qui pénètre tout. J'ai été moi aussi rempli d'une sorte de timidité et j'ai hésité jusqu'à l'angoisse quand il s'est agi de quitter le "Monde de la volonté et de la représentation" dans lequel j'avais vécu et créé et à l'authenticité duquel j'avais cru. Mais le sentiment de satisfaction que j'éprouvais par la libération de l'objet me porta toujours plus loin dans le désert jusque-là où rien d'autre n'était authentique que la seule sensibilité — et c'est ainsi que le sentiment devint l'essence de ma vie. Le carré que j'avais exposé n'était pas un carré vide, mais le sentiment de l'absence d'objet. »

10. LA PEINTURE ABSTRAITE

Ce n'est pas le lieu ici de reprendre la question de la peinture « abstraite ». Nous l'avons fait tout au long des chapitres 37, 38 et 39. L'abstraction fait partie non seulement de l'art de peindre mais de toute démarche de la pensée humaine. Écrire un mot, prononcer un son, faire naître une idée, c'est forcément « abstraire », c'est-à-dire tirer l'essentiel d'une réalité. On peut le faire en dessinant : c'est le pictogramme, le kanji japonais, l'idéogramme. Pour dire la nullité, on peut par exemple écrire de deux manières le zéro, soit avec deux syllabes : « zéro », soit avec un rond : O. Dans les deux cas, on a figuré et en même temps on a « abs-trait ». Toute traduction repose sur une abstraction plus ou moins « figurative ». En japonais, l'idée de miséricorde se dessine en figurant tout un mouvement qui est très beau. Le kanji japonais dessine en plusieurs « signes » ceci : « Le soir, un homme descend de la montagne en laissant son troupeau pour donner du riz à son voisin. » En hébreu, une des racines du même mot miséricorde a le sens suivant, encore plus beau : « Aider un enfant à respirer en faisant cesser ses gémissements. » En latin et français, le mot n'est pas moins profond : c'est le « cœur » qui prend sur soi la « misère » de l'autre. Trois langues, trois « abstractions ». Que ce soit par des syllabes ou par des pictogrammes, c'est de la même réalité qu'il s'agit. Ainsi la peinture comme tout art n'existe que par ce mouvement de balancier entre figuration et abstraction, abstraction et figuration ; entre impressionnisme et symbolisme ; entre fauvisme et cubisme ; entre cubisme et expressionnisme ou surréalisme. Mais si entre Poussin et Cézanne il y a une énorme distance, entre Van Gogh et Mondrian c'est un abîme. De tout temps, la peinture a été abstraite. Reste qu'on peut dire que le début de l'« abstraction » date de 1910-1913 avec *Kandinsky*, 1866-1944 ; *Malevitch*, 1878-1935 ; *Kupka*, 1871-1957 ; *Delaunay*, 1885-1941 et *Mondrian*, 1872-1944.

Ce que fut 1905 pour les fauves et 1911 pour les cubistes, n'aura lieu qu'en 1944 pour les abstraits avec le Salon d'automne.

• 1912 : Kandinsky publie son essai « Du spirituel dans l'art » (ce sera en 1946 le titre du Salon de Herbin, Magnelli, disciples de Malevitch).

• 1913 : « Carré noir sur fond blanc » de Malevitch ; Picabia : « Caoutchouc » en 1908 ; Kandinsky en 1910 : « Aquarelles ».

• 1917 : « De Stijl ».

• 1920-1933 : Le Bauhaus.

• 1931 : à Paris, « Abstraction-Création ».

Deux tendances durables permettent de lire la permanence de l'art abstrait.

• L'une dérive de **Kandinsky,** donnant lieu aux lyriques et expressionnistes : *Hartung*, 1904-1989 : *Wols*, Berlinois à Paris, 1913-1951 ; **Nicolas de Staël,** 1914-1955 ; *Poliakoff*, 1900-1969 ; *Lanskoy*, 1902 ; *Gérard Schneider* (Suisse), 1896-1986 ; *Bram Van Velde* (Hollandais), 1895-1981 ; *Soulages*, 1919 ; *Vieira da Silva*, 1908 et les admirables toiles intérieures et fortes dans leur inspiration mystique de *Nicole Grimprel*, 1904. On se devrait ici de respecter davantage la distinction fondamentale entre non-figuratif et abstrait : Manessier ou N. Grimprel ne devraient pas être « réduits » à l'abstraction. Pas plus que Nicolas de Staël... malgré l'habitude prise par catalogues et nomenclatures auxquels nous sommes bien obligés de sacrifier.

• L'autre tendance s'inspire de **Mondrian** et conduit aux rationalistes, classiques et antiromantiques : *Gorin*, 1899-1981 ; *Herbin*, 1882-1960 ; *Magnelli*, *Hélion* en France ; *Munari*, *Balla*, *Prampolini* en Italie ; *Lohse*, *Leuppi*, *Max Bill* en Suisse ; *Vordemberge-Gildewart* en Allemagne ; *MacDonald-Wright*, *Moholy-Nagy*, *Glerner* aux USA ; *Ben Nicholson*, *Pasmore* en Angleterre.

PIET MONDRIAN : *Ferme à Duivenvoorde*, fusain (44 × 76,5 cm) avant 1908. La Haye, Haags Gemeentemuseum.

PIET MONDRIAN : *Arbre II*, fusain (56,5 × 84,5 cm), 1912. La Haye, Haags Gemeentemuseum.

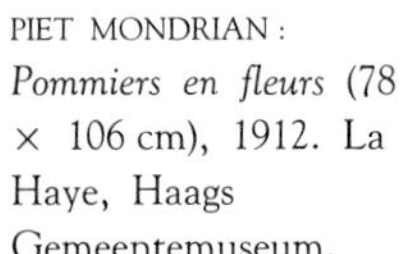

PIET MONDRIAN : *Pommiers en fleurs* (78 × 106 cm), 1912. La Haye, Haags Gemeentemuseum.

PIET MONDRIAN : *La Mer* (jetée et océan), fusain (51 × 63 cm), 1914. La Haye, Haags Gemeentemuseum.

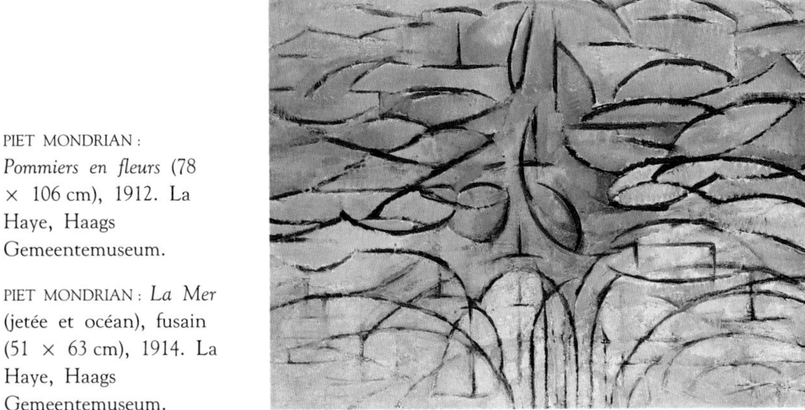

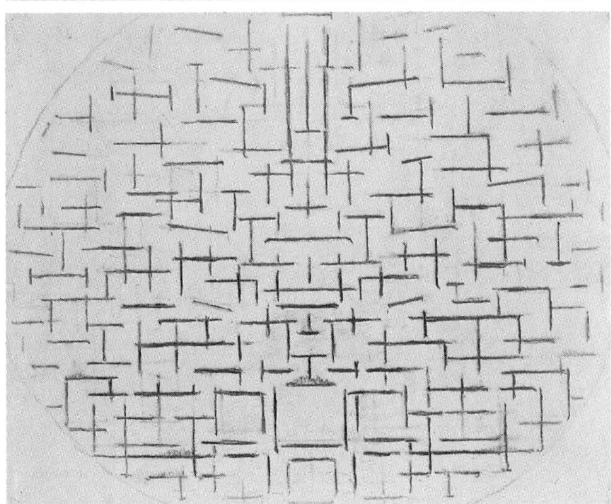

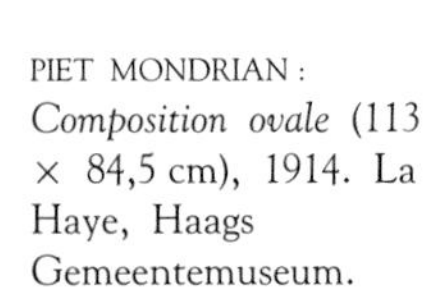

PIET MONDRIAN : *Composition ovale* (113 × 84,5 cm), 1914. La Haye, Haags Gemeentemuseum.

PIET MONDRIAN : *Composition en rouge, jaune et bleu* (80 × 50 cm), 1921. La Haye, Haags Gemeentemuseum.

En ces « ruptures », on se réclame soit des « Nymphéas », de Bonnard, des impressionnistes ou des chinois, soit du chromatisme de Vlaminck ou de l'écriture automatique. Mais il s'agit toujours d'explorer toutes les « ressources de la matière ». On a aussi pris l'habitude de résumer ces deux tendances en ABSTRACTION « FROIDE », « constructivisme », « orphisme », « néo-plasticisme » ; et en ABSTRACTION « CHAUDE » qui se développe en lyrisme sous des noms divers : « art autre », « tachisme », « art informel », « action painting », « peinture gestuelle ».

• Une nouvelle étape en 1948, proche de l'expressionnisme abstrait, avec le mouvement « COBRA » (CO = Copenhague ; BR = Bruxelles ; A = Amsterdam), fondé par le Danois *Asger Jorn* et le Belge *Alechinsky*, avec les Hollandais : *Appel, Constant, Corneille* ; ou les Allemands : *Götz* et *Sonderborg*. Le mouvement se révèlera l'un des plus importants de l'après-guerre. En lui fusionnent toutes les tendances modernes : abstraction, surréalisme, expressionnisme.

11. L'ÉCOLE DE PARIS

Valadon, 1867-1963 ; *Utrillo*, 1883-1955 ; *Chagall*, 1887-1920 ; *Soutine*, 1893-1943 (cf. Schiele) ; **Modigliani,** 1884-1920 ; *Van Dongen*, 1877-1968 ; *Foujita*, 1886-1968 ; *Zadkine*, 1890-1967 ; *Lipchitz*, 1891-1973 ; *Othon Friesz*, 1879-1949 ; *Anders Osterlind*, 1887-1960 ; *Jean Bertholle*, 1909.

Sous le nom « d'École de Paris » furent rassemblés tous les grands créateurs qui, avant et après la Première Guerre mondiale, ont été à l'origine de l'art moderne : Picasso, Matisse, Braque, Léger ou Bonnard firent partie de « l'École de Paris »... Ainsi le terme évoque davantage le rayonnement incontestable, heureux, fraternel d'une ville qu'un mouvement déterminé et un moment de l'art non encore soumis aux lois d'un marché spéculatif. On peut reconnaître le creuset que fut Montparnasse comme un des lieux exceptionnels du renouvellement de la sensibilité humaine. Les circonstances et le risque d'un certain académisme provoqueront dès les années 1945 un mouvement de retrait. L'exposition « École de Paris 1957 » fit bien voir l'indéterminé de la dénomination où se retrouvaient des artistes si divers en qualité ou orientation que Soulages, Singier, Pignon, Bissière aussi bien que Brayer ou Carzou.

12. APRÈS 1914

Un déplacement des « mouvements » artistiques s'effectue de Paris vers Moscou, La Haye, New York et Zurich. Malgré l'extrémisme de certaines réactions, comme Dada, c'est un certain « retour à l'ordre » qui se poursuivra jusqu'à la Seconde Guerre mondiale. Les « grands » continuent de créer avec une étonnante capacité de renouvellement. Les conservateurs des « Musées d'Art moderne » ne s'y trompent pas, par exemple à New York, où les grands collages de Matisse « Mémoires d'Océanie » (de 1952-1953) sont situés entre les salles réservées à Pollock, Clyfford Still, Kline d'une part et celles où Newman, Ad Reinhardt, Kelly ou Rothko exposent leurs toiles les plus abstraites. Or les grandes figures bleues de Matisse paraissent aussi jeunes que les derniers abstraits.

La force tranquille de Braque, Matisse, Derain ou Dufy continue ses miracles pendant que *Giorgio de Chirico*, 1888-1978, avec ses tendances métaphysiques, ainsi que, par exemple, les peintres du *Novecento* restent finalement très classiques.

13. DADA ET LE SURRÉALISME

Le surréalisme dont la naissance officielle coïncide avec la publication, en 1924, du *Manifeste du surréalisme* d'André Breton, n'est ni une philosophie, ni une école, ni un dogme, mais plutôt une expérience. Il a sa source dans la révolte. « Il est né d'un immense désespoir devant la condition à laquelle l'homme est réduit sur la terre et d'une espérance sans borne en la métamorphose humaine », dira Michel Carrouges. L'immédiat après-guerre, en 1918, avait trouvé une grande partie des jeunes peintres dans un état d'inespoir qu'aucune solution traditionnelle ou rationnelle n'eût pu guérir. La première réaction fut Dada, en février 1916 au cabaret Voltaire à Zurich, par la volonté de *Tristan Tzara, Jean Arp, Sophie Taeuber, Hugo Ball* et quelques autres. Proclamant la suprématie du non-sens et de l'absurde, Dada visait à miner les fondements mêmes du langage et de la pensée. Ses principaux ressorts étaient la provocation et le défi. Dada portait en lui le germe de sa propre destruction. Après quelques années, ses manifestations tournent à l'exhibitionnisme et sa gratuité même tend au système. A Paris, vers 1920, une partie des protagonistes de Dada, réunis autour d'André Breton, Paul Eluard et Louis Aragon, s'efforcent d'échapper à la négation pure et de trouver — ou retrouver — des voies de pleine et libre expression de la sensibilité et de l'esprit humains. « Ensemble nous remettrons la nuit sur ses rails » : la formule de René Char aurait pu leur tenir lieu de devise. Il s'agissait en dépit du pessimisme qui les animait, de fonder un nouvel espoir à partir de données jusqu'alors obscurcies par un certain rationalisme. La primauté est accordée au rêve, aux pulsions inconscientes, au désir, et tout l'effort devrait tendre à la réduction des censures et des contrôles qui s'opposent aux forces inconscientes. Ainsi en arrive-t-on à solliciter un « automatisme psychique » grâce auquel afflueraient vers la conscience les ressources issues des profondeurs.

Breton et ses amis sont convaincus que l'« automatisme » tel qu'il se manifeste chez l'individu est en liaison naturelle avec l'automatisme universel. En ce sens, le surréalisme est en concordance avec les intuitions et les exigences qui furent celles des romantiques (Novalis, Nerval), et des symbolistes (Villiers de l'Isle-Adam, Rimbaud, Mallarmé). Il propose une lecture du monde et une appréhension de l'esprit humain hors des chemins de la perception simple, de la logique et de la raison. Il renoue avec une pensée fondée sur l'analogie et l'illumination, telle qu'elle n'avait d'ailleurs jamais cessé de sourdre. Son principe pourrait être résumé par la formule du romantique Caspar David Friedrich, l'ami de Novalis et de Kleist : « Clos ton œil physique afin de voir d'abord ton tableau avec l'œil de l'esprit. Ensuite fais monter au jour ce que tu as vu dans ta Nuit. »

L'existence du groupe sera éphémère (jusqu'en 1929) : *Arp, Ray,* **Ernst**, 1891-1976 ; *André Masson*, 1896 ; *Joan Miro*, 1893-1983 ; **René Magritte**, 1898-1967 ; *Yves Tanguy*, 1900-1955 ; **Salvador Dali**, 1904-1989.

14. LE BAUHAUS

L'architecte *Gropius* fait appel à des peintres : *Feininger* en 1919 ; *Klee* en 1920 ; *Kandinsky* en 1922 (professeur au Bauhaus de 1923 à 1933). Puis *Moholy-Nagy*, de 1918 à 1928 ; *Josef Albers*, de 1928 à 1933. S'inscrivent ici l'œuvre picturale de *Osenfant* et celle de *Le Corbusier*.

L'histoire et l'inspiration du Bauhaus ne se réduisent pas en quelques phrases. La force première du mouvement fut soutenue par l'espoir de créer une « œuvre totale », œuvre synthétique combinant l'ensemble des moyens d'expression : architecture, peinture, musique, danse, théâtre, photographie, mobilier, arts graphiques. Le projet d'un kiosque à journaux de 1924 reste, encore aujourd'hui, plus moderne que ceux de nos villes.

Une tension, souvent douloureuse, se maintint entre la rigueur des techniques nouvelles (Itten, Moholy-Nagy) et le souci de laisser place à l'inspiration (Klee, Kandinsky). Le fondateur Gropius appelait à la conception créative de la « cathédrale de l'avenir » dans une collaboration entre artistes, industriels et tehniciens. Il poussait la nostalgie jusqu'à espérer former entre ses membres une communauté idéale.

Prise en considération des formes élémentaires, rejet violent (mais permanence secrète) de l'expressionnisme qu'on déclare enterré et remplacé par une « Nouvelle objectivité » de style discipliné, sobre et même conventionnel. La tension entre le droit à l'intuition, à la liberté, à la couleur et le respect des « nécessités fonctionnelles » exigeantes, résistantes, calculables fut bienfaisante car elle servit et sert encore de révélateur. Aucun art ne peut se passer de liberté, pas plus que de rigueur. Cette tension créatrice a commandé non seulement l'histoire de l'architecture moderne depuis soixante ans mais tout l'environnement et les conditions de notre vie quotidienne. Devant l'exigence de sobriété d'un technicien comme Moholy, un étudiant ironisait sur l'atelier du Bauhaus qui ne produisait que « des samovars spirituels et des boutons de porte intellectuels ». Paul Klee rectifiait : « Le mode de fonctionnement de la machine n'est pas mauvais mais celui de la vie est plus que cela. La vie engendre et met au monde. Quand une machine fatiguée aura-t-elle des bébés ? » « Trois jours à Weimar et on ne peut plus voir un carré. Malevitch a inventé le carré en 1913. Heureusement qu'il n'a pas déposé un brevet », confiait un visiteur.

Dans une histoire tourmentée, Gropius fut capable de garder les richesses du Bauhaus. Elles restent de conséquence immense sur toute la naissance de l'urbanisme contemporain : « Construire signifie donner une forme aux activités de la vie. L'organisme d'une maison provient du cours des activités qui s'y déroulent. La forme d'une maison n'existe pas pour elle-même. » Améliorer la vie en créant des habitations fonctionnelles qui changeraient le sort du commun des mortels : le rêve fut grandiose, l'histoire chaleureuse et chaotique, l'influence immense malgré les gribouilles, hélas, très nombreux. Mies Van der Rohe et Frank Lloyd Wright en tireront grande part de leur génie.

« L'art ne peut être enseigné. » — « Il n'y a pas de différence essentielle entre l'artiste et l'artisan. » « Seuls resteront fidèles à l'art ceux qui sont prêts à avoir faim à cause de lui » (Gropius). Ce qui n'empêchait pas Alma Mahler (épouse de Gropius entre 1915 et 1920) de dire, lorsque la cantine renonça à la nourriture traditionnelle pour les recettes « macrobiotiques mazdéennes » introduites par Itten (dont la base des menus était une sorte de bouillie aillée), que le trait le plus caractéristique du Bauhaus était une « haleine à l'ail ». Savait-elle que, pour les Grecs, l'ail était le légume des dieux... et qu'aucun petit groupe d'artistes et de chercheurs n'aurait sans doute en ce siècle plus grandes conséquences, heureuses ou mitigées, sur la vie actuelle ?

15. L'EXPRESSIONNISME. (Voir paragraphes 5 et 7)

Le mouvement « die Brücke » avait été décimé par la guerre de 1914. Restent : *Nolde*, 1867-1956 ; *Pechstein*, 1881-1955 ; *Schmidt-Rottluff*, 1884-1976 ; *Kokoschka*, 1886-1980 et son influence sur « Cobra » ; *Grosz*, 1893-1969 ; *Otto Dix*, 1891-1969 ; *Beckmann*, 1884-1950.

• En France : *Gromaire*, 1892-1971 ; *Walch*, 1878-1948.

• Au Mexique : *Orozco*, 1883-1949 ; *Diego Rivera*, 1886-1957 ; **Siqueiros**, 1896-1974, avec l'apport décisif des *murales* sur la peinture américaine.

16. L'ÉMERGENCE AMÉRICAINE

L'histoire de la peinture américaine est peut-être avec celle du siècle d'or hollandais et de la peinture anglaise l'une des plus exemplaires. Car toutes les trois reproduisent presque étape par étape la séquence d'une cohérence typique. Au début, il est normal de fixer la mémoire des pionniers, des ancêtres ; visages et scènes familiales sont souvent marqués par le souci de prouver leur dignité. Puis le besoin s'élargit en désignant maisons et propriétés. En une deuxième étape, on va fixer la mémoire des faits historiques : conquête de l'Ouest ou guerre de Sécession. Ce qui amène au troisième temps des paysages et grands espaces ou marines, avec leurs nuances romantiques, pour revenir ensuite à l'observation réaliste des mœurs dans les scènes de genre. Noirs, Métis et Indiens entrent alors dans l'art.

Mais la peinture américaine est marquée d'une double constante, qui fut peut-être une de ses chances propres. Comme il n'y avait pas de « tradition », on n'en subissait pas le poids ni les contraintes. Et d'autre part, cette peinture d'émigrés reste proche de la réalité quotidienne avec une fraîcheur et une naïveté dont on ne se lasse pas.

L'exemplarité de cette peinture, son originalité ont été reconnues depuis peu. Et pourtant elle enchante, avec *Copley, Benjamin West, Thomas Cole, Bierstadt*, ou *Homer*. *Thomas Eakins*, 1844-1916, proche de Courbet, vient à Paris avant la Commune, tandis que *Whistler, Mary Cassatt* et *John Sargent* après s'être expatriés introduiront timidement l'impressionnisme en revenant aux USA.

1913 : Le choc de l'*Armory Show* à New York puis Chicago et Boston. Une exposition a lieu, dans les locaux de l'armée, d'œuvres européennes (et américaines) qui rassurent et stupéfient (Ingres, Delacroix mais aussi Matisse, Braque, Picasso, Kandinsky et Redon et le fameux « Nu descendant un escalier » de Duchamp). Ce fut une date-tournant. L'émergence d'une liberté vers l'asbstraction avec *Morgan Russel*, 1886-1953 ; *Stanton MacDonald Wright* dans la mouvance de Delaunay ; *Joseph Stella* ; *Max Weber* (sous l'influence du futurisme et du cubisme) et *Edward Hopper*, 1882-1967, avec son suspense réaliste de la déréliction urbaine. Une peinture « américaine » est définitivement née.

1935 voit l'influence décisive de deux Allemands, *Hans Hofmann* (expressionniste) et *Josef Albers* (Bauhaus).

Puis l'exil aux USA pendant la guerre d'un groupe de peintres joue un rôle déterminant entre 1940 et 1944 avec Mondrian, Ernst, Masson, Dali, Moholy-Nagy et Fernand Léger.

Octobre 1942 : ouverture du Musée de Peggy Guggenheim (amie de Max Ernst), avec la présentation de toiles de Kandinsky, Miro, Klee, Arp.

L'EXPRESSIONNISME ABSTRAIT. Ce titre va commodément désigner certains leaders de la peinture américaine :

Jackson Pollock, 1912-1956, « dripping », automatisme qui fait confiance à l'inconscient dans une peinture dansée, un épanouissement, une « action painting ». Il suit son modèle intérieur. Les rythmes du monde donnent un sens nouveau et illimité de la liberté. Chaque peintre est son sujet. Un autre géant : *De Kooning*, 1904.

Arshile Gorky, 1904-1948. Turc, émigré à quinze ans aux USA en 1920. Proche de Miro, il se suicide en 1948 à l'âge de quarante-trois ans.

Mark Rothko, 1903-1970. Origine russe, « Color field », couleur exaltée sous l'influence de Matisse. Vibration chromatique. Introduction d'un espace nouveau.

Mark Tobey, 1890-1976, regarde vers l'Orient, le Japon. Il préfère le fluide au solide.

Il y a une deuxième génération de l'« expressionnisme abstrait » : *Morris Louis*, 1912-1962 ; *Baziotes*, 1912-1963 ; *Helen Frankenthaler*, 1928 ; *Motherwell*, 1915 ; *Clyfford Still*, 1904 ; *Jules Olitski*, 1922 ; *Sam Francis* (influence de l'Orient et de l'art du Japon) ; et *Riopelle*, 1923, avec ses si beaux paysages canadiens.

Comme il y a une deuxième génération de l'abstraction géométrique : *Al Held*, 1928 ; *Kenneth Noland*, 1924 ; *Ellsworth Kelly*, 1923 ; *Frank Stella*, 1936.

17. DIFFUSION DE L'ABSTRACTION

En Allemagne, en Italie et en Espagne, mais plus spécialement avec le groupe Cobra, à Paris en 1948, avec le Danois *Asger Jorn*, 1914-1973 ; *Karel Appel*, 1921 ; *Pierre Alechinsky*, 1927 ; *Michel Atlan*, 1913-1960 ; *Jacques Donat*, 1920.

L'ABSTRACTION LYRIQUE DES ANNÉES 1950 ET 1963-1964. Place à part devrait être donnée à ceux dont le génie a su dominer l'alternative figuration-abstraction. Nous avons évoqué le rôle d'un Nicolas de Staël. L'émergence américaine a injustement recouvert le grand moment que représentent **Bazaine**, 1904, avec l'exemplarité de sa vie, sa réserve et son courage ; *Le Moal*, 1909 ; **Bissière**, 1888-1964 et **Manessier**, 1916 (cf. l'ensemble de ses « Passions », l'église de Moutier dans le Jura suisse) ; *Estève*, 1904 ; *Gischia* ; *Ubac*, 1901 ; *Montanier* ; *Tal Coat*, 1905-1985 ; *Singier*, 1909-1984 ; *Messagier*, 1920 ; *Pignon*, 1905 ; *Lapicque*, 1898.

RETOUR GÉOMÉTRIQUE : OPTIQUE ET CINÉTIQUE. Avec *Vasarely* (à Gordes et Aix-en-Provence), 1904, *Agam*, 1928 et *Nicolas Schöffer* entre autres. En Allemagne : *Hacker*, *Mack* et *Piene*.

*

Parallèlement à l'abstraction, un certain nombre de peintres poursuivent, de manière isolée, des œuvres dont certaines proches de l'Art brut (Chaissac), d'autres d'un expressionnisme violent (Bacon et Sutherland).

Chaissac : 1910-1964, cordonnier passé à la peinture, marqué par l'Art brut, qui influencera Dubuffet.

Francis Bacon, un isolé aux tendances expressionnistes :

« Parfois ça marche, mais parfois il n'en sort rien de bon. Je me considère comme une bétonnière. Tout y rentre, et de temps à autre il en sort quelque chose. » « On m'associe toujours à l'horreur, mais je ne pense jamais à l'horreur. Le plaisir a des origines si variées. L'horreur aussi d'ailleurs. Diriez-vous que le célèbre retable d'Issenheim est horrible ? C'est un des plus beaux tableaux de crucifixion — le corps percé d'épines comme de clous, mais assez curieusement, la forme en est tellement somptueuse qu'elle évacue l'impression d'horreur. Il s'agit là d'une horreur splendide, au sens où elle intensifie la vie ; et puis, devant cet autel, ne ressent-on pas la même impression que les Grecs de l'Antiquité lorsqu'ils sortaient des grandes tragédies ? Les spectateurs subissaient une sorte de purge, ils retrouvaient le sens du bonheur, un sentiment de réalité plus intense. » « Je ne crois pas que les artistes soient satisfaits de leur œuvre, mais il existe une question très fascinante qui concerne tous les artistes : ils ne peuvent jamais savoir si leur œuvre est bonne ou pas, car ils seront morts avant que le temps ait accompli son œuvre et porté son jugement infaillible. Et le temps prend tout son temps pour se mettre vraiment au travail » (février 1987).

18. APRÈS L'ABSTRACTION, LA REVANCHE DES RÉALISMES

Les tenanciers de l'art contemporain sont parfois figés dans l'attitude d'élèves qui réciteraient, un peu hébétés, une litanie érigée en dogme : un Picasso, un Alechinsky, un Garouste, un Raynaud, un Bacon, un Léger, un Dubuffet, un Debré, un Pages, un Kupka... et, par solidarité, un Warhol et un Mapplethorp. N'aurions-nous rien oublié ? Resterait ensuite à gloser et... à estimer les bons placements.

Nous l'avons dit : la lutte est plus profonde. Le pèlerinage de l'art mène là où l'on ne souhaiterait pas forcément se retrouver. Il ne suffit pas davantage, en architecture, de se référer à Ledoux, Palladio et Gaudi pour comprendre les efforts de Helmut Jahn à Chicago, de Norman Foster à Hong-Kong, de Jean Nouvel à Paris ou de Leo Ming Pei à Washington et au Louvre (voire de Ricardo Boffill à Marnes-la-Vallée).

La Dame de Brassempouy, probablement datée de 23 000 avant Jésus-Christ, n'a que six centimètres de hauteur et deux centimètres de largeur. Elle garde encore mieux son mystère lorsqu'on la découvre au musée de Saint-Germain-en-Laye. L'attirance du visage est irrésistible. Et ce n'est pas de savoir qu'elle peut être attribuée à une couche du Périgourdin supérieur qui rend raison de notre émotion. Mais un certain silence. « La poésie, c'est la langue d'un être à qui manque l'Être et qui vise à l'Être, en proférant ce manque », Pierre Emmanuel nous prévient. Dans leur bataille avec toutes les composantes de la matière, même s'ils n'ont proféré que leur « manque », les artistes contemporains rendent peut-être l'un des plus grands services qui soient à l'intelligence d'aujourd'hui : l'aveu de ce manque, d'une certaine humilité, et le refus que le dernier mot soit au désespoir.

Regardée à cette lumière, la suite de leurs tentatives prend alors une singulière cohérence. Après le triomphe de l'abstraction qui a permis de recréer un espace à la suite de Cézanne, Picasso et Mondrian, il était normal que le réalisme prenne sa revanche. De diverses manières. Il est évident que la peinture est toujours abstraite. Elle l'est par nature puisque, devant figurer des objets à trois dimensions, elle le fait sur une surface à deux dimensions. Elle se passe de la profondeur. La découverte de la perspective, qu'elle soit justifiée par Piero della Francesca ou Léonard de Vinci et bien d'autres, grâce à leur recours aux mathématiques, a représenté une véritable libération pour des générations d'artistes. Les lignes pouvaient converger vers un point de fuite situé à l'horizon et donc laisser apparaître la profondeur. La ligne crève la toile et fait passer le spectateur de l'autre côté en le laissant voyager dans un espace sans bords. On se trouve alors plongé dans l'illusion et conduit à l'idée que l'on pourra rejoindre la source des apparences, l'origine même du réel. Nicolas de Staël précisait en 1950 devant nous, et avec véhémence, que sa peinture était en partie née de ce refus de l'illusion de la perspective créée par la Renaissance. La ligne n'existe pas dans la nature. Elle est elle aussi une abstraction, une construction de l'esprit. Les couleurs ont pu déclarer leur indépendance. Matisse et Gauguin le prouvent. La suppression totale de dessin donnera naissance à la peinture « non-figurative ». L'abandon de la figuration du visible allait pousser les tentatives à la limite. Est-ce à dire que l'absence de référence à la réalité serait définitive ? Toute l'histoire de la peinture actuelle est ici passionnante à suivre. En effet, la perte d'un « certain » réel oblige à réentendre la contradiction originelle. Peut-on affirmer que ce qui est n'est pas ? « Ceci n'est pas une pipe », écrit Magritte sur son tableau. Les impressionnistes ont cherché à retenir l'instant fugitif de cette chute universelle en fixant, et avec quel génie, sur la toile ce mouvement de l'effacement du monde. Gauguin avoue à Gombrich le besoin qu'il éprouve de retrouver, au-delà des chevaux du Parthénon, le cheval de bois de son enfance : le da-da (qui donnera son nom au dadaïsme dans sa tentative désespérée de dépasser l'art).

Il y a quelque chose qui nous concerne tous dans la logique de l'aventure de la peinture actuelle : aussi pauvres que puissent nous paraître certaines de ses manifestations, *c'est pour tous la quête désespérée du réel dès lors qu'elle a pour cause la perte même du réel* (ou un nouvel accès au réel ?). Merleau-Ponty avait vu juste en qualifiant d'« aventure métaphysique » le développement de la peinture moderne depuis Cézanne, dans la mesure où elle illustre l'enracinement de la conscience dans une matière où elle s'installe pour la dominer. L'histoire jugera. Quant à nous, peut-on entendre ceux qui s'avancent sans un minimum de complicité du cœur ?

Il est évident que tous ces « moments » de l'art contemporain sont plus ou moins conditionnés par trois faits : l'omniprésence de la photographie, l'avènement des sciences physiques dans une nouvelle description de la matière (du micro- au macrocosme), enfin la revanche du sujet dans sa banalité, son effroi ou sa noblesse quotidienne : le cheval, l'ampoule électrique ou les larmes de la femme dans *Guernica* ne sont pas arbitraires.

*

« Je me garderai de médire des œuvres
d'un Picasso ou d'un Pollock...
Elles resteront témoins des grandes tourmentes des arts.
Mais, étaient-elles ou sont-elles encore nourriture de tout le monde,
comme l'étaient et le sont le Parthénon, les cathédrales,
Versailles, ou bien Dürer, Georges de La Tour, Vermeer ?
L'usure de la beauté classique, la mode de la laideur
ou de l'absurde (héritage du Dada),
demandent impérieusement une nouvelle beauté,
répondant à l'aspiration instinctive de l'ensemble
des êtres humains. »

Vasarely.

*

On peut essayer de comprendre selon deux lignes de force les tentatives de ces dernières années : celle où le sujet reprend ses droits, celle où la matière revendique sa dignité. La première avec les nouvelles figurations, tout le potentiel de l'artiste est reporté sur sa personne : c'est le Pop'Art et l'hyperréalisme, les happenings et le Body Art ; l'autre avec l'art minimal, le Land-Art et l'art vidéo.

LES NOUVELLES FIGURATIONS avec *Bernard Buffet*, 1928 ; *Balthus*, 1908 ; *Hopper*, 1882-1967 ; *Wyeth*, 1917.

19. LE POP'ART

Même s'il vient d'un anglais, *Hamilton*, 1922, c'est aux USA que le Pop'Art trouve son plein épanouissement. Influencé par deux néodadaïstes, *Robert Rauschenberg* et *Jasper Johns*, le Pop'Art alors dominé par le lyrisme de l'expressionnisme abstrait tente de réintégrer la peinture dans le champ social avec la représentation d'objets réels et familiers. Il se protège de la réalité agressivement banale en la réinsérant dans un espace dominé, celui de la peinture. Poursuivant un « ART D'ASSEMBLAGE », une « poésie associative », Rauschenberg, pour signifier l'oppression urbaine, inscrira par exemple en surimpression la photographie d'un *Kouros* grec entre deux voitures de truands de Chicago des années 1929 qui suggèrent la période de la crise et de la prohibition. L'objet à l'état brut reprend droit de représentation. Bien sûr, Rauschenberg se souvient des surréalistes, de Max Ernst entre autres, lorsqu'il présente son « bouc naturalisé ceint d'un vieux pneu sur collage barbouillé ». Il n'y a pas là seulement une provocation contre la somnolence où pouvaient conduire les complaisances de l'abstraction, mais une réaction d'exorcisme en face de la publicité, de la fébrilité urbaine et du stress quotidien. C'est ce que le jury de la Biennale de Venise a compris en 1964 en donnant son grand prix à Rauschenberg. Les peintures murales des banlieues de Los Angeles d'abord (après celles de Mexico) comme celles de toutes les grandes villes actuelles ne visent à rien d'autre : nous libérer d'une certaine angoisse, en faisant voir qu'on peut en représenter l'une des causes et donc s'en délivrer en partie.

C'est la même visée chez *Allen Jones*, 1937 et *Andy Warhol*, 1930 avec ses boîtes de Coca-Cola ou les visages de Marilyn Monroe ; chez *Oldenburg*, 1933 ; chez *Peter Blake*, 1932, avec ses motifs publicitaires ou chez *Lichtenstein*, 1929, avec ses bandes dessinées ; ou encore chez *Niki de Saint-Phalle* avec sa « Tasse à thé chez Angelina » à Vienne.

En France, essai d'un mouvement de nouvelle figuration : *Monory* avec ses transpositions de photographies ; à Berlin, démarches parallèles avec *Martial Roysse* et avec *Klaus Rinke*.

20. L'HYPER-RÉALISME AMÉRICAIN

« ... le velours pelucheux de la pêche,
la transparence d'ambre du raisin blanc,
le givre du sucre et de la prune,
la pourpre humide des fraises,
le grain dru du muscat et sa buée bleuâtre,
les rides et le verruqueux de la peau d'orange. »
Edmond et Jules de Goncourt

On s'appuie sur la photographie. Prédécesseurs : Edward Hopper, dans les années 30 ; Philippe Pearlstein et Wyeth. Chez quelques-uns, on assiste à une certaine « régression » vers l'artisanat, dans l'effort pour que la représentation relève le gant de la photographie : *Malcolm Morley*, 1931 ; *Chuck Close*, 1940 ; *Robert Cottingham*, 1935 . *Richard Estes*, 1936 ; *Don Eddy*, 1944 ; *Mac Lean*, 1934 ; Hains, Dufrène, Villeglé, Armans, et l'impressionnante épopée de *Benton*.

D'autres trouveront leur inspiration dans un certain renouveau du surréalisme : *Wilfredo Lam* (Cubain) ; *Matta* (Chilien) ; *Pol Delvaux* (Belge), 1897 (voir plus haut page 287) ; *Sutherland, Peverelli* ; *Jorge Camacho* ; *Bettencourt, Dado, Ljuba*.

21. DES FORMES AUX FORCES

La matière sous tous ses aspects, les plus riches et les plus pauvres, au-delà du réel des sujets à aimer ou à exorciser, fournit aux peintres une seconde ligne de ressourcement, de « repristination ». *Yves Klein*, 1928-1962, avec le matériau brut des couleurs en monochromie, spécialement en bleu, et les traces de corps féminin, *Tinguely* et ses machines, *Arman*, 1928, et ses découpes d'objets, *Villeglé*, 1926, et ses matériaux déchirés, *Lucio Fontana*, 1899-1968, et ses surfaces monochromes ponctuées de perforations et de lacérations, *Gérard Schlosser*, 1931, et ses gros plans féminins.

Dubuffet, 1901-1985, avait, bien avant eux, revendiqué le droit à la matière en inscrivant plâtre et sable dans la texture même de ses tableaux. *Hosiasson*, 1898-1978, y inscrit la lave, *Tapies*, 1923, les murs. *Feito, Guitet, Damian, Millares, Saura, Burri* utiliseront des matériaux usagés, d'où l'étiquette d'« art de la poubelle »... Mais que resterait-il de nos impressions les plus nobles si l'on expurgeait notre esprit de tout ce qui est « usagé » ?

Encore une fois, même si l'art actuel a des allures désespérément « pauvres », l'histoire jugera. Les sculptures de *Louise Nevelson* aboutissent à des chefs-d'œuvre à partir de barreaux de chaise et de caisses à savon.

Dans le même temps, Tobey, Wols, Bryen se livrent au micro-réalisme de l'imitation de l'infiniment petit ; Georges Mathieu à son automatisme psychique et Pollock à son effusionnisme gestuel.

*

« Je voulais montrer
à quoi pouvait ressembler ce genre de spectacle.
Pour cela, je me suis fait solidement amarrer
au mât d'un bateau. Fouetté par la mer
et la neige quatre heures durant...
C'était le seul moyen, si j'en réchappais,
de peindre cette tempête. »

Turner, 1775-1851

*

On pourrait inscrire les séquences souterraines de l'aventure picturale moderne sans trop simplifier : Manet se passe du sujet et donne droit à l'existence autonome du tableau. Avec « le Flûtiste » ou l'« Olympia », il ne s'agit plus d'imiter. La science de la *lumière* s'engouffre avec les impressionnistes. Cézanne ouvre une étape de plus avec l'*espace*. Gauguin, puis les Fauves, avec la *couleur*. Munch avec l'*expression de l'objet*, et Redon, Klimt, Dali avec *le rêve et les symboles*. Picasso et Braque ouvrent à la reconstruction du réel un espace libre, où abstraction et figuration ont même droit. Dubuffet, Kandinsky, Mondrian, Larionov n'ont plus qu'à poursuivre l'aventure : l'ivresse de créer, l'étonnement vont aller aux limites du réel. On voit que les vingt dernières années, malgré certains moments d'apparente pauvreté, ont une histoire déjà beaucoup plus riche que prévue.

La nouvelle subjectivité ouvre l'ère du HAPPENING 1960-1980, de l'ART-NON-ART, du rôle laissé à l'événement brut. Pourquoi le Pont-Neuf enveloppé de plastique, pourquoi une trace de sable sur une plage, pourquoi le Colorado barré d'une gigantesque toile, n'auraient-ils pas droit aussi à dire quelque chose de l'éphémère existence qui nous étreint ?

ART MINIMAL. *Morris Louis*, 1912-1962 ; *Kenneth Noland*, 1924 ; *Frank Stella*, 1936 ; *Jules Olitski*, 1922 ; *Donald Judd* ; *Carl André* ; *Dan Flavin*. Né aux États-Unis vers le milieu des années 60, l'art minimal est une tendance exclusivement américaine dont les retombées en Europe seront considérables. Historiquement, ce mouvement succède au Pop' Art et répond à ce déferlement d'images issues de la vie quotidienne par une réduction formelle poussée à l'extrême. Les sculpteurs « minimal » ont pour point commun leur neutralité esthétique. Au lieu d'être une matière travaillée avec un outil traditionnel, l'œuvre est fabriquée en usine sur les indications de l'artiste. Il n'y subsiste aucune trace de la main, aucune subjectivité. D'autre part, la forme est généralement répétée en séquences progressives où toutes les combinaisons possibles sont exploitées. Posée directement au sol, installée selon l'espace où elle est présentée, la sculpture n'est plus cet objet destiné à être vu sous tous les angles du haut de son socle, mais elle environne complètement le spectateur, s'identifiant à un plancher, ponctuant un espace qu'elle transforme radicalement, sans pourtant jamais sombrer dans le décoratif.

*

L'empereur de Chine à Li-Su-Shün,
peintre des paravents du palais :
« Vos cascades peintes sont trop bruyantes,
je ne puis plus dormir. »

*

On a parfois appliqué la désignation d'ART PAUVRE à ces essais ; le terme fut choisi par un critique italien : Germano Celant pour désigner les jeunes artistes de son pays *Mario Merz, Giovanni Anselmo, Alighero Boetti*, employant des matériaux « pauvres » inusités dans la sculpture traditionnelle : coton, étoffe, tas de cailloux, fagots de bois... Mais l'art pauvre fait aussi appel à des techniques plus sophistiquées comme le néon ou la fibre de verre, et introduit souvent l'air, l'eau ou le feu comme d'autres matériaux de sculpteur. En fait, l'art pauvre est une esthétique qui confronte, la plupart du temps, des formes et des matières apparemment antinomiques. Il s'oppose au « tableau-objet » de l'Op-Art ou à l'emploi publicitaire du Pop-Art et refuse, non sans noblesse, l'œuvre d'art comme « produit ». Il est un des rares mouvements contemporains à s'être développé parallèlement des deux côtés de l'Atlantique. En Europe, il est dominé par l'Allemand *Joseph Beuys*, dont les curieux environnements composés d'objets quotidiens, de feutre et de saindoux représentent l'une des attitudes originales de l'art des années 70 dont la dénomination de « pauvre » peut faire illusion. L'art roman et les « primitifs » italiens du Quattrocento furent aussi pendant des siècles considérés comme pauvres, voire « barbares ».

De l'environnement, on passe au SUPPORT-SURFACE ; la toile, le bois, le mur, voire la colonne, deviennent source de renouvellement avec *Simon Hantaï, Daniel Büren*, 1938, *Claude Viallat*, 1936, *Olivier Mosset*, 1944, *Michel Parmentier*, 1938, ou *Niele Toroni*, 1937 (Groupe « B.M.P.T. » : Büren, Mosset, Parmentier, Toroni).

Mouvement créé par des peintres originaires pour la plupart du sud de la France, *Support/Surface* n'a eu, en tant que groupe, qu'une existence éphémère au début des années 70. Le terme a pourtant fait fortune pour désigner encore aujourd'hui les tendances picturales qui se sont développées en France au cours de la dernière décennie. Leur principal point commun est d'établir une réflexion à la fois plastique et théorique sur l'ensemble des composants de la peinture. Les conséquences en sont multiples ; par exemple : détacher la toile de son châssis, recouvrir la surface de manière uniforme en répétant le même motif, adopter les techniques de coloration proches de celles des peuples primitifs (teinture, empreinte...).

Le mouvement PATTERN, qui n'a que peu duré, s'attache aux papiers peints, aux toiles à structure répétitive.

Il était normal d'aller au-delà du support, mur ou papier pour prendre pour matériaux la nature elle-même, et c'est le LAND-ART, avec le cercle brisé de *Robert Smithson* en 1979, *Walter de Maria, Richard Long*. Un ministre de la Culture pourtant bien sage, Jacques Duhamel, y souscrira dans l'aventure étonnante des « *Chemins du Soleil* » en pleine montagne au-dessus du plateau d'Assy en 1979. Ainsi du happening, de l'événement fugace, l'attention passe normalement à l'ENVIRONNEMENT. C'est déjà l'exposition de Londres en 1956, avec *Oldenburg, Kienholz* et *Joseph Beuys*, qui s'élargira au « Land-Art », pour transformer le paysage en y apportant un élément perturbateur, le plus souvent à une échelle démesurée. Il y a ici volonté d'échapper au circuit traditionnel, mais aussi de trouver un prolongement monumental au reste de leur œuvre, ainsi *Christo* lorsqu'il tend un rideau de toile le long du Pacifique. Les interventions se font souvent dans des sites sauvages, en particulier les déserts américains. Les créations sont éphémères, ou bien prévues pour durer un temps limité ou encore abandonnées aux éléments naturels. Du récent champ de paratonnerres de *Walter De Maria* aux déplacements d'énormes masses de terre par *Michael Heizer*, chacun conserve l'originalité de sa démarche.

Pour domestiquer la nature ou la faire chanter, il faut des moyens. Lorsque ceux-ci manquent, reste le corps humain. D'où une nouvelle tentation : l'ART CORPOREL, ou BODY-ART lorsque *Arnulf Rainer* se couvre de sang et applique son corps sur la toile.

Alors reste le dépouillement ultime, l'ART CONCEPTUEL. On abandonne toute peinture au profit de la liberté d'investigation qui consiste, par exemple, à photocopier l'article du dictionnaire qui définit le mot « art » ou « peinture ». Contrairement à l'art pauvre ou au Land-art avec lesquels il est parfois confondu, l'art conceptuel est une tendance où l'idée prime sur la réalisation. L'œuvre peut donc se présenter sous la forme d'un texte qui décrit sa nature et ses conditions d'exécution. L'artiste conceptuel considère que la recherche artistique ne peut plus se poser en termes d'esthétique, mais doit plutôt consister en une réflexion sur la nature même de l'œuvre d'art. Un télégramme, une page dactylographiée, une photographie anonyme confrontée à un texte philosophique, sont autant de formules nouvelles. Prolongeant l'art minimal dans son entreprise de dé-personnalisation de l'œuvre d'art, le « conceptuel » a abouti dans bien des cas à un moment où les artistes cessent pratiquement de travailler ou reviennent à des attitudes plus formalistes. Il n'en a pas moins été, même dans ses excès, un moment capital, spécialement avec *Joseph Kosuth, Yves Klein, Robert Barry, Laurence Weiner, Douglas Huebler* et *Bruce Nauman*, et les montages fortement suggestifs, en seconde lecture, de *Hanne Darboven*.

Ici débutent les « TRANS-AVANT-GARDE ». Du bon Monsieur Corot aux Galeries d'aujourd'hui, Cocteau aura eu gain de cause, qui demandait à Noureev : « Étonne-moi » et répondait, quand on lui demandait ce qu'il emporterait de chez lui en cas d'incendie : « J'emporterai le feu. »

*

« Fleurs de glycines
Baissant la tête
C'est l'instant des adieux. »

Bashô

*

22. ET DEMAIN ?

Devant une phrase désabusée, baptisée « art conceptuel », de Kosuth et affichée en photocopie au Musée d'Art moderne de Paris, devant une « fin de dîner » de Spoerri à Vienne ou un piano de Beuys enveloppé de feutre à Beaubourg, devant des armatures en néon de Mario Merz à New York, devant les grands nus couleur de bonbons fondants de Wesselman ou la Dodge raccourcie de Kienholz à Los Angeles, le visiteur de bonne volonté a de quoi se dire que les tendances actuelles de l'art moderne portent bien leur nom et signalent sans doute la finale d'une aventure, le point zéro de l'art ou une gigantesque démystification par l'ouverture sur le « pluralisme ». Ce n'est pas notre avis. Les ouvrages sur l'art de ces dernières années ont quelques difficultés à conclure. « Art poubelle », « art pauvre », « art minimal », « art-non-art ». On ne peut en demeurer là. Reste alors un terme commode : « trans-avant-garde ». Il permet de dissimuler ou la pauvreté ou la curiosité ou la déception ou cette attitude légèrement désabusée, cyclique en histoire de l'art comme toutes les maladies infantiles de l'histoire. Régulièrement certains sages annoncent : il n'y a plus de romanciers, il n'y a plus d'orateurs, il n'y a plus de poètes, il n'y a plus d'auteurs de théâtre, etc. Cinquante ans plus tard, on découvrira peut-être qu'il a pourtant bien existé des Cézanne, des Van Gogh ou des Gauguin. Mais non pas là où on les avait attendus. Les génies actuels font peut-être de la peinture autrement qu'avec des toiles et des couleurs et des pinceaux.

Reconnaissons qu'il est légitime d'être devant l'art contemporain comme l'un des quatre personnages suivants. Comme le prophète Job : il a tout reçu, mais tout lui est enlevé, et tout ce qu'il peut faire, c'est reconnaître qu'il n'a pas demandé ce qui lui arrive. C'est l'étonnement réservé, voire crispé ou douloureux. Ou bien comme l'élève de Kandinsky, qui apporte une toile blanche à son maître, espérant le prendre au piège. C'est la dérision. Ou encore on peut être comme Samuel Beckett en sa rencontre avec Bram Van Velde. On peut théoriser sur le néant. Enfin on peut, comme le Bon Larron, lever les yeux vers un Visage et croire, dans la nuit, que l'espoir est encore possible.

La rencontre de Samuel Beckett et de Bram Van Velde est sans doute l'une des plus exemplaires du demi-siècle. Bien avant leur succès, qui ne devait arriver que vingt ans après cette rencontre, l'un et l'autre avaient atteint le point de non-retour proposé un jour à chaque génération : l'expérience de ses limites et du néant. Van Velde est dans une misère morale et financière noire qui lui fera dire, parlant de Beckett : « Il a trouvé en moi le désespéré total. » Et l'effet d'écho ou de miroir va jouer entre les deux hommes. Beckett avait écrit dans son étude sur Proust : « L'art est l'apothéose de la solitude. » « Quand on cherche la vie, il faut n'avoir aucun appui. Demeurer dans la solitude, dans le doute, l'interrogation. » Beckett écrit dans « Molloy » : « Passé un certain point on chemine plus bas que les morts. » Bram Van Velde : « Nous sommes toujours deux. Un vivant et un mort. »

En 1945, Beckett écrit sur la peinture de Van Velde : « Cette peinture solitaire, solitaire de la solitude qui se couvre la tête, de la solitude qui tend les bras. » En 1948, Beckett récidive : « Et l'ensevelissement dans l'unique, dans un lieu d'impénétrables proximités, cellule peinte sur la pierre de la cellule, art d'incarcération. » Et Beckett ajoutera : « Van Velde est le premier à admettre qu'être artiste est échouer comme nul autre n'ose échouer, que l'échec constitue son univers. » Ce qui fera dire à un ami : « Il se meurt depuis qu'il est né », et à un autre ami : « Il a inscrit sur ses toiles la frustration ontologique, le grelottant, le terrassé, le nu, l'infirme, le vacillant, le démuni, l'exilé, l'inconsolable... » Ce qui est dit de Van Velde pourrait l'être d'une part très importante de la recherche actuelle. Blanchot ajoute : « J'appelle désastre ce qui n'a pas l'ultime pour limite, mais ce qui entraîne l'ultime dans le désastre. » Et Beckett conclut : « Tous ensemble ne sommes-nous pas en train de construire un *pathetic fallacity* (une pathétique erreur) ? »

Quel artiste évite cette question ? Et d'abord quel homme l'évite ? Peut-on se dispenser de passer par l'angoisse de Job ? Lutter, désarmé, sans béquilles d'aucune sorte, rester dans un état de danger permanent pour franchir le mur entre le visible et l'invisible, connaître « ce comble de l'angoisse : fermer une porte et courir le risque d'être rassuré ». « C'est une sale histoire, la peinture me fait peur. Et pourtant il me faut peindre » (Van Velde). « Un dévoilement sans fin, voile derrière voile, plan sur plan de transparences imparfaites, un dévoilement vers l'indévoilable » (Beckett). « Pouvez-vous en venir au visage de l'homme ? » Réponse de Bram Van Velde : « J'aurais trop peur. » « Être écarté, enfermé et rentré pour toujours en lui-même » (Beckett). « Peindre, c'est chercher le visage de ce qui n'a pas de visage » (Bram Van Velde). « Le véritable acte philosophique est la mise à mort de soi-même » (Novalis). « Je suis un être dilué » (Bram Van Velde). Ce peintre hollandais, né à la fin du siècle dernier, mort dans l'attente de l'an 2 000, n'aura eu qu'à soixante ans les moyens de vivre convenablement ; soutenu au moment critique de ses quarante ans, en 1936, par le génie théâtral en qui le XXe siècle se reconnaît, puis un moment incarcéré (1937-1938) pour n'avoir pas ses papiers en règle, il est enfin célébré à soixante-dix ans de Paris à Cracovie, de Genève à New York, et reçoit le Grand prix national des Arts et des Lettres à presque quatre-vingts ans. L'évocation de cette destinée laisse entendre que le dernier mot n'est pas seulement au désespoir. Beckett ne s'est pas reconnu pour rien dans la peinture de Van Velde, expressionniste devenu incoerciblement, inlassablement, farouchement replié sur son abstraction de tout. Beckett a bien dit que l'espoir de l'homme moderne est de savoir qu'il ne peut qu'attendre (quelque chose qui ne peut pas advenir). « Voilà, jamais. Voilà plus rien. » Le personnage de Malone meurt. Il s'immobilise, il se tait, il s'absente. Depuis longtemps installé au bord de cette immobilité, de son silence, de cette absence, ayant eu affaire aux mots jusqu'au bout, ou presque. Beckett se console en déclarant : « Rien n'est plus grotesque que le malheur. » Ne restent plus alors sur la scène du monde qu'un clown et un clochard. L'art n'aurait plus qu'à nous les montrer indéfiniment se substituer l'un à l'autre : face désolée ou face hilarante indéfiniment réversibles de la condition humaine, de cet être désemparé, de cette entreprise ratée dont nous serions tous — le sachant ou non — des épaves. Le public se divisant entre ceux qui reçoivent avec angoisse les grimaces du clown triste et ceux que les pitreries philosophiques font rire.

Puis viendrait aujourd'hui, ce lendemain attendu, comme les lendemains de fête, comme le long du mur de Berlin-Est le petit matin de la fête du 31 décembre 1989 : on s'aperçoit que, le clown et le clochard ayant fait leur temps, ils ont depuis longtemps quitté l'un son cirque, l'autre sa décharge. Cirque et décharge, graffitis et mitraillettes ont fait place à des lieux abstraits, cylindres et espaces nus de noman's land de fin du monde où agonisent les derniers vivants. L'ultime vérité de l'art serait-elle exprimée par celui qui « attendant Godot » constate : « Nous naissons tous fous. Quelques-uns le demeurent » (Beckett).

« LE NÉANT, C'EST BEAUCOUP »

En face de l'angoisse de Beckett, l'attitude d'un Kandinsky peut paraître désarmante, naïve, voire enfantine. Pourquoi pas ? Nous ajouterons notre sentiment personnel et, on nous le permettra, sacerdotal.

« Un étudiant de Kandinsky au Bauhaus en 1923 raconte à Lothar Schreyer que, trouvant absurde l'abstraction, il réalisa pour Kandinsky un tableau entièrement blanc « Maître Kandinsky, fit-il poliment, j'ai enfin réussi à peindre une image absolue d'absolument rien. » Kandinsky prit ma peinture tout à fait au sérieux. Il la posa devant nous et dit :

— Les dimensions de cette image sont justes. Vous visez à quelque chose de terrestre. La couleur de la terre est le rouge. Pourquoi avez-vous choisi le blanc ?

— Parce qu'une surface plane blanche représente le néant.

— Le néant, c'est beaucoup, répondit Kandinsky. Dieu a créé le monde à partir du néant. Et maintenant, nous voulons... créer un petit monde à partir du néant.

Il prit un pinceau et de la peinture, plaça sur le blanc une tache rouge, une jaune et une bleue et passa une légère ombre verte sur le côté. Tout à coup, il y eut un tableau, un véritable, un magnifique tableau. »

Le néant c'est beaucoup. Ce pourrait être le dernier mot de l'art actuel, il le prouve. Mais on peut aller plus loin et se demander si l'on n'assiste pas à la naissance d'un très grand moment, l'équivalent pour le mouvement de ce que fut pour l'espace, le « moment » Cézanne. Je veux dire pour la saisie planétaire du mouvement, mais du « mouvement » au sens qu'un philosophe comme Aristote donne à ce mot lorsqu'il s'en sert pour définir le vivant et en décrire les phases par la maîtrise de plus en plus dominée des régulations qui gouvernent l'organisme.

Ici les étiquettes devraient se taire. Aucune ne convient : « art vidéo », « performances », etc. Il ne s'agit pas seulement d'introduire le temps, la dimension temporelle dans l'œuvre d'art. Mais d'introduire le mouvement de la vie, de la planète en son unité aussi fortement que Cézanne a introduit l'espace. La télévision y prépare les esprits : Sadate assassiné, la petite Colombienne aspirée par la boue du Volcan, Walesa interviewé dans une sacristie, le Chinois de la place Tien An Men capable à mains nues de dévier les tanks, les charniers de la révolution roumaine, ces images ne quitteront désormais plus la mémoire mondiale, pas plus que « l'homme à l'oreille coupée ». Je retiens trois expériences personnelles.

A Montréal, le musée d'Art contemporain expose un « Blickpunkte », un résumé de l'art allemand. Mon compagnon m'y conduit à regret. « Art conceptuel », « art pauvre », « photographies plastifiées » défilent dans une certaine tristesse. Puis une petite salle, quatre mètres sur quatre, murs noirs. Par terre : trois postes de télévision sur une toile de jute. Chaque écran présente un visage différent, silencieux ; seule chaque tête bouge, traversée de sentiments d'apparence banale, sans excès : étonnement, regards de côté, yeux baissés. C'est banal mais méditatif. Au bout d'un instant, le chœur des trois visages intrigue tellement que la pièce est remplie. On ne s'en dessaisit pas. C'est toujours le pur silence. Je murmure à mon voisin : « Et si c'était le meilleur commentaire qu'on puisse faire du livre de Job ? »

Huit jours plus tard à New York. Le musée du Whitney est ouvert depuis peu pour l'art le plus actuel. Le quatrième étage est réservé au « Monde de l'image ». On passe les grands panneaux de Warhol : « Red Disaster », évoquant fortement la chaise électrique, et l'on se trouve devant tout un mur de postes de télévision : 172 écrans, côte à côte, diffusant trois cents vidéos différentes par groupes de vingt-cinq, vingt, trente-deux, seize postes. Bon. C'est intéressant, plus fort qu'ailleurs. Mais tous les musées du monde ont actuellement un « mur vidéo ». A côté de ce mur, un meuble discret. Il a exactement l'allure d'une chaise à porteur. On s'assied et en face de soi un écran avec seulement deux petits ronds et une barre verticale. Un sous-titre apparaît sur l'écran qui invite à mettre les yeux et le nez en face des indicatifs. On presse un bouton : votre visage apparaît. Nouvelle pression sur le bouton : l'ordinateur saisit par douze flèches les traits de votre visage, commissures des lèvres, orbite des yeux, base du nez, etc. Nouvelle pression : douze visages apparaissent sur l'écran, dans un petit rectangle. Marilyn Monroe, Jane Fonda, Mikaël Gorbatchev, Elvis Presley sont facilement reconnaissables. Il est alors proposé de choisir l'un d'eux en manipulant la petite boule de sélection. Puis votre visage réapparaît sur l'écran, et arrive l'imprévu — métaphysique. Lentement, en commençant par la gauche, votre visage devient, se surimprime, se confond, se métamorphose progressivement en celui que l'on a sélectionné. Bien sûr, j'avais choisi celui de Marilyn Monroe. Ordinateur et vidéo conjugués provoquent le saisissement. Au terme, qui est-on ? Soi-même ou Marilyn ? Impossible de savoir. Surpris, on essaye Jane Fonda, puis Gorbatchev. C'est le même étonnement. On se retrouve en Marilyn un peu grave ; en Jane Fonda plus méditative ; ou Gorbatchev encore plus énigmatique... Qui est l'homme ? Quel masque ou quel visage suis-je ? Avec les cheveux de Marilyn ou le feutre de Gorbatchev, qui est-ce ?

Une semaine plus tard, à la *Cité des Lumières* dans les faubourgs de Montréal, un grand entrepôt désaffecté accueille les « cent jours de l'art contemporain ». Défilent photos plastifiées, Art brut, Body-Art, Support-Art, etc. Puis une salle parmi d'autres, huit mètres de haut, cinq postes de télévision sur le mur du fond tout noir. On aperçoit d'abord les deux postes du bas côte à côte, à hauteur d'homme : ce sont deux pieds, tantôt à plat, tantôt pendant, tantôt marchant, couverts d'eau, de boue, sur fond de sable, de chemin ou de bois. En haut : l'écran ne présente qu'un visage, pas d'attitude dramatique, il regarde, se meut vers la droite ou la gauche, sur fond de soleil ou de nuit, de brouillard ou de lumière, parfois il lève les yeux. Enfin à droite et à gauche de la paroi un écran ; sur chacun : une main ; elles aussi se meuvent, paume ouverte. Il faut un tout petit instant pour saisir que cette tête, ces deux mains et ces deux pieds forment secrètement un crucifié. Je vais voir la petite pancarte. C'est bien cela : « Crux » de Gary Hill, Santa Monica, USA, 1983-1987.

Je n'ai rien d'autre à dire sur l'art « moderne ». Ce crucifié vivant, silencieux, sans drame et sans débat, banal mais encore une fois : vivant, je ne l'oublierai plus jusqu'à ma mort. Il était vivant. Non pas le Christ. Le Bon Larron peut-être ? L'homme, mon frère, sûrement.

Cézanne avait écrit : « C'est effrayant la vie. »

Ici, ce n'était pas l'effroi, mais, par la grâce d'un regard, l'offertoire, silencieux.

LE STÉTHOSCOPE ET LA MORT DE SARDANAPALE

« L'EAU FAIT L'HERBE QUI FAIT LE BÉTAIL...
QUI FAIT LA BIÈRE... »

« LA PASSION DÉLICIEUSE »

UNE RÈGLE DE TROIS ?

LES TERRIFIANTS PÉPINS DE LA RÉALITÉ

ANNEXE II

De la critique

LE STÉTHOSCOPE ET LA MORT DE SARDANAPALE

« Pendant une trentaine d'années, remarque Claude Roy, on a eu la manie des "diagnostics" du génie. » Les médecins s'armaient de leur stéthoscope devant les tableaux, les psychiatres tripotaient les poèmes, les biochimistes essayaient de trouver quelle modification pathologique du cerveau avait pu produire *les Fleurs du mal* ou *la Mort de Sardanapale*. On « expliquait » les romans par la tuberculose ou la maladie de foie de leur auteur, le tempérament d'un créateur par sa prostate ou son angine de poitrine, et le génie par un détraquement ou une lésion des organes. Même les plus réservés succombaient à la tentation : expliquer. Dans son *Mystère Goya*, le docteur Rouanet parle encore *« des bouffées schizophréniques se greffant par intermittences sur une constitution paranoïaque »*. Est-ce vraiment la clef des *Disparates* ou des *Désastres de la guerre* ?

Il est normal d'être séduit et en même temps d'être secrètement ébranlé par la rencontre du génie. Tout génie apporte quelque chose de neuf, d'inattendu, de surprenant voire d'étrange ou de suspect. L'esprit, spontanément, n'aime pas être dépassé. La voie normale est alors de réduire à ce que l'on connaît déjà. Mais, l'esprit est, non moins régulièrement, capable de se donner de nouveaux instruments de recherche, de radiographie, d'analyse. Il y a une permanente émulation entre les œuvres des génies et l'interprétation qu'on en donne. Avec un inévitable choc en retour de ces interprétations sur les manifestations du génie, ce qui est fréquent dans l'histoire de la science : Pasteur, Einstein ou Marie Curie commencèrent presque toujours par être quelque peu boudés. C'est encore plus fréquent dans l'histoire de l'art. Il est donc de grand prix de savoir comment on reçoit, juge et interprète une œuvre d'art. Nous l'avons dit, il n'y a pas, il n'y a plus de regard innocent. Mieux vaut alors savoir avec quels yeux, avec quel regard, avec quelles lunettes on perçoit à chaque époque, ces œuvres d'art. Nous avons signalé page 361 la chance incomparable d'une étude qui a précisément pour visée d'établir les différentes manières avec lesquelles l'intelligence a exercé depuis cinq siècles son esprit critique pour assimiler les chefs-d'œuvres et en même temps se situer elle-même en face des génies créateurs. C'est le livre de Germain Bazin : *Histoire de l'histoire de l'art,* Albin Michel, 1986.

Nous en avons isolé volontairement quelques sommets. La lecture est passionnante mais risque de submerger par sa richesse même, à moins de chercher un fil conducteur. C'est possible. On a déjà dit et nous redirons les limites de toute interprétation. Il y aura toujours autant de différence entre la musique notée et la musique chantée qu'entre une « critique » aussi constructive et fine soit-elle et le choc de l'œuvre dans son éclat, sa force, son attirance ou sa répulsion. Certes, rien ne remplace la spontanéité, la naïveté, la vulnérabilité indispensables pour entendre la « musique » de toute œuvre d'art — comme celle d'une personne. Reste qu'il serait illusoire de croire que spontanéité et naïveté existent encore à l'état immédiat, chimiquement pur. C'en est fini dans un monde irréversiblement médiatisé. Au cœur de Mexico, d'Abidjan ou de la Vieille Ville de Jérusalem se vendent coupelle, statuette ou masque avec « certificat d'origine »...

Comment préserver un peu de l'émerveillement pour entendre les deux ou trois notes de musique secrète, de la beauté indispensable pour survivre ? La naïveté n'est quand même pas devenue un privilège réservé aux générations passées ! Il est sans doute préférable de situer les « critiques » et interprétations plutôt que de les ignorer. Il en va de *l'Histoire de l'histoire de l'art* comme des séquences d'un film. L'apparence peut au premier abord être décousue. Peu à peu leur inhérence à un même dessein, leur cohérence se laissent deviner. Ainsi, du premier moment où l'on commence très normalement à comparer les œuvres entre elles [1], on passe à une série d'analyses de radiographies [2,3,4] littéraire, technique, historique, sociologique. Dans un troisième temps, l'art prend sa revanche et l'on est bien obligé d'en revenir à l'intuition même de l'œuvre [5,6,7,8,9,10] pour en arriver aux questions posées aujourd'hui par la psychologie des profondeurs et les analystes modernes [11].

Alors le champ peut s'ouvrir [12] aux questions ultimes, religieuses ou métaphysiques, qui amènent peut-être aussi à un respect plus exigeant de l'auteur, de l'œuvre et de son interlocuteur.

1. Tout naturellement, l'histoire de l'art a commencé par *le besoin de comparer*. C'est ce que fait Vasari, le « Père fondateur », en 1568. Wöllflin reprendra la même méthode.

2. Une deuxième étape est franchie avec Diderot. On ne compare plus seulement. On prend une certaine *distance « critique »*. A partir de 1735, le Salon carré du Louvre permet d'analyser, d'utiliser les formules littéraires pour décrire. Le « critique » devient médiateur entre l'artiste et le public. L'œuvre d'art n'est plus réservée au commanditaire.

3. Puis la critique littéraire ne suffit plus. Elle a ouvert la porte à l'exigence *technique*. Ce sera par exemple l'œuvre de Semper. L'entrée de l'architecture dans la peinture, plus spécialement à partir de la fin du XVIIIe siècle allait accentuer cette nouvelle attention.

4. Ce qui amène, très logiquement, à l'œuvre d'un Hippolyte Taine. Les exigences techniques se formulent désormais en termes de *fonctions scientifiques*. Il n'y a alors qu'un pas — qui peut être trop vite franchi — pour réduire une œuvre au déterminisme du milieu. Garaudy applique encore l'intuition de Taine, revue selon les grilles marxistes, qui donne toujours la même équation, Giotto = Florence + la scolastique de Thomas d'Aquin. Le milieu expliquerait tout ?

« L'EAU FAIT L'HERBE QUI FAIT LE BÉTAIL... QUI FAIT LA BIÈRE... »

On connaît la formule de Taine : « En Hollande l'eau fait l'herbe, qui fait le bétail, qui fait le fromage, le beurre et la viande qui tous ensemble avec la bière font l'habitant. » (H. Taine, *Philosophie de l'art,* Paris, Hachette, 1865, t. I, p. 36). Pourquoi Taine s'est-il arrêté en si bon chemin... alors que deux ans auparavant Manet, avec *le Déjeuner sur « l'herbe »*, avait fait partie du Salon des « Refusés ». N'ironisons pas. On aurait pu croire que Taine était passé de mode. Garaudy avec les *Soixante œuvres qui annoncent le futur* (1974) nous avise que la démangeaison de n'expliquer l'art que par les conditions matérielles de sa production n'est pas éteinte. A un siècle de distance, certains risquent de demeurer assis sur l'herbe de Taine plus que sur celle de Manet ! Chaque génération est sans doute invitée à redécouvrir comment elle renferme elle-même son présent, son passé et son avenir — et que, selon la formule de Focillon : « L'histoire est un conflit de précocités, d'actualités et de retards. » Avec Taine, l'histoire de l'art a trouvé une butée. En science, on peut pressentir l'avenir. La découverte du calcul intégral avec Leibniz ou la pénicilline avec Fleming : la découverte est prête en plusieurs endroits en même temps. On prévoit moins facilement Baudelaire, Rimbaud, Cézanne ou Kandinsky...

« LA PASSION DÉLICIEUSE »

5. Un Suisse alémanique, Jakob Burckhardt (1818-1897), dans *la Civilisation de la Renaissance en Italie,* franchit une nouvelle étape. Avec l'Anglais Walter Pater, il redonne à la réflexion artistique l'indispensable attitude de contemplation. On est à l'opposé du rationalisme de Taine. Place est redonnée dans la critique à l'*intuition*. « Puisque tout se dérobe sous nos pieds, pourquoi ne pas saisir au vol la passion délicieuse... et libérer l'espace d'un temps notre esprit, l'émoi de nos sens, devant une teinte mystérieuse, une couleur étrange, une odeur curieuse, le visage d'un ami ? » On peut y entendre l'écho de Nietzsche, prophète de l'ivresse créatrice.

6. C'est peut-être une libération plus grande. Le tournant est pris. Une nouvelle courbe s'ensuit, simple à comprendre. Du rôle de l'intuition, on passe avec la Vienne des années 1900 (si décisive avec le mouvement « Sécession ») à l'interprétation de l'*activité créatrice*. L'Université de Vienne fut en Autriche la première où l'histoire de l'art *moderne* ait été enseignée comme une discipline autonome. Vienne avait été davantage que d'autres préservée de la tyrannie de l'idéalisme de Kant et Hegel, véritable écran entre la pensée et la réalité pragmatique

de l'œuvre d'art. La présence et le génie de Klimt jouent ici un rôle immense (voir paragraphe suivant).

7. De l'activité créatrice, on est naturellement amené avec Aloïs Riegl à suivre les *Lois du style* (1893) propres aux œuvres d'art en décrivant la perception. Déjà le rôle des métaphores propres à l'art est discerné. Elles sont encore attribuées uniquement à la pulsion artistique. Il faudra attendre Malraux pour y lire un anti-destin. Mais c'était déjà beaucoup d'avoir rendu à la « *visualité pure* » ses droits en reconnaissant simplement ce qui est : l'importance du décoratif. On reste encore aujourd'hui saisi par les décors où Klimt a prodigieusement mis en fresques la IXe Symphonie de Beethoven (1902).

8. On va déboucher sur une lecture plus profonde lorsqu'un Panosfsky avec ses *Essais d'iconologie* (1939), décèle dans l'art les manifestations d'une *virtualité spirituelle*. La démarche est ici inverse de celle de Taine. Ce n'est pas le milieu et ses conditions qui expliquent le chef-d'œuvre. L'œuvre d'art n'est pas seulement conditionnée *a priori*. Elle résulte de ses rapports avec les autres manifestations de l'esprit. Les disciples de Dvorak, par exemple, Charles de Tolnay, en 1939, ou Wilhem Dilthey ouvrent la porte à la modernité du sujet enfin accueilli dans sa valeur spirituelle. La petite taille de Toulouse-Lautrec explique peut-être beaucoup. Elle n'explique pas tout.

9. Avec Berenson (1865-1959) s'opère un mouvement bien naturel de balancier par retour à une analyse objective. C'est le *contenu intrinsèque* de l'œuvre qui livre le sens et donne son éclat au tableau.

10. On arrive aux deux plus récentes étapes de la critique : celle des « contemplateurs » du *Connaisseur-ship*, des familiers des détails, des styles, celle du droit au « flair », et enfin celle des psychologues et des psychanalystes qui s'appuient sur l'instinct. On peut sourire de la méthode des « connaisseurs ». Non seulement elle a fait ses preuves mais elle saisit l'œuvre d'art d'une manière propre, homogène à ce qu'elle est : par formation patiente, contagieuse, par connaturalité, par accord, par harmonie avec les formes. Le relevé des conversations de Federico Zeri est digne d'un roman policier... Ce n'est pas pour rien que ce « connaisseur » fait trembler les conservateurs des musées du monde entier, par sa familiarité capable de déceler tout de suite un « faux ». « Notre palais change comme change notre sensibilité chromatique » avoue Federico Zeri. Et à le lire on devient jaloux de la finesse gustative de son palais (voir Federico Zeri, *Derrière l'image. Conversations sur l'art de lire l'art*. Éditions Rivages. 1988).

11. Bien sûr le dernier mot reste toujours à la raison, provisoirement. Psychanalyse et psychologie, surtout la psychologie de la « forme », de la *Gestalt*, ne pouvaient pas ne pas être excitées par les énigmes de la création artistique. Le propre de l'homme est de ne pouvoir séparer sa sensation physiologique du mouvement de son esprit. Il voit non pas un tas de briques mais une maison, une « forme », un tout. Il y a interférence, involution entre ses perceptions et son intelligence. Ce qui explique si bien les erreurs des sens (alors qu'il est bien écrit sur la caisse de fruits : *Dattes-Muscades*, on lira « *Dattes musicales* ») est aussi ce qui permet de comprendre un peu mieux la perception esthétique. On intervient forcément dans ce qu'on lit. Personne ne peut sortir de sa sensibilité et de ses grilles d'interprétation.

La « critique » est ainsi passée des biographies où Vasari essayait sa méthode comparative aux « Salons » où Diderot quête une nouvelle manière de décrire l'art ; de Baudelaire à Robbe-Grillet ; des historiens aux psychologues : voilà autant de langages multiples qui sont autant de formes, de voix qui ouvrent plus ou moins au secret.

Lorsque paraissent, en 1550, les deux gros volumes de plus de neuf cents pages chacun où Vasari écrit *le Vite*, il cherche à restituer la personnalité de chacun des artistes qu'il considère et cela par tous les moyens. Il n'écrit pas une histoire de l'art, mais plutôt le roman de l'histoire de l'art. Il serait comparable à Michelet. Mais, justement, les intuitions de Michelet, par exemple sur la Révolution, sont fort utiles. Et l'idée de cycle en trois temps de Vasari sera reprise bien souvent sous diverses manières. A commencer par l'idée de Renaissance.

La restauration des arts comprendrait trois âges : le premier, l'enfance qui aurait commencé en 1250, c'est le *Trecento*, l'artiste se débarrasse de la barbarie et des manières gauches de Byzance ou allemandes du Moyen Age.

Puis une deuxième période, celle de la maturité avec le *Quattrocento* (XVe siècle) qui imite au début l'art antique, au risque de tomber dans la sécheresse. Alors c'est la troisième période, le *Quinquecento* où la dureté fait place à une sorte d'aisance souveraine avec la variété des expressions, qui comprend aussi bien la *terrabilità* et la *furore* de Michel-Ange que la légèreté et la douceur du Corrège. La critique à-trois-temps (ou quatre) est créée.

UNE RÈGLE DE TROIS ?

On la trouve à la fin du XIXe siècle dans l'intuition du *rythme* chez Wölfflin. Il ose prendre une vue synchronique des grandes étapes de l'art grec, qu'il compare à la Renaissance, étapes qui correspondent aux phases de la vie d'un homme : antique-archaïque, jusqu'à Phidias ; sublime, Phidias ; belle, Praxitèle, Apelle ; imitative, le gréco-romain.

Vers les années 1900, un Strzygowski propose une théorie des *trois zones* : la zone polaire génératrice d'un art abstrait, intérieur et mystique ; la zone équatoriale où serait né l'art figuratif ; la zone méditerranéenne où les deux tendances se sont entrechoquées et qui, sous l'influence des « puissances » aurait produit un art servile, matérialiste et artificiel...

Viollet-le-Duc envoyait le 11 juin 1879 à Jules Ferry, ministre de l'Instruction publique un rapport en vue de l'utilisation de l'immense palais du Trocadéro qui, bien que construit pour l'Exposition universelle de 1878, demeurait vide. Son préambule dont voici un extrait procède aussi par trinôme :

« Chez les peuples qui ont atteint un haut degré de civilisation, l'art de la sculpture se divise en *trois périodes* : imitation de la nature suivant une interprétation plus ou moins délicate et intelligente ; époque archaïque pendant laquelle on prétend fixer les types ; époque d'émancipation et de recherche du vrai dans le détail et perfectionnement des moyens d'observation et d'exécution. Tous les peuples ne remplissent pas la totalité de ce programme. Les uns parcourent les trois phases de ce développement de l'art, d'autres n'accomplissent que les deux premières. »

Ainsi le moule des trois périodes expliquait ou servait à fixer la présentation des œuvres de l'Égypte, de la Grèce, du Moyen Age, etc.

En 1939, Erwin Panofsky utilise aussi une grille à trois niveaux dans ses *Essais d'iconologie*. Il y aurait la signification primaire et naturelle, c'est-à-dire l'identification des formes que représente le tableau : treize personnes autour d'une table pour un repas. Puis la signification secondaire ou conventionnelle : c'est l'identification des motifs, qui suppose une connaissance des sources littéraires. Dans le cas évoqué, le repas et la Dernière Cène de l'Évangile. Enfin la signification intrinsèque du contenu. En l'espèce ayant reconnu la Dernière Cène, on recherche sa valeur de symbole. L'œuvre d'art devient symptôme. Ces valeurs symboliques peuvent être inconnues de l'artiste, elles constituent l'objet de l'iconologie.

LES TERRIFIANTS PÉPINS DE LA RÉALITÉ

Il serait possible de multiplier les exemples. Ceux-là sont précieux pour ramener à l'humilité. Et après ? Le philosophe Ricœur a décelé les raisons de notre besoin de procéder en histoire ou en interprétation par cette règle de « trois ». Il y a forcément des événements fondateurs, c'est le *temps caché* de l'histoire, par exemple, dans la Bible, la sortie d'Égypte. Puis le temps de l'interprétation vivante de ces événements par les écrivains sacrés, les poètes, les artistes, et cela constitue la *tradition*. Alors peut venir le troisième moment : le *déploiement* des explications, celui de l'identité, de la reconnaissance de ce que l'on est, à partir de la lecture d'une tradition : c'est tout le sens des interprétations et de l'« herméneutique ».

Voilà pourquoi nous attachons grande importance au moment où nous en sommes rendus de l'histoire de l'art. Nous avons désormais les moyens de situer les « interprétations » de cette histoire, ne serait-ce que par la confrontation récente et respectueuse des civilisations d'après (ou d'avant) l'âge colonial. (Certaines encyclopédies des années 1960-1970 ne consacraient encore que quelques pages, par exemple, à l'art de la Méso-Amérique. Vint le jour où le Mexique interdit farouchement le pillage des sites zapotèques ou mayas...) Dans le même temps, éclate un besoin viscéral de mieux comprendre l'art moderne, qu'il ouvre sur un désarrroi et/ou sur une quête d'identité. Alors on peut bouder esthètes et chercheurs. Mais il se pourrait que, par la grâce des artistes, ils fassent gagner un temps immense. Cela reconnu, nous l'avons assez souligné, jamais une explication ne remplace le moment où l'esprit accepte d'être « saisi », marqué, impressionné par une œuvre d'art. Aucune parole, jamais, ne pourra, par exemple, se substituer à la manière dont les peintres disent la présence d'un corps. Comment lire la sensualité chez les peintres ? Il suffit de sortir des salles du Prado où Murillo, Ribalta et Ribera s'extasient en matérialisant le spirituel pour trouver pleines de santé les salles voisines où les Vénitiens, Tintoret, Véronèse et le Titien disent le réalisme de l'Incarnation. Chez un Cranach, les nudités paraissent souvent à la limite de l'alibi érotique. Chez Raphaël ou Rubens, *les Trois Grâces* sont d'une pudeur exemplaire, si on leur compare celles de Bouguereau, chez qui tableaux et vitraux même bien pensants (et vêtus), dégoulinent de sentiment. Franchement voluptueuse chez Boucher, énigmatique chez Botticelli, en gracieux, ou chez Baldung Grien, en tragique, qu'est-ce que la sensualité ? Il est aussi impossible de répondre à cette question par des mots que de dire la différence entre les représentations d'*Adam et Ève* qui sont exposées à quelques centaines de mètres l'une de l'autre dans les musées de Vienne par Van der Goes, Cranach, Klimt ou Kokoschka. Qui dira jamais le mystère du couple ? Pour quoi l'humanité est-elle double ? Les peintres obligent à l'énigme.

12. Ainsi, au terme de toute « interprétation », exégèse, herméneutique, histoire de l'art, la question demeure : et après ? La science théorique du chimiste, du cuisinier ne suffiront jamais à faire aimer les meringues à qui n'en a jamais goûté.

On connaît le poème de Prévert intitulé *Promenade de Picasso* :

« Sur une assiette bien ronde en porcelaine réelle
une pomme pose
face à face avec elle
un peintre de la réalité
essaie vainement de peindre
la pomme telle qu'elle est
mais
elle ne se laisse pas faire
la pomme »

et Prévert imagine tous les tours dont la pomme est capable pour se protéger. Lorsqu'arrive Picasso :

« Quelle idée de peindre une pomme
dit Picasso
et Picasso mange la pomme
et la pomme lui dit Merci...
Et le peintre arraché à ses songes
se retrouve tout seul

avec au beau milieu de sa vaisselle brisée
les terrifiants pépins de la réalité. »

1. UNE INITIATION
Des catacombes à Ravenne

2. UNE PAROLE
Manuscrits et miniatures

3. UNE LUMIÈRE
De l'art des icônes

4. UNE COMMUNION
Églises romanes et gothiques

5. UN VISAGE
De Giotto à Michel-Ange

6. UNE GREFFE
Le Caravage et Rembrandt

7. DÉCHIRURE ET SOLITUDE
De Goya à Rouault

8. ET AUJOURD'HUI ?
Un espace pour Dieu

De la continuité de l'art chrétien

Entre le 49e et le 55e parallèle au grand nord de Montréal on découvre un étrange territoire, plus vaste que la France, une des plus grandes forêts du monde. Lorsqu'on le survole, vallonnements, rivières et lacs s'étendent sous les yeux à perte de vue. Le tout recouvert pendant huit à neuf mois de neige et de glace. C'est la taïga qui borde la baie d'Hudson. On est à la limite entre le territoire des Inuits et celui des Indiens « cris », un habitant pour 10 000 kilomètres carrés. Quelques aérodromes de fortune le long de ce qu'on appelle là-bas la « Rivière » La Grande. Campements, villages ou chantiers : tout se confond dans la même immensité blanche, dans le même silence, celui de la neige des épinettes et de la mousse à caribous. Il faut l'aide d'un guide pour découvrir la formidable géographie souterraine de ce qui est devenu l'un des réservoirs les plus puissants d'énergie qui soient au monde : l'ensemble des installations électriques de la baie James. Quelques chiffres suffisent à en donner une idée. Dans le déversoir de crues prévu pour le seul barrage de « La Grande numéro 2 », tous les fleuves d'Europe pourraient s'écouler. 85 kilomètres de galeries, titanesques ; des salles immenses où Notre-Dame de Paris tiendrait à l'aise ; des barrages dont la surface équivaut à deux fois l'Irlande. Et par quelques lignes à peine visibles à travers les aulnes nains et les chicots de sapins, une électricité capable d'innerver, avec ses 750 000 volts, l'Amérique du Nord.

Que voit-on d'en haut ? Rien, presque rien. On devine quelques digues, quelques excavations, quelques pistes.

La situation actuelle de l'art chrétien est comparable à ces installations où la plus puissante, la plus propre, la plus silencieuse énergie du monde est donnée aux hommes. Mais sous un manteau de neige qui cache l'essentiel. Une force est là, mais cachée. Comme les installations de la baie James, les chefs-d'œuvre chrétiens sont souvent recouverts du silence d'un engourdissement, ou d'une ignorance parfois attristante. Quelques points de repère ne sont pas superflus pour comprendre les galeries profondes de cet art. On peut être très riche d'études, d'encyclopédies, de bibliothèques ou de voyages. On peut savoir qu'il y a eu un très grand art chrétien, des catacombes à Rouault, ou de Ravenne à Parsifal, et avoir du mal à « lire » ces chefs-d'œuvre, à les comprendre, à les situer dans la continuité d'un mystère.

Si l'on rêvait un musée chrétien idéal, on commencerait inévitablement, comme aux *Offices* de Florence par exemple, par y mettre les Maestas de Duccio, Cimabue et Giotto et on terminerait par les Passions de Manessier ou le Chemin de Croix de Rothko à Houston. Mais resteraient hors du musée les catacombes, les hypogées, les sarcophages. Pourquoi ne pas suivre le chemin inverse et remonter le temps ? Il serait possible alors d'évoquer les danses des clarisses de Sangmelina ou les processions fleuries par lesquelles, aujourd'hui, les chrétiens d'Afrique ou de Wallis et Futuna honorent superbement la liturgie chrétienne. Il y eut au cours de ces vingt siècles ce qu'on a appelé un « développement » du dogme. Une explicitation merveilleusement heureuse et nourrissante des vérités chrétiennes a été reconnue par les historiens. Si l'Évangile et le mystère chrétien se résument par la formule : Dieu donne Dieu aux hommes, la raison a été très tôt obligée de lever les deux difficultés que ce mystère implique. Deux équations, apparemment absurdes, ont montré leur richesse de lumière : 3 = 1 et 1 = 2. Qu'un Dieu existe et soit monolithique ne pose pas difficulté. Mais que Trois Personnes partagent la même existence divine, la même « conversation » et invitent l'homme à la table de cette communion dans une tri-unité, il fallait pour l'annoncer et pour y adhérer un effort d'initiation.

Il se révéla lumineux pour la philosophie de la personne et de la relation. De même l'autre équation, qu'une seule personne, divine, celle du Verbe, puisse subsister en deux natures, sans confusion ni mélange, que le Christ soit vrai Dieu et vrai homme en même temps : l'aporie fut résolue par l'effort des Conciles et se révéla source d'un immense apport de lumière intellectuelle pour toute l'histoire de la pensée.

S'il y eut, par le génie des Conciles, un « développement » non pas des mystères, mais de leur intelligence secrète et lumineuse, pourquoi n'y aurait-il pas aussi pour les images chrétiennes une histoire et un développement, riche de paix, de joie, de vie contemplative ?

D'oasis en oasis, des générations ont aidé ceux qui venaient après elles à traverser un désert parfois dur, celui de l'existence solitaire. Nous avons distingué ici sept étapes. On pourrait en proposer bien d'autres. Celles-là nous ont paru apporter chaque fois une lumière neuve sur la destinée terrestre d'un être qui, du sein de sa poussière et de sa misère, se découvre invité à la table de la Gloire divine. Il y a une joie secrète et spécifique à découvrir la cohérence, la continuité de ces grands moments de l'art chrétien. S'agit-il d'ailleurs seulement d'un « art » ? Les historiens ont bien vu que cet art n'était pas réductible à des formes empruntées aux seules inventions et contagions esthétiques mais qu'il restait lié, qu'on le veuille ou non, à une Présence, à ce Visage qui ne ressemble à rien : celui du Christ. Il est facile d'opposer par dialectique certains peintres chrétiens. On l'a fait : Rembrandt et Le Greco par exemple. L'un serait peintre de l'abaissement de Dieu, l'autre celui du couronnement de la Vierge. Ou bien l'art roman, témoin de l'Incarnation et le gothique du règne de Marie. Il y a plus fécond, croyons-nous : c'est de chercher la souterraine et secrète cohésion d'un mystère qui, à chaque époque, a tout dit du Credo et dont chaque période en redit l'ensemble, mais avec ses nuances propres. C'est notre chance d'y avoir pleinement accès aujourd'hui et d'en savourer, sous toutes les latitudes, la richesse inépuisable.

1. UNE INITIATION
Des catacombes à Ravenne

Deux dates font époque : l'édit impérial de 380, instituant le christianisme religion d'État et celui de 391 interdisant le culte païen. Mais on peut remonter encore plus haut, au début du IIIe siècle pour reconnaître les premières manifestations de l'art chrétien. On l'a appelé l'art des *« enfances du christianisme »*. C'est très juste. Nous préférons parler d'un art de l'*initiation au mystère*. Qu'est-ce qui est évoqué vers 230 sur les fresques de la maison de prière à Doura aux bords de l'Euphrate ? C'est un baptistère. Dès le début on tient l'indication majeure pour comprendre les premiers siècles chrétiens. Tout s'y ordonne autour des sacrements de l'initiation : le baptême et l'eucharistie. On emprunte tout naturellement et paisiblement aux décors heureux et fleuris des villas méditerranéennes de l'époque : cueillettes des olives, oiseaux sur un vase, scènes de vendanges qui, par exemple au mausolée de Sainte-Constance à Ravenne illustrent la joie de l'espérance chrétienne et rappellent inlassablement l'entrée dans un nouvel ordre d'existence : celui du mystère pascal. On ira même pour désigner le Christ jusqu'à copier résolument au plafond du mausolée des Julii, dans la nécropole préconstantinienne sous la basilique Saint-Pierre, le Soleil sur son char, première et si délicate mosaïque qui évoque la lumière de la Cité céleste (milieu du IIIe siècle).

Il faut attendre les années 500 pour qu'un cycle de la Passion fasse l'objet d'un décor monumental dans l'église palatine de Théodoric, l'actuelle Saint-Apollinaire-le-neuf de Ravenne.

Une certaine spontanéité est un trait constant de cette initiation, de ces débuts de l'art chrétien avec sa contrepartie de maladresses et d'inachèvement. Le premier souci est d'introduire à la table de Dieu. Il ne s'agit pas seulement d'orner, de séduire, mais d'initier, d'accueillir. On vit en semi-clandestinité, avant de pouvoir émerger au grand jour. La pensée est résolument symboliste, imagée.

Il n'y a pas confusion dans ces emprunts aux trésors de la Première Alliance (Ancien Testament), pas plus qu'à l'imaginaire du moment. Orphée réconciliant l'Univers par la mélodie de son chant et de sa lyre devient le Bon Pasteur au cimetière de Domitille ; un poisson et cinq pains rappellent au cimetière de Callixte la puissance discrète de l'invitation divine ; le sacrifice d'Isaac au cimetière de Priscille ; un berger lisant au-dessus de ses brebis à l'Hypogée des Aurelii signifie le sermon sur la montagne ; une colombe, Noé sortant de l'Arche, Jonas du poisson, Moïse ouvrant un passage dans la mer Rouge et frappant le rocher pour en faire jaillir l'eau vive redisent la résurrection promise au baptisé : tous évoquent le climat heureux d'une existence qui a vaincu la mort, bien que la manifestation publique de cette religion n'ait pas encore droit de cité parmi les vivants. On évite de représenter le Crucifié pour ne pas heurter une sensibilité trop vive chez des néophytes dont la conversion implique le risque d'être persécuté. Le Christ en Passion n'en est pas pour autant occulté puisqu'il est partout sacramentalement présent dans la liturgie et dans l'univers des représentations qui l'entourent, livrant sa force de vie, d'espérance et de partage.

Saint Ambroise (340-397) propose une des plus belles images qui soient de cet univers festif de la liturgie et du premier art chrétien : la procession des mystes (c'est-à-dire de ceux qui ont part aux mystères) nouvellement illuminés quittant le baptistère pour se rendre à la table sainte. Le peuple est lavé ; il est magnifiquement vêtu et il marche au son des psaumes, de ces psaumes qui lui parlent de jeunesse éternelle. Il marche vers un banquet. Il se hâte. Tout à coup, l'autel, paré, se dévoile. Devant l'autel, le chant du psaume éclate avec toutes ses harmoniques : « Tu as préparé devant moi une table. » Et un banquet, le vrai banquet, commence. Le texte mystagogique parle prophétiquement de réalités prophétiques ; héroïquement, de réalités héroïques ; poétiquement, de réalités poétiques ; mystérieusement de mystères. Jamais il ne procède au désenchantement. C'est ce qui apparente le premier art chrétien et ses textes liturgiques aux grands textes poétiques de l'humanité : « Le peuple s'avance vers les autels du Christ. Il a déposé les dépouilles de l'ancienne erreur, sa jeunesse est renouvelée comme celle de l'aigle, il se hâte de s'approcher de ce banquet céleste. Il vient donc, et, voyant le saint autel tout paré, il s'écrie : "Tu as préparé devant moi une table." C'est ce peuple que fait parler David quand il dit : "Le Seigneur me rassasie et rien ne me manquera. Il m'a placé dans un pâturage. Il m'a conduit près de l'eau qui me rétablit." (Saint Ambroise, *Traité des Mystères*, VIII, 43.)

Cette assemblée chante l'hymne retrouvé, l'hymne à la joie qui ne trompe pas, l'hymne au soleil qui ne se couchera plus. Les mystes christophores entourent l'Orphée divin : « Logos céleste, véritable athlète couronné sur la scène du monde entier, il chante non selon les modes lydien ou dorien, mais il chante selon le mode de la nouvelle harmonie, mode qui porte le nom de Dieu, il chante le chant nouveau [...] Voyez la force du chant nouveau : des pierres il a fait des hommes, de bêtes sauvages aussi des hommes. Ceux qui par ailleurs étaient morts, qui n'avaient point part à la vie vraie et réelle, quand ils ont entendu seulement ce chant, sont devenus vivants [...] Ce descendant de David, qui existait avant David, le Logos de Dieu, a délaissé la lyre et la cythare, instruments sans âme, pour s'accorder par l'Esprit Saint le monde entier ramassé dans l'homme. Il s'en sert comme d'un instrument à plusieurs voix. Que veut-il donc, cet instrument, le Verbe de Dieu, le Seigneur et son chant nouveau ? Il veut ouvrir les yeux aux aveugles et les oreilles des sourds... Tel est le musicien que je vous propose. » (Clément d'Alexandrie, 150-211, *Protreptique* 1, 1-6.)

2. UNE PAROLE
Manuscrits et miniatures

Après un art semi-clandestin mais résolument optimiste, qui introduisait le chrétien dans l'univers de la Jérusalem céleste, un nouvel âge allait commencer. En effet, l'initiation chrétienne ouvrait sur une « révélation », sur la communion à une Parole confiée aux hommes. Certes, pendant cent cinquante ans l'Église a pu vivre sans en avoir définitivement fixé les textes sacrés, alors qu'elle n'a jamais pu vivre sans la présence de son Sauveur, sans l'eucharistie qui deviendra l'ultime référent de tout signe, de toute pensée, de toute parole chrétienne. Mais nouveauté inouïe : Dieu avait parlé aux hommes. Ce n'était plus seulement, comme dans l'oracle grec, le cri de l'angoisse humaine répercuté par l'écho du vallon de Delphes. Pour le chrétien, Dieu avait pris l'initiative et chaque homme était invité à l'honneur de partager la pensée du Fils sur le Père. Avant même qu'un édifice soit élevé, on pouvait habiter la Parole. Les chapiteaux de Saint-Benoît-sur-Loire ont été sculptés bien après que fut peint le livre du Pontifical de Winchester. Et, pendant des siècles, alors que les « Barbares » dévastent églises, monastères ou prieurés, les manuscrits continuent à transmettre la Parole, le chant des initiés, la psalmodie des invités. On a pu écrire à juste titre que le premier art chrétien d'Occident fut l'enluminure. Elle s'adressait à Dieu et aux hommes. Et le Moyen Age n'a pas confondu la Bible avec un dictionnaire. Il l'a psalmodiée, chantée, vénérée, ornée, enluminée. Dieu a confié son mystère à ce qui est le premier signe de l'esprit vivant : la Parole. Il était donc normal que celle-ci, source de lumière, soit « en-luminée ». Dès le Ve et VIe siècles les textes sont honorés. L'historien des origines chrétiennes Henri-Irénée Marrou a pu dire que sans cette « tradition » des Livres saints du christianisme, l'écriture, en Occident, aurait pu se perdre comme le sens des hiéroglyphes s'était perdu pendant des siècles à Alexandrie.

Du VIe au Xe siècle, spécialement en Espagne, en Égypte et en Irlande, des chefs-d'œuvre vont surgir, des œuvres uniques comparables seulement à la révolution esthétique que représentent dans l'art moderne *les Demoiselles d'Avignon* ou le *Guernica* de Picasso, par exemple en Espagne avec Florentius, Magius et Jean d'Albarès. De même, en Irlande, dans le sud de l'Écosse et dans l'ancienne Bretagne romaine, la rencontre de l'héritage méditerranéen, de la culture celte et des apports anglo-saxons amène dès le VIIe siècle à un renouveau de l'art du livre qui est sans égal sur le continent. L'art irlandais est connu pour la somptuosité graphique de ses manuscrits. C'est en Northumbrie, au sud-est de l'Écosse, où Celtes et Anglo-Saxons sont en contact permanent, que l'on voit apparaître les premiers exemples de ces « pages-tapis » finement décorées d'un labyrinthe d'entrelacs, de motifs curvilignes et rectilinéaires, ainsi que les grandes lettres ornées qui ont fait la célébrité de l'art insulaire. Les chefs-d'œuvre de cette production savante s'échelonnent entre les années 650 et 800, avec le livre de Durrow, le premier de la série, ceux de Lindisfarne et de Lichfield et celui de Kells, le plus riche de tous. Exporté sur le continent, cet art insulaire exerce une large influence notamment à Bobbio en Italie, à Saint Gall en Suisse ou à Echternach en Allemagne. La seconde Bible de Charles le Chauve en est un admirable témoin.

Vers le milieu du VIe siècle, est défini pour la première fois un portrait-type du Christ dont dérivent les Saintes Faces de l'art byzantin à partir du règne d'Héraclius. L'icône du Sinaï, ainsi que les revers de certaines monnaies de Justinien II (693-695) en reproduisent les premiers témoins. C'est, peu après, à Rome vers la fin du VIe siècle qu'apparaît l'image de la Vierge-Reine, assise et couronnée, vêtue comme une impératrice, non pas pour exprimer, comme on a pu le supposer, une dévotion plus ou moins sentimentale ou triomphaliste mais pour représenter la création sauvée telle que Dieu désormais la regarde.

La réforme liturgique imposée dès 769 par Charlemagne sert sa politique d'unification, bien sûr, mais elle va donner vie à une grande époque de l'art du livre. Les manuscrits précarolingiens et carolingiens sont un festival enchanteur : sacramentaire de Gellone, psautier gallican, évangéliaires des écoles du Rhin, de Tours ou de Reims sont tous des chefs-d'œuvre.

Après le chaos du Xe siècle, avant que les Capétiens commencent à rétablir un semblant d'unité, le seul élément de liaison reste l'Église et ses textes. On assiste à une nouvelle époque avec les trésors de la réforme bénédictine du XIe siècle. Ils prennent leur distance avec l'imitation carolingienne de la nature. L'espace est devenu abstrait, le paysage est remplacé par un décor géométrique. On s'accoutume au principe de la déformation abstraite et ornementale des formes classiques héritées du monde romain ou byzantin. Cette constante de l'art médiéval est à la source de créations exceptionnelles par exemple dans les enluminures espagnoles du Xe siècle et XIe siècles. Et phénomène inattendu, c'est de l'austère Citeaux, des monastères de saint Bernard qu'un changement de climat s'opère qui humanise à nouveau la « Parole ». Le passage graduel de la peinture romane s'ouvre vers la peinture gothique. La grandeur fait place à la sensibilité qui n'évitera pas toujours une certaine joliesse, parfois mièvre lorsque les manuscrits, délaissant Bible et prières, illustreront l'art de vivre des cours féodales. Demeure l'enchantement de ces libertés, trouvailles, ajustements si fins de l'image et du texte, de l'art et de la « Parole » chez les moines. Comment ne pas être séduit par l'humour de Citeaux, par exemple dans les initiales de la Bible d'Étienne Harding terminée le 24 décembre 1111. Pour réaliser la capitale S, le miniaturiste contorsionne son moine-paysan en train de battre le blé avec son fléau ou bien, pour illustrer la lettre Q, il courbe deux frères convers aux chausses mal ajustées, tonsure contre tonsure, le plus petit grimace alors qu'il enfonce le merlin dans la branche à fendre. Trois siècles plus tard, le Zodiaque des *Très Riches Heures* du duc de Berry n'aura pas plus de génie. S'annonce alors la dernière époque des enlumineurs avant que n'arrive l'imprimerie.

Ainsi la « Parole » aura pendant des siècles été honorée par ces « enlumineurs » jusqu'au moment où, avec Van Eyck et les frères de Limbourg, la lumière passera du manuscrit au tableau de chevalet ou plutôt au retable. Avec le polyptyque de l'*Agneau mystique*, à Gand, la nature entre dans l'église, le cosmos entoure l'Agneau qui seul est digne d'ouvrir le « Livre » (Isaïe 29, 11 et Apocalypse 5, 1-9).

3. UNE LUMIÈRE
De l'art de l'icône

Il aura peut-être été réservé à l'art de Byzance de montrer, plus tôt et davantage qu'ailleurs en chrétienté, que la Parole divine était inséparable d'une Personne qui en est porteur. Les mosaïques de Ravenne, l'âge d'or de Justinien en ont été les témoins privilégiés. L'initiation à la vie nouvelle n'était pas initiation seulement à un livre, redisons-le, mais à la reconnaissance d'une Personne, à une présence, à la communion d'une liturgie. Parler du christianisme comme d'une « religion du livre » est une erreur. C'est une religion de la communion et de la Présence. Et c'est tout autre chose.

L'Orient chrétien a su très tôt que la beauté est un Nom divin, pas seulement une image. S'il est un mot qui revient souvent dans la Bible pour évoquer Dieu, c'est bien celui de « gloire » — *kâbôd*. Il désigne le rayonnement où se diffuse la vie même de Dieu. Il est le « Père des lumières ». Sur toute chose, à sa racine, il est lumière de beauté. Olivier Clément a admirablement médité sur cette « première beauté, paradisiasque, celle de l'origine, de l'*arkhê*, que reflètent encore les choses, le visage d'un enfant, la splendeur vitale des êtres jeunes ». Mais l'homme a interrompu la circulation de la « gloire ». La lumière est devenue extérieure, les choses ont désormais un aspect de ténèbre, les éléments massacrent les innocents. Nous avons le pouvoir « de déchaîner les images les plus cannibales, les monstres obsessionnels du carnage et de la fornication » rappelle Pierre Emmanuel. Monstres d'une magique beauté car ils font de la soif même d'absolu la force tyrannique du mal. « L'homme se révèle comme risque de Dieu. » La beauté dont nous témoignerons désormais devra donc retrouver une certaine innocence, celle du premier état mais à travers l'inévitable épreuve de la seconde, qui ne peut être que celle de la Croix, inséparablement croix de sang et croix de lumière. « La gloire », la vie rayonnent désormais d'un visage « rendu parfait par la souffrance » (épître aux Hébreux 10, 2).

Secrète beauté que seule déchiffre la liberté personnelle de l'amour. A travers les larmes du « retournement de la conscience », l'Homme de douleurs, sans beauté selon ce monde, se révèle le Transfiguré.

L'Église indivise a précisé, notamment par le dogme du VIIe Concile œcuménique de Nicée II en 787, les voies et les principes d'un art de la transfiguration, l'art de l'icône. L'Église entière, avec son architecture, ses fresques, ses mosaïques, constitue une gigantesque image, une icône qui est à l'espace ce que le déroulement liturgique est à la durée : « le ciel sur la terre ». L'icône n'est pas seulement un élément décoratif, ni une illustration de l'Écriture. Elle fait partie de la liturgie et constitue un moyen de connaître Dieu et de s'unir à lui. Elle permet de connaître Dieu par la beauté. L'icône montre une présence personnelle, elle suggère le vrai visage de l'homme, son visage d'éternité, cette troisième beauté à laquelle nous sommes appelés. Il y a ainsi une seule Sainte Face, celle du Christ, et autant de Saintes Faces que de peintres, que d'iconographes. C'est que le visage humain de Dieu est inépuisable et garde pour nous un caractère inaccessible. Dans le Christ, la vie divine se donne sans jamais cesser d'être au-delà. C'est dans l'inépuisable du visage personnel que l'art de l'icône exprime l'éternité, qui n'est pas fusion mais communion. L'icône, par un symbolisme concret où l'expressivité l'emporte sur toute tentation d'allégorie, fait pressentir la déification de l'homme et la sanctification de l'univers, c'est-à-dire la vérité des êtres et des choses. La lumière dans une icône ne provient pas d'un foyer précis, terrestre. La Jérusalem nouvelle, dit l'Apocalypse, « n'a pas besoin du soleil et de la lune, c'est la gloire de Dieu qui l'illumine » (21, 23). La lumière est partout, sans projeter d'ombre. C'est le fond même de l'icône que les iconographes nomment *lumière* : symbole de Dieu « tout en tous ».

L'art de l'icône n'est pas borné à un style, ni même à l'Orient chrétien. De Macédoine et de Serbie l'affirmation de l'humain dans la beauté va gagner l'Italie, y provoquant, au XIIIe siècle, une renaissance « transfigurée ». Dans le monde byzantin le mouvement a duré plus longtemps, il culmine dans les premières fresques de Mistra, et plus encore à Constantinople, par exemple avec la tendresse et le dynamisme de la petite église de Karié. Et l'on atteint au sommet avec « Roublev » vers 1430 qui pour « peindre » Dieu a peint « la jeunesse et la beauté du regard des Trois Personnes divines offrant le sacrifice ». (Voir Olivier Clément, *Question sur l'homme*, Stock, 1972, p. 188-197.)

L'art de Byzance est porteur de leçons qu'on aurait tort d'oublier, spécialement aujourd'hui. Byzance connut une crise « iconoclaste » au moment même où son art semblait engagé dans une voie brillante. La crise, avec un bref intervalle, dura plus d'un siècle, de 726 à 843, et arrêta brusquement l'essor de l'art byzantin. Léon III, l'Isaurien, fait détruire une image du Christ. Un concile impérial condamne les images religieuses en 730 et en ordonne l'abolition en 754. Représentations de la vie du Christ et de la Vierge, mosaïques et fresques sont détruites ou, dans de rares circonstances, recouvertes d'un enduit.

On brise les icônes et on arrache même les feuillets illustrés des manuscrits. Toute activité artistique n'en fut pas pour autant arrêtée. Malheureusement nous ne pouvons juger du style de ces œuvres car elles furent aussi détruites à leur tour, lorsque les « iconodules » revinrent au pouvoir. D'où vint cette rage destructrice dans les deux camps ? Poids ou contagion de l'Islam ? Il faudrait s'interroger sur les peurs inconscientes que les disciples d'un Dieu « incarné » dissimulent sous prétexte de pureté, de respect ou de vénération, dans leur engouement pour les icônes. La fidélité au sublime peut cacher un redoutable mépris. Certes, l'apport de l'art de l'icône est immense, nous l'avons assez dit. Reste cette surprenante réserve — quand ce n'est pas du mépris ou de l'exclusion — chez certains de ceux qui, fidèles à cet art, admettent difficilement d'autre noblesse religieuse que la leur.

Les icônes ont envahi une grande partie de nos chapelles. Mais qu'appelle-t-on encore « icône » ? Serait-ce interdit de poser deux questions ? Les représentations en papier collé respectent-elles toujours l'essentiel de l'intuition byzantine qui affirmait une identité morale de personne entre l'image et le prototype (bien qu'il n'y ait jamais identité de substance) ? Enfin une partie de la production des icônes « modernes » doit-elle être admise comme digne de la prière parce qu'elle respecterait les normes de la « production », alors qu'elle aboutit parfois à des représentations si froides, plates et sans présence ? Si l'on nous demandait, par comparaison, où trouver une filiation réelle de cet art, serait-ce sacrilège d'indiquer les admirables peintures sous-verre (les « Hinterglasmalerei ») dont l'Europe centrale fut génératrice depuis le XVIIe siècle et spécialement les ex-votos où humilité et grandeur d'âme, foi et prière sont si finement conjuguées, telles qu'on les trouve par exemple dans la chapelle Notre-Dame-de-Compassion à La Batiaz en Valais ou dans l'église de Freising en Bavière ?

Comment cependant ne pas comprendre la gêne qu'éprouvent les amateurs ou les théoriciens de l'art de l'icône devant certaines réflexions qui peuvent paraître trop « occidentales » (?) comme celles que nous citons plus loin. C'est un des beaux défis de l'analyse religieuse actuelle que cette recherche sur le statut de l'icône.

Dans un des quatre volumes sur la *Statuaire mondiale*, consacré à l'art chrétien, Malraux essaie de situer l'art byzantin. (Il ne faut pas oublier en lisant ses lignes que c'est le même Malraux qui, nous l'avons rappelé, reconnaissait le rôle unique de l'icône et du grégorien pour exprimer le sacré.) « L'invincible monophysisme de Byzance [tendance à ne reconnaître qu'une seule nature, la nature divine, en Jésus-Christ] — traversé de déchaînements sentimentaux — ne lui permit jamais de délivrer le Christ d'un patriciat sacré. Byzance peut concevoir le Dieu Tout-Puissant comme un prophète ; non comme un humble. Que l'on rapproche une Vierge noire d'une Vierge byzantine, le Dévot Christ de Perpignan du Christ le plus humain de Constantinople : on sent violemment à quel point Byzance n'a jamais été certaine que le Christ ait souffert comme homme, à quel point elle conçoit la vie de Jésus hors de l'humain (dans un surhumain, ou plus exactement un mystère symbolique, vers lequel tend tout son art) et pourquoi on ne risquait pas de représenter la Passion devant Sainte-Sophie... Malgré les images, elle ignore l'enfance du Christ comme elle en ignore l'agonie. C'est dans l'ombre de la crucifixion, non dans la majesté du Pantocrator, que la Rome chrétienne découvre les yeux d'enfant qui obséderont Dostoïevsky, le regard franciscain du bœuf et de l'âne. Et avec l'art roman, l'homme aura tiré de la pierre la seule humanité où peut se reconnaître le Dieu qu'il arrachait à la nuit. Pour les siècles, le Dieu du roi d'Occident mort à la dernière croisade effacera celui que le mur chargé d'icônes protégeait de l'impure communion des hommes. »

4. UNE COMMUNION
Églises romanes et gothiques

Il est possible d'expliquer l'art roman par des séquences simples. Cinq modèles, sept courants de civilisation, trois moments de paix retrouvée. C'est utile. Mais cela nous laisse encore à la porte. Nous avons évoqué, aux chapitres 22 et 29, les deux nécessités propres à la naissance d'une église. Comment dire la grâce de ces cent cinquante ans d'une épopée probablement unique dans l'histoire de l'architecture mondiale ?

Une certitude : il est impossible de comprendre l'art européen sans en saisir la naissance. Or c'est l'art roman qui en fut le berceau indiscutable. Rien ne peut être dit de l'Europe sans s'y référer. Singulière expérience, on assiste dès la fin des grandes invasions à une explosion de génie où les forces les plus variées vont être assimilées, acculturées, harmonisées, et cela au nom de cette quatrième intuition chrétienne : l'initiation à la vie nouvelle, reçue et soutenue d'une Parole, fondée sur la Présence du Tout-Puissant incarné, n'introduit pas à un dialogue solitaire mais à la constitution d'une communauté, d'une Église. Après avoir assuré les sacrements de l'incorporation au Christ, après avoir fixé et vénéré la Parole, après avoir honoré la Présence, il était normal d'en construire le réceptacle. Cinq modèles y ont coopéré, après bien sûr les Catacombes des grands lieux de fondation chrétienne : et la maison romaine avec son atrium (son cloître), telle qu'on la redécouvre à Pompéi, et la synagogue maison familiale, telle qu'on peut l'imaginer à partir de Tell Hûm, en Galilée, et la basilique du type de celle de Trajan où la justice est rendue et l'échange effectué, et le Temple, tel celui de Maison Carrée à Nîmes et les *memoria*, les autels du souvenir, dont Bonn, Trêves ou Milan ont gardé la trace. Pour construire des églises, il fallait non seulement la tolérance impériale d'un Constantin, mais aussi un minimum de paix. Vint le temps où l'on put « souffler ». Les trois grandes invasions se stabilisent : normande en 911, arabe dès 717-732 et les invasions de l'est entre 930 et 955.

Alors il est merveilleux de voir jouer sept sortes d'influences, de courants de civilisation, d'intuitions créatrices. D'abord la nostalgie d'unité que les hommes du Nord gardaient après l'éclatement de l'empire carolingien secoué par les invasions du sud, de l'est ou de l'ouest ; puis la nostalgie de l'antique, autre sorte d'unité, celle du temps et de la mémoire qui vient par Arles, Fréjus, la Lombardie et le Rhône ; puis le sérieux des renaissances monastiques, comme celle de Cluny avec la stabilité de l'écriture qui, du fragile parchemin, passera dans la pierre ; ensuite la nécessité de tenir bon en face des pouvoirs féodaux et de leurs châteaux redoutables, cathares ou non ; l'accueil des pèlerins qui, sur le chemin de Compostelle, de Rome ou de Jérusalem, avaient le droit de prier ; le génie celte ou la grâce des pays de Loire, du Poitou, de la Catalogne ou de l'Auvergne ; enfin la sainteté de quelques-uns, d'un Odilon de Cluny, d'un Bernard de Clairvaux, ou d'un Pierre le Vénérable.

Ainsi, entre la prise de Rome en 476 et la prise de Constantinople en 1453, le monde occidental aura reçu le don d'une parure inégalée de lieux de méditation, d'intelligence et de discrétion. Toute l'Europe du cœur, de la prière et du savoir est mise en route. Comme le grégorien, le chant de la pierre est libre, accueillant, vivant. Il réinvente la part d'ombre qui permet à tout homme d'être apprivoisé sans peur par le Dieu dont la Toute-puissance a désarmé. Assis comme une paysanne robuste en Bourgogne, affiné en Touraine, rude mais pur en Roussillon, rigoureux et chantant en Provence, l'art roman a inventé pour toujours la plus grande liberté de formes architecturales qui ait jamais vu le jour sur la terre des vivants avec une telle économie de moyens. (Seul, peut-être, l'art de la maison japonaise pourrait aussi utilement être formateur pour un architecte.) Au-delà des génies, des influences, des techniques, c'est la grâce de la prière qui sut transformer en tendresse la rigueur de la pierre.

On nous pardonnera de ne pas nous étendre sur la peinture romane, pas plus que sur l'art du vitrail. Si même Matisse et les Fauves n'ont pas égalé l'éclat des mosaïques du XIIe siècle comme celle de Saint-Clément à Rome, qui pourra aller au-delà de la force des fresques de Tavant ou Saint-Savin ? Le hasard ou la Providence a voulu qu'un musée mette à portée de main l'ensemble de ces peintures, au moins pour la France. C'est une des oasis les plus heureuses de Paris, au Trocadéro. Elle donne la même joie, délicate et puissante, que les deux autres musées les plus prestigieux de l'art roman que sont celui des Augustins de Toulouse et le musée de Barcelone.

Quant à l'art du vitrail, de Chartres à la Sainte Chapelle de Paris, le lyrisme est d'obligation... Et il est fondé. Comme pour les mosaïques et les fresques, c'est l'émotion assurée ! On a cependant envie de poser une question. Le premier texte dont les minutes en langue française ont été conservées demeure toujours absent des livres de dictées et de lectures proposés aux petits Français. Serait-il dangereux ? Il est dérangeant. Il est connu, vénéré, représentatif dans le monde entier de tous les combats pour la liberté, de Léningrad à Nouméa ou à Séoul. Ce sont les procès de Jeanne d'Arc. Par analogie, la question se pose : pourquoi les synthèses prodigieuses d'intelligence que sont les vitraux de l'*Enfant Prodigue* ou du *Bon Samaritain* de Sens, les prophètes de Bourges, la vie de Jésus et l'Ascension du Mans ainsi que les paraboles, en rouge vif, de Troyes ne sont-elles pas davantage présentes dans notre imaginaire ? On ne peut pas ici accuser seulement les livres scolaires... si catéchismes et « initiations théologiques » n'en soufflent mot.

De la cathédrale de Sens et de la basilique de Saint-Denis, aux voûtes du King's College de Cambridge, le gothique s'élèvera, deviendra dentelle, voile, transparence, sublime, parfois trop. L'enfant prodigue sait désormais que dans la pénombre d'un déambulatoire un Père attend la joie de le revêtir du manteau du pardon.

5. UN VISAGE
de Giotto à Michel-Ange

A des milliers de kilomètres de distance l'un de l'autre, certains musées réservent la chance de quelques notes de musique secrète, les mêmes : celles d'une certaine innocence, du charme dans la retenue, d'une attirance dans la pudeur. La séduction peut jouer sans crainte, elle ignore encore sa force.

Ainsi de la villa Von Lenbach à Munich, de l'Isabella Stewart Gardner à Boston ou de la Frick Collection de New York. Rien n'y est écrasant. Un charme joue qui désarme. Peut-être, est-ce celui-là auquel pense Charles Du Bos lorsqu'il rapporte un dialogue qui eut lieu aux Décades de Pontigny, entre les deux guerres. Mauriac, Valéry, Gide, Cocteau et Ernst Curtius se demandaient ensemble quel est l'espace le plus significatif de l'esprit français. Ils concluaient au quadrilatère Auxerre, Vézelay, Avallon, Pontigny, parce que l'habitat y épouse le paysage et la statuaire se modèle sur l'habitat dans des proportions dont l'harmonie invite à l'infini.

S'il fallait dire l'espace qui révèle encore aujourd'hui le mieux l'apport nouveau de l'art chrétien entre la grande renaissance européenne de la fin du XIIIe siècle et les guerres de religion, je n'hésiterais pas un instant. C'est l'hexagone entre Florence, Pise, Sienne, Arezzo, Assise et Padoue. Enfin là, « le » visage, le « visage » de l'amour est pleinement révélé : retenu, contenu, glorifié, tendre et chaste. Il est déjà présent chez les prédécesseurs de Giotto : Coppo di Marcovaldo à San Gimignano, Cimabue à Assise, Duccio à Sienne, Torriti et auparavant Pietro Cavallini à Sainte-Cécile et Sainte-Marie du Transtévère à Rome. On est aux environs de 1274, l'année où saint Thomas d'Aquin vient de mourir. En vingt ans, plus de dix papes se succéderont sur la chaire de saint Pierre avant que leurs successeurs partent pour Avignon. Au-delà de l'inquiétude, vont apparaître les miracles des Scrovegni de Padoue, des cryptes d'Assise, des chapelles de San Francesco de Sienne et d'Arezzo, des Carmine de Florence ou encore, perdus dans un petit oratoire près d'un cimetière de campagne à Monterchi, ces Vierges enceintes, ces Christ de pitié, ces Maestas, ces Vierges de majesté, ces crucifiés dont la douceur et l'humilité sont plus désarmants que toutes les apocalypses.

Ils sont tous là : Giotto et Pietro Lorenzetti, Masolino et Masaccio, l'Angelico et Lorenzo Monaco, Piero della Francesca et Sassetta, Simone Martini et Giovanni di Paolo. Au seul souvenir des crucifixions rouge d'Arezzo ou bleue d'Assise par Lorenzetti, notre cœur est bouleversé. Qui pourra jamais dire comment des hommes ont pu approcher avec tant de délicatesse le Visage divin ? Ce n'est plus la présence du monde de l'icône, forte mais parfois source d'une certaine crainte (nous l'avons dit « présence-absence », voir pages 281-296). Cavallini et Torriti ont su aider l'Occident à en garder toute la vigueur mais aussi à se dépouiller de ce qui dans leur rigueur hiératique pourrait retenir sur le chemin de la Béatitude des doux, afin qu'aucun prétexte, même de révérence, n'empêche notre cœur d'être, selon le vœu du Curé d'Ars, « liquéfié » en pensant à Dieu.

Alors l'épopée des Flamands, des Bourguignons et des Français, de Van Eyck à Gérard David, d'Enguerrand Quarton au Maître de Moulins, pourra atteindre, grâce à la contagion de ces génies italiens, la pureté que probablement jamais autre époque ne sut représenter : un peu de la grâce du visage de l'humanité d'avant le péché originel ou plutôt du visage de l'Immaculée sauvée parce que aimée de Dieu avec prévenance. Regardons ces visages. Jamais comme ici on n'a su dire en même temps le sublime et l'affectueux, le tendre et le chaste, le grave et l'heureux. Le Visage béatifié, étonné et livré, crucifié et transfiguré est là, parce que consumé par une tendresse divine.

Bientôt Konrad Witz, Schongauer ou Dürer garderont la beauté mais y introduiront le tragique ; Raphaël et Michel-Ange la complaisance — géniale sûrement — mais redevenue humaine ; Tintoret et Véronèse le charme, encore religieux, mais déjà soucieux de plaire et de le savoir. Bronzino, Van Scorel ou Sodoma auront peut-être du génie, mais le temps du miracle aura cessé.

6. UNE GREFFE
Le Caravage et Rembrandt

Initié à une vie nouvelle, invité par une « parole » pour entrer en société avec les Trois Personnes divines dont la conversation est destinée à former une communauté priante et bienheureuse, le chrétien est conduit à découvrir non seulement l'éternelle jeunesse d'un visage, celui du Christ, mais à en revêtir les traits dans un merveilleux échange d'identité. Le Dieu du Sinaï a pris les habits du mendiant. Une initiation qui laisserait l'homme seul avec « la parole », fût-elle révélée ; une parole dont le dynamisme et la présence se borneraient à dire une gloire, une vie, une force même « divine » ; une présence qui se contenterait de regrouper la communauté dans une église « accueillante », ce pourrait être très beau, très réussi, serait-ce chrétien ? On pourrait encore en rester au culte de Narcisse et au régime des Beaux-Arts.

A certains soirs, les livres ne suffisent pas, la communauté ne suffit pas. La prière même ne suffit pas, elle oblige encore à sortir de soi et on n'en a ni l'envie, ni la force, ni le courage, à moins de voir dans le visage qui accueille le reflet de son angoisse, de sa propre angoisse. Non pas une inquiétude en général, mais la mienne aussi bien que ma joie, reflétée sur les traits d'un mendiant qui, bien que « fils unique de Dieu » a pour toujours pris la dernière place afin que plus jamais une créature n'ait peur d'elle-même.

Deux hommes ont vécu et compris ce drame. Juste avant et juste après l'année 1600, ils auront marqué plus que tous les autres l'histoire de l'imaginaire chrétien. Les misères et la splendeur du XVIe siècle avaient préparé ce tournant. Lors du sac de Rome, en 1527, les lansquenets de Charles-Quint tracent des graffitis sur les fresques de Raphaël après avoir transformé en écuries les chambres du Vatican. Luther prend sa liberté en 1520 mais rouvre l'accès à la Bible par sa traduction en 1534 ; les Jésuites sont institués en « compagnie » en 1539 ; le concile de Trente, de 1545 à 1563, avec son entourage de génies comme Barthélemy de Las Casas, François-Xavier, Charles Borromée, François de Vittoria, cherche à réfléchir, à réformer et apaiser. La victoire de Lépante en 1571 stoppe l'avancée des Turcs, mais un an plus tard la Saint-Barthélemy signale la violence religieuse qui divise l'Europe. Aux deux tiers du siècle, Michel-Ange meurt, sans savoir que sept ans plus tard va naître un génie qui marquera huit générations de peintres. Il aura le même prénom que lui : Michelangelo Merisi.

En 1600, au moment du jubilé de Rome, il a vingt ans. La ville connaît un nouveau style avec le pape Clément VIII. L'Édit de Nantes en France a modifié l'atmosphère angoissée du milieu du siècle. A Prague et Vienne, les réactions commencent à faire triompher une liberté dans les arts qui permettra un siècle plus tard aux frères Zimmerman et aux frères Azam d'aboutir aux splendeurs profondément chrétiennes du Baroque. La terre est de nouveau invitée à être présente à la liturgie du Ciel. Ce n'est ni un réflexe de défense en face des contraintes du classicisme et du poids des génies de Raphaël ou de Michel-Ange, ni le besoin d'affirmer un triomphe en face du protestantisme qui explique le Baroque, mais la confiance retrouvée dans l'unité de destin de l'humanité : l'homme n'a pas été créé pour se résoudre en poussière ni même pour être seulement le « spectateur » d'une cité céleste mais bien pour en devenir dès maintenant l'acteur, le « coopérateur » (saint Paul, première épître aux Corinthiens 3, 9).

Il reste que, de Giotto à Michel-Ange, la splendeur retrouvée du visage humain conduisait directement et normalement le christianisme à se contenter du culte de l'homme. En 1500, Dürer n'hésite pas. Pour représenter le Christ, il fait son autoportrait, tout simplement. On ne sait plus qui est le prototype : Dieu ou l'homme ? Cet homme qui, comme Narcisse, est possédé par l'incorrigible besoin de se contempler, de se plaire. Le mythe de Narcisse rend très bien raison du tournant décisif de ces années 1600 et des deux génies qui ont tout sauvé : Le Caravage et Rembrandt. Qu'en est-il de Narcisse ? La nymphe Écho demande aux dieux leur aide pour que Narcisse sorte de sa froideur. Les dieux l'exaucent mais en fixant Narcisse sur une image dont il ne pourra plus jamais se défaire : ce sera lui-même, vu dans le miroir de l'eau. L'eau, qui est profonde certes, mais sur laquelle on ne peut pas s'appuyer, sans risque de la troubler. Et Narcisse, comme l'homme de la Renaissance, se passionne pour une illusion, pour un visage sans consistance, sans « corps ». Il se découvre. Il contemple ses yeux comme deux astres, sa chevelure, ses joues lisses, son cou d'ivoire, sa bouche gracieuse.

Par le talent des contemporains du Caravage, Ariane et Bacchus peuvent triompher au Palais Farnèse à Rome et les beautés des peintres maniéristes à la cour de Rodolphe II, à Prague : l'homme n'en finit plus de découvrir l'homme. Sans qu'il s'en doute, Narcisse se désire lui-même. Les feux qu'il cherche à allumer le brûlent. Ce qu'il voit, il l'ignore encore. Il ignore que c'est lui-même. Il est comme la fleur de narcisse dont la tige toujours se recourbe. Et peu à peu ce n'est plus seulement l'eau mais toute la civilisation qui devient un miroir. (Déjà Sénèque dans l'antiquité avait pressenti le danger des miroirs lorsqu'au cours des orgies romaines, on conduisait les hôtes dans une salle aux miroirs déformants.) « Hélas, Enfant que j'ai vraiment chéri, Adieu », dit la nymphe Écho. Même en enfer, Narcisse continue à se contempler dans les eaux du fleuve infernal, le Styx. L'origine de son nom dit à elle seule le danger qui guette tout art et l'art chrétien plus que tout autre puisqu'il se fonde sur une incarnation. « Narc », « Narcisse », « narcotique », cela veut dire « engourdissement » ; c'est, au seuil du printemps, le « retour au sommeil ». Il fut réservé à deux êtres de génies de réveiller l'homme-Narcisse.

Le premier meurt, comme Pascal et Mozart, avant la quarantaine. A vingt ans, il est célèbre à Rome ; vagabond à trente ; accusé comme criminel, débauché, hors-la-loi. Il vit de palais en prison, de cachettes en culs-de-basse-fosse. Il décourage ses protecteurs, à la fois bourreau et victime, avant de se perdre dans les ténèbres. Toute sa vie, il aura été un fugitif. Il n'eut jamais de maison, ni d'atelier. Il peignit ses tableaux les plus grandioses dans des caves ou des chambres d'auberge. Fils d'un maçon, il n'a que huit ans lorsque son père se suicide. Sa seule amie est une petite fille sourde, muette et qui boite. Il s'en souviendra. A onze ans, en apprentissage à Venise, il est ébloui par Giorgione. Puis, de sa région de Milan, il part pour Rome. Un mécène le recueille. Il se fâche avec lui. Atteint de maladie : syphilis, peste ou malaria ? On ne sait. Il reste six mois à l'hôpital Sainte-Marie-de-la-Consolation, délirant dans une sorte de tunnel où tout le monde s'entasse. En peignant *la Mort de la Vierge*, gardé au Louvre, il se souviendra de la jeune femme enceinte qui meurt près de lui. Un moment, le destin lui sourit. Le chevalier d'Arpin, puis un cardinal qui a l'oreille du pape Borghèse, l'accueillent. Mais il renoue avec ses amis des rues et ce sont de nouveau cavalcades de nuit, fêtes et beuveries et, de nouveau, la misère. Il en est réduit à vendre pour trois écus *la Diseuse de Bonne Aventure*, actuellement au Louvre. Brouilles et scènes de tendresse se succèdent. Il a des maîtresses dans le petit peuple. Il eut aussi des amants.

Par-dessus les joliesses du maniérisme, il renoue avec Masaccio, Piero et même Giotto. Le cardinal Contarelli, à qui est attribuée l'église Saint-Louis-des-Français, lui confie l'exécution de deux retables et, à vingt-cinq ans, c'est la gloire. Il peint furieusement, cinq tableaux en cinq semaines. Personne ne s'y trompe : il est en pleine opposition avec la Renaissance, il a tué Narcisse. Ce n'est plus le corps qui commande les jeux de la lumière, c'est la lumière qui est maître des corps. Il fait rentrer le réel, le quotidien, l'incarné, le poussiéreux dans la représentation des mystères religieux. Les pieds des pèlerins de *la Madone du Rosaire* sont sales et crottés ; la chemise du porte-croix du *Martyre de saint Pierre* remonte toute fripée sur son dos ; et lorsqu'on lui demande pourquoi il a mis cet énorme cheval, en gros plan, dans *la Conversion de saint Paul.* « Pourquoi le cheval ? » — « Parce que. » — « Le cheval, c'est Dieu ? » — « Non, répond le Caravage, mais il est dans la lumière de Dieu. »

A l'opposé de Narcisse, il sait que jamais l'homme ne sera propriétaire de sa lumière. A Saint-Louis-des-Français, trois lumières éclairent *la Vocation de saint Matthieu* : celle qui, tamisée, parvient de la fenêtre haute ; celle qui arrive derrière le Christ, suit sa main et désigne Matthieu ; enfin celle qui d'en bas, surnaturelle, baigne malgré eux tous les protagonistes du drame.

Au moment où enfin il se voit invité à faire le portrait du pape Paul V, il déchaîne une querelle dans un dîner pour un plat d'artichauts qu'il trouve trop chaud. La bataille dégénère. Il est mis en prison. Libéré sous caution, les querelles et la prison recommencent. A quelques exceptions près, toutes ses toiles seront refusées. Pour *la Mort de la Vierge*, il a pris comme modèle une courtisane et osé dégrafer le haut du corsage. Mise à l'index, l'œuvre sera achetée sur les conseils de Rubens. Il doit s'enfuir. Et c'est la cavalcade du génie, de la peur, de la soif et de la nuit. A Gênes, il est accusé d'avoir tué le tricheur qui jouait aux cartes avec lui. Il est désormais fiché sur la liste des criminels. A Naples, il peint *la Madone du Rosaire* et *les Sept œuvres de miséricorde*. (Steinbeck s'en est-il souvenu pour l'admirable scène finale des *Raisins de la Colère* où la jeune femme, comme dans le tableau du Caravage, donne le sein non pas à son petit enfant mais au vieillard à bout d'épuisement ?)

Malte l'éblouit : la lumière, les rochers, la mer. Il y découvre l'Orient. C'est la *Décollation de saint Jean-Baptiste*. Nouveau scandale, le fils du procureur du grand maître l'accuse d'avoir tenté de le violer. Il s'évade de prison mais se brûle la paume de la main le long de la corde. Débarqué en Sicile, le clergé est effrayé par sa *Sainte Lucie* ; à Messine, il peint l'admirable *Résurrection de Lazare*, son plus grand tableau. Il ne vit que dans l'espoir de retourner à Rome pour retrouver Paul V. La maladie le ronge. A Palerme et Naples, il peint encore *le Reniement de saint Pierre, David et Goliath, Salomé recevant la tête de saint Jean.* Le choix de ces titres n'est pas insignifiant. Tous portent le signe d'un être blessé.

Il est l'objet d'un attentat : il a le crâne ouvert, il perd un œil et, défiguré, il est obligé de porter un masque. Il quitte Naples pour se rapprocher de Rome. Des Espagnols le dénoncent. Jeté à nouveau en prison, il s'évade pour mourir de malaria quelque part sur la côte.

Des pêcheurs l'enterrent à la sauvette. Quelques habits, un ou deux tableaux composent toute sa succession, qui est refusée par le prieur de l'Ordre de Malte.

Traité avec mépris par le XIXe siècle, puis tombé dans l'oubli, il a fallu attendre 1922 pour qu'on le découvre vraiment. L'alerte est donnée lors d'une exposition à Florence, puis en 1951 à Milan, et enfin en 1985 au Metropolitan de New York. Sans lui, huit générations de peintres n'auraient pas atteint leur propre génie. Ni Rubens et Manfredi, ni ses contemporains : Le Guerchin et Guido Reni ; ni Ribera et Preti ; ni Zurbaran et Velasquez ; ni Le Nain, ni La Tour qui lui doit tant ; ni Elsheimer et Rembrandt ; ni Tiepolo, ni Delacroix, ni Géricault (l'influence du Caravage est immédiatement perceptible dans *le Radeau de la Méduse*) ; enfin ni Courbet ni Manet.

Cela légitime-t-il de s'être arrêté si longuement sur son cas ? Non. Une raison décisive l'exige, à double titre. Avec le clair-obscur, le Caravage a introduit le doute, le doute bienfaisant et non pas maléfique. Le doute qui peut naître seulement de la souffrance de vivre. Il casse l'habitude spontanée de classer les choses de l'humanité en bon et mauvais, en bien et mal. Il y a des ténèbres et elles cachent un mystère. Il ose affirmer que la beauté, que la joliesse est partout, que la sainteté aussi est partout. Que la beauté n'est pas nécessairement solennelle, allégorique et allusive. Elle est.

Mais à un second titre il s'imposait aussi de reconnaître la révolution irréversible à laquelle oblige le Caravage, celle-là même que Rembrandt imposera à son tour. Il a compris et il montre à voir, au-delà des guerres de religion et de tous les débats d'idées, que tout être humain est un être blessé et que c'est à cause même de cette blessure que la présence de Dieu peut être vécue en vérité et devenir infiniment réelle, « aimable »... Il a compris le mystère de saint Paul et de saint Pierre, celui que saint Paul décrit comme une greffe : « Ne sais-tu pas, sauvageon d'olivier, que c'est par une greffe que tu tiens sur le Christ ? » Cela veut dire que, comme pour toute greffe, il y faut la reconnaissance de deux blessures : celle qui est faite sur le porte-greffe et celle dont on incise le greffon, et que ces deux blessures soient devenues indissociablement conjointes : le cœur d'un homme qui cherche, contre le cœur d'un Dieu en passion, qui attend. Dans un contexte et avec un tempérament si différent, c'est bien la même réalité que, toute sa vie, Rubens illustre somptueusement.

Rembrandt peindra le même mystère dans ses derniers tableaux. Sa compagne Hendrickje et son fils Titus avaient dû constituer une petite « association pour le commerce des tableaux », en 1660, afin que Rembrandt puisse continuer de peindre. C'est grâce à ce colportage de pauvres que *la Fiancée juive*, que *l'Enfant Prodigue*, que *l'Autoportrait au rire* (si tragique) et le dernier et sublime tableau *le Vieillard Siméon* ont été peints. Hendrickje, interdite de mariage à cause du testament de la première épouse, n'aura pas pu le voir ; elle était morte sept ans avant la fin. Titus, le fils, n'a pas pu voir le dernier tableau : il était mort depuis un an, quelques mois avant la naissance de sa fille Titia. Or, que peint Rembrandt avant de mourir à son tour ? Un Dieu enfant dans les bras d'un vieillard. La lumière, la même lumière que celle du Caravage, la douceur, la même douceur ; la vérité, la même vérité enveloppe, porte, éclaire la barbe du vieil homme et le visage de l'enfant-Dieu. Il ne s'agit plus de la beauté de Narcisse, mais de la greffe où Dieu et l'humanité désarmée ne font plus qu'un. Il fallait peut-être avoir beaucoup souffert pour montrer une telle vérité dans la tendresse.

7. DE LA DÉCHIRURE A LA SOLITUDE
De Goya à Rouault

Le Bicentenaire de la Révolution française a fourni l'occasion de vérifier jusqu'à quel point l'esprit de l'homme peut se passer, ou non, du besoin d'explication religieuse de sa vie. Aristote avait vu clair. Seul Dieu et l'animal peuvent supporter la solitude. L'homme a besoin d'être relié. L'exposition du Bicentenaire sur « les architectes de la liberté » fut à ce titre très significatif. Michelet ne s'était pas trompé qui avait lu dans les préparatifs de la Révolution française une volonté métaphysique de rejet de Dieu. Un besoin était né de trouver hors du Christ quelque idéal qui puisse rassembler, relier l'humanité. On espéra une religion. Elle ne vint pas. Mais elle a laissé des traces. Non pas seulement l'exhibition d'une Déesse-Raison, plus ou moins dénudée sur l'autel de Notre-Dame-de-Paris, mais des plans, des projets. Les architectes de la liberté instruisent : il suffit de comparer les projets de Louis-Étienne Boullée (1728-1799) pour *« le monument destiné aux hommages dus à l'Être suprême »*, ensemble sinistre de sphère et pyramide, avec la moindre église romane pour voir à quoi on a échappé. Les projets de Boullée pour les prisons sont moins angoissants que ce qu'il réservait à l'Être « suprême » !

Meissonnier dans son traité d'architecture de 1745-1750 avait su faire la théorie du parallaxe, c'est-à-dire du déplacement de la position apparente de l'objet, dû au changement de position de l'observateur. L'espace était devenu infini. C'était génial, car indéfiniment renouvelable. Pour le projet de Saint-Sulpice à Paris, il s'inspire de Sainte-Agnès-de-la-Piazza-Navona. L'observateur expérimente un nouveau genre d'unité visuelle. On est enfin libre. En face du « Rococo », on aurait tort de réduire ce style à n'être qu'une crise d'indépendance, comme y pousserait la désignation du moment, de « genre pittoresque ». Comme le maniérisme, il a joué un rôle essentiel de transition. Après le « rococo », un retour à la simplicité par la Grèce et le Gothique, avec Laugier et Soufflot redonne une vigueur esthétique exceptionnelle qui aboutit au monument de génie qu'est le Panthéon. Il servira de modèle pour toute l'architecture qui suivra. Soufflot s'inspire des temples de Paestum et du Panthéon de Trajan, il a su unir la lumière du Baroque à l'ordonnance de l'antique. Après six modifications des plans, la première pierre du Panthéon peut être posée en 1764.

L'histoire en est folle. Louis XV veut y abriter les reliques de sainte Geneviève, protectrice et patronne de Paris. C'est Madame de Pompadour qui avait obtenu que l'on en confiât la construction à son protégé Soufflot — qui se suicidera avant d'en voir l'achèvement. L'Assemblée constituante transforme l'église en « Panthéon » pour son premier héros : Mirabeau. Et on panthéonise. On panthéonise Voltaire, Rousseau, etc. Mais voici tout un symbole pour la période qui nous intéresse ici : on mure les fenêtres. La lumière qui donnait grâce et élégance au monument était de trop. Napoléon rend l'édifice au culte. Louis XVIII rétablit sainte Geneviève. Louis-Philippe repanthéonise. Napoléon III rend son église à sainte Geneviève. Puvis de Chavannes trace, sur les fenêtres bouchées, l'histoire de Clovis et de saint Denis. Et le 28 mai 1885, pour Victor Hugo, on rend le monument à sa vocation républicaine. On y retrouve un moment d'intense émotion avec les intonations de Malraux pour saluer l'entrée de Jean Moulin dans le peuple des ombres. La suite a prouvé qu'il n'est pas facile d'imiter Malraux.

La Révolution avait promis une nouvelle religion. Elle n'advint pas. Mais les fenêtres fermées restèrent fermées. C'est un peu l'image de l'art religieux du XIXe siècle. La civilisation devenue christiano-résistante s'est immunisée par rapport au Christ. Alors où chercher la présence du Christ ? Certes on peut toujours publier la Bible idéale. On y verrait bien sûr, l'*Ève* de Titien, venue du Prado ; l'*Agar* de Rembrandt, venue du Victoria and Albert Museum de Londres ; *Jacob bénissant les fils de Joseph*, venant de Kassel ; *Moïse devant le Buisson ardent* de Thierry Bouts, venant de Philadelphie ; le *David* de la collection Kaplan de New York, et le XIXe siècle fournirait son contingent de chefs-d'œuvre, qui ne déparerait pas l'ensemble.

On pourrait commencer par Goya, il n'y aurait que le choix, par exemple : *l'Annonciation* de 1785 de Boston. Delacroix embarrasserait, il a laissé quatre-vingt-seize tableaux religieux, non pas anectotiques comme pourraient le laisser croire les rares commandes officielles de l'Église tel *l'Héliodore* de Saint-Sulpice. On pourrait choisir l'*Ecce Homo* de 1830, l'une des sept Piétas, *le Bon Samaritain*, *Jésus devant Caïphe* ou *la Montée au Calvaire* : aucun n'est insignifiant. Il suffit de regarder *le Christ portant sa croix* de 1859.

On garderait de Manet *le Christ mort entre deux anges* du Metropolitan de New York, (de 1864, année suivant le salon des Refusés) ; puis, de Van Gogh, *le Bon Samaritain*, et, avant lui, l'étrange et mystérieuse *Déploration du Christ sous la croix*, de Böcklin, de la National Galerie de Berlin, en 1876.

Cézanne aurait apporté *le Christ aux limbes*, d'après Sebastiano del Piombo, peint vers 1865 ; et *la Douleur de Madeleine repentante*, de 1868. Et ce serait Emil Nolde avec *le Christ bénissant les enfants* du Moma de New York ou *la Pentecôte* de Berlin, de 1909 à 1910 ; Max Beckman avec *la Descente de Croix*, de 1917 ; les premières *Saintes Faces*, de Rouault, dès 1904, et le *Miserere*, sur lequel il peine pendant les années de la guerre et de l'après-guerre de 1914. Alors qu'au même moment, à Berlin, Schmidt-Rottluff donne aussi « expression » au *Visage du Christ*.

Tous auront, sauf rares exceptions, peint sans que les représentants officiels de l'Église ne connaissent ni leur angoisse de vivre, ni leur solitude, ni leur génie, ni leur besoin de communier et de rompre leur isolement. Certes, le résultat de leur réunion serait admirable, vrai, religieux. Mais ne serait-on pas passé à côté de ce que ce siècle aura dit d'essentiel ? On aurait prolongé l'héritage de Masaccio, de Rubens ou de Véronèse. On aurait évité sentimentalisme ou grossièreté des « pompiers ». Et après ? C'est comme si, en poésie, on avait laissé à la porte Baudelaire et Rimbaud.

Siècle de déchirure métaphysique où l'angoisse de créer a saisi l'homme comme jamais, période de l'ivresse de découvrir et d'expérimenter. Le destin religieux de ce temps se joue peut-être ailleurs que dans des peintures à sujets religieux. Les grandes idées s'essayent qui tentent, à la place du Christ, de regrouper l'humanité : le Progrès, la Raison, la Science, l'État. Mais déjà les peintres savent les limites ou la faillite qui sont là et ne se révéleront que plus tard avec Hiroshima, le mur de Berlin ou Tchernobyl. L'homme ne peut pas se dispenser de vivre avec sa déchirure et sa solitude. C'est celle du *Fusillé de Montcloa* ou *du Chien ensablé* de Goya, de *l'Homme à l'oreille coupée* de Van Gogh et des questions de Gauguin : *« D'où venons nous ? Que sommes-nous ? Où allons-nous ? »* (1895).

Il serait faux de ne pas reconnaître des instants de rémission. Les quinze années entre 1945 et 1960 avec Chagall, Fernand Léger, Bazaine, Manessier, Estève — et nous y reviendrons — les dominant, toute l'œuvre de Rouault. Mais encore une fois, ces deux siècles, de la première pierre du Panthéon à la chapelle de Vence, auront été, surtout, révélateurs de la dimension religieuse de la déchirure humaine, du cri de Job ; depuis les *Désastres de la guerre* de Goya jusqu'à Auschwitz et aux graffitis du mur de Berlin, le cri religieux est celui-là même du Christ en croix devenu le gémissement de toute la terre. Il n'y a pas à redouter de voir en face la nausée, la peur, l'affolement. D'eux mêmes, ils ne conduisent pas à Dieu. C'est évident. Ils proposent aux chrétiens d'entendre jusqu'où le Christ est venu prendre sur lui le désespoir humain pour en faire la détresse et la prière de Gethsémani. N'y aurait-il eu personne pour entendre Siqueiros peindre son *Suicide collectif* de 1936 ou bien Picasso annoncer prophétiquement en 1939 que *la Nuit tombe sur Antibes* ? Et faire de ces gémissements le tissu, l'offertoire d'une prière et d'un espoir possibles au plus noir des ténèbres ?

Lorsque Herbert Marcuse, maître à penser des mouvements de 1968, veut conclure son analyse de l'homme emmuré, de *l'homme unidimensionnel*, il évoque la mort de Walter Benjamin. Ce philosophe juif, fuyant les nazis en 1940, s'est joint à un groupe de réfugiés. A la frontière espagnole, un policier menace de le livrer à la Gestapo. Benjamin prend au sérieux la menace. Dans la nuit, il s'empoisonne. Au matin, il vit encore. Il refuse avec la plus extrême énergie qu'on recoure à un lavage d'estomac. Sa mort eut pour effet qu'on laissa passer les réfugiés. Marcuse termine son livre en commentant l'événement : « C'est seulement à cause de ceux qui sont sans espoir que l'espoir nous est donné. » Baudelaire avait déjà tout dit dans *Mon cœur mis à nu* et quand il demandait à Dieu dans *le Reniement de Saint Pierre* : « Qu'est-ce que Dieu fait donc dans ce flot... ? » Et lorsqu'il interrogeait : « Que cherchent-ils au ciel tous ces aveugles ? », ce frère de Van Gogh, de Pollock et de Walter Benjamin avait résumé l'épopée chrétienne du siècle : au sein du désespoir, c'est la compassion qui unit l'homme à Dieu, à travers la détresse.

8. ET AUJOURD'HUI ?
Un espace pour Dieu

Imaginons qu'après huit siècles, aux environs de l'an 2800, un historien tente de décrire, d'expliquer l'originalité, la nouveauté de l'art sacré de notre époque, celle de la fin du XXe siècle, comme nous essayons de comprendre l'art roman des années 1100-1200. Comment aider à lire notre siècle ? Verdun, Auschwitz, Beyrouth ? Les deux tiers de la planète sans eau potable ? Ou bien l'émotion admirative d'Armstrong regardant la terre alors qu'il faisait ses premiers pas sur la lune, mère Térésa, Walesa, le paquebot surgissant dans la nuit du film *Amarcord* de Fellini, *la Guerre des étoiles,* la pyramide du Louvre, *Paris-Texas* ou *La vie est un long fleuve tranquille ?* Comment au-delà des événements, résumer ces attitudes de l'âme pour dire en même temps la misère et la grandeur de notre époque ? Je proposerai peut-être seulement entre mille, quelques photographies. Elles ne sont pas hors de propos pour dire l'art chrétien que nous essayons d'évoquer ici. J'ajouterai seulement trois livres et un voyage.

Le premier document représente un enfant, et même un jeune enfant. On ne peut le voir sans imaginer comment la Vierge Marie a dû regarder son fils Jésus. Il s'agit en effet d'un petit garçon juif. Il a une casquette trop grande, des chaussettes, des souliers, une veste de pauvre, au-delà des limites de la misère. Avec des yeux immenses, qui se lèvent vers le photographe. Il est entouré de grandes personnes qui ont l'air un peu perdu, inquiet. C'est la fin de la résistance héroïque du ghetto de Varsovie. On n'avait encore jamais vu cela. Comme le Christ, il lève les bras, mais ici c'est un enfant qui fait ce geste parce qu'un soldat le menace de sa mitraillette. Notre siècle aura inventé cela : un enfant de cinq ans...

Plus proche dans le temps, un autre regard. Pendant plusieurs jours durant des heures interminables, le monde devenu impuissant fut comme interdit devant l'horreur du malheur innocent. Ici c'est une petite fille qui nous regarde, une petite Colombienne, ensevelie sous la poutre bloquée par les torrents de boue qui ont déferlé du volcan. Le regard implore. Qui est responsable ? « On » a fait cela, « on » a construit là où le risque était mortel.

Plus proche et inattendu : un homme seul, saisi par les phares comme un animal traqué, en cet endroit où d'habitude des enfants essaient leur cerf-volant et des soldats en permission se font photographier. La place est grande, beaucoup plus que celle de la Concorde à Paris. C'est une nuit de printemps, un homme marche au devant des tanks et s'arrête devant une colonne de chars d'assaut, qui investit la place Tien-an-men de Pékin. Il a les mains nues. Une seconde d'hésitation qui paraît n'en plus finir. Et le char dévie de sa route. Pour un instant, quelque chose aura été plus fort que l'armée la plus puissante du monde.

On pourrait évoquer Sadate lisant un psaume pour introduire son intervention en pleine assemblée des parlementaires d'un pays jusqu'alors ennemi, à la Knesseth de Jérusalem. Il sait qu'il est menacé de mort, et il sera assassiné. Mais il aura, par l'audace d'une prière, modifié pour toujours les rapports entre chefs d'États, dix ans avant toutes les Perestroïka.

On pourrait hésiter entre bien d'autres documents. Un homme en blanc est penché devant quelqu'un qui est assis au bord d'un lit ; la chambre est nue. Les télévisions ont loué les services des spécialistes qui savent lire sur les lèvres des sourds afin de décrypter de loin ce dialogue qu'on voudrait bien connaître. C'est Jean-Paul II dans la cellule où son meurtrier Ali Agsa est incarcéré. Au moment où tout le monde guette ce qui va être dit, le dos voûté du Pape s'incline pour mieux écouter, et cache Ali Agsa. On ne saura jamais ce que fut l'échange du pardon et de l'espoir.

D'autres photographies renseigneraient les historiens : Yalta, Einstein et Charlot en smoking, le mur de Berlin, Marlène Dietrich ou Marylin Monroe ? Chacun a son album personnel. Pourquoi les documents retenus ici ? Parce qu'ils amènent à la nouveauté confiée aux chrétiens du XXIe siècle, voire du troisième millénaire : l'urgente nécessité d'établir des oasis où la Béatitude des doux et où l'espoir soient de nouveau possibles. Elles rappellent l'urgence de parkings spirituels, d'espaces pour Dieu, en face de l'horreur.

Nos chances tiennent en deux propositions évidentes. Le Concile a rendu aux chrétiens, à tous les chrétiens, le droit de participer, de communier, de converser avec Dieu. Il a rendu à Dieu sa place au milieu de son peuple, désormais l'autel de sa présence et sa parole vivante sont indissociablement offerts à tous. Un espace a été redonné à Dieu et non pas seulement au peuple, à la foule ou à une vague démocratie, mais à une famille, à une assemblée chantante, invitée à la confiance. Dans le même temps où espoirs, larmes et deuils, traversent toutes les sociétés ; dans le temps où les hommes ont mieux perçu les lois de la mise en scène des fêtes et des célébrations mondiales, des Jeux Olympiques, des shows télévisés, des télétons et des concerts monstres ; dans le même temps l'humanité a vérifié les tragiques illusions du soi-disant bonheur de « l'homme de masse » et des idéologies du « collectif ». De Nüremberg à la place Rouge et à Téhéran, l'humanité a partout appris de quelles souffrances se payent ces idéologies.

Alors l'art « sacré » du XXIe siècle ? Pourquoi ne serait-il pas capable de célébrer, de fêter, de bénir, d'offrir, de chanter la libération par des cérémonies heureuses en proposant des lieux où la tendresse puisse être partagée, retrouvée, assurée, une présence qui soit réelle mais désarmée, l'opposé du rapport de forces qui a tout envahi. Il aura fallu cent cinquante ans après l'Édit de tolérance de l'empereur Constantin pour que le grégorien invente l'intimité du cœur. Il aura fallu cent cinquante ans après la traduction de la Bible par Luther pour les cantates de Bach. Il aura fallu cent cinquante ans pour que les négro-spirituals engendrent un des seuls arts qui donnent au monde le goût d'un espoir plus fort que tous les esclavages. Il est évident qu'il faut, après Vatican II, un long délai pour que l'univers chrétien sorte du régime de la chansonnette, de la platitude ou de la dialectique.

Si la musique est encore hésitante, ce n'est pas le cas pour l'architecture. Certes les obstacles sont évidents. Sous prétexte d'un œcuménisme mou, on a parfois réduit la présence de Dieu à un symbole vite relégué à l'incognito d'un placard. Il est navrant, de voir les résultats d'une mystique généreuse, mais misérabiliste et plus ou moins culpabilisante, celle d'une « Église servante et pauvre ». En son nom, combien de nouvelles églises ont été condamnées à la sècheresse d'un garage ou d'un entrepôt. Il était inévitable que la bureaucratie des nomenklaturas ecclésiastiques, mesurant mal parfois leur incompétence en face des exigences financières, techniques et esthétiques, les incite à rêver à « la » Cathédrale du

XXIe siècle ou au chef-d'œuvre immortel au lieu d'aider les architectes et urbanistes à exprimer le mystère avec les moyens disponibles.

Je me souviens d'une réponse du père Couturier, co-initiateur de l'église du Plateau d'Assy qui devait ouvrir le chemin du renouveau. Nous avions visité les bonbonnières construites par l'architecte Novarina : les églises de Vongy et du Fayet en Haute-Savoie, et je demandais au père Couturier : « Mais comment avez-vous pu confier à Novarina le soin de construire l'église du Plateau d'Assy, en même temps que vous confiiez à Rouault, à Chagall, Bonnard, Manessier et Bazaine la charge d'en créer les vitraux qui sont parmi les plus beaux de ce temps ? » Le père Couturier répondit seulement : « Je sais. Mais comme il n'a pas d'idées, Novarina fait au moins ce qu'on lui demande. »

Nous avons la chance de disposer de trois livres, écrits à dix ans d'intervalle l'un de l'autre pour voir ce qui a été fait, pour en établir le bilan et du même coup pour aimer ou pour discerner en ce formidable chantier d'églises nouvelles (ouvert très exactement depuis 1924 avec l'église du Perreux d'Auguste Perret) ce qui, peut-être, demeurera de notre siècle.

Par la maniabilité du béton, par le jeu des verrières, par l'invention de nouveaux matériaux et la chance d'un imaginaire devenu planétaire, tout est possible. Entre mille inventions, retenons celle du paraboloïde hyperbolique remplaçant voûte et coupole et rappelant « la tente que le Christ est venu planter parmi les hommes » (Jean 1, 14), (« Paraboloïde hyperbolique » : au lieu d'une coupole, en obtient un toit en forme de selle à cheval, comme par exemple à Ronchampt.)

Matériaux nouveaux, et sans doute encore à peine domestiqués ; liberté intérieure rendue à une assemblée pour se constituer en famille ou plutôt joie de se savoir l'Épouse, fêtée, attendue par son Époux ; conspiration de la terre entière pour célébrer une espérance retrouvée ; nouvel horizon œcuménique de la prière depuis les réunions d'Assise, celle du stade de Casablanca ou les visites de Jean Paul II : la chance est là dans les mains des chrétiens. Un espace pour Dieu, un autel où détresse et louange, chant et présence de cela même à quoi aspire l'humanité peuvent être transfigurés en hommage. Certes, il y a encore trop de sécheresse et de tristesse dans le béton, trop de proportions hasardeuses dans les volumes. Mais on peut aussi évoquer déjà tant d'églises chantantes, heureuses qui permettent d'oublier les gribouilles. Retenons la variété des plans de ces églises nouvelles : centré ou en triangle ; rayonnant à partir de l'autel, en amphithéâtre ou en trapèze ; en ovale ou en amande ; en cercle, en double rond ou en nids d'abeille. Suzanne Robin les a parfaitement inventoriés dans son étude : *Églises modernes* (chez Hermann) en 1980. Le père Cappellades avait déjà dressé le *Guide des églises nouvelles en France,* (aux Éditions du Cerf) en 1969, et le père Frédéric Debuyst en a tenté l'analyse en 1988 dans son livre *l'Art chrétien contemporain de 1962 à nos jours,* (aux éditions Mame). Auparavant, j'aurais suggéré à tout clerc, architecte, esthète ou « bénévole »... la lecture d'un petit livre, trop modeste dans sa première édition mais parfait de compétence, d'érudition et de clarté (et dont on annonce la réédition) : *Architecture et liturgie* du Père Louis Bouyer (aux éditions du Cerf).

Au philosophe Marcel Gauchet et à ses interlocuteurs, à tous ceux qui pour interpréter le rôle de la religion dans le monde actuel et la « modernité » se réfugieraient dans le « désenchantement », on a envie de demander : « Connaissez-vous vraiment ces églises ? Y avez-vous non pas peut-être prié mais seulement laissé flotter votre âme un instant ? Alors, venez donc faire un simple petit voyage. Le périple ne vous prendra qu'une demi-journée, mais je vous promets que ce sera une demi-journée de bonheur. »

Au sud de Bâle, autour des deux villes du Jura Suisse de Porrentruy et Delémont, laissez-vous guider. Après avoir goûté les truites de Soubey et visité le cloître de Sainte-Ursanne, acceptez de plonger en pleine modernité. Là, au creux d'un vallon, au détour d'un bois, entre deux jardins maraîchers, vous trouverez autre chose qu'un « monde désenchanté ». Par quel miracle, sinon celui de la foi et de l'humilité, les prêtres et les fidèles du Jura suisse ont-ils su trouver l'amitié de Fernand Léger pour illustrer le Credo à Courfaivre ; la musique d'Estève pour le chant de la grâce à Berlincourt ; la main de Bissière pour dire la joie du baptême, la richesse des blés murs, l'incandescence du soleil, l'immensité de Dieu à Cornol et à Develier ? Et le pèlerinage se poursuivrait à Courgenay, Dittingen, Laufon, Mettemberg, Porrentruy. En finale, je garderai l'église Notre-Dame-de-la-Prévôté à Moutier. Elle fut construite par un des pionniers de l'architecture ecclésiale de ce temps : Hermann Baur. Sans hésiter, j'affirme que c'est l'une des plus belles églises modernes du monde actuel. A qui voudrait offrir l'initiation la plus rapide et la plus décisive, la plus douce et la plus robuste, la plus fine et la plus respectueuse, en même temps aux mystères chrétiens et à l'art moderne, je montrerais seulement le long, très long ruban de vitraux de Manessier sur les mystères du Rosaire, plus de 60 m^2. Tout y est génie. Ce n'est pas traduisible par des paroles. J'ajouterais que, parmi tant d'autres, trois autres églises peuvent servir de modèle à l'aventure du troisième millénaire : la cathédrale de Tokyo, la cathédrale de San Francisco, et à Berlin l'église du Carmel de Charlottenbourg, près du lieu où furent exécutés plus de deux mille cinq cents martyrs du régime hitlérien. A quelques minutes à pied des deux hangars où sont encore fixés au mur la barre et les crochets qui servaient à pendre les suppliciés du totalitarisme, un Carmel fut fondé sans bruit en 1985, le Carmel de « Marie reine des Martyrs », non loin du pénitencier de Plötzensee ; tout y est humble et sublime : la petite chapelle de recueillement, la cour de cérémonie, le calvaire, l'autel, la fresque, l'église.

On peut alors ici réentendre sans peur la phrase d'André Malraux en réponse au père Bockel, son aumonier du maquis, qui l'invitait à venir à Jérusalem : « Je peux aller à La Mecque, je peux aller à Bénarès. Mais à Jérusalem, non. Il faudrait aller à Gethsémani — et là, tomber à genoux... »

NOTES

Note 1 de la page 136

Voir *Le Masque et les cinq Mondes*, EPAD, Maison des Cultures du Monde, 1988 et les réflexions si affinées de Jean LAUXEROIS dans *Werner Strub, Masques pour un théâtre imaginaire*, Pierre Marcel Favre éditeur, Lausanne 1987, qui nous ont guidés pour ce chapitre.

Note 2 de la page 171 : les citations des pages 169-171 sont extraites de PAUL BONAFOUX, *Les Peintres et l'autoportrait*, © Skira, 1984, pages 22 et 23.

Note 3 de la page 176 : les citations des pages 174 et 176 sont extraites de PAUL BONAFOUX, *Les Peintres et l'autoportrait*, © Skira, 1984, pages 132 et 133.

Note 4 de la page 243

STANISLAS BRETON, « Essences japonaises », in *Nouvelles de l'Institut catholique de Paris*, n° 4, décembre 1974, pages 77-94.

Note 5 de la page 243

« Prâkriti » : symbole de la nature, vénérée par l'hindouisme dans sa luxuriante variété, capable de créer, par exemple, en même temps le cheval et l'hippocampe. Voir dans Claudel, « Figures et Paraboles », *Œuvres en prose*, Bibl. de la Pléiade, Gallimard, 1965, pages 944-969.

Note 6 de la page 252

MARTIN HEIDEGGER, *Chemins qui ne mènent nulle part*, Gallimard, 1962, Pourquoi des poètes ? pages 220-224.

Note 7 de la page 258

PAUL RICŒUR, « Le symbole donne à penser », in revue *Esprit*, juillet-août 1959, pages 60-76.

Note 8 de la page 308 : les citations des pages 301-308 sont extraites de MARGUERITE GUY, « Le Char de foin », in revue *Zodiaque*, cahiers de l'Atelier du Cœur Meurtry, abbaye de Sainte-Marie de la Pierre-qui-vire, n° 89, juillet 1971, pages 9-15.

DU DIALOGUE DES ÉTOILES ET DES JARDINS ou DE LA MUSIQUE DES CHOSES

« Dieu tout-puisssant a d'abord créé un jardin. Et vraiment, c'est le plus pur des plaisirs. »

« J'ai un besoin terrible de — dirais-je le mot — religion : alors je vais la nuit dehors peindre des étoiles. »

A cent ans de distance, les deux peintres peut-être les plus courageux pour traduire l'angoisse de leur temps, Francis Bacon aujourd'hui et Vincent Van Gogh autrefois rejoignent le dialogue qui a soutenu la méditation des moines de tous les temps : celui des jardins, du ciel et de la nuit. Les illustrations de ce livre ne se voudraient que l'écho de ce dialogue secret. Sans rompre le silence où chaque lecteur entend les harmoniques, les rythmes et les correspondances qui sont la joie de toute poésie, signalons quelques exemples. Les chemins de ce livre sont libres, ils ne sont pas arbitraires.

Pollock et Van Gogh se retrouvent dans la même page (p. 250) que Baudelaire. Tous les trois ont anticipé par le suicide ou la mort l'issue de leur recherche et soldé de leur sang leur nostalgie inguérissable d'un sens qu'ils auraient voulu trouver à la vie. Les *Souliers aux lacets* de Van Gogh rejoignent dans la déréliction la marche ténébreuse et fébrile des tracés de Pollock serpentant comme des chemins forestiers aux lignes errantes, les mêmes que suit Baudelaire pour suggérer que c'est là l'image, ou le prix, de notre vie.

Les reproductions de ce livre se voudraient étoiles et jardins. Elles suivent le parcours qui va du désespoir à la sérénité réconciliée, voire « solennelle », sérénité plus poignante parfois que la tragédie elle-même. Elles sont nées d'expériences qui ne furent pas vérifiées seulement par la visite de musées. La brousse calédonienne, le calme d'Oslo, le désert de la taïga du nord canadien, les ghats de Bénarès, les bonheurs du vieux continent, les malheurs des réfugiés de l'Est dans l'Allemagne de l'immédiate après-guerre comme les angoisses de l'Algérie de l'époque des putschs, la noblesse de l'Inde, l'humilité de Patmos, de Jérusalem ou d'Helsinki, l'affectueux attachement à Kyoto, Tokyo ou Mexico ont accompagné les partages et les soucis d'une vie dont la tâche était sacerdotale. Le hasard ou la Providence l'ont voulu ainsi, qui prolongeaient la chance d'avoir vécu l'amitié d'un homme heureux : mon père. Aucune joie ne fut plus durable que celle de l'accompagner à partir de l'âge de sept ou huit ans lorsqu'il plantait son chevalet de peintre sur les bords de la Seine, près des bosquets du Champ-de-Mars, dans les allées de la porte Dauphine ou dans les jardins de Montmartre des années 1930, en ce Paris qui fut mon village. Nous terminions la journée par les galeries du Louvre, avant de rentrer à la maison en traversant le Luxembourg, le Palais-Royal ou la place des Vosges. Qui dira la joie de la familiarité complice et confiante de l'enfance vis-à-vis de ce bonheur de vivre et de contempler, la joie d'accompagner un père heureux de peindre et de regarder, capable d'un inaltérable émerveillement malgré les blessures de la vie. La guerre et ses stigmates pouvaient survenir. L'émerveillement ne s'éteindrait plus, relayé par la Sorbonne et la vie religieuse. Le grand couvent d'études des dominicains du Saulchoir accueillait alors la première exposition de Nicolas de Staël en 1950, la confiance de Lanskoy, les toiles de Manessier, d'Estève, de Braque, Lapicque, Rouault, Tal Coat ou Bazaine ; chacun d'eux, surpris, ému de voir des « moines » comprendre leur nostalgie. Mauriac, Patrice de la Tour du Pin, Louis Jouvet, Pierre Emmanuel, Jean-Louis Barrault, le Quatuor Hewitt ou Alfred Cortot y venaient communier aux harmoniques d'une vie quotidienne qui avait encore les coutumes du Moyen Age.

Période de grâce : celles des années 1945-1955, où tout espoir était redevenu possible. Les « artistes » écoutaient. Quelle leçon... Nos professeurs introduisaient aux mystères, même si parfois ils balbutiaient. Certes le régime de vie était celui du froid, de la prière de nuit, des pois cassés, des lentilles ou des potirons. Mais, justement, un certain dénuement portait la beauté à son vrai niveau, là où elle réalise la synthèse des transcendantaux, lorsque le beau, qui est en même temps vérité du bien et bonté du vrai, révèle la « splendeur de l'être ». La théologie n'en était pas pour autant dévaluée mais magnifiée, nourrie, soutenue. Platon était aimé. Aristote vénéré. Les modernes situés, sans fascination inutile. Certes, les professeurs étaient, comme partout, en mal de paternité, de séduction ou de thèses et d'antithèses. Mais nos « visiteurs » nous avaient, sans s'en douter, appris qu'aucune dialectique jamais n'épuisera le mystère. L'existence, et ses « transcendantaux », l'un, le vrai, le bien et... le beau, ne se laissent pas enfermer dans une classe, un genre ou une catégorie. S'il est évident que la beauté d'un paysage n'est pas la même que la beauté d'une démonstration mathématique ou la beauté d'un acte de générosité, nous étions d'autant plus heureux d'être aidés à découvrir que toutes choses, au regard de Dieu, sont plus ou moins belles, aucune n'est laide. Indestructible parenté que la beauté entretient avec le royaume de l'intelligence, pointe acérée de l'esprit appliqué au monde de l'expérience... La poésie des psaumes comme celle dont nos amis nous ouvraient la porte, éveillait en nous le sens de notre mystérieuse identité en nous rendant l'irremplaçable service de nous faire admettre que beauté ne signifie pas simplement perfection. Nous entrions dans une pédagogie bienheureuse. N'importe quelle chose totalement « parfaite » sur terre, totalement terminée et sans aucun manque, ne laissant rien à désirer, serait privée de cette aspiration et de cette « mélancolie irritée » dont parle Baudelaire et qui est essentielle à la beauté et à la vraie vie de l'esprit. Quel cadeau de découvrir par l'amitié de ces géants de l'art que rien n'est plus précieux qu'une certaine faiblesse sacrée, cette sorte d'imperfection par laquelle l'infini blesse le fini.

Puis arriva le temps des ministères de la « Culture », avec la possibilité de revoir les films de Charlot, l'émulation des Galeries et la multiplication des livres d'art. Il suffisait d'être attentif. Un nouveau miracle advenait. Le musée imaginaire devenait mondial. On recherchait bien, encore, la modernité dans l'alambic des analyses besogneuses... Elle éclatait de liberté en Californie ou de gravité à Berlin, dans le creuset de la jeunesse ou le pressoir du doute et de l'angoisse. Elle préparait la fin de l'homme unidimensionnel qui s'annoncerait davantage vingt ans plus tard.

Il aurait été possible de mettre derrière chaque image de cet ouvrage une histoire ou une légende, parfois longue. Il serait indélicat d'insister. Nous avons préféré la musique des étoiles et des jardins. Cela ne veut pas dire que l'ordre des choses que nous évoquons, par exemple du chapitre 3 au chapitre 8, soit sans cohérence. On retrouvera facilement la séquence qui les gouverne : mort → liberté → amour → vocation → prière → communion.

Hollywood, Pékin ou l'autobus d'Ivry-sur-Seine, évoquent, chacun à sa manière, la seule question à laquelle n'échappe aucun humain : la mort (chap. 3). Puis le bagne de Nouvelle-Calédonie, un monastère de trappistes, la casa Trotski ou le Carmel de Dachau suggèrent qu'en face de la fatalité, il y a bien des manières de renoncer ou de négocier sa liberté (chap. 4). Alors amour, mariage et mystique peuvent être interrogés (chap. 5). Le Caravage et Mozart révèlent qu'en toute vocation les deux partenaires de cette liberté, l'homme et Dieu, ne sont pas forcément dans la situation des concurrents qu'on imagine habituellement (chap. 6 et conclusion avec Job et Moïse, Tancrède et Clorinde). La grâce du chant grégorien mais aussi la gravité sereine d'une cavatine ou la discrétion de l'écho en musique inclinent à mieux croire que la liberté ne s'épuise ni par des mots ni par des idées mais qu'elle s'enracine dans le cœur ouvert au secret — celui de la prière (chap. 7). Alors la communion se précise en une rencontre où toute crainte désarme devant celui qui a pris les habits du mendiant (chap. 8). Et les autres chapitres ont également leur logique dont nous nous sommes suffisamment expliqué dans le cours du texte. Laissons ici place aux images.

Les Anges sauveurs du *Couronnement de la Vierge* d'Enguerrand Quarton ouvrent et terminent ce livre.

Le désespoir d'*Adam et Ève* de Masaccio, le prostré du Mali, présents au départ, préparent la conclusion avec l'émoi de Moïse devant la révélation du *Buisson ardent* et la sérénité réconciliée de saint Pierre et de l'Enfant prodigue.

Miroir du tragique de toute existence, les *Régentes* de Frans Hals, l'esclave de Géricault, les *Demoiselles d'Avignon*, les masques d'Ensor, les autoportraits de Van Gogh, de Gauguin ou de Picasso conduisent à mieux découvrir le miracle de ceux qui ont su nous réintégrer, nous émerveiller et nous réconcilier : Van der Weyden, le Maître de Moulins, Fra Angelico ou Rembrandt.

L'interrogation du dieu écorché aztèque de *Xipe Totec* creuse l'attente du moment où l'on peut contempler la gravité désarmée de la toute première *Sainte Face* de Rouault ou du *Dévôt Christ*.

L'autoportrait de Johannes Gumpp, les masques d'Ensor, les *Vieilles* de Goya, *Margot la folle* de Breughel conduisent au dialogue secret entre le chanoine Van der Paele et l'Enfant Jésus de Van Eyck et au vieillard Siméon de Rembrandt : là où, par la grâce de la confiance et de la vie de prière et d'oraison, l'admirable échange s'est opéré entre l'homme et son Dieu.

Nous avons besoin d'oasis. La grâce de la musique de Zurbaran, de Paul Klee ou de Matisse répond à la paix réservée de Bouddha, de Miroku Kannon ou à l'énigme sereine des jardins de Kyoto.

Parmi les dizaines de milliers d'œuvres aimées, que choisir ? Entre la perfection de Miroku Bosatsu, le génie d'un masque des îles Gilbert, une statuette du Groënland ou un reliquaire Kota ? Mais est-il plus important de choisir ou d'entendre ? N'empêchons pas la musique lorsqu'il s'agit de la tendresse de Canova, de Lorenzetti ou de Gérard David.

S'il fallait cependant ne garder que quelques œuvres pour résumer notre propos, nous mettrions en vis-à-vis le *Chien ensablé* de Goya, implorant dans son innocence vers le ciel et l'Ange du *Chariot de foin* de Jérôme Bosch en sa prière vers la gloire du Christ d'une part, et d'autre part *L'Homme stigmatisé* par les racines de la terre et en face l'ultime apaisement du Visage du Christ de la *Piéta d'Avignon*, porté par les rayons de la Gloire. Alors tout est dit de ce qui nous a guidé, de Margot la folle, de l'Homme sans bras jusqu'à l'Enfant prodigue et la Sainte Face. Il n'est pas de plus haute tâche dans l'histoire humaine que la lente recherche et découverte par l'homme de son propre visage et, cela, grâce à la lumière du visage du Christ.

INDEX

Les noms propres sont signalés en caractères romains. Les thèmes majeurs et notions clés en italique gras. Les illustrations et autres sujets en italique maigre.

C R É D I T   P H O T O G R A P H I Q U E

Musées et bibliothèques

© **Amsterdam : Fondation Vincent Van Gogh/Musée national Vincent Van Gogh :** pp. 72, 73 (1), 98, 250 (1), **Stedelijke Museum :** pp. 139, 254, 384.

© **Autun : Musée Rolin :** pp. 79, 80.

© **Bâle : Museum fur Völkerkunde :** p. 111.

© **Barcelone : Musée Picasso :** p. 162.

© **Berne : Abegg-Stiftung :** p. 248.

© **Bruxelles : Institut du patrimoine artistique :** p. 189 — **Musées royaux des Beaux-Arts :** p. 287.

© **Cologne : Schnütgen Museum :** p. 159.

© **Haarlem : Frans Hals Museum/Tom Haartsen :** pp. 70, 71 (1, 2).

© **La Haye : Gementemuseum :** p. 426 (1 à 6).

© **Leyde : Rijksmuseum Voor Volkenkunde :** p. 121.

© **Londres : British Library :** p. 151. **British Museum** (reproduced by Courtesy of the Trustees of the British Museum) : p. 144. **Tate Gallery :** pp. 253, 374, 396. **Victoria and Albert Museum :** p. 349 (2).

© **Los Angeles : County Museum of Art :** pp. 178, 355.

© **Madrid : Museo del Prado :** pp. 183, 300, 303, 305, 312, 313, couverture.

© **Malibu : Musée Paul Getty :** p. 145.

© **New York : Metropolitan Museum of Art 1990 :** p. 164. **Museum of Modern Art :** pp. 196, 375.

© **Oslo : Nasjonalgalleriet/Jacques Lathion :** p. 262.

© **Paris : Bibliothèque nationale :** p. 156 (1, 2). **Bibliothèque du Saulchoir :** p. 299. **Musée Dapper/Gérald Berjonneau :** p. 105. **Musée national d'Art moderne :** pp. 68 (1), 250 (2), 377. **Musée Rodin/Bruno Jarret :** p. 65 (3). **Réunion des Musées nationaux :** pp. 24, 34, 84, 124, 331.

© **Pasadena : Norton Simon Art Foundation :** pp. 26, 27.

© **Philadelphie : Museum of Art :** pp. 9, 21, 22.

© **Rotterdam : Musée Boymans Van Beuningen :** p. 117.

© **San Francisco : Fine Arts Museums :** p. 65 (2).

© **Washington : National Gallery :** p. 268.

Agences

© **Artephot, Paris : Babey :** pp. 14, 73 (2), 75 (1, 2). **Bridgeman :** p. 172. **Et Archive :** p. 35. **Faillet :** pp. 251 (2), 325. **Held :** pp. 57 (1), 224, 343 (1), 345, 349 (1), 351, 365. **Hinz :** pp. 37, 50, 65 (1), 239 (2), 402. **Maertens :** pp. 254, 280, 333. **Martin :** pp. 294. **Nimatallah :** 68 (2). **Oronoz :** pp. 161, 295, 328. **Reinhold :** p. 343 (2). **Roland :** p. 317. **Tok :** p. 39.

© **Artothek/J. Blauel/Neue Pinakothek, Munich :** p. 265.

© **Bulloz, Paris :** pp. 173, 177.

© **Edimedia, Paris :** pp. 175, 191, 193.

© **Explorer, Paris :** p. 220 (2).

© **Magnum/Burri :** p. 132. **Lessing,** Paris : pp. 54, 186, 311, 405, 407.

© **Dagli Orti, Paris :** pp. 28, 56, 58, 60, 65 (4), 183, 337.

© **Rapho, Paris :** p. 209 (1). **Brake :** p. 209 (2).

© **Scala Florence :** pp. 11, 38, 87, 170, 208, 283, 313, 316, 319, 336, 340.

Photographes

© **M. Aeschiman, Onex :** p. 6.

© **Art Unlimited, Amsterdam :** Ph F. Van Hartingsveldt : p. 290. Ph. M. Ibelings, 1981 : p. 96. Ph v. Mentzel : p. 114.

© **R. Avedon,** 1953, tous droits réservés, **New York :** p. 90.

© **R. Basset, Neuville-sur-Ain :** p. 289.

© **R. Delon/Le Castelet, Boulogne-sur-Seine :** p. 220 (1).

© **P. Girard, o. p., Tokyo :** p. 215.

© **L. Hanabusa, Tokyo :** p. 128.

© **R. Lantaff, Langley :** p. 135 (2).

© **1979 Time-Life Books B.U. From *The Great Cities* Series :** Ph. H. Sun Image/Bank : pp. 107, 201.

© **C. White :** p. 135 (1).

© ***Clichés de l'auteur* :** pp. 106, 142, 150, 213, 221 (1, 2), 225, 234 (1, 2), 235 (2), 237, 239 (1), 241, 276 (2), 352, 356, 390.

Autres sources

© **Abbaye d'En Calcat :** p. 81.

© **Galerie Isy Brachot, Paris-Bruxelles :** p. 16.

© **Fuji Television Gallery, Tokyo :** p. 165.

© **L'œil et la mémoire, Villeneuve-les-Avignon :** pp. ouverture, 57 (2), 152, 153, 410.

© ***Droits réservés* :** pp. 59, 94, 95, 113, 231, 235 (1), 276 (1), 365.

© **A.D.A.G.P.,** Paris, 1990 : pp. 16, 22, 65 (3), 114, 117, 155, 175, 224, 289, 365, 374, 375.

© **1990, Cosmopress, Genève. A.D.A.G.P., Paris :** pp. 21, 377, 402.

© **Fondation Paul Delvaux St Idesbald/Belgium-Spadem :** p. 287.

© **Spadem, 1990 :** pp. 24, 65 (1), 68, 84, 162, 165, 224, 239, 251 (2), 290, 384, 393, 396, 426.

© **Succession Henri Matisse :** p. 268.

TABLE DES MATIÈRES

Introduction

TROISIÈME PARTIE

Voir l'invisible

Conclusion